权威·前沿·原创

皮书系列为
"十二五""十三五""十四五"时期国家重点出版物出版专项规划项目

B
BLUE BOOK

智库成果出版与传播平台

中国社会科学院创新工程学术出版资助项目

社会蓝皮书
BLUE BOOK OF CHINA'S SOCIETY

2023年中国社会形势分析与预测
SOCIETY OF CHINA ANALYSIS AND FORECAST (2023)

主　编／李培林　陈光金　王春光
副主编／李　炜　邹宇春　朱　迪

社会科学文献出版社
SOCIAL SCIENCES ACADEMIC PRESS (CHINA)

图书在版编目(CIP)数据

2023年中国社会形势分析与预测 / 李培林, 陈光金, 王春光主编. -- 北京：社会科学文献出版社, 2022.12
（社会蓝皮书）
ISBN 978-7-5228-1294-6

Ⅰ.①2… Ⅱ.①李… ②陈… ③王… Ⅲ.①社会分析-中国-2023②社会预测-中国-2023 Ⅳ.①D668

中国版本图书馆CIP数据核字（2022）第247412号

社会蓝皮书
2023年中国社会形势分析与预测

主　　编 / 李培林　陈光金　王春光
副 主 编 / 李　炜　邹宇春　朱　迪

出 版 人 / 王利民
组稿编辑 / 邓泳红
责任编辑 / 桂　芳　张　媛
责任印制 / 王京美

出　　版 / 社会科学文献出版社·皮书出版分社（010）59367127
　　　　　 地址：北京市北三环中路甲29号院华龙大厦　邮编：100029
　　　　　 网址：www.ssap.com.cn
发　　行 / 社会科学文献出版社（010）59367028
印　　装 / 天津千鹤文化传播有限公司

规　　格 / 开　本：787mm×1092mm 1/16
　　　　　 印　张：30　字　数：452千字
版　　次 / 2022年12月第1版　2022年12月第1次印刷
书　　号 / ISBN 978-7-5228-1294-6
定　　价 / 128.00元

读者服务电话：4008918866

▲ 版权所有 翻印必究

社会蓝皮书编委会

主　　　编　李培林　陈光金　王春光
副　主　编　李　炜　邹宇春　朱　迪
课题核心组成员　李培林　陈光金　王春光　李　炜　邹宇春
　　　　　　　朱　迪　崔　岩　任莉颖　傅学军　林　红
　　　　　　　田志鹏
本　书　作　者（以文序排列）
　　　　　　　李培林　陈光金　崔　岩　陈　云　惠大帅
　　　　　　　马　进　胡子健　李　涛　王兆鑫　刘　蔚
　　　　　　　袁蓓蓓　李　炜　米　兰　任莉颖　侯中杨
　　　　　　　朱　迪　高文珺　龚　顺　胡文博　马墨琳
　　　　　　　吴蕙羽　刘保中　臧小森　郭亚平　倪晨旭
　　　　　　　邹宇春　王翰飞　梁茵岚　王　欢　梁煜卿
　　　　　　　彭新民　栗元广　张德志　陈　剑　赵　源
　　　　　　　汤　哲　祝华新　潘宇峰　廖灿亮　田　明
　　　　　　　冯　军　周恋彤　刘汝琪　赵晓艺　王　晶
　　　　　　　张立龙　吴惠芳　王　惠　罗钦涛　李建栋

主要编撰者简介

李培林 博士，研究员，全国人民代表大会社会建设委员会副主任委员，中国社会科学院原副院长、学部委员，俄罗斯科学院外籍院士。主要研究领域：发展社会学、组织社会学、工业社会学。主要研究成果：《村落的终结》（专著）、《社会结构转型——中国经济体制改革的社会学分析》（专著）、《和谐社会十讲》（专著）、《另一只看不见的手——社会结构转型》（专著）、《转型中的中国企业：国有企业组织创新论》（合著）、《新社会结构的生长点》（合著）、《社会冲突与阶级意识——当代中国社会矛盾问题研究》（合著）、《国有企业社会成本分析》（合著）、《中国社会发展报告》（主编）、《中国新时期阶级阶层报告》（主编）等。

陈光金 博士，研究员，中国社会科学院社会学研究所所长，《社会学研究》主编。主要研究领域：农村社会学、社会分层与流动、私营企业主阶层。主要研究成果：《中国乡村现代化的回顾与前瞻》（专著）、《新经济学领域的拓疆者——贝克尔评传》（专著）、《当代中国社会阶层研究报告》（合著）、《当代英国瑞典社会保障》（合著）、《内发的村庄》（合著）、《中国小康社会》（合著）、《当代中国社会流动》（合著）、《多维视角下的农民问题》（合著）、《当代中国社会结构》（合著）等。

王春光 博士，研究员，中国社会科学院社会学研究所副所长，中国农村社会学专业委员会理事长。主要研究领域：农村社会学、社会政策、移民和流动人口、社会流动和贫困问题等。主要研究成果:《社会流动和社会重构——京城"浙江村"研究》(专著)、《中国农村社会变迁》(专著)、《中国城市化之路》(著作/合著)、《巴黎的温州人:一个移民群体的跨社会建构行动》(专著)、《超越城乡:资源、机会一体化配置》(专著)、《移民空间的建构》(专著)。

李 炜 博士,研究员,中国社会科学院国情调查与大数据研究中心副主任。主要研究领域:发展社会学、社会分层、社会研究方法。主要研究成果:《社会福利建设研究的民意视角》(专著)、《提升社会质量的社会政策建设》(著作/合著)、《农民工在中国社会转型中的经济地位和社会态度》(论文/合著)、《当代中国社会阶层的主观性建构和客观实在》(论文/合著)、《中韩两国社会阶级意识比较研究》(论文)。

邹宇春 博士,副研究员,中国社会科学院社会学研究所发展社会学研究室主任。主要研究领域:社会发展与社会治理、社会资本与信任、志愿服务研究、社会调查方法、反贫困研究。主要研究成果:《中国城镇居民的社会资本与信任》(专著)、《当代中国社会质量报告》(著作/合著)、《中国城市居民的信任格局及社会资本的影响》(论文/合著)、《自雇者与受雇者的社会资本差异研究》(论文/合著)、《城镇居民普遍信任的区域间及区域内差异分析——基于"资源因素论"视角》(论文/合著)、《大学生社会资本:内涵,测量及其对就业的差异化影响》(论文)、《中国志愿者现状调查报告》(论文/合著)。

朱 迪 博士,研究员,中国社会科学院社会学研究所青少年与教育社会学研究室副主任。主要研究领域:消费社会学、青年与青少年、社会分层、新业态与新经济以及互联网与社会。主要研究成果:《新中产与新消费——互联网发展背景下的阶层结构转型与生活方式变迁》(专著)、《品味与物质欲望:当代中产阶层的消费模式》(专著)、《努力形成橄榄型分配格局——基于2006~2013年中国社会状况调查数据的分析》(论文/合著)。

序　社会形势分析与预测三十年有感

2022年中国共产党第二十次代表大会召开，制定了中国未来几十年发展的宏伟蓝图，中国式现代化进入新阶段。2022年也是中国社会形势分析与预测课题持续研究和社会蓝皮书年度发布三十年，作为这项研究的参与者和主持者，亲身经历和跟踪研究了1992~2022年中国经济社会发展的黄金三十年，感慨颇多。

在分析1992年社会形势的第一本蓝皮书中，我写过这样一段话："以邓小平南方视察讲话和党的十四大召开为标志，中国经济改革和社会发展进入新阶段，其特征是：社会主义市场经济机制正在逐步成为经济生活中占主导地位的运行机制，对外开放从沿海推进到沿江、沿边并向内陆发展，消费领域里持续了近40年的短缺消费品票证供给制度已接近终结，生活追求在多数地区已开始从温饱走向小康，体制改革的重点从突破原有计划体制框架和消除双轨体制的摩擦转向迅速建立社会主义市场经济新秩序，改革已从经济领域扩展到社会领域。"

1992年对社会形势预测的最重要一点，就是提出经济将进入新一轮高速增长阶段，但也面临一系列重要隐患："一些地区显现不顾市场和资源条件，片面攀比产值速度，盲目扩大规模、争上项目；浮夸、说空话大话的现象又有所发生；盲目圈地造成农用耕地大量减少；生活费用价格指数上升超过两位数（10.9%），接近警戒线；对农民乱集资、乱摊派和'打白条'现象比较突出，导致部分地区基层干群关系紧张；经济生活中的权钱交易、贪污受贿、假合资、偷税漏税、变相侵吞国家资产等现象变得更加突出，引起人民群众强烈

不满。"

此后三十年，课题组对社会形势的分析与预测，之所以没有出现大的误判，就是始终坚持准确把握发展大势和辩证的视角，既看到发展的成就，也看到发展的问题。

在这三十年中国式现代化的实践中，从金融风暴到特大自然灾害和目前已持续数年的新冠肺炎疫情，中国克服各种艰难险阻，取得跨越式发展的巨大成就，人均GDP从1992年的不足400美元跃升到2022年的1.2万多美元。总结这三十年的发展经验，有两条是让我印象比较深刻的：一个是宏观战略的稳定性和实施政策的阶段性动态调整，就是一方面坚持一张蓝图绘到底，不折腾、不懈怠，另一方面根据发展阶段的变化适时调整政策，与时俱进；另一个是民众始终保持积极向上、奋斗拼搏的心态和对未来发展的良好预期。民众的社会心态，影响因素复杂，有时也难以准确把握其变化规律，但它对社会行为取向往往具有非常重要的决定意义。人们的欲望、需求、预期、价值取向等，都对经济社会发展的实践产生重大影响。

2022年中国式现代化进入发展的新阶段，一方面我们在一系列发展领域取得新的突破，发生历史性变化，特别是反腐败、反贫困、反污染的重大成就举世瞩目；另一方面，发展的战略机遇和发展的动力发生深刻变化，经济持续稳定增长的态势面临前所未有的压力和挑战。在这种情况下，更要保持发展的信心和定力，扎扎实实地做好各项民生工作，特别是做好就业、居民收入、教育、医疗健康、社会保障、社会救助、社会治理等方面的保障工作，保证社会的安定和活力。

李培林
2022年11月17日

前　言

中国社会科学院"社会形势分析与预测"课题组自1992年成立以来，已持续开展研究30年，本书是第31本分析和预测社会形势的年度社会蓝皮书。

2022年，中国共产党召开第二十次全国代表大会，提出"从现在起，中国共产党的中心任务就是团结带领全国各族人民全面建成社会主义现代化强国、实现第二个百年奋斗目标，以中国式现代化全面推进中华民族伟大复兴"，这标志着中国式现代化发展进入新阶段。

2022年，全国经济社会形势经受住了复杂严峻的国内外形势和多重超预期因素冲击，国民经济稳中有增，经济结构转型升级扎实推进。2022年前三季度，中国实现国内生产总值870269亿元，按不变价格计算，比上年同期增长3.0%。从国民经济三次产业变化看，第三产业受到的冲击相对较大，但总体上都呈现恢复向好态势。劳动就业形势回暖向好，就业促进和服务持续优化。2022年中国劳动就业仍然保持了总体稳定的态势，到第三季度全国城镇新增就业1001万人；三季度末外出务工农村劳动力规模18270万人，与上年同期基本持平。城镇调查失业率在波动中下降，前三季度城镇调查失业率均值为5.6%。面对疫情的冲击，国家全力以赴稳就业保就业，出台了一系列稳经济稳增长稳就业政策并落地生效。城乡居民收入保持增长，人民生活质量继续改善。2022年前三季度，全国居民人均可支配收入27650元，扣除价格因素同比实际增长3.2%；全国居民人均可支配收入中位数23277元，同比增长5.1%。城镇居民人均可支配收入37482元，同比实际增长2.3%；人均可支配收入中位数33796元，同比增长4.3%。农村居民人均可支配收入14600元，

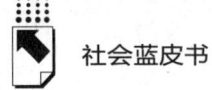

同比实际增长4.3%；人均可支配收入中位数12668元，同比增长5.9%。可以看到，城乡居民收入差距继续收缩。前三季度，全国居民人均消费支出17878元，扣除价格因素同比实际增长1.5%。其中，城镇居民人均消费支出22385元，扣除价格因素，比上年同期下降0.2%；农村居民人均消费支出11896元，扣除价格因素，同比实际增长4.3%。乡村振兴扎实推进，脱贫攻坚成果巩固拓展。2022年中央财政衔接推进乡村振兴补助资金增加到1650亿元，按相同口径比2021年增加84.76亿元，增长5.4%。在脱贫攻坚目标任务完成后，党中央明确在5年过渡期内保持政策总体稳定，全面建立防止返贫动态监测和帮扶机制，对脱贫不稳定户、边缘易致贫户、突发严重困难户，及时采取针对性帮扶措施。据国家乡村振兴局统计，截至2022年9月底，全国超过65%的监测对象消除返贫致贫风险，对其余人员均已安排针对性帮扶措施。社会保障体系继续稳步发展，医疗卫生服务质量有所提高。2022年中国社会保障覆盖面继续扩大，截至9月底，全国基本养老、失业、工伤保险参保人数分别为10.47亿人、2.35亿人、2.89亿人，分别比2021年底增加约1800万人、500万人和600万人；全国社会保障卡持卡人数13.65亿人，电子社保卡领用超过6.4亿人。医疗保险覆盖面保持稳定，医疗保险金收支能力增强。2022年1~9月，全国基本医疗保险参保率稳定在95%。基本医疗保险基金（含生育保险）总收入21491.18亿元，同比增长5.5%。同期，职工基本医疗保险基金（含生育保险）收入14690.95亿元，城乡居民基本医疗保险基金收入6800.22亿元，总计21491.17亿元。

2022年中国社会形势也面临许多新问题和新挑战，国际经济形势复杂严峻，新冠肺炎疫情多点散发，劳动力就业市场出现重大变化，城乡居民收入增长速度有所回落，生活消费增长乏力，劳动人事争议案件数明显增加，社会矛盾纠纷案件数居高不下，社会安全风险增多。

2022年12月，中国根据疫情变化的新情况、新趋势，对新冠肺炎疫情防控的政策进行了重大调整，这将对2023年经济社会生活恢复常态化产生积极影响，2023年也将是中国式现代化进入新阶段再创新辉煌的关键之年。

本年度"社会蓝皮书"的作者来自专业的研究和调查机构、大学以及政府有关研究部门，除总报告外，各位作者的观点，只属于作者本人，既不代表总课题组，也不代表作者所属的单位。

本年度"社会蓝皮书"涉及的大量统计和调查数据，由于来源不同、口径不同、调查时点不同，所以可能存在不尽一致的情况，请在引用时认真进行核对。

本课题的研究受到中国社会科学院的重点资助，本课题研究活动的组织、协调以及总报告的撰写，均由中国社会科学院社会研究所负责。

本年度"社会蓝皮书"由陈光金、王春光、李炜、邹宇春、朱迪、任莉颖、崔岩、林红、田志鹏负责统稿，李培林撰写了序言并审定了总报告。傅学军负责课题的事务协调和资料工作。社会科学文献出版社社长王利民，皮书分社社长邓泳红，编辑桂芳、张媛，为本书的出版做了大量工作，在此表示诚挚谢意。

编 者

2022年12月13日

摘　要

本报告是中国社会科学院"中国社会形势分析与预测"课题组的2023年度分析报告（社会蓝皮书），由中国社会科学院社会学研究所组织研究机构专家、高校学者以及政府机构研究人员撰写。

本报告认为，中国经济社会在经历了新时代十年发展之后，2022年召开的中国共产党第二十次全国代表大会，标志着中国式现代化发展进入新阶段。在新时代十年间，紧紧围绕全面建成小康社会的第一个百年奋斗目标，我国社会发展领域取得巨大成就，全方位实现伟大变革。2022年，中国加大力度落实稳经济、稳就业、保民生各项举措，国民经济总体上延续了恢复态势，经济社会发展大局保持稳定，民生福祉稳定增进。

本报告指出，2022年，在党中央的坚强、集中统一领导下，全国经济社会发展经受住了复杂严峻的国内外形势和多重超预期因素冲击，国民经济稳中有增，社会发展基本面良好；劳动就业形势回暖向好，就业促进和服务持续优化；城乡居民收入保持增长，人民生活质量继续改善；乡村振兴扎实推进，脱贫攻坚成果巩固拓展；社会保障体系继续稳步发展，医疗卫生服务质量有所提高。

本报告也强调，2022年中国经济社会发展受复杂严峻的国际形势和较大的国内疫情防控压力影响，"需求收缩、供给冲击、预期转弱"三重压力叠加，经济增长速度下行，就业、收入增长、社会心态、社会治理等方面的稳定压力增大。新冠肺炎疫情多点散发，劳动力就业市场出现重大变化，城乡居民收入增长速度有所回落，生活消费增长乏力，劳动人事争议案件数明显增加，社会矛盾纠纷案件数居高不下，社会安全风险增多。

2023年，要全面贯彻落实党的二十大精神，按照中国式现代化的本质要求，扎实增进民生福祉。要促进国民经济增长加快恢复，高质量发展形成合力；要推动就业高质量发展，扩展国内消费需求；要推动居民收入较快恢复增长，加快构建收入分配基础制度体系；要大力推进基层社会治理创新，进一步发展壮大社会组织；要加强和谐稳定劳动关系建设，着力防范化解社会安全风险。

本报告以翔实的统计数据和实地调查资料为依据，分四大板块，用1篇总报告和18篇分报告（未含附录），分析讨论2022年中国社会运行的总体状况和未来形势。总报告分析了新时代十年社会发展伟大成就、2022年中国社会发展的主要成就和问题以及2023年的发展趋势和需要，提出了应对挑战和难题的若干对策建议。第二板块为发展篇，由6篇报告组成，比较全面地分析了2022年的居民收入和消费、劳动就业、教育事业、社会保障事业、医疗卫生事业以及社会治安等领域的形势和问题。第三板块为调查篇，包括7篇调查报告，这些报告分别以翔实的调查数据，分析了现阶段中国居民家庭住房发展状况、相对贫困家庭生活状况、城市低碳消费发展状况、大学生就业观念和就业状况、城乡青年婚姻家庭生育观现状及其变化趋势、老年人体育健身现状和发展趋势、中国居民消费投诉变动趋势。第四板块为专题篇，由5篇专题报告组成，分别考察了2022年中国互联网舆论场动态形势、食品药品安全形势、生态环境保护形势与新议题、城乡居民长期护理服务需求现状与政策、乡村振兴推进状况。在所有这些问题上，各篇分报告都提出了具有针对性的对策建议。

目 录

Ⅰ 总报告

B.1 在中国式现代化新阶段全面扎实增进民生福祉
——2022~2023年中国社会形势分析与预测
………… 中国社会科学院"社会形势分析与预测"课题组
陈光金 执笔 / 001

Ⅱ 发展篇

B.2 2022年中国城乡居民收入和消费报告 …………… 崔 岩 / 024

B.3 2022年就业形势与未来展望 …………………… 陈 云 / 046

B.4 2022年中国社会保障事业发展报告
………………………… 惠大帅 马 进 胡子健 / 061

B.5 2022年中国教育改革和发展报告 ………… 李 涛 王兆鑫 / 080

B.6 2022年中国社会安全形势分析报告 ……………… 刘 蔚 / 112

B.7 2022年中国公共卫生事业发展报告
　　——疫情发生后中国基层医疗卫生服务体系发展状况分析
　　………………………………………………… 袁蓓蓓 / 127

Ⅲ 调查篇

B.8 中国居民家庭住房状况调查报告 ……… 李　炜　米　兰 / 150
B.9 中国相对贫困家庭生活状况调查报告
　　………………………………………… 任莉颖　侯中杨 / 173
B.10 中国城市低碳消费调查报告
　　…… 朱　迪　高文珺　崔　岩　龚　顺　胡文博　马墨琳　吴蕙羽 / 203
B.11 中国大学生就业观念与就业状况调查报告
　　………………… 刘保中　臧小森　郭亚平　倪晨旭 / 230
B.12 中国城乡青年婚姻家庭生育观调查报告
　　………………………… 邹宇春　王翰飞　梁茵岚 / 251
B.13 中国老年人体育健身现状和发展趋势调查报告
　　………………………………………… 王　欢　梁煜卿 / 272
B.14 中国居民消费投诉变动趋势调查报告
　　………………… 中国消费者协会"中国居民消费投诉
　　　　变动趋势调查"课题组 / 291

Ⅳ 专题篇

B.15 2022年中国互联网舆情分析报告
　　………………………… 祝华新　潘宇峰　廖灿亮 / 316

B.16 2022年中国食品药品安全形势分析
………………………………………… 田 明 冯 军 / 332

B.17 2022年中国生态环境保护形势、现状与新议题
………………………………… 周恋彤 刘汝琪 赵晓艺 / 346

B.18 中国城乡居民长期护理服务需求现状与政策评估
…………………………………………… 王 晶 张立龙 / 363

B.19 2022年中国乡村振兴推进报告
………………………………… 吴惠芳 王 惠 罗钦涛 / 384

附录 中国社会发展统计概览（2022）……………… 李建栋 / 420

Abstract ……………………………………………………… / 436
Contents ……………………………………………………… / 439

总报告
General Report

B.1
在中国式现代化新阶段全面扎实增进民生福祉

——2022~2023年中国社会形势分析与预测

中国社会科学院"社会形势分析与预测"课题组

陈光金 执笔*

摘　要： 中国经济社会在经历了新时代十年的巨大发展之后，2022年进入中国式现代化发展新阶段。在新时代十年间，紧紧围绕全面建成小康社会的第一个百年奋斗目标，中国社会发展取得巨大成就，全方位实现伟大变革。2022年，中国加大力度落实稳经济、稳就业、保民生各项举措，国民经济总体上延续了恢复态势，经济社会发展大局保持稳定，民生福祉稳定增进，新时代十年社会发展伟大

---

* 陈光金，中国社会科学院社会学研究所所长，研究员。

成就得到巩固。但也面临许多问题和挑战，国际形势复杂严峻，新冠肺炎疫情多点散发，劳动力就业市场出现重大变化，城乡居民收入增长速度有所回落，生活消费增长乏力，劳动人事争议案件数明显增加，社会矛盾纠纷案件数居高不下，社会安全风险增多。2023年，应全面贯彻落实党的二十大精神，按照中国式现代化的本质要求，扎实增进民生福祉。

关键词： 新时代十年　中国式现代化　高质量发展　民生福祉

2022年，以习近平同志为核心的党中央，提出了疫情要防住、经济要稳住、发展要安全的要求，有效统筹疫情防控和经济社会发展，不断出台并加大力度落实稳经济、稳就业、保民生各项举措，国民经济总体上延续了恢复态势，经济社会发展大局保持稳定，民生福祉稳定增进，新时代十年社会发展伟大成就得到巩固。2022年10月，在中国共产党第二十次全国代表大会上，习近平总书记郑重提出："从现在起，中国共产党的中心任务就是团结带领全国各族人民全面建成社会主义现代化强国、实现第二个百年奋斗目标，以中国式现代化全面推进中华民族伟大复兴。"不断促进全体人民共同富裕、全面扎实增进全体人民的民生福祉，是全面推进中国式现代化的本质要求之一。

一　新时代十年中国社会伟大变革

习近平总书记在党的二十大报告中从十六个方面系统总结了新时代十年党和国家事业取得的历史性成就、发生的历史性变革，正是这些伟大成就和变革推动中国迈上了全面建设社会主义现代化国家新征程。在新时代十年中，中国社会发展领域同样取得了历史性成就、发生了历史性变革。从战略高度来看，党中央明确提出，新时代中国社会主要矛盾是人民日益增长的美好生活需要和不平衡不充分的发展之间的矛盾，并对社会主要矛盾的变化进行了系统、全面、深入的阐释和论述。保障和改善民生，增进民生福祉，提高广大人民群众的获得感、幸福感和安全感，成为新时代十年社会建设和发展的主基调。在此基础上，党中央明确了新时代"五位一体"总体布局和"四个全面"战略布局，社会建设成为党和国家事业总体布局的重要组成部分，全面建成小康社会成为新时代十年党领导全国各族人民共同奋斗的中心任务，并且如期实现了这一彪炳史册的伟大目标。

（一）劳动就业稳定发展，就业结构不断优化

党的十八大以来，党中央始终高度重视劳动就业，坚持将就业工作放在"六稳""六保"战略首位，全面实施就业优先政策，采取多维度多层次措施促进就业、拓展工作岗位。十年来，中国经济发展不断迈上新台阶，高质量发展持续推进，新发展格局加快构建，也不断促进新的就业增长点的涌现，有力地支持了就业的稳定和扩大。十年中，全国劳动就业形势始终保持总体稳定和创新中发展的态势，就业质量也稳步改善。

十年来，劳动就业的总体趋势表现为农村地区就业减少和城镇地区就业增长。2013年，全国城镇就业人员占全国总就业人员的比重达到50.5%，首次超过农村地区就业人员占比。到2021年，全国城镇就业人员占比达到62.7%，比2012年提高13.8个百分点。十年间，全国劳动力市场供求总体平稳，城镇登记失业率保持在预期水平，调查失业率总体上也保持在5%左右的合理区间。2020年突如其来的新冠肺炎疫情对就业形势产生一定冲击，城镇调查失业率年初一度升高到6.2%。随后在国家出台的一系列推动复工复产、减负稳岗、稳定重点群体就业、促进多渠道灵活就业等政策措施的作用下，调查失业率迅速下降，到年底降至5.2%的正常水平。就业的城乡空间分布结构的变化以及失业率总体保持在合理区间，表明十年间中国劳动就业的总体稳定性和就业质量的改善。

十年来，中国经济转型升级不断推进，供给侧改革不断深化，新一轮科技革命方兴未艾，推动中国就业新业态和新模式不断涌现，就业的产业结构、行业结构、职业结构不断优化。从就业的产业结构看，2012年，全国第一、二、三产业就业人员的占比分别为33.5%、30.4%和36.1%，到2021年分别

为22.9%、29.1%和48.0%，第三产业的就业吸纳能力不断增强。这一方面意味着就业的产业结构的升级和优化，另一方面也标志着三次产业的就业结构与产值结构之间的协调性增强。随着新一轮科技革命和数字经济的蓬勃发展，新的职业也不断涌现，突出地表现为大数据工程技术人员、无人机驾驶员、网约配送员、互联网营销师等新兴职业的大规模发展。其中，基于数字技术的平台经济所起的带动作用尤为显著。据国家信息中心2021年发布的《中国共享经济发展报告（2021）》，2015年由平台经济带动的就业已经达到约5000万人，到2020年增加到8400万人左右。

（二）城乡居民收入持续较快增长，人民生活质量稳步改善

2012~2021年，全国居民人均可支配收入从16510元增长到35128元，按可比价格计算年均实际增长6.6%，略快于同期人均国内生产总值年均增速，实现了党中央提出的居民收入增长与经济增长同步的总体战略目标。分城乡来看，2012~2021年，城镇居民人均可支配收入从24126.7元增长到47411.9元，年均实际增长6.1%；农村居民人均可支配收入从8389.3元增长到18930.9元，年均实际增长约7.7%。农村居民收入增速快于城镇居民收入增速，推动了城乡居民收入差距的收缩，2012年城乡居民人均可支配收入之比为2.88∶1，2021年缩小为2.50∶1。分地区看，十年间，中西部地区居民收入较快增长，全国地区收入相对差距也不断缩小。根据国家统计局发布的数据，2012~2021年，中国东部、中部、西部和东北地区居民人均可支配收入的年均增长率分别为8.6%、8.9%、9.3%和7.4%，西部地区居民人均可支配收入增速最快，中部地区次之，从而不断缩小了地区间居民收入差距，具体而言，东部、中部和东北地区居民收入相当于西部地区居民收入的倍数，从2012年的1.72、1.10、1.30倍分别缩小至2021年的1.62、1.07、1.10倍。

十年来，中国城乡居民生活消费水平持续提高，消费能力不断增强，消费结构不断优化。从消费水平来看，2012~2021年全国居民人均生活消费支出年均实际增长5.9%；其中，城镇居民人均生活消费支出年均实际增长4.4%，农村居民人均生活消费支出年均实际增长8.0%，农村居民消费水平提

升速度明显快于城镇居民消费水平提升速度。从消费结构变化来看，恩格尔系数不断降低，发展型、享受型消费不断增长，城乡居民生活品质不断改善。2012~2021年，全国居民人均生活消费支出的恩格尔系数从33.0%降至29.8%；其中，城镇居民人均生活消费支出恩格尔系数从32.0%降至28.6%，农村居民人均生活消费支出恩格尔系数从35.9%降至32.7%。生活消费支出结构的改善，突出表现为交通出行、子女教育、医疗服务等消费支出的快速增长。2012~2021年，全国居民人均交通通信支出年均增长9.0%，人均教育文化娱乐支出年均增长8.4%，人均医疗保健支出年均增长10.8%，均显著快于居民人均生活消费支出的年均增长率。生活消费支出结构的变化是彰显城乡居民生活品质提高的一个重要侧面，耐用消费品升级换代、居住条件和质量改善、生活环境和品质优化，更是十年间中国城乡居民生活质量提升的实质表现。家用汽车在城乡居民家庭中快速普及是耐用消费品升级换代的突出标志，2012~2021年，城乡居民家庭平均每百户家用汽车拥有量分别从21.5辆和6.6辆增加到50.1辆和30.2辆，分别增长了1.33倍和3.58倍。在居住条件方面，棚户区改造、廉租房和经济适用房建设以及贫困地区危旧房改造取得显著成就，城乡居民住房质量明显提高，城乡住户安全饮用水供给率在2021年分别达到99.5%和97.6%；农村厕所革命取得决定性进展。在生活环境和品质改善方面，全国城乡社区基本实现了公路、电力、通信设施的全覆盖。

农村贫困人口全部脱贫，如期打赢脱贫攻坚战。党的十八大以来，党中央、国务院以前所未有的力度推进脱贫攻坚，到2020年底，现行标准下的农村贫困人口全部脱贫，区域性整体贫困得到解决，为实现全面建成小康社会的第一个百年奋斗目标画上了圆满的句号，为全球减贫事业做出最大的贡献，为全球贫困治理提供了中国经验。

（三）新型城镇化加快推进，社会结构进一步调整

新时代十年，是中国城镇化进程加快推进的十年，随着党中央提出新型城镇化战略，城镇化进入提质增效的新阶段。按国家统计局的统计，1978~2011年，城镇常住人口比重从17.2%提高到51.83%，年均提高1.05个

百分点。2012年，中国城镇常住人口72175万人，占总人口的53.10%；农村人口63747万人，占总人口的46.90%。2021年，全国城镇常住人口91425万人，占64.72%；农村人口49835万人，占35.28%。人口城镇化率年均提高约1.2个百分点。2017年是中国城镇化进程的一个重要转折点，城镇常住人口比重实现60%的突破。为了克服以往城镇化过程中存在的常住人口比重与户籍人口比重差距大的难题，党的十八大以来，中国建立并不断完善农业转移人口市民化制度，市民化质量稳步提高。2014~2021年，全国累计有1.3亿农业转移人口成为城镇居民。城镇基本公共服务覆盖范围持续扩大，农民工参加城镇职工基本医疗和养老保险的比例不断提高。

在新时代十年中，中国社会结构尤其社会阶层结构进一步调整。随着社会主义市场经济体制改革的不断深化、经济结构的转型升级、城镇化的推进和新技术革命的兴起，中国社会阶层结构持续调整，现代化程度不断提高。一方面，在经济社会发展进程中不断涌现出新的社会阶层。2020年中共中央印发修订版《中国共产党统一战线工作条例》，明确新的社会阶层包括民营企业和外商投资企业管理技术人员、中介组织和社会组织从业人员、自由职业人员、新媒体从业人员等。在数字技术、平台经济发展的推动下，新的职业群体也不断出现。2022年9月，人力资源和社会保障部发布《中华人民共和国职业分类大典（2022年版）》，净增新职业158个。新职业的增加为中国社会阶层结构调整增添新的元素。另一方面，党的十八大以来，扩大中等收入群体、构建现代橄榄型社会成为中国推动社会结构优化的重要举措并取得成效。国家统计局的有关数据显示，2021年中国中等收入群体超过4亿人，占全国总人口的比重达到27.9%。而在2002年时，中国中等收入群体估计为735.8万人，仅占同期全国总人口的0.57%。

（四）教育事业发展取得历史性成就，卫生健康事业在改革中探索前进

新时代十年，党和国家高度重视教育，始终把教育摆在优先发展的战略地位，国家财政性教育经费投入占GDP的比例，连续十年保持在4%以上。

教育成为国家财政一般公共预算的第一大支出项目,据教育部统计,国家财政性教育经费十年累计支出33.5万亿元,年均名义增长9.4%,高于同期GDP年均名义增幅(8.9%)和一般公共预算收入年均增幅(6.9%)。教育事业整体取得巨大成就,各级教育普及水平实现历史性飞跃。2021年,全国各级各类学校在校学生增加到2.91亿人,相比2012年增加2800多万人。教育普及率在各教育阶段都取得显著提升。具体地说,2012~2021年,学前教育毛入园率从64.5%提高到88.1%,义务教育实现全面普及,高中阶段毛入学率从85%提高到91.4%,高等教育毛入学率从30%提高到57.8%。总体上说,各级教育普及程度达到或超过中高收入国家平均水平,其中义务教育普及程度达到世界高收入国家平均水平,高等教育实现了从大众化到普及化的历史性跨越。伴随着各级教育普及水平的提高,中国劳动年龄人口的平均受教育年限也从2012年的9.9年提高到2021年的10.9年;受过高等教育的劳动年龄人口占比从2012年的14.6%提高到2021年的24.9%。促进教育公平的实践取得成效。普惠性幼儿园在园幼儿占全部在园幼儿的比例从2016年的67.3%上升到2021年的87.8%;义务教育阶段建档立卡辍学学生实现动态清零;以政府为主导、学校和社会积极参与的助学政策体系成效显著,实现了对"所有学段、所有学校、所有家庭经济困难学生"的全覆盖,十年累计资助学生近13亿人次;积极实施农村义务教育学生营养改善计划,受益学生十年累计达3.5亿人次;农民工随迁子女在流入地接受义务教育的比例到2021年达到90.9%。

卫生健康和医疗事业在改革中探索前进。十年来,健康中国战略得到全面实施,促进健康的政策体系基本建立,人民健康保障水平和健康素养水平不断提高。医药卫生体制改革持续深化,看病难看病贵问题得到缓解。覆盖城乡的医疗卫生服务三级网络不断健全,能够在15分钟内到达最近医疗点的城乡居民家庭占全国居民家庭总数的90%。国家基本药物目录品种增加到685种,公立医院全部取消药品和耗材加成,居民个人卫生支出占卫生总费用比例降至27.7%。卫生健康和医疗事业的发展,与人民生活水平和质量不断提高等因素一起,推动中国人口的人均预期寿命增长到78.2岁。

（五）社会保障体系基本建成，社会救助和服务体系逐步健全

中国社会保障事业在新时代十年中快速发展，具有鲜明中国特色、世界上规模最大、功能完备的社会保障体系基本建成。十年来，围绕兜底线、织密网、建机制，持续推进社会保障全覆盖、保基本、多层次、可持续发展，制度改革不断突破，覆盖范围持续扩大。据国家统计局的数据，基本养老保险、基本医疗保险、失业保险、工伤保险等四项社会保险参保人数分别从2012年的78796.3万人、53641.3万人、15224.7万人、19010.1万人，增至2021年的102871.4万人、136296.7万人、22957.9万人、28286.5万人。养老保险和医疗保险基本实现了应保尽保。保障能力不断增强，同期，四项社会保险基金年度收入从30738.8亿元增长到96936.8亿元，年度支出从23331.3亿元增长到86734.9亿元，累计结余从37679亿元增长到104872.1亿元，基金年度收支规模超过13万亿元。社会保险的待遇水平稳步上升，2014~2021年，先后四次统一提高城乡居民基本养老保险全国基础养老金标准，基本做到与经济发展同步。

社会救助是保证全国特殊困难群体与全国人民一起实现全面小康的重要助力。在新时代的十年，中国基本建成了具有自身特色的社会救助体系。据国家民政部门统计，实现年均保障低保人员4000万人以上、特困人员近500万人、临时救助人员1000万人次左右、各类生活无着流浪乞讨人员230万人次以上。其中最低生活保障是最基本的年度性救助制度，其救助标准也随着经济社会发展而不断提高，2012~2021年，全国城乡低保平均标准分别提高了1.2倍和2.1倍。在全面实施脱贫攻坚战略期间，全国农村共有建档立卡贫困人口1936万人获得低保或者特困供养，占全部脱贫人口的19.6%。为保证社会救助体系的有效运行，十年间，各级公共财政累计支出基本生活救助资金2.04万亿元。

十年来，中国基本社会服务也加快发展，助力城乡居民生活品质不断提高。尤其是在养老服务领域，居家社区机构相协调、医养康养相结合的服务体系日益健全，成为积极应对人口老龄化国家战略的重要组成部分。养老服

务供给不断加强、质量不断提升。据国家民政部门统计，到2021年，各类养老服务机构和设施达到36万个，床位达812万多张，床位数比2012年增加了近1倍；社区基础设施适老化改造、家庭养老床位、关爱巡访、时间银行、老年餐桌等居家和社区养老服务不断推出；多层次、多样化养老服务供给格局逐渐形成。

二 2022年中国经济社会发展总体形势

2022年，在党中央的坚强、集中统一领导下，全国经济社会发展经受住了复杂严峻的国内外形势和多重超预期因素冲击，国民经济稳中有增，社会发展基本面良好。

（一）国民经济稳中有增，经济结构转型升级扎实推进

2022年前三季度，中国实现国内生产总值870269亿元，按不变价格计算，比上年同期增长3.0%。年度经济增长波动较为明显，第一季度同比增长4.8%；第二季度同比增长0.4%；第三季度同比增长3.9%；第四季度疫情形势有所反复，国际经济形势受俄乌冲突和物价上涨等因素影响更加严峻，中国经济下行压力加大，10月部分指标同比增速有所回落。从国民经济三次产业的形势看，第三产业受到的冲击相对较大，但总体上呈现恢复向好态势。前三季度，第一产业增加值同比增长4.2%，第二产业增加值同比增长3.9%，第三产业增加值同比增长2.3%，受疫情影响，第三产业增加值占GDP的比重与上年同期相比下降1.1个百分点。全国固定资产投资形势总体稳定，1~10月，全国固定资产投资（不含农户）同比增长5.8%。全国进出口贸易面对复杂严峻的国内外形势和多重超预期因素冲击再次展现出较强的韧性与活力，前三季度，全国进出口总值31.11万亿元，同比增长9.9%，货物和服务净出口对经济增长的贡献率为32%，拉动GDP增长1个百分点。全国粮食生产再获丰收。根据国家统计局公布的数据，2022年全国粮食总产量13731亿斤，比2021年增长0.5%。消费物价指数在前三季度呈上升趋势，10月有所回落，但

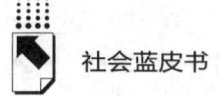

总体控制在合理区间。消费市场在波动中恢复，全国社会消费品零售总额第一季度同比增长3.3%，第二季度同比下降4.6%，第三季度同比增长3.5%，整个前三季度同比增长0.7%。

经济结构转型升级扎实推进。全国工业升级发展态势持续凸显，1~10月，高技术制造业增加值同比增长8.7%，投资同比增长23.6%。现代服务业增长趋势总体良好，经济数字化转型相关的服务业保持快速增长，其中，1~10月份全国信息传输、软件和信息技术服务业生产指数增长11.1%，明显快于全部服务业增长速度。新动能增势较为强劲，随着绿色低碳转型加快，相关产品产量快速增加，1~10月，新能源汽车、太阳能电池产量同比分别增长108.4%和35.6%。与信息技术广泛应用相关的新业态保持较快增长，1~10月实物商品网上零售额同比增长7.2%，明显快于社会消费品零售总额增长速度，占社会消费品零售总额的比重也稳定上升。

（二）劳动就业形势回暖向好，就业促进和服务持续优化

2022年，面对严峻的国际经济形势和不断反复的疫情形势，中国劳动就业仍然保持了总体稳定的态势。前三季度全国城镇新增就业1001万人，截至第三季度末外出务工农村劳动力18270万人，与上年同期规模基本持平。城镇调查失业率在波动中下降。在第一季度，前2个月就业形势总体稳定，3月受疫情影响，全国城镇调查失业率升至5.8%。在第二季度，4月调查失业率继续升高至6.1%；5月以后，疫情形势有所好转，国家的一系列稳经济稳就业政策措施落地显效，调查失业率开始回落，到6月降至5.5%。进入第三季度，7、8月城镇调查失业率继续下降；9月受疫情多点散发影响，调查失业率有所上升。在整个前三季度，城镇调查失业率均值为5.6%。

就业促进和服务继续加强。面对疫情的冲击，国家全力以赴稳就业保就业，出台了一系列稳经济稳增长稳就业政策并落地生效，全国就业促进和服务取得成效。助企纾困政策红利加快释放，推进就业补贴政策"直补快办"。截至9月底，通过降低失业、工伤社会保险费率，缓缴基本养老、失业、工伤三项社会保险费，发放稳岗返还、一次性留工培训补助、一次性扩岗补助

等，共为企业减负超过2800亿元；1~9月，全国就业补助资金支出727亿元。就业服务进一步优化，持续加强企业招聘用工服务，前三季度共计举办线上线下招聘会近12万场，发布各类岗位信息超过1亿条。创业扶持得到加强，各地加大力度落实创业担保贷款等扶持政策，推进创业孵化基地等创业载体建设，全面推行"即时快招"零工服务，建设规范化零工市场。积极推进高校毕业生就业工作，全力做好毕业生离校前后服务衔接，加快落实各项补贴政策，做好城乡基层岗位发布，推进未就业毕业生服务攻坚行动，开展困难毕业生专项帮扶。困难群体就业帮扶持续强化，1~9月帮扶失业人员再就业387万人、困难人员就业132万人。脱贫人口就业帮扶成效突出，到9月末，全国脱贫人口务工规模累计达到3269万人。大力推进职业技能培训和重点群体就业技能培训，截至9月底，政府补贴性职业技能培训规模超过1600万人次。

（三）城乡居民收入保持增长，人民生活质量继续改善

2022年，全国城乡居民收入增长继续保持与经济增长基本同步的态势。前三季度，全国居民人均可支配收入27650元，扣除价格因素，同比实际增长3.2%；全国居民人均可支配收入中位数23277元，同比增长5.1%。城镇居民人均可支配收入37482元，同比实际增长2.3%；人均可支配收入中位数33796元，同比增长4.3%。农村居民人均可支配收入14600元，同比实际增长4.3%；人均可支配收入中位数12668元，同比增长5.9%。可以看到，城乡居民收入差距继续收缩，一方面，农村居民人均可支配收入增速继续快于城镇居民可支配收入增速，另一方面，前三季度城镇居民人均可支配收入与农村居民人均可支配收入之比为2.57∶1，比上年同期的2.62∶1有所收缩。另外，在全国居民可支配收入结构的变化方面，值得重视的是转移净收入的增长。前三季度，全国居民人均转移净收入5157元，比上年同期增长5.6%；其中，全国居民人均养老金或离退休金比上年同期增长8.4%，社会救助和补助收入比上年同期增长3.7%。从近年的相关研究来看，转移净收入增长确实发挥着缩小收入差距的作用。

全国城乡居民消费支出水平继续提高，人民生活质量继续改善。统计数据显示，前三季度，全国居民人均消费支出17878元，扣除价格因素，实际同比增长1.5%。其中，城镇居民人均消费支出22385元，扣除价格因素，比上年同期下降0.2%；农村居民人均消费支出11896元，扣除价格因素，实际同比增长4.3%。在疫情冲击下，农村居民生活消费支出成为全国居民生活消费支出实际增长的有力支撑。从生活消费支出结构变化看，吃住行等基本生活消费支出继续稳定增长，前三季度，全国居民人均食品烟酒支出比上年同期增长5.6%，人均居住支出比上年同期增长5.3%；服务性消费支出继续增长，前三季度，全国居民人均服务性消费支出7889元，比上年同期增长1.4%。

（四）乡村振兴扎实推进，脱贫攻坚成果巩固拓展

2022年2月22日，《中共中央 国务院关于做好2022年全面推进乡村振兴重点工作的意见》（俗称中央一号文件）正式发布，该文件锁定乡村振兴的总体目标，坚持稳字当头、稳中求进，对2022年乡村振兴重点工作做出全面部署，要求乡村振兴牢牢守住保障国家粮食安全和不发生规模性返贫两条底线，扎实有序推进乡村发展、乡村建设、乡村治理，推进农村第一、二、三产业融合发展，促进农民就地就近就业增收；加强农村普惠性、基础性、兜底性民生建设，健全实施机制；加强农村基层组织建设，创新农村精神文明建设有效平台载体，维护农村社会平安稳定；坚持和加强党对"三农"工作的全面领导；强调压实全面推进乡村振兴责任，加大政策保障和体制机制创新力度。按照中央一号文件的部署和指导，2022年全国乡村振兴扎实推进。根据国家发展和改革委员会公布的数据，2022年中央财政衔接推进乡村振兴补助资金增加到1650亿元，按相同口径比2021年增加84.76亿元，增长5.4%。

脱贫攻坚成果不断巩固拓展，与乡村振兴有机衔接。在脱贫攻坚目标任务完成后，党中央明确在5年过渡期内保持政策总体稳定，全面建立防止返贫动态监测和帮扶机制，对脱贫不稳定户、边缘易致贫户、突发严重困难户，及时采取针对性帮扶措施。据国家乡村振兴局统计，截至2022年9月底，全

国超过65%的监测对象消除返贫致贫风险，对其余人员均已安排针对性帮扶措施。

（五）社会保障体系继续稳步发展，医疗卫生服务质量有所提高

2022年，中国社会保障覆盖面继续扩大。据人力资源和社会保障部统计，截至9月底，全国基本养老、失业、工伤保险参保人数分别为10.47亿人、2.35亿人、2.89亿人，分别比2021年底增加约1800万人、500万人和600万人。1~9月，三项社会保险基金总收入5.25万亿元，总支出4.89万亿元，9月底累计结余7.24万亿元，基金运行总体平稳。社会保障制度改革继续深化，企业职工基本养老保险全国统筹进度加快，前三季度调拨全国统筹调剂资金共计2104亿元，支持基金困难省份发放养老金。社会保障待遇总体上做到按时足额发放，截至9月底，共为2111万困难人员代缴2022年的城乡居民养老保险费。社会保险经办管理服务不断加强，国家社会保险公共服务平台建设持续推进，灵活就业人员企业职工基本养老保险参保登记申请等"跨省通办"服务地区覆盖范围进一步扩展，目前平台可提供77项全国性统一服务。截至9月底，全国社会保障卡持卡人数13.65亿人，电子社保卡领用超过6.4亿人。

医疗保险覆盖面保持稳定，医疗保险金收支能力增强。2022年1~9月，全国基本医疗保险参保率稳定在95%。基本医疗保险基金（含生育保险）总收入21491.18亿元，同比增长5.5%。同期，职工基本医疗保险基金（含生育保险）收入14690.95亿元，城乡居民基本医疗保险基金收入6800.22亿元，总计21491.17亿元。基本医疗保险基金（含生育保险）总支出17285.93亿元，同比下降0.5%，主要原因是2021年同期有支付新冠疫苗及接种费用，本期相关支出大幅减少。医疗服务改革继续深入，居民医疗费用支出负担总体呈现继续减轻趋势。根据国家卫生健康委员会统计信息中心发布的数据，2022年1~6月，全国三级公立医院次均门诊费用为362.2元，按可比价格计算同比上涨1.7%；二级公立医院次均门诊费用为223.9元，按可比价格计算同比下降2.0%。住院费用下降更为明显。1~6月，全国三级公立医院次均住院费用

为14033.8元，按可比价格计算同比下降5.5%；二级公立医院次均住院费用为6820.5元，按可比价格计算同比下降2.0%。

三 2022年中国经济社会发展面临的难题与挑战

2022年，中国经济社会发展面临许多新的挑战。受大国博弈进一步加剧和新一轮贸易保护主义抬头的影响，国际形势更加复杂严峻。5月，联合国发布《2022年中世界经济形势与展望》报告，该报告称全球经济可能到了一场新危机的边缘，混乱的地缘政治、新冠肺炎疫情和俄乌冲突影响了世界经济复苏。受此影响，2022年，中国经济社会发展面临"需求收缩、供给冲击、预期转弱"三重压力，增长速度下行，就业、收入增长、社会心态、社会治理等方面的稳定压力增大。

（一）经济增长仍有隐忧，劳动就业市场供需关系出现重大变化

由于国际经济形势和疫情形势等因素的影响，2022年国民经济全年增速预计难以达到年初预期。经济景气水平呈现波动态势，国家统计局的最新调查结果显示，11月经济景气水平总体有所回落。全国大、中、小型企业中反映资金紧张和市场需求不足的企业所占比重都上升，小型企业生产经营压力更大，一半左右的小型企业存在资金紧张和市场需求不足的困难。固定资产投资增速放缓，1~10月增长5.8%，不及2021年同期增长6.1%的水平，而且存在不平衡问题，东北地区固定资产投资尤其乏力，2022年1~10月仅增长0.3%，远低于该地区2021年同期增长6.8%的水平。民间固定投资增长十分疲软，1~10月，民间固定投资仅增长1.6%，远低于2021年同期8.5%的增长水平。

劳动就业市场供需关系发生重大变化，用工单位的用工需求起伏较大，劳动力总量供给压力仍然存在，劳动者的求职需要虽然同样有所减少，但由于用工需求总体上下降更快，2022年前三季度劳动力用工需要规模与劳动者求职需要规模之比远低于2021年同期水平。据智联招聘和中国人民大学中国

就业研究所联合发布的数据，2022年第三季度全国劳动力市场的用工需要规模与求职需要规模之比为1.63∶1，虽然高于第二季度的1.35∶1，但远低于2021年第三季度的2.15∶1。随着新技术革命和数字技术发展而方兴未艾的灵活就业规模越来越大，并且新涌现的职业已经被纳入人力资源和社会保障部新颁布的职业分类大典，但尚未被系统纳入劳动就业保障和社会保障制度体系，存在系统性风险。农民工就业、大学毕业生就业和困难群体就业问题也仍然存在，疫情期间为了稳主体保就业而采取的缓缴社保费等措施，还需要下一步的经济更快增长来"还债"。

（二）城乡居民收入增长显著放缓，生活消费支出增长不足

如前所述，2022年前三季度，全国居民人均可支配收入同比实际增长3.2%，其中城镇居民人均可支配收入同比实际增长2.3%，农村居民人均可支配收入同比实际增长4.3%；2021年同期分别为9.7%、8.7%、11.2%。可见，2022年前三季度城乡居民收入增速有所回落。另外，用人均可支配收入的平均数与中位数的差距来观察它们对全社会收入差距的影响，可以看到，2022年全社会收入差距相比2021年略有扩大。2021年前三季度，全国居民人均可支配收入中位数相当于平均数的84.4%，城镇居民人均可支配收入中位数相当于平均数的90.2%，农村居民人均可支配收入中位数相当于平均数的87.1%；2022年前三季度，这三个数字分别为84.2%、90.2%、86.8%，也就是说，2022年前三季度全国居民人均可支配收入与农村居民人均可支配收入两者的中位数与平均数的差异略有放大。实际上，疫情形势的反复波动对低收入群体的负面影响更大。

2022年前三季度城乡居民生活消费支出在比上年同期有所增长的同时，增幅也明显缩小。2021年前三季度，全国居民人均消费支出、城镇居民人均生活消费支出、农村居民人均生活消费支出的同比实际增速分别为15.1%、13.4%、18.1%。2022年前三季度这三个增长速度分别为1.5%、−0.2%、4.3%，与2021年同期的情形相比，落差较大。这也从一个方面加剧了年初已经预估到的需求收缩问题的严重性。从城乡居民生活消费结构的变化来看，2022年

前三季度衣着和文教娱乐支出分别同比下降1.1%和4.2%，这显然是受疫情影响所致，同时也降低了2022年城乡居民的生活质量。

（三）基层社会治理创新仍需加快，社会组织发展有所停滞

2022年新冠肺炎疫情的多点散发，也对基层社会治理创新提出了挑战。2020年新冠肺炎疫情突发以来，中国基层社区社会治理碰到一系列难题和挑战，也出现了一系列问题。到2022年，其中许多难题和问题仍然困扰着城乡基层社区社会治理，封控问题、物流和生活保障问题、隔离条件问题、居民沟通协调问题，在2022年仍然频繁见诸报端和自媒体舆论场，不断引发社会舆情。一方面，这种状况与疫情防控层层加码的弊端屡见不鲜分不开；另一方面，也意味着基层社区社会治理创新仍需加快推进，要更加充分地融入党建引领、社会参与、柔性管理、数字化、智能化等元素。

社会组织的广泛发展是社会治理创新的重要支持。在新时代十年里，中国社会组织发展较为迅速。各类社会团体、民办非企业单位和基金会的数量，从2012年的499268个增长到2021年的901870个，累计增长80.6%；另外，全国注册志愿者已达2.2亿人，持证志愿者队伍129万多个。近两年来，中国社会组织的发展有所停滞。据民政部的统计，2021年第二季度和2022年第二季度，全国社会团体数量分别为37.5万个、36.9万个，民办非企业单位数量分别为51.8万个、51.9万个，基金会数量分别为8647个、9056个。可以看到，除了基金会有较大幅度的增加外，民办非企业单位仅增长0.2%即1000个左右，社会团体则减少1.6%即6000个左右。而在2012~2021年，全国社会组织年均增长7.0%，其中社会团体数年均增长速度相对民办非企业单位和基金会要慢一些，但也有3.9%。社会团体类社会组织的发展滞后甚至陷于停滞，对社会治理尤其是基层社会治理创新发展来说是一个值得予以重视的问题。

（四）劳动争议案件出现较大幅度增长，社会治安风险增多

2022年，在经济形势下行和疫情防控形势严峻的双重压力下，企业经营

困难加大，劳动争议增长幅度较大。据统计，前三季度，全国各级劳动人事争议调解组织和仲裁机构共处理争议案件183.4万件，涉及劳动者199.8万人。2021年全年受理的劳动人事争议案件数为125.2万件，涉及劳动者140.5万人。2022年前三季度的案件受理数和涉及劳动者人数，分别比2021年全年增长46.5%和42.2%，增长幅度之大为2016年以来仅有：2016~2021年全国当期受理劳动人事争议案件年均增速仅为9.0%，其中增幅最大的年份为2019年，当年增长了19.6%。劳动关系是最重要的社会关系，劳动关系不和谐不稳定对社会和谐稳定有很大的负面影响。

2022年社会治安风险在不同领域有不同程度的增长。近年来，社会矛盾纠纷数量长期居高不下，2020年，全国调解各类民事纠纷案件数达819.6万件，2021年增长到874.4万件。2022年，由于新冠肺炎疫情、经济下行、就业压力与失业风险交织等复杂因素的影响，社会问题触点更多、燃点更低，社会心态和社会情绪容易变化，加上网络舆论生态日趋复杂，各种利益纠纷、观念冲突都会引发社会矛盾纠纷事件。随着消费者权益意识的觉醒和付诸行动的能力增强，消费者投诉案件也不断增长。2022年前三季度，全国消协组织受理投诉案件835879件，已经超过2019年全年的投诉总量，预计2022年全年投诉量将突破100万件。公共安全风险隐患显著增多，新型网络犯罪继续呈现多发高发态势，以新冠病毒感染为主的公共卫生风险仍然具有很大的不确定性。

四 2023年中国社会发展态势和政策建议

2023年是全面贯彻落实党的二十大精神的开局之年。2022年12月6日，中共中央政治局召开专门会议分析研究2023年经济工作，会议指出，要以习近平新时代中国特色社会主义思想为指导，全面贯彻落实党的二十大精神，扎实推进中国式现代化，坚持稳中求进工作总基调，完整、准确、全面贯彻新发展理念，加快构建新发展格局，着力推动高质量发展，更好统筹疫情防控和经济社会发展，更好统筹发展和安全。

（一）国民经济增长加快恢复，高质量发展形成合力

2022年国民经济增长速度相对于2021年回落较大，但2023年加快恢复增长的基础条件仍然具备。作为稳定的全球第二大经济体，中国经济体量大、韧性强、回旋余地大，长期向好的基本面并没有改变，完全有条件实现稳增长目标。实际上，2022年的经济增速仍显著低于潜在增速应有水平。

针对2022年出现的"需求收缩、供给冲击、预期转弱"三重压力，要大力激发民间投资的积极性，努力提升生产经营活动的稳定性和可预期性，全面改善营商环境，进一步减少非经济因素对生产活动可持续性的外生冲击，充分发挥财政政策减负纾困作用和预期引导作用，尤其是要继续加大力度支持中小型企业发展。要加快推进地区经济平衡发展，重点是要有效提振东北地区和西部地区固定投资，缩小地区间差距。

要着力推进经济结构转型升级，提高经济发展质量。要进一步激发实体经济活力，更加有效地应对各种风险的冲击。从2022年三次产业增长情况来看，第三产业受到新一轮疫情的冲击最大，反映出很大一部分第三产业相对而言比较脆弱。要进一步深化供给侧结构性改革，聚焦重点领域和核心零部件生产，加快推进"卡脖子"关键技术攻关，补短板、强弱项，更好地适应构建新发展格局的需要。要进一步增强产业链供应链的韧性和竞争力，着力构建自主可控、安全高效的产业链供应链，推动产业链供应链优化升级，持续增强应对内外部冲击的能力，提高现代化水平和国际竞争力。要加速发展与新一轮科技革命和数字技术进步联系紧密的现代服务业，推动传统服务业的数字化、智能化转型发展，巩固和增强服务业在现代产业体系中的主导性地位。

（二）加快推动就业高质量发展，着力扩展国内消费需求

保就业稳就业在2022年主要表现为应对疫情冲击稳定就业岗位，力避城镇调查失业率超出合理区间。2023年疫情防控形势将发生深刻的变化，保就业稳就业将不限于简单地稳住和扩展就业岗位，还要推动就业高质量发

展。要继续坚持就业优先导向，支持服务业等吸纳就业的重点领域加快脱困复苏步伐。要向能够拓展市场、致力创新的各类企业提供实质性支持，鼓励它们扩大用工需求，打造和不断拓展高质量就业空间。要加快构建有秩序有活力的平台经济发展格局，规范平台载体的用工行为，增强其新就业供给潜力。通过这些措施，从根本上扭转劳动力市场上用工需求比求职需求更快下滑的趋势。要持续高度关注就业重点人群的就业帮扶和失业救助。支持高校创新大学毕业生就业促进举措，增强市场化社会化机制吸纳大学毕业生就业的作用，用足用好2022年已经出台的一系列扩展就业渠道的政策、计划和措施，加以优化，挖掘潜力，发挥出更大的大学毕业生就业缓冲作用。要进一步加强有针对性的职业培训、岗位推介，更好地帮助再就业有困难的失业人员、未就业农民工实现较高质量的就业。保就业稳就业还要高度重视城乡零就业家庭的就业保障，建立健全帮助这些家庭的劳动力获得就业机会的制度、政策和机制。要进一步规范用工单位尤其是新兴平台企业的用工行为，有效提高灵活就业人员的就业质量。

在世界经济形势严峻复杂、不确定性风险继续加剧的现阶段，构建新发展格局要以畅通国内经济循环为主。国内消费已经成为国内经济循环的主要动力源泉。着力扩展国内消费需求，是国民经济恢复发展的关键，并与高质量就业发展互相驱动、相辅相成。扩展国内消费的重点，是着力提振城乡居民的消费信心。2022年新冠肺炎疫情多点散发是城乡居民消费增长的最主要制约因素。2023年，随着国家疫情防控政策的不断调整，疫情对居民消费的制约性影响将会弱化。加快推进就业高质量发展，有助于城乡居民重建对于未来收入水平的稳定预期，从而缓解预防性储蓄动机挤压其消费支出动机，释放有效消费需求。要进一步创造条件，激励农村居民充分形成和释放新的消费需求，挖掘城镇居民的消费升级潜力，不断提高城乡居民生活水平和质量。要进一步推动全国居民尤其是农村居民的生活消费结构转型升级。2022年前三季度，全国居民人均生活消费支出的恩格尔系数为30.3%，但居民生活消费水平仍然较低，一个关键原因就是消费结构转型升级不足，重点又在于农村居民消费结构转型升级更加滞后。

（三）推动居民收入较快恢复增长，加快构建收入分配基础制度体系

2022年全国城乡居民收入增长速度回落到较低水平，2023年在国家调整疫情防控政策的情况下实现较快恢复增长是完全有可能的。但这种恢复增长并不是简单回到比如2021年的增长水平，而是要有更加实质性的较快增长，确保其与2023年的经济发展同步。要在继续推动农村居民收入较快增长的同时，助力城镇居民收入增长。在进一步巩固脱贫攻坚成果和推进乡村振兴的过程中实现农村居民收入内生增长的同时，城镇居民收入较快增长仍然具有带动农村居民收入增长的效应，这不仅是因为城镇居民收入增长有助于提振其农产品消费和在农村的消费（如乡村旅游观光、农家乐消费等），也是因为进城农村劳动力的工资性收入已经成为农村居民家庭收入增长的重要来源，其占农村居民人均可支配收入的比重在2021年已经达到42.0%。

在高质量发展中正确处理效率与公平的关系，构建初次分配、再分配、三次分配协调配套的基础性制度安排，是中国式现代化进程中促进全体人民共同富裕、增进民生福祉的必然要求。要继续坚持居民收入增长与经济发展同步、劳动者劳动报酬增长与劳动生产率提高同步，进一步提高居民收入在国民收入分配中的比重，提高劳动报酬在初次分配中的比重，在初次分配体现更高效率的同时实现应有的收入分配公平。要不断增强再分配调节和缩小初次分配差距促进收入分配正义的作用，加大税收、社保、转移支付等调节力度并提高精准性，合理调节高收入，取缔非法收入，增加低收入群体收入，稳定扩大中等收入群体比重，形成中间大、两头小的橄榄型分配结构，促进全体人民共同富裕。

（四）大力推进基层社会治理创新，进一步发展壮大社会组织

2022年12月7日，国务院联防联控机制综合组发布《关于进一步优化落实新冠肺炎疫情防控措施的通知》，或可减轻城乡基层社区的疫情防控压力，但此前暴露出来的问题、短板和弱项，要求进一步推动城乡基层社区治理创新。要有效强化社区党建引领，发挥基层党组织的组织引导作用和基层

党员的模范带动作用。要不断增进基层社区柔性管理，促进社区社会治理机制更加灵活更加人性化。要进一步促进社区居民的社会治理参与，更好地反映社区居民的需要和心声，激发社区居民参与社区治理的积极性，增进社区居民对社区自治组织工作的理解和认同，共同改进社区社会治理实践。要加快城乡基层社区社会治理数字化、智能化进程，助力社区社会治理更加科学更加方便、问题解决更加快捷更加直接。通过这些措施，促进城乡基层社区社会治理自治、德治、法治和智治"四治融合"、高质量发展。

社会组织是参与社会治理创新的重要力量，在基层社会治理创新发展进程中尤其如此。发展和壮大社会组织，是中国特色社会治理现代化的需要，也是推进社会性公益慈善事业发展和壮大第三次分配的需要。要加大力度培养和发展作为真正的成员组织的社会团体，扭转近年来社会团体发展陷于停滞的趋势。要进一步规范民办非企业单位，引导它们健康发展，更多地分担政府办社会事业的压力，在教育、医疗卫生、社会养老等领域发挥更大的作用。要更加合理有效地发展基金会，更好地动员社会资源投入社会发展。要加快构建和不断完善社会组织相关法律法规体系，推进社会组织治理的法治化进程。

（五）加强和谐稳定劳动关系建设，着力防范化解社会安全风险

2022年劳动人事争议案件的爆发式增长，要求今后必须把促进劳动关系和谐放在更加重要的位置，进一步加强全社会和谐劳动关系的构建。要继续加大力度治理用工单位的不规范用工行为，强化善待员工是更为重要的企业社会责任的理念，从根本上解决好一些用工单位中存在的久治不愈的欠薪、工作时间过长、劳动工资水平过低等痼疾。要加大劳动合同检查和执法力度，进一步扩大劳动合同制度的实际覆盖面，更好地预判预防劳动人事争议的大规模发生。要全面深入研究新形势下劳动人事争议的新变化新趋势，进一步完善劳动关系相关法律、制度和政策体系，全面实现劳动关系的依法治理，这也是新时代全面依法治国的要求。

防范化解社会安全风险同样事关社会和谐稳定发展。从2022年的社会安

全形势看，2023年社会安全风险治理要更加全面、更加系统、更加协调。要着力开展新时代文明家庭家教家风建设，弘扬中华民族优秀家庭文化传统。要着力推进农村新乡风文明建设与城镇社区和睦邻里关系建设，提升城乡社区新型德治水平。要大力倡导构建平和理性的社会心态，规范引导线上线下社会舆情和社会情绪。概言之，要把精神文明与物质文明协调发展的中国式现代化理念贯彻落实到经济社会生活的方方面面，从一个维度有效减少各种社会矛盾纠纷。要加大对各类刑事犯罪行为的治理打击力度，特别是要更加有力地治理和打击各种涉黑涉恶涉暴犯罪，更加有力地治理和打击各种形式的网络诈骗犯罪。要持续强化网络舆情治理，依法规范网络舆论和相关行为，构建文明的网络文化生态，防范化解各种反映或引发社会负面情绪的网络舆情风险。

参考文献

白剑峰：《卫生健康事业发展取得显著成就》，《人民日报》2022年9月8日。

冯其予：《前三季度进出口总值同比增长9.9%——保稳提质激发外贸新动能》，《经济日报》2022年11月2日。

国家信息中心：《中国共享经济发展报告（2021）》，http://www.sic.gov.cn/archiver/SIC/UpFile/Files/Default/20220222100305459566.pdf。

国家统计局：《居民收入水平较快增长 生活质量取得显著提高》，国家统计局网站，2022年10月11日。

国家统计局：《新型城镇化建设扎实推进 城市发展质量稳步提升》，国家统计局网站，2022年9月29日。

国家统计局：《中国统计年鉴2022》，中国统计出版社，2022。

国家统计局：《国家统计局新闻发言人就2022年10月份国民经济运行情况答记者问》，2022年11月15日。

国家统计局：《三季度经济运行恢复向好》，http://www.stats.gov.cn/tjsj/sjjd/202210/

t20221024_1889484.html。

国家统计局:《居民收入增速回升 消费水平有所恢复》,http://www.stats.gov.cn/tjsj/sjjd/202210/ t20221024_1889470.html。

教育部发展规划司:《数说"教育这十年"》,http://www.moe.gov.cn/fbh/live/2022/54875/sfcl/202209/t20220927_665124.html。

刘江宁、田子琪:《扩大中等收入群体是实现共同富裕的重要手段》,《新京报》2022年10月21日。

习近平:《高举中国特色社会主义伟大旗帜 为全面建设社会主义现代化国家而团结奋斗——在中国共产党第二十次全国代表大会上的报告》,2022年10月16日。

智联招聘、中国人民大学中国就业研究所:《中国就业市场景气报告》(2022年第三季度),2022年10月27日。

中国社会科学院宏观经济研究智库课题组:《有效应对外部变化 继续促进经济恢复——2022年秋季中国宏观经济形势分析》,《改革》2022年第10期。

United Nations, *World Economic Situation and Prospects as of Mid-2022*, New York, 2022.

发 展 篇

Reports on Social Development

B.2
2022年中国城乡居民收入和消费报告*

崔 岩**

摘　要： 2022年以来，在复杂严峻的国内国际形势和多重超预期因素影响下，一系列经济社会政策密集出台，国民经济逐渐企稳回升，延续了高质量发展态势，充分彰显了中国经济的强大韧性。城乡居民收入持续稳步增长、收入结构进一步优化。城乡居民消费水平持续提升、消费新动能逐步形成。同时，国民收入分配格局日趋合理、居民消费率呈现稳步回升态势。但是，影响居民收入和消费的制约因素有待破解。应进一步统筹疫情防控和经济社会发展，

---

* 本文受到以下项目资助：国家社会科学基金重大项目"中国社会质量基础数据库建设"（16ZDA079）；中国社会科学院登峰计划重点学科发展社会学建设项目；中国社会科学院"社会发展指标综合集成实验室"项目。
** 崔岩，中国社会科学院社会学研究所副研究员。

出台更有针对性和更为精准的政策，加快促进经济社会复苏，尽快恢复正常生产生活秩序。

关键词： 居民收入　居民消费　消费新动能　国民收入分配

党的二十大站在党和国家发展全局的高度，深刻指出高质量发展是全面建设社会主义现代化国家的首要任务，是中国式现代化的本质要求。2022年以来，在复杂严峻的国内国际形势和多重超预期因素影响下，一系列经济社会政策密集出台，国民经济逐渐企稳回升，延续了高质量发展态势，充分彰显了中国经济的强大韧性。在进一步深化收入分配制度改革的背景下，城乡居民收入持续增长，人民生活水平不断提升。同时，随着促进和改善居民消费政策的落地，重点领域消费细分市场得到进一步发展，居民消费正在实现提质转型。

一　城乡居民收入持续稳步增长，收入结构进一步优化

（一）居民收入实现持续稳步增长

2010~2021年，全国居民人均可支配收入由12520元增加到35128元，按可比价格计算，累计增长117.0%，年均增长7.3%。相较于2019年，2021年名义增速为14.3%，两年平均名义增长6.9%，扣除价格因素，两年平均实际增长5.1%。反映出我国经济社会秩序逐步复苏，居民收入实现稳步增长（见表1）。

根据国家统计局数据，2022年前三季度，全国居民人均可支配收入27650元，比上年同期名义增长5.3%，扣除价格因素，实际增长3.2%。分城乡看，城镇居民人均可支配收入37482元，名义增长4.3%，扣除价格因素，实际增长2.3%；农村居民人均可支配收入14600元，名义增长6.4%，扣除价格因素，实际增长4.3%。

社会蓝皮书

表1 2010年至2022年前三季度居民人均可支配收入及增长情况

单位：元，%

时间	全国居民 可支配收入	全国居民 比上年增长	城镇居民 可支配收入	城镇居民 比上年增长	农村居民 可支配收入	农村居民 比上年增长
2010年	12520	—	18779	—	6272	—
2011年	14551	10.3	21427	8.4	7394	11.4
2012年	16510	10.6	24127	9.6	8389	10.7
2013年	18311	8.1	26467	7.0	9430	9.3
2014年	20167	8.0	28844	6.8	10489	9.2
2015年	21966	7.4	31195	6.6	11422	7.5
2016年	23821	6.3	33616	5.6	12363	6.2
2017年	25974	7.3	36396	6.5	13432	7.3
2018年	28228	6.5	39251	5.6	14617	6.6
2019年	30733	5.8	42359	5.0	16021	6.2
2020年	32189	2.1	43834	1.2	17131	3.8
2021年	35128	8.1	47412	7.1	18931	9.7
2019年前三季度	22882	—	31939	—	11622	—
2020年前三季度	23781	—	32821	—	12297	—
2021年前三季度	26265	—	35946	—	13726	—
2022年前三季度	27650	—	37482	—	14600	—

资料来源：历年《中国统计年鉴》。

（二）城乡居民财产净收入占比稳步提高

从国家统计局数据可以发现，近年来居民的转移净收入和财产净收入在可支配收入中的占比呈上升趋势。2010~2021年，全国居民转移净收入占可支配收入的比重从16.1%上升到18.6%，增加2.5个百分点；财产净收入占可支配收入的比重从6.2%上升到8.8%，增加2.6个百分点。至2022年前三季度，居民转移净收入占比18.7%，和疫情前2019年同期的18.2%相比高出0.5个百分点（见图1）。尽管经济社会发展受到疫情的负面影响，但2022年退休人员基本养老金稳中有升，就业困难人员和高校毕业生社会保险补贴有所提高，对困难群众的救助帮扶力度也在加大。在各项社会救助政策和价格补贴联动机制得到落实的基础上，困难群众基本生活得到有力保障，切实筑牢民生底线。2022 年前三季度全国居民人均转移净收入 5157 元，较 2019 年前三季度大幅增加 24.1%，年平均增长 7.5%。

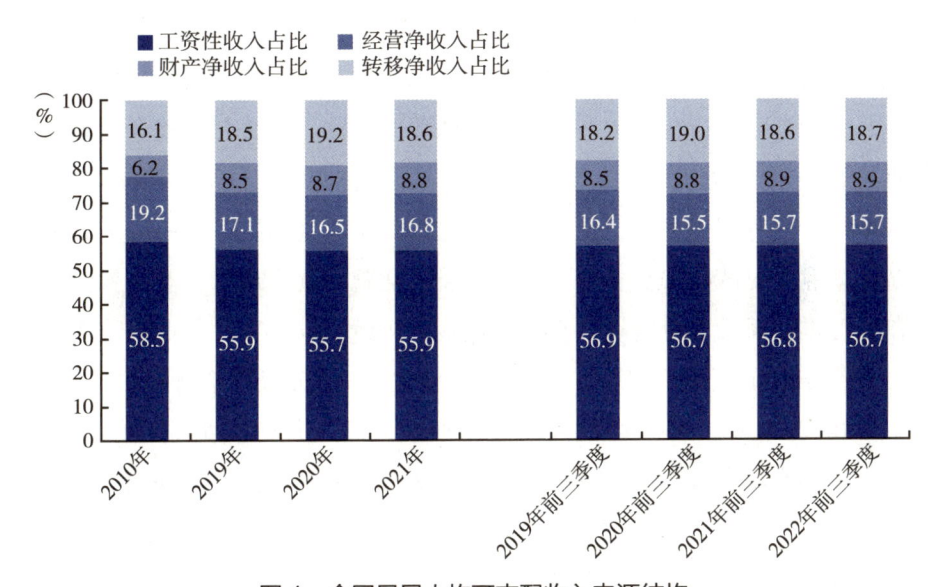

图 1　全国居民人均可支配收入来源结构

资料来源：历年《中国统计年鉴》。

2010~2021 年，全国居民人均财产净收入占人均可支配收入比重从 6.2% 大幅上升到 8.8%，提高 2.6 个百分点。从 2022 年前三季度数据来看，居民人均财产净收入占比为 8.9%，较疫情前的 2019 年同期增加 0.4 个百分点。居民财产净收入主要来源分别是利息净收入、出租房屋收入等。总的来看，2022 年前三季度全国居民人均财产净收入 2463 元，较 2019 年前三季度上升 26.4%，年平均增长 8.1%。

但是，全国居民工资性收入和经营净收入占比近年来有所下降。2010~2021 年，全国居民人均工资性收入占人均可支配收入比重从 58.5% 下降到 55.9%，降低 2.6 个百分点。2022 年前三季度全国居民人均工资性收入

15678元，占比56.7%，较2019年前三季度上升20.4%，年平均增长6.4%。《2021年农民工监测调查报告》也显示，农民工月均收入4432元，比上年增长8.8%。其中，外出农民工月均收入5013元，比上年增长10.2%；本地农民工月均收入3878元，比上年增长7.5%。2022年第三季度农村外出务工劳动力18270万人，较2020年第一季度的12251万人大幅回升，基本达到2019年第三季度的疫情前水平。2022年第三季度农村外出务工劳动力月均收入4586元，较疫情前2019年同期的3952元增长16.0%。稳就业位居"六稳""六保"之首，是经济运行保持在合理区间的关键支撑。2022年，就业政策切实从推进企业复工达产、支持市场主体稳岗、拓展就业岗位、加强就业服务、压实地方责任等方面发力，保持就业稳定和经济平稳运行。党的二十大报告对实施就业优先战略作出重大部署，强调强化就业优先政策，健全就业促进机制，促进高质量充分就业。在各项就业优先政策助力下，就业形势逐渐向好。随着经济有序恢复，居民工资性收入将进一步实现稳中有升。

2010~2021年，全国居民人均经营净收入占人均可支配收入的比重从19.2%下降到16.8%，降低2.4个百分点。2022年前三季度全国居民人均经营净收入4352元，占比15.7%，较2019年同期上升15.8%，年平均增长5.2%。统计数据也显示，一方面，农村居民人均经营净收入显著提升，2022年前三季度为4316元，较疫情前2019年前三季度的3626元增长19.0%。特别是近年来，数字经济消除了农产品供需双方的信息壁垒，农产品直播电商等新模式、新业态蓬勃兴起，极大地拓展了农产品的销售范围，推动新型农产品供销机制建设，依托数字经济的农业电商市场体系逐步形成，为农民经营净收入进一步提高奠定了坚实的基础。另一方面，城镇个体工商户经营净收入稳步提升，2022年前三季度城镇居民人均经营净收入4379元，较疫情前2019年同期的3863元增长13.4%。疫情发生后，国家出台一系列减税降费政策，税费优惠政策覆盖全部个体工商户，2020年至2022年9月底，针对个体工商户累计减税降费10272亿元，全国超八成的个体工商户无需缴税。2020年至2022年9月，全国涉税市场主体中累计新办个体工商户1734.2万户，对稳就业、保民生发挥了积极作用。

（三）居民收入中位数保持增长势头，收入差距有所缩小

1. 居民收入中位数持续增长

2013~2021年，人均可支配收入中位数由15632元增加到29975元，按可比价格计算，年均实际增长8.5%，高于居民收入平均值增长率。与人均可支配收入平均值相比，收入中位数能更好地反映大部分居民收入变化情况，受到极端值影响较小。2018年以来，居民收入中位数增速持续高于居民收入平均值增速，体现出居民收入分配机制更加兼顾效率与公平，收入结构更为合理，为进一步推进共同富裕奠定了良好的基础。

值得注意的是，2020年受到疫情影响，收入中位数增速降至3.8%，在各项政策积极作用下，经济实现有序平稳复苏，2021年收入中位数增速已接近2019年的疫情前水平，充分反映出居民收入逐渐走出疫情的负面影响，在经济持续恢复背景下重回增势。同时，新冠肺炎疫情依然零星散发，居民收入增速受到一定影响，2022年前三季度收入中位数增速仅为5.1%，较2021年同期有所放缓（见图2）。

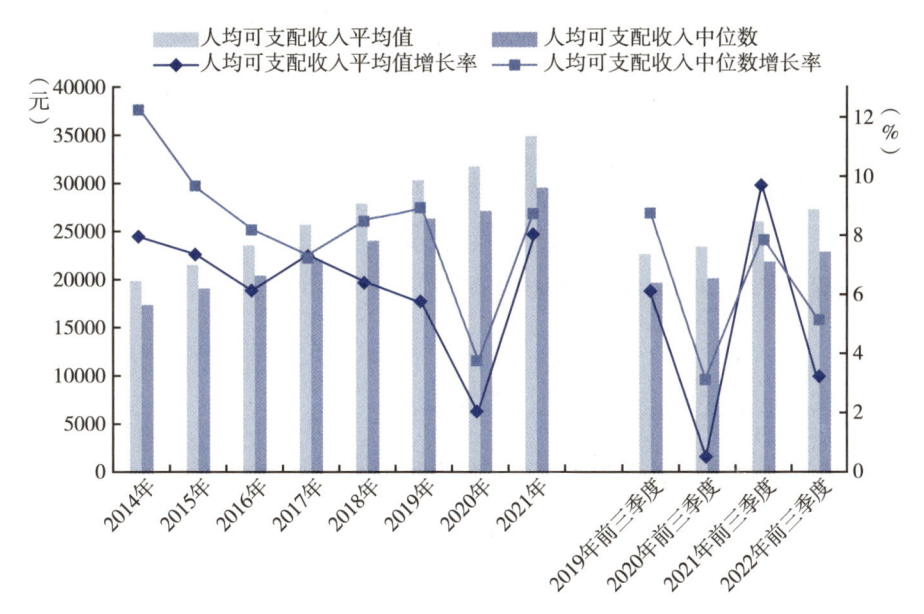

图2 2014年至2022年前三季度全国居民人均可支配收入平均值和中位数

资料来源：历年《中国统计年鉴》。

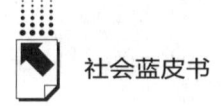

2. 城乡居民收入差距进一步缩小

党的二十大对中国式现代化作出深刻系统阐述，对推进乡村振兴作出科学规划和详细部署。随着乡村振兴战略的持续推进，城乡融合体制机制不断创新，为农业现代化创造有利条件。土地制度改革的深入更有助于农民财产净收入进一步提升，有力促进我国加速从农业大国向农业强国转变。同时，农村居民收入增速持续快于城镇居民，推动城乡居民收入比连续下降，2021年下降到2.50（见图3）。2022年前三季度城乡居民收入比为2.57，较上一年同期的2.62下降0.05。

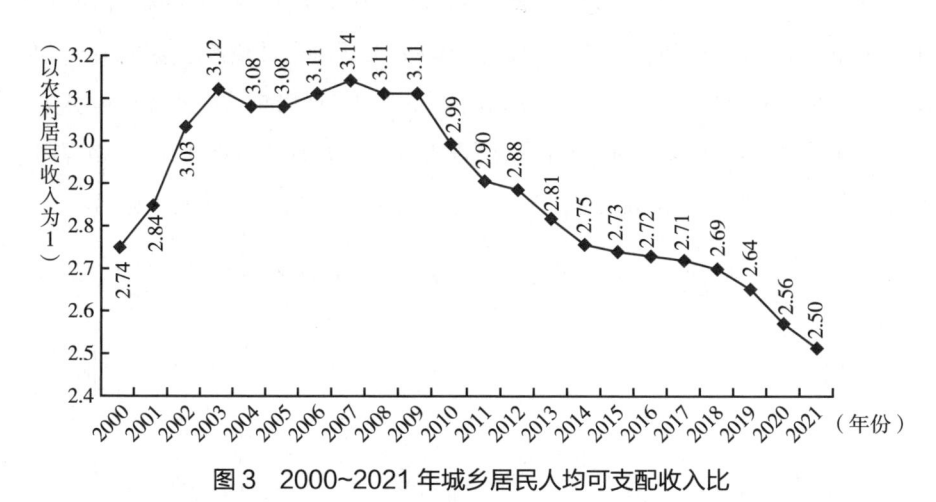

图3 2000~2021年城乡居民人均可支配收入比

资料来源：由历年《中国统计年鉴》数据计算获得。

3. 居民收入的地区差距总体有所缩小

区域间协调发展是经济社会高质量发展的重要体现。随着区域协调发展战略的推进，我国不同地区收入差距显著缩小，2011~2021年，居民人均可支配收入最高省份与最低省份间相对差距逐年缩小。从近年来不同地区居民人均可支配收入的差异系数变化来看，居民收入地区差距总体有所缩小，人均收入差异系数从2005年的0.509降至2021年的0.384（见图4）。特别是中西部地区居民收入增速持续显著高于东部地区，反映出收入分配制度改革成效显著，我国收入分配格局不断优化。由此可见，在新发展理念引领下，区域协调发展战略深入实施，在区域重大战略、新型城镇化战略的持续推进下，资源互通、优势互补、高效协同的高质量区域经济新格局和现代化经济体系正在构建中。

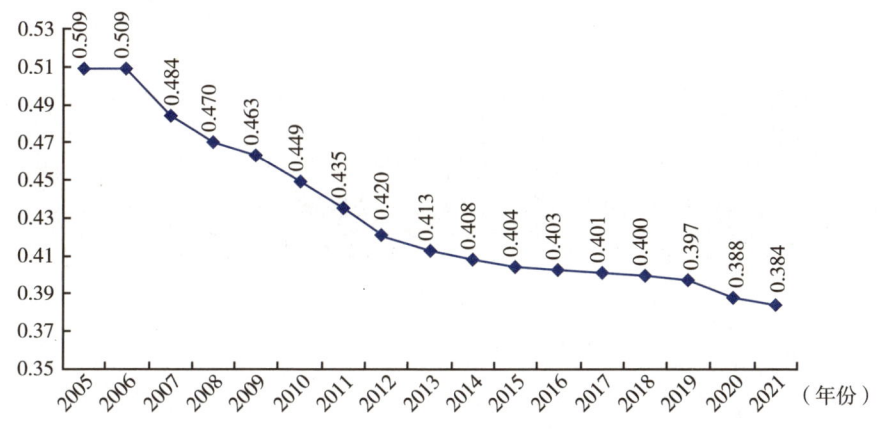

图4 2005~2021年各地区居民人均可支配收入的差异系数

资料来源：由历年《中国统计年鉴》数据计算获得。

二 城乡居民消费水平持续增长，消费新动能逐步形成

（一）城乡居民消费势头恢复良好

1. 城乡居民消费水平持续增长，农村居民消费增长快于城镇居民

2021年，全国居民人均消费支出为24100元，较2010年名义增长157.0%，剔除价格因素影响，按可比价格计算，累计增长99.2%，年均实际增长6.5%。其中，城镇居民人均消费支出为30307元，较2010年名义增长119.3%，剔除价格因素影响，按可比价格计算，累计增长69.0%，年均实际增长5.0%。农村居民人均消费支出为15916元，较2010年名义增长221.9%，剔除价格因素影响，按可比价格计算，累计增长148.3%，年均实际增长

8.7%，可见农村居民消费支出增长率持续高于城镇居民。

同时，前三季度统计数据也显示，在疫情影响下，2020年前三季度城乡居民人均消费支出较2019年前三季度显著下降，仅为14923元。随着我国疫情防控策略不断优化，防控效果更为精准有效，使得居民消费渠道日渐通畅，消费环境日益宽松，在国民经济持续好转的背景下，居民人均消费支出呈恢复改善局面。2021年前三季度城乡居民人均消费支出已经恢复到疫情前水平，为17275元；2022年前三季度，城乡居民人均消费支出进一步增加至17878元（见表2）。

表2 2010年至2022年前三季度城乡居民人均消费支出和增长率

单位：元，%

时间	消费支出			城乡消费水平对比（农村居民=1）	比上年增长率		
	全体居民	农村居民	城镇居民		全体居民	农村居民	城镇居民
2010年	9378	4945	13821	2.79	8.4	6.9	6.6
2011年	10820	5892	15554	2.64	9.5	12.6	6.8
2012年	12054	6667	17107	2.57	8.6	10.4	7.1
2013年	13220	7485	18488	2.47	6.9	9.2	5.3
2014年	14491	8383	19968	2.38	7.5	10.0	5.8
2015年	15712	9223	21392	2.32	6.9	8.6	5.5
2016年	17111	10130	23079	2.28	6.8	7.8	5.7
2017年	18322	10955	24445	2.23	5.4	6.8	4.1
2018年	19853	12124	26112	2.15	6.2	8.4	4.6
2019年	21559	13328	28063	2.11	5.5	6.5	4.6
2020年	21210	13713	27007	1.97	-4.0	-0.1	-6.0
2021年	24100	15916	30307	1.90	12.6	15.3	11.1
2019年前三季度	15464	9353	20379	—	—	—	—
2020年前三季度	14923	9430	19247	—	—	—	—
2021年前三季度	17275	11179	21981	—	—	—	—
2022年前三季度	17878	11896	22385	—	—	—	—

资料来源：历年《中国统计年鉴》。

2. 居民消费结构有待进一步优化

2022年前三季度，全国居民人均消费支出17878元，扣除价格因素影响，累计增长1.5%。其中，城镇居民人均消费支出22385元，实际增长-0.2%。城镇居民恩格尔系数为29.8%，较2021年前三季度上升0.7个百分点，但仍处于联合国标准下20%~30%的富足区间。农村居民人均消费支出11896元，实际增长4.3%。农村居民恩格尔系数为31.7%，较2021年前三季度小幅上升0.2个百分点。据国家统计局发布的数据，2022年前三季度全国居民消费价格（CPI）同比上涨2.0%，整体温和上涨。食品烟酒价格同比上涨1.9%，其中，粮食价格上涨2.7%，鲜菜价格上涨8.7%，鲜果价格上涨13.5%。随着疫情防控和经济社会发展的统筹推进，疫情对居民消费造成的影响逐步消除，但是居民消费结构的有效修复和进一步优化仍需时日（见图5）。

图5 历年全国居民消费结构

资料来源：历年《中国统计年鉴》。

（二）居民消费新动能逐步形成

1. 居民服务性消费、健康相关消费稳步增长，"线上消费模式"逐步形成

2021年，全国居民人均服务性消费支出10645元，较上年实际增长17.8%，较2019年名义增长7.7%。2015年以来，扣除疫情因素影响，年平均实际增长率为9.2%。在国内疫情多点散发的复杂态势下，人民群众的日常工作生活受到一定影响。随着防控措施更加精准化、人性化，疫情对经济社会秩序的负面影响逐渐减弱，居民消费新动能逐步形成。一方面，城乡居民日常消费预期整体有所下降，生活必需品消费比重有所增加，外出消费大幅减少。与此同时，在疫情不断反复的背景下，人们的健康意识显著增强，普遍比以往更关注健康问题。随着居民消费结构不断升级，人们更加重视医疗保健、体育健身，主动践行更为健康的生活方式，也愿意加大健康方面的投入，医疗保健等健康相关的消费支出有所增加。另一方面，线上消费以其便利性得到进一步普及，线上消费需求增长迅速。居家时间变长更是大幅促进线上购物、线上订餐、线上办公、线上教育、线上问诊、线上健身、线上娱乐等相关领域的消费。据国家统计局发布的数据，2022年1~10月，全国实物商品网上零售额同比增长7.2%，对市场销售的贡献稳步提升。疫情防控常态化时期，尽管"线下模式"逐步开启，但"线上模式"已经彻底改变了人们的工作和生活习惯，线上市场空间被全面打开，线上消费潜力被充分激发，居民线上消费新动能正在为经济发展提供全新机遇、注入强劲动力。

2. 相关政策持续发力，有效促进消费稳步恢复

2022年以来，一系列促进消费恢复的政策陆续出台，在疫情防控的同时，线上线下消费有机融合，信息消费扩大升级，基于"互联网+"的消费新业态不断壮大。同时，家电消费、健康服务消费、文旅消费、绿色消费、农村消费正在稳步有序恢复。生活家电普及渗透率进一步提升。2021年末，全国居民平均每百户拥有洗衣机、电冰箱（柜）、空调分别为98.7台、103.9台、131.2台，比上年末分别增加2.0台、2.1台、13.5台。其中，城镇居民平均每百户拥有洗衣机、电冰箱（柜）、空调分别为 100.5 台、104.2 台、161.7 台，比上年末分别增加 0.8 台、1.1 台、12.1 台；农村居民平均每百户拥有洗衣机、电冰箱（柜）、空调分别为 96.1 台、103.5 台、89.0 台，比上年末分别增加 3.5 台、3.4 台、15.2 台。农村居民生活家电消费增幅显著高于城镇居民，体现出乡村振兴背景下农村消费的巨大潜力。同时，随着农村消费环境不断改善，移动支付普及率不断提升，农村电商进一步蓬勃发展，农村居民的消费结构、消费模式正在发生显著改变，广大农村地区将成为消费增长的"新一极"，乡村消费也将成为拉动中国经济持续增长的新引擎。

随着绿色低碳转型加快，绿色消费也为中国经济高质量发展注入全新活力。据国家统计局发布的数据，2022 年 1~10 月，新能源汽车产量同比增长 108.4%。中国汽车流通协会发布的相关报告显示，在相关政策刺激下，新能源汽车市场不仅没有受到疫情的影响，而且持续环比改善超过预期。1~10 月新能源乘用车批发 501.5 万辆，同比增长 110.8%；1~10 月新能源乘用车国内零售 443.2 万辆，同比增长 107.5%。

（三）居民消费倾向较低，农村市场展现出强大韧性、拥有巨大潜力

近年来，全国居民消费倾向，即居民人均消费支出占人均可支配收入的比重，整体呈现梯度回落的走势。2019 年疫情前全国居民消费倾向为 70.1%；2020 年快速降低至 65.9%；2021 年，随着我国对疫情的有效控制，居民消费倾向回升到 68.6%。2022 年前三季度全国居民消费倾向为 64.7%。其中，城镇居民消费倾向显著低于农村居民，2019 年疫情前城镇居民消费倾向为 66.3%，2020 年快速降低至 61.6%；2021 年城镇居民消费倾向小幅回升到 63.9%，2022 年前三季度城镇居民消费倾向为 59.7%。农村居民在人均可支配收入较低和消费潜力逐步释放等多重因素叠加影响下，消费倾向近年来基本维持在 80% 以上。2019 年疫情前农村居民消费倾向为 83.2%，2020 年降低至 80.0%，2021 年重新回升到 84.1%，反映出农村市场的巨大潜力和强大韧性（见图 6）。

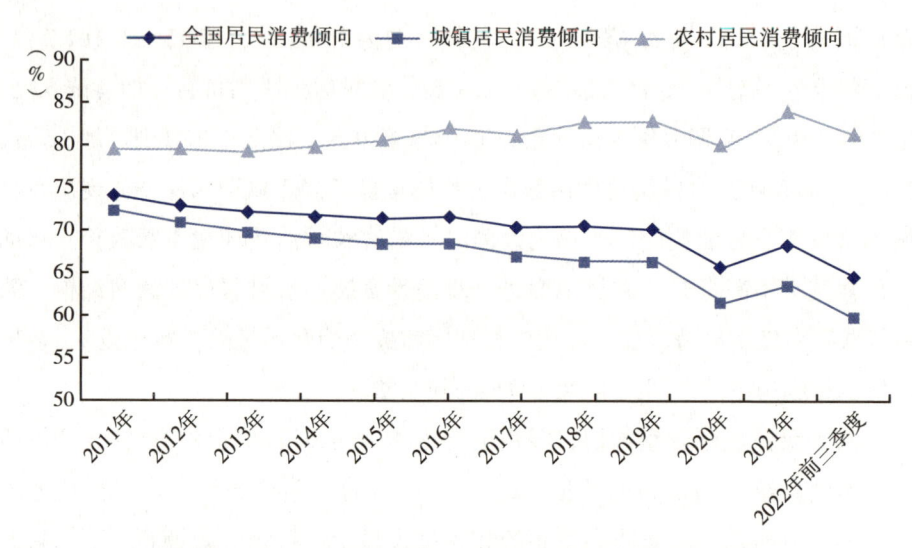

图6　2011年至2022年前三季度全国城乡居民消费倾向

资料来源：历年《中国统计年鉴》。

三　国民收入分配格局日趋合理，居民消费率呈现稳步回升态势

（一）住户部门在国民收入分配中的比重持续提升

在国民经济核算中，非金融企业部门、金融机构部门、广义政府部门和住户部门是宏观收入分配的主体，这四个机构部门的收入结构形成国民收入分配格局。近年来，随着收入分配体制机制改革不断深化，住户部门在国民收入分配中的比重呈现持续上升的态势。其中，初次分配机制是生产要素所有者和政府部门对增加值的分配。2018~2020年三年，住户部门在初次分配总收入中所占比重分别为61.1%、61.4%、62.0%，呈现逐年稳步上升态势，2020年比2012年提高3.2个百分点（见图7）。

实现全体人民共同富裕是中国式现代化的本质要求之一，国民收入分配制度更是促进共同富裕的基础性制度。党的二十大报告指出，坚持按劳分配为主体、多种分配方式并存，构建初次分配、再分配、第三次分配协调配套

图7 1992~2020年住户部门收入情况和所占份额

资料来源：历年《中国统计年鉴》。

的制度体系。统计数据显示，随着收入分配制度改革持续推进，居民收入在国民收入分配中的比重显著提高，为进一步增加低收入者收入、不断扩大中等收入群体奠定了坚实的基础。

（二）劳动者报酬在初次分配中的比重持续上升

劳动者报酬是住户部门收入的重要组成部分，只有坚持多劳多得，坚持按劳分配的主体地位，促进就业公平，才能逐步完善初次分配制度体系，有效提高劳动者报酬在初次分配中的比重，进而切实优化住户部门等各部门的收入分配结构，实现经济社会高质量发展。2020年，国内劳动者报酬共计52.96万亿元，劳动者报酬在初次分配总收入中的比重为52.7%，较上一年高出0.5个百分点（见图8）。一方面，近年来劳动者报酬保持高速增长，增速显著高于初次分配总收入增速；另一方面，近年来一系列稳岗促就业政策陆续出台，部分抵消了疫情对就业的不利影响，保持了就业容量不断扩大、就业质量有效提升的态势，切实增加了劳动者收入，就业形势持续得到改善。同时，随着经济逐步恢复，灵活就业形式蓬勃兴起，新业态、新职业快速涌现，在新旧经济动能转换中，"人才红利"逐步得到释放，共享经济、绿色经济等"新赛道"创造了大量高质量就业岗位，有效促进了劳动者就业增收。提高劳动者收入、调整收入分配结构，既有利于进一步扩大居民消费需求，对于优化经济结构也具有深远意义，是实现共同富裕的重要路径。

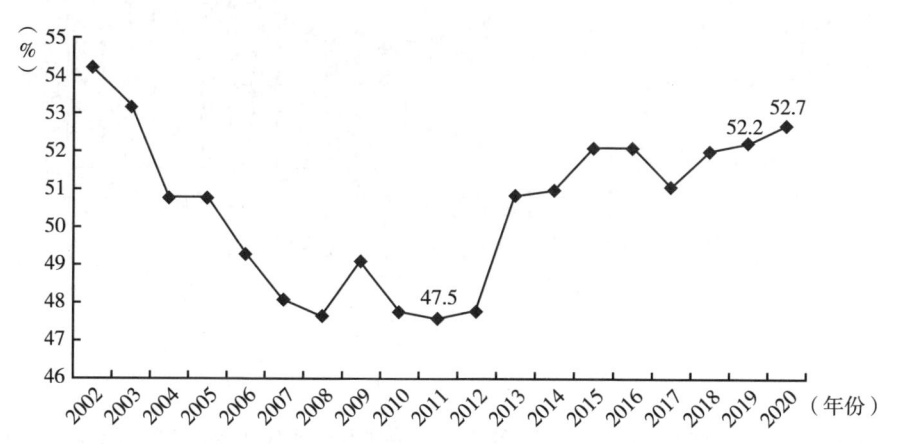

图8 2002~2020年劳动者报酬在初次分配总收入中的比重

资料来源：历年《中国统计年鉴》。

（三）居民消费率呈现稳步回升态势

依据居民和政府消费支出合计占支出法GDP的比重来计算我国最终消费率，2021年我国最终消费率为54.5%，较2019年降低1.3个百分点，与2020年相比降低0.2个百分点。其中，居民最终消费率为38.5%，较2019年降低0.6个百分点，较2020年增加0.7个百分点，有一定的消费复苏迹象。2021年，我国最终消费支出对国内生产总值增长的贡献率为65.4%，有效拉动国内生产总值增长5.3个百分点。同时，货物和服务净出口对国内生产总值增长的贡献率为20.9%，有效拉动国内生产总值增长1.7个百分点。

至2022年第三季度，居民消费支出状况有显著改善，最终消费支出对国内生产总值增长的贡献率累计值为41.3%，体现出居民消费潜力逐步释放对推动国民经济进一步恢复的积极作用。同时，至2022年第三季度，货物和服务净出口对国内生产总值增长的贡献率累计值为32.0%，显示出国际循环对经济增长的重要拉动作用。

统计数据体现出我国国内国际双循环相互促进的新发展格局正在形成。新发展格局极大提升了我国经济发展的自主性和可持续性，充分体现出我国作为超大规模经济体的韧性，为促进我国经济平稳健康发展建立了坚实的基础。

四 影响居民收入和消费的制约因素有待破解，收入和消费恢复仍有待时日

（一）消费者信心指数在低位徘徊，信心恢复有待时日

国家统计局中国经济景气监测中心发布的"消费者信心指数"显示，2022年下半年"消费者信心指数"持续在低位徘徊，显著低于上年同期水平。其中2022年4月，"消费者信心指数"为86.7，为近年来最低点，随后"消费者信心指数"维持在86~89区间范围内。"就业信心指数"同样在2022年4月创下年内低点，指数分值为79.4。除此以外，"收入信心指数""消费意愿指数"等指标同样显著低于上年同期水平，指标分值处于历史较低水平（见图9）。消费者信心恢复是经济复苏的重要前提，在多地疫情散发对消费市场造成一定冲击的背景下，如何有效恢复消费者信心、切实促进消费，成为未来实现经济持续增长的重要议题。从当前情况来看，进一步恢复消费者信心、充分发挥消费对经济的带动作用，仍有较大的政策空间。政策发力重点应当是在疫情精准防控背景下，切实改善消费环境，完善消费刺激政策，加大消费刺激力度，开拓新兴消费增长极。

（二）中低收入群体比重较高，制约居民收入持续增长

中低收入群体比重较高成为制约居民收入持续增长、消费潜力充分释放的限制性因素。目前，我国尚未完全走出疫情的消极影响，正处于经济社会

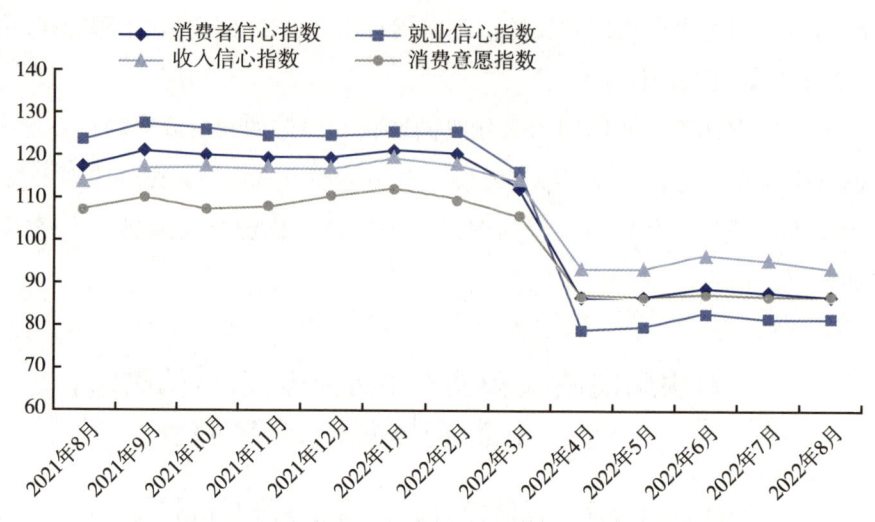

图9　2021年8月至2022年8月中国"消费者信心指数"

资料来源：《中国经济景气月报》。

恢复的关键期。在国内国际复杂环境的影响下，经济增速和居民收入增速有所放缓。世界经济复苏乏力、国际市场需求疲软，叠加国内经济结构调整和疫情的消极影响，导致部分低收入、低技能劳动者遇到一定的就业困难。特别是受多重因素影响，企业开工不足，劳动力需求不旺盛，极大影响了部分劳动者的就业稳定性和收入的可持续性。

特别是从我国居民家庭收入分布结构来看，将国家统计局提出的家庭年收入在10万~50万元区间的群体为中等收入群体作为标准，使用"中国社会状况综合调查"（CSS2021）[①]数据，对当前中国居民家庭收入结构进行测算，可以大致估算出我国中低收入群体比例。数据显示，我国当前低收入家庭比例较高。其中32.73%的家庭在2020年收入低于5万元，30.51%的家庭收入为5万~10万元，中低收入群体合计

[①] 中国社会科学院2021年开展的"中国社会状况综合调查"（CSS2021），覆盖了全国31个省区市的151个县（市、区）、604个村（居委会）。全国调查家庭样本量为10136个，包含45950位家庭成员。

超过60%。家庭年收入在10万~50万元的中等收入群体占比约为35%（见图10）。

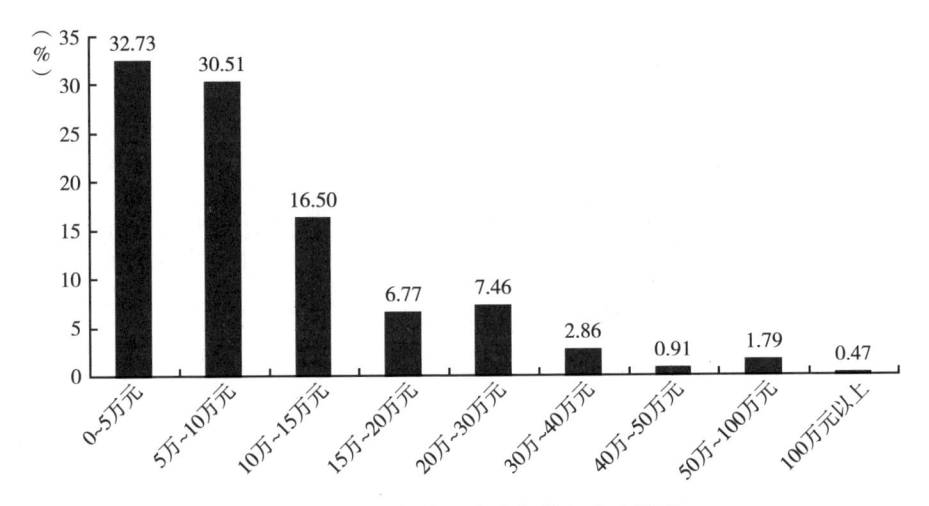

图10　2020年中国家庭年收入分布情况

资料来源：中国社会科学院"中国社会状况综合调查"（CSS2021）。

中低收入群体一方面受教育水平和劳动技能较低，另一方面在经济收入上有较高的脆弱性。较高比例的中低收入群体，有可能增加我国贫富分化加剧的风险，同时会对居民收入的整体提升形成制约，导致社会消费不振、消费总需求降低，严重阻碍以国内大循环为主体的新发展格局的构建。

（三）警惕居民杠杆率上升过快对消费形成抑制效应

居民部门杠杆率反映了居民的负债情况。按国家资产负债表研究中心的统计口径，近年来我国居民部门杠杆率总体呈上升趋势，由1993年的8.3%上升到2022年9月末的62.4%。同时，居民部门杠杆率上升大致可以分为两个阶段：2007年之前居民部门杠杆率上升较为平缓，年平均增长约0.75个百分点；2008~2019年，居民部门杠杆率呈现快速上升态势，年平均增长约3.3个百分点（见图11）。

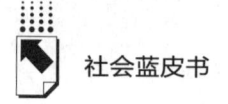

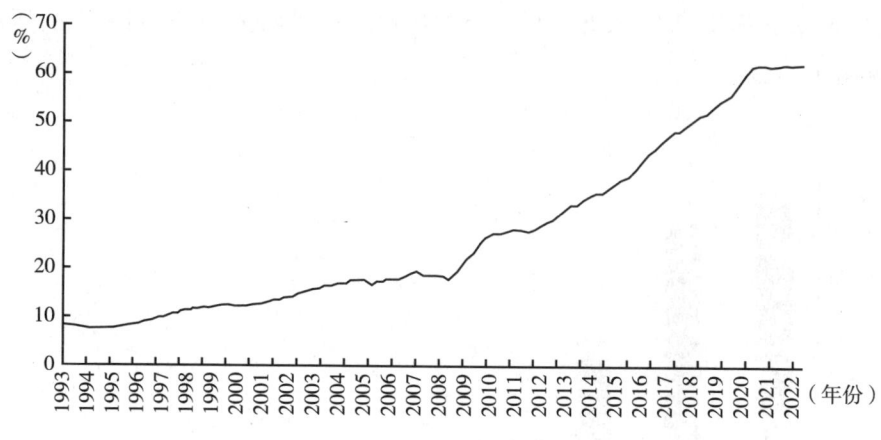

图 11　1993~2022年中国居民部门杠杆率变化情况

资料来源：国家资产负债表研究中心（CNBS）。

从负债用途来看，我国居民负债主要用于购房、建房、消费以及经营活动。总体来看，居民部门债务风险基本可控，但进一步加杠杆空间有限。适当的居民杠杆率可以对消费发挥带动效应，也在一定程度上反映了居民消费观念的积极变化。但是特别需要注意的是，居民杠杆率过快上升可能存在一定的透支效应。尤其是中低收入群体债务较高时，可能对消费形成挤出效应，透支居民消费潜力。非理性消费、过度负债更可能导致居民部门债务上升过快，对金融系统和社会稳定构成潜在风险。

（四）居民消费和投资意愿持续低位徘徊，储蓄意愿大幅增加，消费动力有待激发

中国人民银行城镇储户问卷调查结果显示，2020年第一季度以来，中国城镇储户消费和投资意愿持续在低位徘徊，储蓄意愿则大幅增加。在2022年第三季度的调查中，倾向更多储蓄的居民占58.1%，较2019年第三季度大幅提高13.6个百分点。在储蓄意愿大幅上升的同时，消费和投资意愿则持续走低。在2022年第三季度的调查中，倾向更多消费的居民占22.8%，较2019年同期下降5个百分点；倾向更多投资的居民仅占19.1%，较 2019 年同期大幅下降 8.7 个百分点，并且处于近十年以来的低位水平（见图 12）。

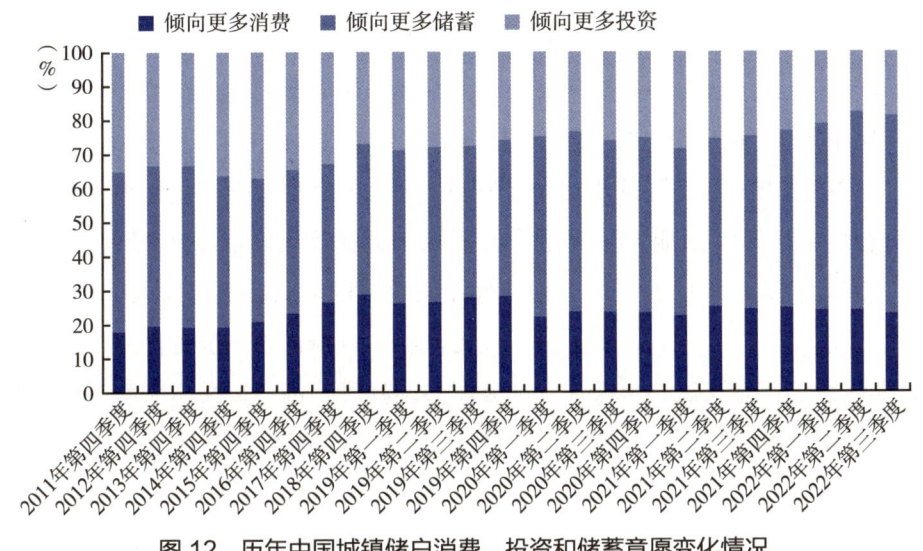

图 12　历年中国城镇储户消费、投资和储蓄意愿变化情况

资料来源：中国人民银行城镇储户问卷调查。

2022 年，国内各地疫情出现反复，多点散发的局面对居民消费和投资意愿构成较大消极影响，成为影响消费和投资的重要制约因素。国内居民消费和投资能力的进一步提升，以及消费和投资结构的进一步优化，仍需更为有效的政策予以保障。只有尽快推出更多有针对性的政策，大力促进消费潜力释放，增强物质消费和精神消费动力，加大更能满足广大人民群众个性化、多样化需求的新型消费供给，才能更好发挥消费对经济增长的基础性作用。

五　进一步提高城乡居民收入和促进城乡居民消费的建议

为了有效应对国内国际环境中的不确定因素，应当进一步统筹疫情防控和经济社会发展，出台更有针对性和更为精准的政策，加快促进经济社会复苏，尽快恢复正常生产生活秩序。

（一）贯彻新发展理念，扎实推动共同富裕

面对国内国际经济复苏压力加大和世界政治秩序重构的复杂形势，必须坚持新发展理念，扎实推动共同富裕。在收入差距持续缩小的大背景下，解决好区域差距、城乡差距等发展过程中出现的不平衡问题，统筹好经济社会发展中的效率与公平问题，处理好经济增速与发展质量的平衡问题。

总的来看，我国经济长期向好的基本面没有改变，但当前经济和就业压力较大，对居民收入和消费造成一定影响，居民就业信心、消费信心有待恢复。因此，从政策层面，应当拓宽就业渠道，保障新职业群体的劳动权益，鼓励灵活就业，在收入来源上为居民提供更多选择。进一步优化和完善收入分配体系，提升初次、再次、三次分配协调程度，进一步提高劳动者报酬在初次分配中的比重，有效增加城乡居民财产净收入和经营净收入。对于中小微企业、个体工商户、自主创业群体，要进一步优化营商环境，在税收政策上加大扶持力度。同时，要切实保障受疫情影响就业困难的农村居民基本收入，促进农村电商发展，拓宽农民增收渠道。

（二）进一步健全社会保障体系，有效释放居民消费潜力

社会保障制度是中国特色社会主义制度体系的重要组成部分。在统筹疫情防控和经济社会发展中，应当进一步完善社会保障体系，通过更精准有效的社会保障供给，最大限度对冲疫情对人民群众工作生活造成的负面影响。在疫情防控中，社会保障体系为有序复工复产、恢复经济社会秩序提供了有力支撑，成为重要的社会稳定器和经济减震器。面对国内国际不确定因素，政府应当继续加大在公共服务领域的投入，进一步完善社会保障制度设计、优化社会保障供给结构、提高社会保障水平和参保质量，及时回应和满足群众与时俱进的社会保障需求，实现社会保障水平与经济社会发展水平相适应的必然要求。通过加强多层次社会保障体系建设，进一步消除城乡居民在教育、医疗等方面的不合理差距，促进公共服务均等化。在有效增强城乡居民收入和消费预期的基础上，实现消费潜力的释放。

（三）进一步拓宽消费渠道，发展居民消费的新增长极

疫情对居民各方面消费造成了一定的抑制作用。在常态化疫情防控背景下，应当加快线上线下消费融合发展，促进新型消费，鼓励消费升级。特别是依托互联网等新技术，培育消费新增长极，提供更丰富的文化、旅游、体育、健康等方面的消费产品。充分鼓励信息技术发展，推进依托数字技术的沉浸式、体验式、互动式消费新场景应用落地，提高精神领域消费比重。在新发展理念引领下，推动绿色消费和低碳消费，鼓励清洁能源汽车发展，稳步推动绿色节能建筑发展，为绿色产业提供更多政策支持。

同时，应当进一步挖掘县乡消费潜力。依托县域经济和县域商业体系，推动农村电商平台和现代农业企业发展，激发农村居民消费潜力，提高农村居民消费品质。在乡村振兴战略指引下，进一步支持乡村旅游和休闲农业发展；创新消费帮扶模式，实现中西部欠发达地区的可持续发展。

参考文献

中华人民共和国国家统计局编《中国统计年鉴2021》，中国统计出版社，2021。

李培林、陈光金、王春光主编《2022年中国社会形势分析与预测》，社会科学文献出版社，2022。

B.3
2022年就业形势与未来展望

陈 云[*]

摘 要： 2022年，我国经济社会发展和就业形势受到多重超预期因素重大冲击，面临极为复杂严峻的形势。从全年看，就业形势在宏观环境的巨大不确定性中保持总体基本稳定，但主要指标明显波动：就业平缓增长，但动能偏弱；失业水平阶段性攀高后有所回落，但仍在相对高位运行；劳动力市场需求不振，企业招聘活动减弱；企业用工基本稳定，但稳岗压力加大；重点群体承压，青年就业困难凸显；头部城市压力加大，外溢风险增加；"优势"行业与传统行业同步受损，风险面扩大；部分劳动者就业质量下降，就业预期偏弱。面对复杂严峻的宏观经济与就业形势，要贯彻落实党的二十大精神，坚持就业是最基本的民生定位，实施就业优先战略，强化就业优先政策，平衡宏观政策目标，加强政策支持，稳预期、强信心；统筹城乡就业政策体系，精准施策助企脱困；健全多元化就业创业促进机制，保障重点群体就业；加强失业监测预警，健全失业风险应对机制。

关键词： 就业形势 失业率 劳动力市场 就业优先

---

[*] 陈云，中国劳动和社会保障科学研究院就业创业室主任，副研究员。

一 2022年就业形势分析

2022年，我国经济社会发展面临复杂严峻的国内外形势和多重超预期因素冲击。新冠肺炎疫情多点散发，俄乌冲突加剧国际经济社会秩序动荡，粮食能源危机进一步提升全球通货膨胀压力，引致国际金融市场不稳定性大增，美国升级对我国经济、技术等多领域打压围堵，制造地区紧张局势，产业链供应链受到严重冲击。在以习近平同志为核心的党中央的坚强领导下，各地区各部门坚持稳中求进工作总基调，按照"疫情要防住、经济要稳住、发展要安全"的要求，高效统筹疫情防控和经济社会发展，持续做好"六稳""六保"工作，出台实施稳经济一揽子政策和接续政策措施，全面强化就业优先政策，狠抓政策落实见效，着力保市场主体，稳就业稳物价。从全年情况看，就业形势在宏观环境的巨大不确定性中保持总体基本稳定，但主要指标明显波动、增长动能偏弱、压力面扩大、风险点增多，形势仍复杂严峻。

（一）就业平缓增长，但动能偏弱

就业增长反映经济发展对劳动力的吸纳能力，是经济发展带来的岗位需求与求职者通过市场匹配后的结果。2022年我国经济增长出现明显波动，分季度看，第一季度国内生产总值同比增长4.8%，保持在相对合理区间；第二季度受多方因素冲击，国内生产总值增长率仅0.4%；第三季度经济增长逐步恢复，增速提升至3.9%。[①] 从城镇新增就业增长情况看，2022年3月"两会"发布的《政府工作报告》确定城镇新增就业目标为1100万人。1~9月，全国新增城镇就业1001万人，完成全年目标任务的91%，基本符合时序进度。从走势看，春节后1~2月城镇新增就业同比增加，但3~5月持续同比减少，减幅持续扩大，至5月减幅达8%，之后减幅逐步缩小，截

---

① 经济增长资料来源于国家统计局网站公布的季度数据。

至9月末累计同比减少44万人，减幅4.2%。第三季度，全国城镇新增就业347万人，与上年同期持平，比2020年同期增长3.9%[①]。从2020年疫情发生以来的情况看，城镇新增就业情况弱于2021年同期，但明显好于2020年同期（见图1）。

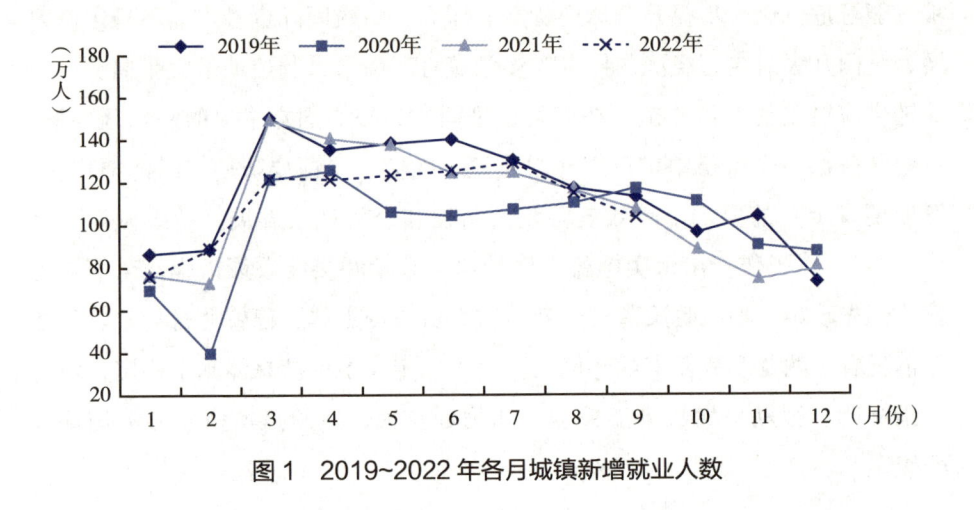

图1 2019~2022年各月城镇新增就业人数

（二）失业水平阶段性攀高后有所回落，但仍在相对高位运行

城镇调查失业率从2021年第四季度以来持续攀升。与往年相比，2022年没有出现往常春节后因用工高峰期导致的失业率下降的趋势，而显现出失业风险在持续累积，4月达到6.1%的高位，仅低于2020年2月疫情初期6.2%的历史峰值0.1个百分点。5~8月，调查失业率逐步下行，降至5.3%，9月和10月又小幅上升至5.5%。这与往年7月、8月通常季节性攀升，之后下行的走势也不一样。虽然第三季度全国城镇调查失业率均值为5.4%，比第二季度下降0.4个百分点，但比上年同期上升0.4个百分点；31个大城市城镇调查失业率均值为5.6%，比上季度下降0.9个百分点，

[①] 城镇新增就业资料来源于人力资源和社会保障部网站，并做整理计算。

比上年同期上升0.4个百分点。总体上，失业水平仍然处于相对较高的位置（见图2）①。

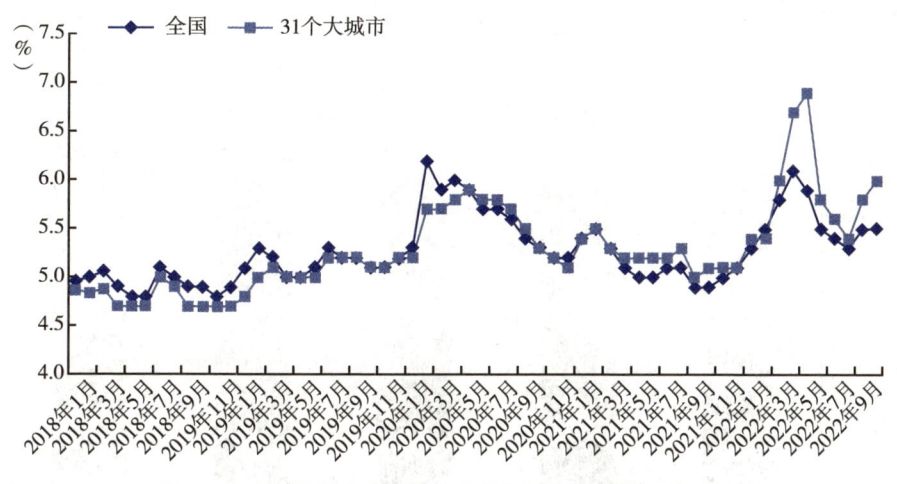

图2 2018年以来全国和31个大城市城镇调查失业率

（三）劳动力市场需求不振，企业招聘活动减少

受疫情、订单需求不足、线下现场招聘受限等因素影响，劳动力市场招聘需求下降，企业招聘活动减少。从人力资源市场供求数据看，公共人力资源市场招聘需求出现下降趋势。中国人民大学中国就业研究所联合智联招聘发布的2022年第三季度《中国就业市场景气报告》也显示，大多数行业的招聘需求同比下降。企业招聘需求规模下降的同时，其招聘活跃度也偏低。中国劳动和社会保障科学研究院与阿里研究院对9000多家中小微平台企业开展的调查显示，截至2022年第三季度末，21.2%的企业3个月内有过招工，七成以上的企业超过3个月未招工，其中49.5%的企业超过一年没有招工。与第二季度相比，超过一年没有招工的企业比例增加3.1个百分点，但超过半年、3个月没有招工的比例分别下降0.8个和2.5个百分点，3个月

---

① 城镇调查失业率资料来源于对国家统计局网站各月发布数据所做的整理分析。

内招过工的比例增加0.1个百分点。与上年第三季度比，超过一年没有招工的比例增加10.7个百分点，3个月内招过工的比例下降6.7个百分点（见图3）。这显示，企业整体招工状况稍好于第二季度但远未恢复至上年第三季度水平。①

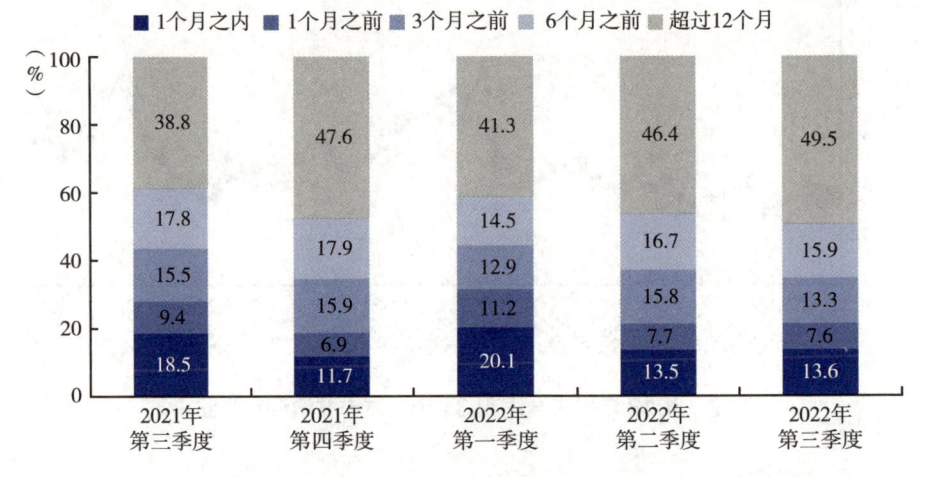

图3 2021年第三季度至2022年第三季度样本企业最近一次招工时间

（四）企业用工基本稳定，但稳岗压力加大

国家统计局发布的数据显示，制造业从业人员指数和非制造业从业人员指数自2022年2月以来环比回落，4月、5月为疫情发生以来最低位，之后虽有所上升，但仍持续处于临界值之下，总体上呈现下降趋势（见图4）。2022年9月，制造业从业人员指数为49%，比上月上升0.1个百分点，与上年同期持平；非制造业从业人员指数为46.6%，比上月下降0.2个百分点，比上年同期下降1.2个百分点；第三季度，制造业从业人员指数平均为48.8%，比上季度上升1个百分点，但同比下降0.6个百分点；非制造业从业人员指数平均为46.7%，虽环比上升0.8个百分点，但同比下降1个百分点。这显示企

---

① 中小微平台企业经营用工状况调查，由中国劳动和社会保障科学研究院与阿里研究院联合开展，2022年9月开展的第三季度调查，共获得有效调查问卷11631份。

业用工持续收缩。① 同时调查也显示，有一定比例的企业出现减员裁员现象。第三季度，中小微平台企业中有8.4%的企业员工总数增加；55.0%的企业员工数量没有变化；有36.6%的样本企业减员，其中8.8%的企业减员量高于30%，27.8%的企业减员量低于30%。同时，部分头部平台企业也在节后出现规模性裁员。除直接减员外，还有部分企业存在减时降薪、削减福利、轮岗调剂、停工放假等现象。

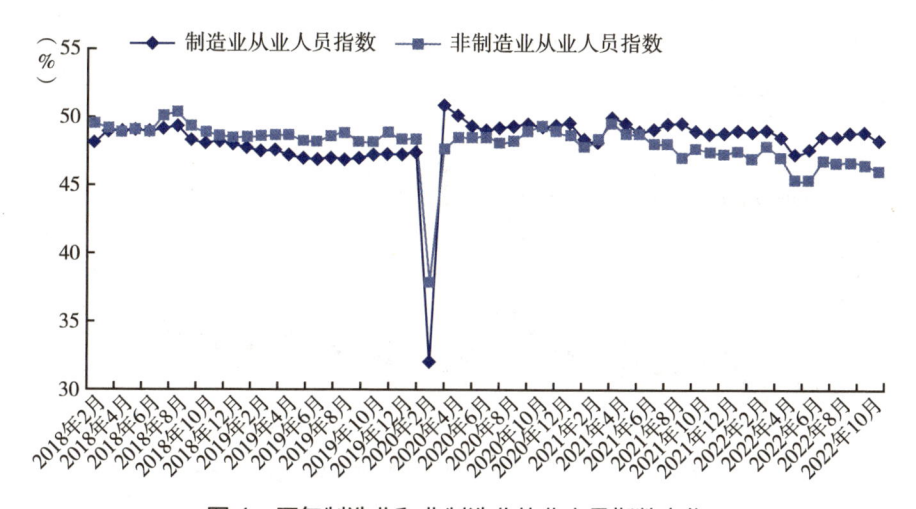

图4 历年制造业和非制造业从业人员指数变化

（五）重点群体承压，青年就业困难凸显

在就业形势总体承压的同时，部分群体就业压力增加，遭遇求职困难和失业风险。特别是青年失业问题更加突出，16~24岁青年调查失业率持续走高，2022年7月攀升至19.9%，达近年高点，之后虽于9月、10月降至17.9%，但仍处于高位（见图5）。同时，离校未就业高校毕业生规模超过往年，以毕业生为主的新成长劳动力就业困难成为当前最突出问题。另外，农民工就业也出现波动，据有关监测数据，农民工返乡现象有所增加，外出人数减少。

---

① 制造业和非制造业从业人员指数资料来源于国家统计局各月发布的相关数据。

第三季度末,外出务工农村劳动力总量18270万人,比上年同期少33万人。[①]苏、浙、沪、粤等东部用工大省返乡人员阶段性显著增加,二次返乡比例较往常有所升高。2021年9月当月,外来户籍人口调查失业率为5.6%,环比上升0.3个百分点,同比上升0.8个百分点。第三季度,外来户籍人口调查失业率平均为5.5%,高于全国平均水平,比上年同期上升0.6个百分点。有关调查统计也显示,困难人员就业难度进一步加大,登记失业人员中长期失业比例增加。女性调查失业率高于总体失业率1个百分点左右,其就业问题也值得关注。需要注意的是,还有部分知识型、技能型白领群体受到行业监管、疫情封控等影响也遭遇失业风险。

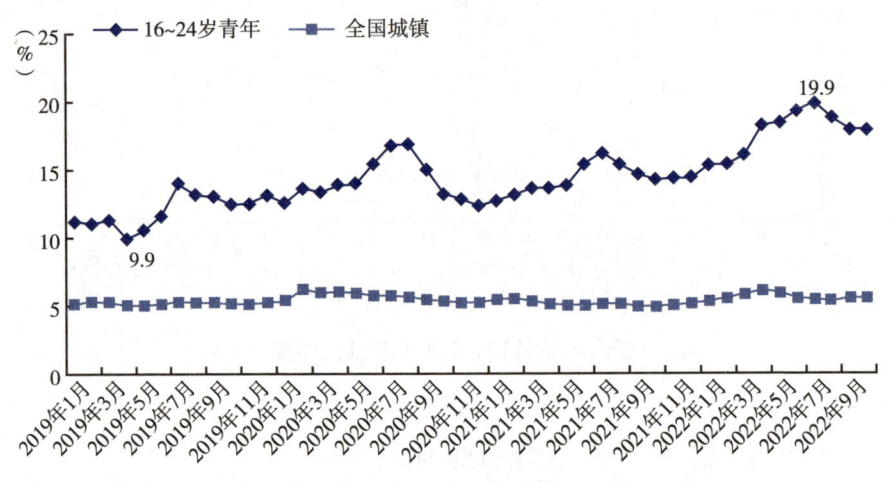

图5 2019年以来我国16~24岁青年调查失业率变化情况

(六)头部城市压力加大,外溢风险增加

自2020年5月以来,31个大城市失业率整体高于全国城镇平均水平,失业压力有所增大。2022年,珠三角、长三角、京津冀以及中西部的郑州、四川和重庆等大城市疫情反复,其就业形势受到重大冲击,一些地区失业率

---

① 外出农民工资料来源于国家统计局网站。

出现阶段性攀高（见图6），形成区域性风险点。特别是本轮疫情影响严重地区以东部发达省份或中西部区域经济中心为主，经济体量和从业人员规模大，总部经济、行业龙头企业、外贸企业数量多，重点支柱行业涉及产业链条长，牵涉地域范围广，停工停产具有较强的涟漪效应，其风险对区域外企业生产和用工产生传导影响。据调查，外出求职农民工中，有三成以上的人表示1个月内找不到工作就会返乡。

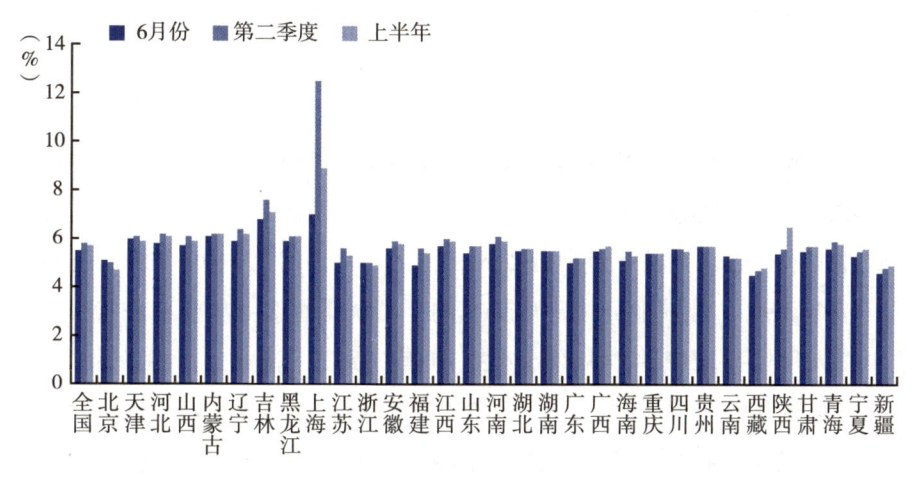

图6　2022年上半年、第二季度及6月全国及各省份调查失业率

（七）"优势"行业与传统行业同步受损，风险面扩大

在经济下行、疫情散发、资本市场动荡、行业监管加强、数字转型加速等多重因素叠加影响下，行业结构性分化加剧，行业性稳岗压力和失业风险加大。一是疫情突发以来，部分传统的人员密集和面对面接触性的生活性服务行业遭遇持续冲击，一些企业出现停业或业务调整，减员裁员现象较多。疫情突发以来，非制造业从业人员指数一改常态，持续低于制造业从业人员指数，4月、5月下探历史低位，之后虽有回升，但未恢复到前两年同期水平，表明其行业用工困难仍在加深。二是部分原有"优势"行业企业需求下降和

裁员问题突出。特别是房地产、教培、金融、互联网等部分行业招聘需求下降明显，甚至出现普遍裁员减员问题。这些行业从业者很大一部分是白领甚至金领阶层，他们面临的就业难题成为目前劳动力市场新的风险，加剧了市场结构性波动，也在一定程度上增加了总体就业压力。

（八）部分劳动者就业质量下降，就业预期偏弱

受复杂形势影响，劳动者就业状况出现分化，部分劳动者在工作机会获得、工资收入、福利待遇、工时加班等方面就业质量明显下降。中国劳动和社会保障科学研究院课题组2022年9月的一项调查显示，①在过去一年遇到过拖欠工资、停工放假、减少福利、减少工时、裁员等情况的劳动者合计占比超过五成。三成左右的劳动者劳动收入相比上年有所减少，尤其是灵活就业和建筑、交通运输、房地产、家庭服务等行业从业者收入明显减少。而信息软件技术行业、金融业劳动者收入相比上年增加的比例相对较高，分别为17.3%和15.9%。受就业环境和形势影响，民众就业感受与预期也有所减弱。据中国人民银行城镇储户调查，2022年第三季度，就业感受指数为35.4%，比上季度下降0.2个百分点。其中，9.7%的居民认为"形势较好，就业容易"，45.1%的居民认为"一般"，45.2%的居民认为"形势严峻，就业难"和"看不准"。就业预期指数为45.3%，虽比上季度上升0.8个百分点，但仍然处于近年来的低位。②

二 下一步走势与面临的突出风险和问题

从下一步走势看，我国就业形势仍具有维持总体稳定的有利条件，经济稳中向好、长期向好的基本面没有变。经济规模将进一步扩大，经济结构进一步优化，市场空间广阔，发展韧性强劲；党中央、国务院高度重视就业问

---

① 该项调查由中国劳动和社会保障科学研究院于2022年9月进行，调查问卷46000多份。
② 参见中国人民银行调查统计司《2022年第三季度城镇储户问卷调查报告》，http://www.pbc.gov.cn/diaochatongjisi/116219/116227/4675843/index.html。

题,坚持经济发展就业导向,全面强化就业优先政策,部署实施一系列促进就业的政策措施,提供有力支撑;社会各部门各方面协同促进就业创业的机制更加完善;新一轮科技革命和产业变革深入发展,数字经济、"双创"加快发展,新就业增长动能不断加强;创新驱动的新技术、新经济、新业态加速发展,平台用工、灵活就业的发展为劳动者提供了更多的就业选择;新型城镇化、乡村振兴孕育巨大发展潜力,新的就业增长点不断涌现;构建双循环格局,持续扩大开放和深化改革以拓展劳动力市场边界,将提供新的就业增长空间;劳动力市场协同性增强,劳动力整体受教育程度上升,社会性流动更加顺畅,市场供需匹配效率提高,这些都将为稳定就业形势提供基本支撑和有力保障。

同时,就业形势也面临外部环境不确定性、疫情影响长期性、复苏发展不平衡性及经济减速影响滞后性显现并加强的多变局面,周期性、结构性、摩擦性、政策性因素多重影响叠加交织的复杂形势。

疫情影响长期性将逐步显现。新冠肺炎疫情持续近3年,全球累计新冠确诊病例超6亿例,超10万例的国家或地区有120多个,累计病亡病例超万例的国家或地区有65个。[①] 目前疫情仍在演变蔓延,部分国家调整了防控措施和应对策略,全球疫情发展和影响的不平衡性突出。国内外疫情防控的复杂性、艰巨性、反复性,叠加复杂的宏观经济社会因素,对劳动力市场造成广泛而深远的影响。疫情对劳动力市场从需求到供求、从数量到质量、从总体到结构、从劳动者求职行为到观念、从企业用工方式到管理制度等方方面面都产生了影响。同时,疫情对不同地区、行业、企业、群体等影响的内容、程度、后果等具有一定的差异性;疫情在发展的不同阶段,对劳动力市场产生影响的对象、具体内容和程度,以及不同主体应对策略等也具有不同特征。

俄乌冲突风险溢出效应的冲击不容忽视。俄乌冲突持续至今,不仅对俄罗斯和乌克兰两国经济社会造成严重冲击,而且对全球经济和金融市场产生

---

① 疫情相关资料来源于世界卫生组织(WHO)网站。

多重影响。我国面临更趋严峻和更加不确定的外部环境,进而影响经济社会整体发展,并给劳动力市场带来一定的不稳定因素和风险点。从短期来看,俄乌冲突易冲击直接贸易相关企业生产经营,消费需求收紧,降低企业市场预期,抑制其扩张性用工需求,形成就业风险点,但不会影响就业"大盘"。从长期来看,俄乌冲突对全球经济的多重影响将进一步增加我国外部市场环境不确定性,并且将与新冠肺炎疫情、国内经济下行等因素共同影响市场用工主体。随着市场环境的进一步恶化,企业的扩张性生产预期降低和对未来市场的不确定性,都会在用工方面得到体现,比如采取减少校招计划和扩展性招聘需求、调整现有人员岗位、减时降薪、裁员甚至关停等措施应对未来突发性事件带来的市场"不确定因素",对我国劳动力市场的叠加影响将逐步显现。

供应链产业链变动影响或将逐步加强。中美竞争加剧、疫情多点散发、俄乌冲突外溢、美欧战略调整等多重因素叠加影响,加剧供应链产业链波动风险。由单纯市场因素向多重因素影响转变,我国经济发展面临前堵后追局面,一方面是发达国家的贸易技术等打压和产业回流,另一方面是其他发展中国家在中低端供应链和产业链中的竞争,使得经济发展的内循环和外循环都受到不同程度的冲击。其影响更加广泛和深入,涉及的行业领域、地域范围、产业深度、相关要素越来越多且程度越来越深。这些冲击主要体现在以下几个方面:一是疫情防控背景下,人员流动、物料流通受阻,企业复工复产受影响;二是通货膨胀,物价上涨,流通成本增加;三是缺芯少料,关键零部件进口和技术受限等;四是产业链供应链外迁;五是贸易脱钩与市场禁入。目前来看,虽然近年来供应链产业链变动一直存在,但我国具备完整的产业链体系,加上具有营商环境、政策、人才、技术等方面的比较优势,产业链外迁并没有快速激进地进行,对总体产业发展的影响有限,对就业的影响也总体可控。但从长期看,其影响不容忽视。我国目前面临的前堵后追形势,对劳动力市场两端产生影响,一方面是发达国家制造业回迁和限制,对高端技术人才的影响;另一方面是东南亚、南亚和其他发展中国家的洼地效应,吸引企业产能外迁,对基层一线人员就业的影响。

受宏观经济不确定性影响，企业经营用工预期偏弱，一些周期性、摩擦性因素的影响固化，形成新的结构性矛盾，劳动力市场修复速度趋缓，部分行业、企业稳岗压力或将进一步加大，劳动者求职就业信心不足，重点群体就业困难仍然突出。

企业预期偏弱，劳动力市场复苏滞后。从劳动力市场招聘需求恢复、城镇新增就业增速等方面看，就业增长复苏动能仍不强劲。部分损失的岗位需求难以回补，市场供求的比例较疫情前有较大差距。制造业采购经理指数与非制造业商务活动指数与从业人员指数之间差值较大，特别是非制造业商务活动指数7~10月恢复到50%的景气指数以上，但从业人员指数仍处于相对低位，两者差值扩大，表明劳动力市场修复速度慢于经济恢复速度。特别是部分从业人员工作时间不足、工资收入减少导致的就业质量损伤，难以短期恢复改善。中国劳动和社会保障科学研究院2022年9月开展的一项企业经营用工情况调查显示，近六成企业对2022年第四季度生产经营和用工需求状况的预期较为稳慎，其中有31.3%的企业认为经营和用工基本稳定，不会有明显变化；18.1%认为经营向好，用工需求会增加；8.8%认为经营向好，用工基本保持不变。另有近两成企业认为经营会更加困难，还有两成企业认为目前不好说，需视情况而定。分行业看，采矿、金融、制造以及信息传输/软件和信息技术服务等行业都有超60.0%的企业认为第四季度生产经营和用工预期稳定与向好，均高于面上水平，而旅游业、房地产业、文化和娱乐业企业预期稳中向好的比例低于面上水平约10个百分点。另外，房地产、文化和娱乐、交通运输、仓储和邮政业等行业预期第四季度生产经营更加困难的企业占本行业企业的比例均超过30.0%，高出面上水平10个百分点。企业预计生产经营未来可能面临的困难较多，主要集中在成本、疫情和宏观环境、市场需求不足方面。

部分摩擦性、周期性因素的影响出现结构化、长期化趋势。受疫情及各方面影响，市场结构调整持续深化，风险点位或将不断转移，经济与劳动力市场结构进入新一轮调整期，区域、城乡、行业和群体的就业状况出现新的变化。比如疫情影响从上半年的东部向西部转移，城乡失业压力从大城市向

县域转移，行业间需求出现新的变化。区域、行业等结构性变化加剧，各类失业风险叠加累积，局部失业风险或会多点频发。同时，失业劳动者长期失业趋势更加明显，失业者找工作或者再就业的"信心"不足，焦虑情绪增加。特别是以高校毕业生为主的青年就业压力或会进一步加大，2023年应届毕业生将达到1158万人，比2022年再增加82万人。作为在疫情特殊背景下成长的新生代劳动者，近三年来应届毕业生在求职就业上面临许多特殊困难和问题，其学习、实习、求职就业过程、行为方式、观念等都具有明显不同于以往的群体特征，其就业失业问题不再是短期的，需要更长时间消化处理，在较长时间内逐步解决。

三 政策思路

面对复杂严峻的宏观经济与就业形势，稳就业保就业面临诸多新挑战，需要坚决贯彻落实党的二十大精神，坚持就业是最基本的民生定位，坚持实施就业优先战略，强化就业优先政策，健全就业促进机制，进一步加大就业优先政策力度、准度，兜住兜牢最大民生底线，有效防控失业风险，推进实现高质量充分就业目标。

（一）平衡宏观政策目标，加强政策支持，稳预期、强信心

坚持就业优先，处理好经济增长、通货膨胀、失业率等宏观经济目标的平衡问题，加强政策的协调性、稳定性和可预见性，协同宏观调控政策的力度和时机，把握好政策强度和节点，提振和稳定市场信心。坚持就业优先，保持经济拉动就业能力，实现经济转型与就业转型同步、高质量发展与高质量就业同步，避免"无就业复苏"。合理设置政策红灯、绿灯，对就业可能造成重大影响的政策要制定就业帮扶配套措施。

（二）统筹城乡就业政策体系，精准施策助企脱困

政策功能从救急治病向康复提质转变，更加重视加大对劳动力市场修复和结构调整政策的供给和支持力度，加强对消费服务行业、社会治理和公共服务、二三线城市和县域经济的支持，培育新的就业增长点。提高政策措施精准度，精准支持特定主体，保供应、稳经营。针对受疫情影响的求职群体，实施针对性专项就业服务，破除疫情期间求职障碍。精准出台区域性、行业性、主体性就业政策，加大结构性政策供给，加强供应链保障，维持企业生产正常运转，提高市场主体存活率。将对中小微企业和个体户提供的财政、信贷、专利、政府采购等优惠政策系统化长期化。深入推进"大众创业、万众创新"，持续释放全社会创业创新创造新动能。加大对社区工厂、扶贫车间、易地安置园区等特定主体的扶持力度。

（三）健全多元化就业创业促进机制，保障重点群体就业

健全就业公共服务体系，破除妨碍劳动力、人才流动的体制和政策弊端，清除影响平等就业的不合理限制和就业歧视，完善重点群体就业支持体系，加强困难群体就业兜底帮扶。积极促进高校毕业生市场化社会化就业，拓宽市场和公共部门就业渠道与空间，加大事业单位、国有企业等招聘力度，鼓励毕业生利用专业特长到中小城市和县乡创业，开办专业化服务机构，实施基层岗位支持计划，推动公共就业服务进校园，加强毕业生就业服务指导，加快疏解清除毕业生就业"堰塞湖"；加强农民工就业保障，安全、有序组织其外出务工，加强对农民工返乡回流情况的监测，加大就近就地就业创业政策支持和服务力度，扩容农村劳动力"蓄水池"；加强对灵活就业人员的就业服务，扩大就业创业补贴、各类社会保险、技能提升培训对灵活就业人员的覆盖面，发挥数字经济和平台企业稳就业作用，做活做好灵活就业"周转池"；加强对知识型、技术型失业人员的就业服务和帮扶，强化政策咨询、信息对接、转岗培训、创业扶持等。另外，补齐劳动者收入增加和权益保障短板，稳步提升就业质量。

（四）加强失业监测预警，健全失业风险应对机制

加强对新风险点位和群体就业失业状况的监测，强化重点群体和市场弱

势群体的政策和服务支持。提高应对外部环境严重冲击能力，加快建立健全失业预测预警和应急处置机制。针对重点地区、重点行业和群体开展持续的监测调查。完善应对规模性失业预案和政策工具箱，避免发生系统性、规模性失业。

B.4
2022年中国社会保障事业发展报告

惠大帅 马 进 胡子健 *

摘 要： 2022年，我国社会保障在面临新冠肺炎疫情冲击、人口老龄化加剧、经济下行压力增大等诸多困难的情况下，仍然取得积极进展，社会保险、社会优抚、社会救助、就业保障以及特殊群体权益保障水平迈上了新的台阶。党的二十大报告提出"健全覆盖全民、统筹城乡、公平统一、安全规范、可持续的多层次社会保障体系"，对收入分配、就业支持、医疗资源扩容、养老服务、生育支持、教育普惠等多项工作做出具体部署和安排。在习近平新时代中国特色社会主义思想与党的二十大精神的指引下，未来我国社会保障事业必将在服务我国经济社会建设、推进全体人民共同富裕、实现中华民族伟大复兴的过程中承担更为重要的历史使命。

关键词： 社会保障 养老保障 医疗保障 就业保障

2022年，在习近平新时代中国特色社会主义思想与党的十九大和十九届历次全会精神的指引下，我国社会保障改革稳步推进，社会保障事业取得积极进展。随着新型冠状病毒传染性提升、潜伏期与代间距缩短，疫情防控难度大幅提升，我国经济社会发展面临较大冲击。为打赢疫情防控攻坚战，国家陆续发布《关于特困行业阶段性实施缓缴企业社会保险费政策的通知》《关于做好

---

* 惠大帅，首都经济贸易大学劳动经济学院讲师；马进，中国人民大学法学院博士；胡子健，北京信息科技大学经济管理学院学士。

失业保险稳岗位提技能防失业工作的通知》《关于切实做好当前疫情防控医疗保障工作的通知》《关于做好2022年脱贫人口稳岗就业工作的通知》等一系列社会保障领域的规范性文件。我国社会保障制度在纾解企业困难、稳定并扩大就业、救助困难群体方面发挥了重要功能，有效统筹了经济社会发展与疫情防控，成为经济社会稳定、人民生活安定的有效调节器。

回望过去，我国社会保障体系建设成就斐然，世界上规模最大、功能完备的社会保障体系已然建成。2022年10月16~22日，举世瞩目的中国共产党第二十次全国代表大会在北京顺利召开，会议肯定了我国社会保障建设取得的历史性成就，也为进一步完善我国社会保障制度指明了方向，对健全我国多层次的社会保障体系，促进我国社会保障事业安全、健康、可持续发展提出更高的要求，对就业、人才、收入分配、劳动权益等做出最新部署。随着社会保障法治化程度提升，运行机制逐渐畅通，覆盖范围进一步扩大，我国社会保障事业必将在服务我国经济社会建设，推进全体人民共同富裕，实现中华民族伟大复兴的过程中承担更为重要的历史使命。

一 2022年我国社会保障事业的总体发展趋势

（一）社会保险覆盖范围逐步扩大

2022年，全国养老、失业、工伤保险参保人数持续增加，社会保障覆盖范围进一步扩大。截至9月底，全国基本养老保险参保人数为10.47亿人，较上年末增加1829万人；失业保险参保人数为2.35亿人，较上年末增加542万人；工伤保险参保人数为2.89亿人，较上年末增加613万人；医疗保险参保率稳定在95%以上；社会保障卡持卡人数13.65亿人，较上年同期增加0.18亿人；电子社保卡的领用人数超过6.4亿人，较上年同期增加2.5亿人。[1]

---

[1] 《2022年三季度人力资源和社会保障工作主要进展情况》，人社部官网，http://www.mohrss.gov.cn/SYrlzyhshbzb/dongtaixinwen/buneiyaowen/rsxw/202210/t20221026_489021.html，2022年10月26日；《2021年前三季度人力资源和社会保障统计数据》，人社部官网，http://www.mohrss.gov.cn/xxgk2020/fdzdgknr/ghtj/tj/dttj/202110/t20211027_426102.html，2021年10月26日。

（二）社会保险基金运行平稳安全

社会保险基金运行平稳，能够保障社会保险待遇及时、足额发放。2022年1~9月，养老、工伤、失业保险基金总收入5.25万亿元，较上年同期增长0.47万亿元；总支出4.89万亿元，较上年同期增长0.32万亿元；9月底累计结余7.24万亿元，较上年同期增长0.71万亿元。[1]截至2022年8月，全国基本医疗保险参保率稳定在95%左右。基本医疗保险基金（含生育保险）总收入19143.81亿元，同比增长5.7%，基本医疗保险基金（含生育保险）总支出15096.05亿元，同比下降1.5%。[2]

（三）社会保险基金监管工作持续强化

2022年，我国进一步强化社保基金监督管理工作，进一步规范社会保险基金的使用。2022年8月，人社部发布《社会保险基金监督举报工作管理办法（征求意见稿）》公开征求社会意见，旨在有序引导社会公众参与社会保险基金监督，切实维护社会保险基金安全。该办法详尽规定了社会保障基金监督举报的范围、受理与接收、查处等事项，重点规范了社会保险基金监督举报管理工作。[3]

（四）养老保险基金投资保值工作扎实推进

国家积极推进基本养老保险基金委托投资工作，实现养老保险基金保值、增值。截至2022年9月，我国基本养老保险基金委托合同规模1.6万亿元，

---

[1] 《2022年三季度人力资源和社会保障工作主要进展情况》，人社部官网，http://www.mohrss.gov.cn/SYrlzyhshbzb/dongtaixinwen/buneiyaowen/rsxw/202210/t20221026_489021.html，2022年10月26日；《2021年前三季度人力资源和社会保障统计数据》，人社部官网，http://www.mohrss.gov.cn/xxgk2020/fdzdgknr/ghtj/tj/dttj/202110/t20211027_426102.html，2021年10月26日。
[2] 《2022年1~8月基本医疗保险和生育保险运行情况》，国家医疗保障局官网，http://www.nhsa.gov.cn/art/2022/10/9/art_7_9205.html，2022年10月9日。
[3] 《人力资源社会保障部关于〈社会保险基金监督举报工作管理办法（征求意见稿）〉公开征求意见的通知》，人社部官网，http://www.mohrss.gov.cn/SYrlzyhshbzb/zcfg/SYzhengqiuyijian/202208/t20220808_481305.html，2022年8月10日。

较上年同期增长0.35万亿元。[①]基本养老保险基金投资市场化进程逐步加快，既能有效防止基本养老保险基金贬值，又可以带动优质资金进入资本市场，促进资本市场健康、有序发展。

二 养老与老年人权益保障

人口老龄化已经成为21世纪世界各国最显著的人口发展特征。[②]由于人口基数巨大，我国人口老龄化进程尤为迅速，且伴随未富先老、地区不均衡等特征。[③]随着老龄化程度的加深，我国逐渐步入老龄社会，养老、医疗、公共服务与老年人权益保障成为横亘在我国社会主义强国建设过程中的重大现实问题。2020年，党的十九届五中全会提出"实施积极应对人口老龄化国家战略"，随后，中共中央、国务院出台了《关于加强新时代老龄工作的意见》，反映出我国探索应对老龄社会的积极态度与探索应对人口老龄化中国方案的决心。顺应这一社会背景，2022年，我国在养老和老年人权益保障方面出台了一系列方针政策，从养老保障、医疗、数字权益诸多方面着手，侧重化解人口老龄化带来的社会风险。

（一）个人养老金制度开始推行，养老保障体系渐趋完善

体系完善、功能健全、安全有效的养老保险资金来源体系由"三大支柱"构成，其中，由国家财政统一支付的国民养老金为第一支柱，单位与职工共同强制缴纳的职业养老金为第二支柱，以企业、单位为个人缴纳的补充养老

[①] 《2022年三季度人力资源和社会保障工作主要进展情况》，人社部官网，http://www.mohrss.gov.cn/SYrlzyhshbzb/dongtaixinwen/buneiyaowen/rsxw/202210/t20221026_489021.html，2022年10月26日；《2021年前三季度人力资源和社会保障统计数据》，人社部官网，http://www.mohrss.gov.cn/xxgk2020/fdzdgknr/ghtj/tj/dttj/202110/t20211027_426102.html，2021年10月26日。

[②] 张万洪：《〈老年人权利公约〉的制定：进程与展望》，《人权》2022年第3期。

[③] 王超：《我国老龄化社会形成的原因与面临的问题》，《黑龙江科学》2022年第10期。

金（年金）和个人自行缴纳为主的个人养老金为第三支柱。[①]2022年4月21日，国务院办公厅印发《关于推动个人养老金发展的意见》，明确了个人养老金的制度模式、缴费水平、税收优惠等，为促进个人养老金健康有序发展提供了制度保障。[②]2022年6月24日，证监会就《个人养老金投资公开募集证券投资基金业务管理暂行规定（征求意见稿）》公开征求意见，进一步明确了个人养老金参与公募基金的业务规则和开展方式，个人养老金投资、运营、保值增值等相应配套措施亦逐步出台。[③]

（二）养老保险覆盖人群扩大，养老保险待遇逐渐提高

在养老保险覆盖范围方面，根据中国人力资源和社会保障部的统计，截至2022年9月底，我国养老保险的参保人数已达到10.47亿人，较2020年增长6.07%。[④]在养老保险待遇方面，《人力资源社会保障部 财政部关于2022年调整退休人员基本养老金的通知》明确从2022年1月1日起，采取定额调整、挂钩调整与适当倾斜相结合的调整办法，提高基本养老金水平，总体调整水平为2021年退休人员月人均基本养老金的4%，并对高龄退休人员和艰苦边远地区退休人员等群体予以照顾。[⑤]

[①] 丛树海：《新时代我国养老保障高质量发展的内容、体系和机制》，《北京工商大学学报》（社会科学版）2022年第5期。

[②] 《国务院办公厅关于推动个人养老金发展的意见》，中国政府网，http://www.gov.cn/zhengce/content/2022-04/21/content_5686402.htm，2022年4月21日。

[③] 《关于就〈个人养老金投资公开募集证券投资基金业务管理暂行规定（征求意见稿）〉公开征求意见的通知》，中国证券监督管理委员会官网，http://www.csrc.gov.cn/csrc/c101981/c3876935/content.shtml，2022年6月24日。

[④] 《2022年三季度人力资源和社会保障工作主要进展情况》，人社部官网，http://www.mohrss.gov.cn/SYrlzyhshbzb/dongtaixinwen/buneiyaowen/rsxw/202210/t20221026_489021.html，2022年10月26日。

[⑤] 《人力资源社会保障部 财政部关于2022年调整退休人员基本养老金的通知》，人社部官网，http://www.mohrss.gov.cn/xxgk2020/fdzdgknr/zcfg/gfxwj/shbx/202205/t20220526_450148.html，2022年5月26日。

（三）医养结合逐步开展，卫生与养老资源优化整合进程加快

"医养结合"就是把医疗资源和养老资源有机结合起来，有效融合生活照料、护理与康复医治，用以解决养老难题，从而实现医疗与养老在服务功能、服务能力、专业人才、管理理念等重要方面的深度融合，在养老过程中有效满足老人对医疗的需求。[1]2022年7月18日，国家卫健委等部门颁发《关于进一步推进医养结合发展的指导意见》，肯定了推进医养结合在积极应对人口老龄化、增强老年人满足感和获得感方面的积极意义，并从发展居家社区医养结合服务、推动机构深入开展医养结合服务、优化服务衔接、完善支持政策、多渠道引才育才、强化服务监管6个方面，提出了15项重大措施，力图推进我国医养结合进一步发展，从而充分整合卫生与养老资源，完善医疗与养老衔接机制，培养医疗与养老服务人才，积极提升老年医疗与养老服务供给水平。[2]

三 医疗及生育保障

作为我国社会保障制度体系的重要组成部分，医疗保障不仅是关乎14亿中国人切身利益的最大民生工程，而且是建设健康中国、完善国家治理体系和提升国家治理能力的重要制度保障。[3]国家医疗保障局数据显示，因2021年同期有支付新冠疫苗及接种费用，2022年我国医疗保险支出大幅减少，反映出我国医疗保险制度在抗击新冠肺炎疫情方面的重要价值。在生育方面，2022年8月1日，国家卫健委党组在《求是》杂志刊文指出"十四五"期间我国将进入人口负增长阶段。总体而言，2022年，我国医疗及生育保障政策一方面立足于医疗保障基金监管体系建设与医保服务能力提升，另一方面着

---

[1] 唐飞泉、杨律铭:《我国医养结合模式探索和创新》，《现代管理科学》2018年第12期。
[2] 《关于进一步推进医养结合发展的指导意见》，中国政府网，http://www.gov.cn/zhengce/zhengceku/2022-07/22/content_5702161.htm，2022年7月18日。
[3] 郑功成、桂琰:《中国特色医疗保障制度改革与高质量发展》，《学术研究》2020年第4期。

力营造鼓励生育的社会环境,力图充分发挥促进民生福祉、防范人口风险的社会稳定剂功能。

(一)落实医保基金使用有效监管,确保医保基金安全

医疗保障基金是人民就医看病的"救命钱",是保障人民健康的重要资金。在实践中仍存在过度医疗、欺诈骗保等威胁基金安全的事件,因此有必要针对医疗保障基金运行过程中的风险制定切实可行的监管措施,确保医保基金平稳安全运行,切实保证我国医疗保障制度顺利实施。[1] 为落实医疗保障基金使用的有效监管,2022年1月,国家医疗保障局发布《医疗保障基金使用监督管理举报处理暂行办法》,鼓励社会公众、新闻媒体等针对违法违规使用医疗保险基金、医疗救助基金等的行为实施举报,详细规定了接受举报的机构、各机构的权限、举报的流程方式等,确保及时、有效处理举报,保障我国医疗保障基金的安全。[2]

(二)推行异地就医结算工作,提高医保信息化水平

为深化基本医疗保险跨省异地就医直接结算改革,2022年7月,国家医保局、财政部发布《关于进一步做好基本医疗保险跨省异地就医直接结算工作的通知》并附基本医疗保险跨省异地就医直接结算经办规程。通知从直接结算政策、结算管理服务、医疗资金管理、信息化标准化支撑力度、基金监管等多个方面有效建立了跨省异地就医直接结算的制度体系,极大地提升了医疗保险基金经办服务能力,使人民群众跨省异地就医更为便捷,持续提升人民群众异地就医结算的获得感、幸福感和安全感。[3] 此外,2022年2月,国家医疗保障局发布《关于进一步深化推进医保信息化标准化工作的通知》,

---

[1] 杨锐锋、彭梅、常亮:《加强医疗保障基金监管问题研究》,《大众投资指南》2020年第2期。
[2] 《医疗保障基金使用监督管理举报处理暂行办法》,中国政府网,http://www.gov.cn/zhengce/zhengceku/2022-01/31/content_5671479.htm,2022年1月29日。
[3] 《关于进一步做好基本医疗保险跨省异地就医直接结算工作的通知》,国家医保局官网,http://www.nhsa.gov.cn/art/2022/7/26/art_104_8629.html,2022年7月26日。

扎实推进全国统一的医保信息平台深化应用和运行维护，充分发挥平台支撑和引领作用，有效防范化解网络和数据安全风险。①

（三）完善并落实生育支持措施，应对人口结构变化

面对我国总体生育率也持续低于自然更替水平的"少子化"局面，我国逐步实施鼓励生育的政策，完善的生育支持措施亦成为提高我国生育率的有效保障。为建立切实有效的生育支持政策体系，2022年8月，国家卫生健康委、国家发展改革委等17个部门印发《关于进一步完善和落实积极生育支持措施的指导意见》，从优生优育服务水平、普惠托育服务体系、生育休假和待遇保障机制、住房与税收等支持措施、就业环境、宣传引导和服务管理等方面提出了20项措施，以提高我国生育水平，促进人口长期均衡发展。②

四 就业及失业保障

2022年，复杂的国际形势与新冠肺炎疫情的多点散发给我国的就业市场带来前所未有的压力。首先，受新型冠状病毒流行影响，中小微企业经营困难，带来大规模经济性裁员与下岗失业风险。其次，中美贸易摩擦与俄乌冲突等国际形势与国内人才激励政策加速推动海归回国潮流，海外留学生回流趋势显著增强。再次，高校毕业生总规模预计突破1000万人，达到1076万人，同比增加167万人，再创历史新高，应届毕业生就业压力显著增加。最后，"双减"政策实施后大批教育培训行业从业人员面临转岗、换岗与再就业问题。面对上述各项超预期不利因素，党和政府以"就业是最大的民生"为基本理念，坚持推进就业优先战略，出台一揽子政策稳定就业、防止失业、促进创业，有重点地扶持应届毕业生、困难群众就业。根据人力资源和社

---

① 《关于进一步深化推进医保信息化标准化工作的通知》，国家医保局官网，http://www.nhsa.gov.cn/art/2022/2/17/art_104_8180.html，2022年2月17日。
② 《关于进一步完善和落实积极生育支持措施的指导意见》，国家医保局官网，http://www.nhsa.gov.cn/art/2022/8/17/art_104_8860.html，2022年8月17日。

保障部统计数据，2022年我国就业保障机制实施效果显著，前三季度我国就业形势保持总体稳定，1~9月城镇新增就业1001万人。①

（一）发挥社会保险的调节器功能，减轻企业负担

一方面，国家通过允许特困行业缓缴社会保险费，纾解企业困难。2022年4月，人社部办公厅、国家税务总局办公厅发布《关于特困行业阶段性实施缓缴企业社会保险费政策的通知》，助力推进特困行业纾困政策落实，餐饮、零售、旅游、民航、公路水路铁路运输企业缓缴社会保险费。另一方面，国家扩大就业政策覆盖范围，同时提高失业保险稳岗返还比例。2022年9月召开的国务院常务会议提出将离校两年内未就业高校毕业生和16~24岁登记失业青年纳入扩岗补助政策范围。2022年4月，人社部、财政部、国家税务总局发布的《关于做好失业保险稳岗位提技能防失业工作的通知》要求，参保企业上年度未裁员或裁员率不高于上年度全国城镇调查失业率控制目标，30人（含）以下的参保企业裁员率不高于参保职工总数20%的，可以申请失业保险稳岗返还，同时提高了中小微企业返还比例。人社部最新统计数据显示，截至2022年9月底，通过降低失业、工伤社会保险费率，缓缴基本养老、失业、工伤三项社会保险费，发放稳岗返还、一次性留工培训补助、一次性扩岗补助等，共为企业减负超过2800亿元。2022年1~9月，就业补助资金支出727亿元。

（二）加强职业技能培训，大力鼓励再就业

一方面，国家通过为失业人员发放职业技能补贴，鼓励失业人员自主参与职业技能培训。2022年4月，《关于做好失业保险稳岗位提技能防失业工作的通知》提出继续实施职业培训补贴政策，对领取失业保险金期间接受职业培训的失业人员，按规定发放职业培训补贴。另一方面，国家鼓励满足

---

① 《2022年三季度人力资源和社会保障工作主要进展情况》，人社部官网，http://www.mohrss.gov.cn/SYrlzyhshbzb/dongtaixinwen/buneiyaowen/rsxw/202210/t20221026_489021.html，2022年10月26日。

条件的地区在各项保生活稳岗位政策落实到位的基础上,根据本地实际,提取累计结余 4% 左右的失业保险基金至职业技能提升行动专账资金中,统筹用于职业技能培训,鼓励失业人员重返工作岗位。人社部最新统计数据显示,截至 9 月底,共开展政府补贴性职业技能培训超过 1600 万人次。持续开展企业职工岗位技能提升培训和康养技能人才培养,强化重点群体就业技能培训。加强职业技能培训规范管理,加快推进职业技能培训信息化管理建设。①

(三)不断优化就业服务机制,畅通职业供需信息共享渠道

为贯彻党中央、国务院关于稳就业、保居民就业决策部署,充分发挥人力资源服务机构匹配供需、专业高效优势,2022 年 6 月,人社部办公厅发布《关于开展人力资源服务机构稳就业促就业行动的通知》,要求各级人社部门采取措施大规模开展求职招聘服务、全力促进高校毕业生就业、积极助力农民工稳定就业、着力保障重点领域用工、创新发展灵活用工服务、积极支持人力资源服务机构发展。此外,人社部门还通过举办招聘会、发布岗位信息等途径大力开展就业服务系列专项行动。截至 2022 年第三季度,各级人社部门已举办线上线下招聘会近 12 万场,发布各类岗位信息超过 1 亿个。② 积极鼓励和引导人力资源服务机构开展稳就业促就业行动,为重点群体、重点企业提供专业服务,搭建人力资源服务供需对接平台。

(四)推进高校毕业生就业工作,强化困难群体就业帮扶

2022 年,我国应届毕业生规模达到历史最大值,在"史上最难就业季"的背景下,我国多措并举稳定就业,加大对应届毕业生的帮扶力度。2022 年

---

① 《2022 年三季度人力资源和社会保障工作主要进展情况》,人社部官网,http://www.mohrss.gov.cn/SYrlzyhshbzb/dongtaixinwen/buneiyaowen/rsxw/202210/t20221026_489021.html,2022 年 10 月 26 日。

② 《2022 年三季度人力资源和社会保障工作主要进展情况》,人社部官网,http://www.mohrss.gov.cn/SYrlzyhshbzb/dongtaixinwen/buneiyaowen/rsxw/202210/t20221026_489021.html,2022 年 10 月 26 日。

3月，人社部、教育部等十部门发布《关于实施百万就业见习岗位募集计划的通知》，积极为应届毕业生募集见习岗位、搭建对接平台、提供就业补贴，以增强毕业生的实践能力，引导其快速进入人力资源市场，全力支持毕业生就业创业。① 截至2022年9月，各级人社部门募集见习岗位102万个。2022年高校毕业生"三支一扶"计划招募工作已基本完成，31个省（自治区、直辖市）和新疆生产建设兵团共发布招募岗位4.3万个，比中央财政下达的计划增加9000多个。②

为防止脱贫人口因失业返贫，2022年3月人社部等发布《关于做好2022年脱贫人口稳岗就业工作的通知》，采取深化东西部与省内劳务协作、促进就地就业、加强职业教育、落实帮扶政策等措施，多管齐下帮助有劳动能力和就业意愿的脱贫人口实现稳定就业。③ 截至2022年第三季度，各级人社部门开展就业援助"暖心活动"，畅通线上线下失业登记渠道。2022年1~9月，各级人社部门帮扶失业人员再就业387万人、困难人员就业132万人。加强脱贫人口就业帮扶，深化劳务协作，支持就业帮扶车间、返乡入乡创业园健康发展。9月末，脱贫人口务工规模3269万人。④

五 职业伤害保障

随着互联网技术的进步、平台经济的发展与新冠肺炎疫情的冲击，我国

---

① 《人力资源社会保障部 教育部 科技部 工业和信息化部等十部门关于实施百万就业见习岗位募集计划的通知》，中国政府网，http://www.gov.cn/zhengce/zhengceku/2022-03/16/content_5679401.htm，2022年3月8日。
② 《2022年三季度人力资源和社会保障工作主要进展情况》，人社部官网，http://www.mohrss.gov.cn/SYrlzyhshbzb/dongtaixinwen/buneiyaowen/rsxw/202210/t20221026_489021.html，2022年10月26日。
③ 《人力资源社会保障部 发展改革委 财政部 农业农村部 国家乡村振兴局关于做好2022年脱贫人口稳岗就业工作的通知》，人社部官网，http://www.mohrss.gov.cn/SYrlzyhshbzb/jiuye/zcwj/202203/t20220324_440276.html，2022年3月24日。
④ 《2022年三季度人力资源和社会保障工作主要进展情况》，人社部官网，http://www.mohrss.gov.cn/SYrlzyhshbzb/dongtaixinwen/buneiyaowen/rsxw/202210/t20221026_489021.html，2022年10月26日。

用工灵活化进程加快，灵活用工形式更为多样，灵活就业规模逐渐扩大。截至 2021 年底，我国灵活就业人员已经达到 2 亿人。《中国灵活用工发展报告（2022）》显示，2021 年，逾六成（61.14%）企业使用了广义上的灵活用工形式，且多数企业采用了两种以上的灵活用工类型，与 2020 年相比灵活用工比例上升 5.46 个百分点，且企业内部的灵活用工规模呈扩张趋势，灵活用工的市场将进一步扩大。[1] 灵活用工使劳动者时间安排自主性增强，也降低了用人单位的成本，在吸纳就业、保障民生方面发挥了重要功能，但大量灵活就业人员从事的多是低技能的体力劳动，存在较大的职业伤害风险。[2] 因此，在贯彻 2021 年人社部等八部门《关于维护新就业形态劳动者劳动保障权益的指导意见》的基础上，2022 年，各省区市相继展开了灵活就业人员职业伤害保障的探索。

（一）新业态从业人员职业伤害保险试点工作全面铺开

2022 年《政府工作报告》将"完善灵活就业社会保障政策，开展新就业形态职业伤害保障试点"作为发展的预期目标。截至 2022 年 9 月，广东、浙江、江西、上海、江苏、四川等多省市已经开展职业伤害保险试点或筹备工作。如 2022 年 1 月，上海市人力资源和社会保障局等八部门发布的《关于维护新就业形态劳动者劳动保障权益的实施意见》提出，以社会关注度较大、职业伤害风险较高的出行、外卖、同城货运行业的平台企业为重点，积极开展平台灵活就业人员职业伤害保障试点工作，探索完善职业伤害保障的覆盖群体、参保缴费、保障情形、待遇支付等政策规定；广东省发布《广东省新就业形态就业人员职业伤害保障办法（试行）》，具体规定了新就业形态人员职业伤害保险的参保缴费、职业伤害确认、职业伤害保障待遇等。

---

[1] 杨伟国、吴清军、张建国等：《中国灵活用工发展报告（2022）》，社会科学文献出版社，2022。

[2] 林嘉、范围：《完善保障支持机制，构建灵活就业新格局》，《劳动和社会保障法规政策专刊》2021 年第 3 期。

（二）积极推进基层快递网点优先参加工伤保险工作

2021年12月31日，人社部办公厅、国家邮政局办公室发布《关于推进基层快递网点优先参加工伤保险工作的通知》，明确提出提升快递员社会保险水平，允许用工灵活、流动性大的基层快递网点优先参加工伤保险。[①] 广东、四川、北京等省市相继出台意见，推进快递网点参加工伤保险工作。如2022年9月，北京市发布《关于做好本市基层快递网点优先参加工伤保险工作的通知》，规定用工灵活、流动性大的基层快递网点，从事快递收寄、分拣、运输、投递、查询等服务的快递从业人员，可优先办理参加工伤保险，充分保障快递员的工伤保险权。

六　妇女与未成年人权益保障

妇女是社会建设的重要参与者，也是社会进步的重要推动者；未成年人是社会未来持续、稳定、健康发展的关键要素。长期以来，党和政府都将切实保障妇女与未成年人合法权益，不断提升妇女与未成年人权益保障水平作为一项重要的社会任务。2021年，我国发布《中国妇女发展纲要（2021—2030年）》《中国儿童发展纲要（2021—2030年）》，对妇女与未成年人保护做出重要部署。2022年10月，党的二十大报告明确要求，加强和改进未成年人思想道德建设，保障儿童合法权益，并将"坚持男女平等"的基本国策写入党的执政纲领，可见我国对妇女与未成年人权益保障的重视。2022年，我国妇女与未成年人权益保障工作进展突出，法治建设成效显著。

（一）修订《妇女权益保障法》，强化妇女权益保障

2022年10月30日，《中华人民共和国妇女权益保障法》修改后经由全

[①] 《人力资源社会保障部办公厅　国家邮政局办公室关于推进基层快递网点优先参加工伤保险工作的通知》，人社部官网，http://www.mohrss.gov.cn/xxgk2020/fdzdgknr/shbx_4216/gsbx/202201/t20220129_433936.html，2021年12月31日。

国人大常委会审议通过，并于2023年1月实施。新《妇女权益保障法》针对妇女的自身特点和实际情况，结合妇女的特殊需求，进一步明确了国家支持妇女参与国家和社会事务的义务，同时强调了妇女的人格权益、劳动权益、婚姻家庭权益，旨在全方位促进男女平等，大力防治性骚扰，消除就业性别歧视，保障妇女的人格尊严，倡导在全社会形成尊重、保护、照顾妇女的良好氛围。

（二）加大对困难未成年人、妇女的专项帮扶力度

2022年1月，民政部发布《关于进一步加强寒假春节期间孤儿、事实无人抚养儿童、农村留守儿童关爱服务工作的通知》，围绕走访慰问和信息摸底、落实家庭监护主体责任、风险隐患排查、关爱帮扶、疫情防控、救助保护和临时监护等6个方面，发起困难儿童关爱服务行动，保障困难儿童安全、健康、快乐地度过春节假期。①2022年4月，最高人民检察院与中华全国妇女联合会联合下发通知，共同开展专项活动，加大对困难妇女群体的救助帮扶力度，针对返贫、遭受家庭暴力和性侵、罹患重大疾病、无人赡养等进入检察办案环节、符合救助条件的困难妇女展开系统性的帮扶救助。

（三）规范未成年人上网行为，营造合法有序的网络环境

近年来，网络直播行业迅速兴起，丰富了群众娱乐方式，拉动了经济增长。但由于主播质量参差不齐、打赏行为失范等，出现多起未成年人沉溺直播甚至巨额打赏的恶劣事件，群众反映强烈。2022年5月，中央文明办等四部门发布《关于规范网络直播打赏 加强未成年人保护的意见》，规定禁止未成年人参与直播打赏、严控未成年人从事主播、优化升级"青少年模式"、建立专门服务团队、规范重点功能应用、加强高峰时段管理、加强网络素养教

---

① 《关于进一步加强寒假春节期间孤儿、事实无人抚养儿童、农村留守儿童关爱服务工作的通知》，民政部官网，https://www.mca.gov.cn/article/xw/tzgg/202201/20220100039437.shtml，2022年1月25日。

育等，多措并举营造健康、良好的网络环境，规范未成年人上网行为，健全未成年人保护机制，维护未成年人合法权益。①

七 残疾人权益保障

尊重和保障残疾人的人权既是中国政府义不容辞的责任，也是中国特色社会主义制度的必然要求。②注重残疾人的社会参与，不断推动残疾人真正成为权利主体，成为经济社会发展的参与者、贡献者和享有者，是以人民为中心的题中应有之义。③第六次全国人口普查显示，我国残疾人总人数约8502万人。党的二十大报告提出"促进残疾人事业全面发展"，为我国残疾人保障事业明确了发展方向。2022年，我国残疾人权益保障事业继续围绕促进残疾人融入社会展开，残疾人特殊教育、职业培训与无障碍环境建设取得了最新进展。

（一）大力发展特殊教育，提升残疾人受教育水平

特殊教育对减轻社会与家庭负担，实现教育公平，推动特殊儿童融入社会具有重要意义。党的二十大报告提出，强化特殊教育普惠发展，体现了党对特殊教育的重视与实现特殊教育惠及全体特殊儿童的坚定决心。2022年1月，中国残联发布《关于贯彻落实〈"十四五"特殊教育发展提升行动计划〉的通知》，要求各地残联通过多种形式鼓励并帮助适龄残疾儿童少年接受教育，同时借助动态更新和巩固脱贫监测机制，全面摸查当地残疾儿童少年受教育真实情况。④此外，通知还要求各地残联采取措施积极推进实施"辅助器

---

① 《关于规范网络直播打赏 加强未成年人保护的意见》，国家广播电视总局官网，http://www.nrta.gov.cn/art/2022/5/7/art_113_60309.html，2022年5月7日。
② 《〈平等、参与、共享：新中国残疾人权益保障70年〉白皮书（全文）》，国务院新闻办公室官网，http://www.scio.gov.cn/zfbps/32832/Document/1660476/1660476.htm，2019年7月25日。
③ 曲相霏：《中国共产党残疾人权益保障的百年历程及意义》，《人权》2021年第2期。
④ 《关于贯彻落实〈"十四五"特殊教育发展提升行动计划〉的通知》，中国残联官网，https://www.cdpf.org.cn/zwgk/zcwj/wjfb/0c8dce941c5a4d04b3b2a41b04dc1b7e.htm，2022年1月28日。

具进校园工程",优先为义务教育阶段残疾儿童少年科学提供辅助技术和器具适配服务,提升各类残疾儿童少年接受适宜教育的便利性和安全性。

(二)加强残疾人职业培训,鼓励残疾人参与就业

2022年3月,中国残联、教育部等五部门联合发布《"十四五"残疾人职业技能提升计划》,旨在提高残疾人职业技能水平,促进残疾人就业创业,保障和改善残疾人民生。该计划从残疾人职业培训扶持政策、职业培训供给、线上培训、职业培训师资队伍建设、职业培训管理、职业培训品牌建设、职业培训技能证书制度建设等诸多方面提出多项举措,构建形式丰富、内容多样、切实有效的残疾人职业培训网络,大力提升残疾人融入劳动力市场的可能性。[①] 此外,2022年4月,国务院办公厅印发《促进残疾人就业三年行动方案(2022—2024年)》,提出2022~2024年实现全国城乡新增残疾人就业共100万人、残疾人就业创业能力持续提升的工作目标。

(三)推行无障碍环境立法,加强无障碍环境建设

2022年5月6日,全国人大常委会将无障碍环境建设法列入"全国人大常委会2022年度立法工作计划"。10月27日,无障碍环境建设法(草案)提请全国人大常委会审议并公开征求社会意见。《中华人民共和国无障碍环境建设法(草案)》是我国首次就无障碍环境建设制定的专门性法律,共有七章七十二条,详细规定了无障碍设施建设、无障碍信息交流、无障碍社会服务的具体要求、国家义务、经费保障、社会参与、监督保障与法律责任,能够充分推动残疾人融入社会生活,共享发展改革成果。此外,2022年4月,民政部办公厅、中国残联办公厅发布《关于全面开展残疾人两项补贴申请"全程网办"的通知》,进一步畅通残疾人两项补贴申领渠道,提升政务服务便利化水平。

---

① 《关于印发〈"十四五"残疾人职业技能提升计划〉的通知》,中国残联官网,https://www.cdpf.org.cn/zwgk/zcwj/wjfb/81ffe97ef4be4cb0b12eb5febbb84b69.htm,2022年3月15日。

八　我国社会保障事业发展趋势

2022年，我国社会保障事业的发展面临前所未有的压力。首先，在新冠肺炎疫情的冲击和复杂国际局势的影响下，我国经济增速总体放缓，根据国家统计局公布的数据，前三季度我国国内生产总值870269亿元，按不变价格计算，同比增长3.0%。其次，随着人口老龄化程度加深和人口生育率走低，我国养老及医疗保障事业也面临巨大的压力。最后，用工灵活化与应届毕业生规模大也给就业市场带来诸多问题。在这样的背景下，我国坚持提升社会保障水平，采取了一系列措施，引导企业复工复产，在社会保险、社会优抚、社会救助、就业保障以及特殊群体权益保障方面迈上了新的台阶。党的二十大报告提出健全覆盖全民、统筹城乡、公平统一、安全规范、可持续的多层次社会保障体系，并对收入分配、就业支持、医疗资源扩容、养老服务、生育支持、教育普惠等多项工作做出具体部署和安排。以习近平新时代中国特色社会主义思想为指导，以党的二十大报告为目标，未来我国社会保障事业将会有以下几个重要发展方向。

第一，充分整合社会保障制度，完善社会保障体系。首先，深入推进分配制度改革，搞好三次分配，形成个人与家庭收入、国家财政与社保基金、公益慈善捐赠共同构成的多层次社会保障体系，织密社会安全网络。其次，统一筹划、全面推进养老、医疗、生育、失业、工伤、社会救助、社会优抚、社会福利、住房、特殊群体权益保障体系，推动社会保障制度协调、有序、健康发展。再次，提升社会保险统筹层次，不断提高社会保险待遇水平，落实社会保险筹资和待遇调整机制，推进养老保险城乡整合，提升社会保险公平性。最后，加快社会保障领域立法，完善社会保障领域司法，强化社会保障领域执法，开展社会保障领域普法，全面提升社会保障法治化水平。

第二，改革社会保险的个人账户制度，探索市场与政府相互结合、权利与义务相互结合的社会保险制度体系，完善社会保险资金筹集与运行机制，构建具有统一、明确的社保缴费标准，随同经济社会实际发展变化的保险待

遇给付机制与待遇调整机制。加强推进社会保险的城乡统筹和制度整合，建设科学、完善的现代化社会保障制度体系。

第三，扩大社会保障覆盖范围，织密社会安全网络。首先，大力开展社会保险参保调查与政策宣传，建立全面、准确、完整、动态的社会参保数据库，实现社会保险参保人员精确管理。其次，深入推进全民参与医疗保险与养老保险，提升医疗保险与养老保险参保率，使全体民众老有所养、病有所医。再次，进一步健全新就业形态从业人员、农民工、灵活就业人员等群体职业保险制度，以小微企业、个体工商户等为试点继续扩大失业保险的覆盖范围。最后，放宽灵活就业人员参加养老保险的户籍地限制，提升灵活就业人员的市民化水平。

第四，大力发展养老保障事业，提升养老服务水平。首先，继续推进医养结合，对特定养老产业实行补贴政策，引导其健康有序发展，充分增加养老资源市场供给。其次，推进基层社会治理与社会养老服务深度融合，建立完善互助共济、共建共享的社区养老服务体系。再次，整合数字技术、互联网技术、人工智能等，大力提升养老服务数字化、智能化、信息化水平，探索智慧安全的养老服务模式，帮助老年人跨越"数字鸿沟"。最后，推动养老事业和养老产业协同发展，发挥政府主导功能，以事业带动产业，以产业支撑事业，构筑现代化的新型养老格局。

第五，优化生育支持政策体系，促进人口均衡发展。首先，不断构建生育友好的政策支持体系，不断降低生育、养育、教育成本。其次，加快生育保险制度改革，积极贯彻生育保险基金用人单位、劳动者、政府三方共担原则，落实生育津贴制度，积极构建生育成本合理分担机制。再次，适时修改劳动立法，大力防治针对女性的就业歧视，采取延长产假，增设陪产假、家庭护理假，鼓励居家办公、弹性工作等措施，为家庭提供更为宽裕的育幼时间。最后，优化公租房、购房政策，大力保障多子女家庭住房需求。

第六，强调多元主体社会责任，发挥社保共济功能。首先，明确第三次分配在我国收入分配制度中的重要作用，发挥社会组织与慈善事业的社会功能，营造互助共济的社会氛围，推动慈善与公益活动成为对国家兴办的社会保险、社会优抚、社会救助的有益补充。其次，进一步完善社会组织、市场主体和个人参与社会慈善和公共服务相关立法，营造多元社会主体投身公益慈善事业的良好法治环境。最后，完善税收优惠制度，激发社会组织、市场主体、个人参与社会捐赠的积极性，推动社会团体、基金会与社会服务机构充分发挥扶老、育幼、救孤、助残等方面的功能。

B.5 2022年中国教育改革和发展报告*

李涛 王兆鑫**

摘 要： 2022年是党的二十大召开之年，是中国进入新时代新征程中具有特殊重要意义的一年。围绕"巩固提高、深化落实、创新突破"，中国教育取得了实质性发展成效，各级教育普及程度已经达到或超过中高收入国家平均水平。当前和未来中国教育新的战略性任务是建设高质量教育体系，推进学前教育普及普惠安全优质发展，大力推进义务教育优质均衡发展，加快推动普通高中特色多样发展，大力发展适应新技术和产业变革需要的职业教育，创新发展支撑国家战略需要的高等教育，统筹推进乡村教育振兴和教育振兴乡村工作。

关键词： 教育改革 教育发展 教育公平 教育热点

一 中国教育事业发展概览[①]

2021年，中国各级各类学校总计52.93万所，各级各类学历教育在校生

---

* 本文系作者主持的国家高层次人才特殊支持计划"当前中国西部乡村小规模学校现状调查及发展改进研究"的成果。
** 李涛，教育部人文社会科学重点研究基地东北师范大学中国农村教育发展研究院院长助理、教授、博士生导师，东北师范大学乡村振兴研究院执行院长；王兆鑫，浙江师范大学法政学院讲师，博士。
① 本节资料来源于《2021年全国教育事业发展统计公报》，中华人民共和国教育部网站，http://www.moe.gov.cn/jyb_sjzl/sjzl_fztjgb/202209/t20220914_660850.html，2022年9月14日。

达到 2.91 亿人，专任教师达到 1844.37 万人。中国劳动年龄人口平均受教育年限达到 10.9 年，比 2012 年增加 1 年。其中，受过高等教育的占比 24.9%，比 2012 年提高 10.3 个百分点；中国拥有大学文化程度的人口超过 2.18 亿人，国民素质不断提升。中国各级教育普及程度达到或超过中高收入国家平均水平，其中九年义务教育普及程度达到世界高收入国家平均水平，高等教育实现了从大众化到普及化的历史性跨越。[①]

（一）各级各类教育发展成就显著[②]

学前教育普及普惠安全优质发展。中国幼儿园总计 29.48 万所，比上年增加 3117 所，增长 1.07%。其中，普惠性幼儿园共计 24.47 万所，比上年增加 1.06 万所，增长 4.55%，占幼儿园总数的比例为 83.00%。学前教育在园幼儿数为 4805.21 万人，比上年减少 13.06 万人，下降 0.27%。其中，普惠性幼儿园在园幼儿数为 4218.20 万人，比上年增加 135.37 万人，增长 3.32%，占在园幼儿总数的比例为 87.78%，比上年提高 3.05 个百分点。学前教育毛入园率达 88.1%，比上年提高 2.9 个百分点。与 2012 年相比，十年提高了 23.6 个百分点，学前教育实现基本普及普惠。学前教育专任教师共计 319.10 万人，专任教师中专科及以上学历的比例为 87.60%，学前教育教师队伍质量不断提升。

九年义务教育优质均衡发展。中国义务教育阶段学校总计 20.72 万所，在校生人数达 1.58 亿人，专任教师数 1057.19 万人，九年义务教育巩固率高达 95.4%。其中，中国普通小学共计 15.43 万所，比上年减少 3700 所，下降 2.34%；在校生 1.08 亿人，比上年增加 54.58 万人，增长 0.51%；小学教育阶段专任教师 660.08 万人，生师比为 16.33∶1，专任教师学历合格率为 99.98%，专任教师中本科及以上学历的比例为 70.30%。中国初中共计 5.29 万所（含职业初中 9 所），比上年增加 66 所，增长 0.12%；在校生 5018.44 万

[①] 《第十五场：介绍从数据看党的十八大以来我国教育改革发展成效》，中华人民共和国教育部网站，http://www.moe.gov.cn/fbh/live/2022/54875/，2022 年 9 月 27 日。

[②] 各项统计数据均未包括香港特别行政区、澳门特别行政区和台湾地区。部分数据因四舍五入的原因，存在与分项合计不等的情况。

人，比上年增加104.35万人，增长2.12%；初中教育阶段专任教师397.11万人，生师比12.64∶1，专任教师学历合格率为99.91%，专任教师中本科及以上学历的比例为90.05%。初中教育阶段共有班级109.89万个，比上年增加2.55万个，56人以上大班和超大班共计7225个，比上年减少5470个，占总班数的比例为0.66%，比上年下降0.53个百分点。其中，66人以上的超大班106个，比上年减少119个，占总班数的比例为0.01%，比上年下降0.01个百分点，中国义务教育阶段大班额基本消除，超大班额问题得到大幅缓解，教育优质均衡发展。2021年中国义务教育阶段进城务工人员随迁子女总规模达到1372.4万人，其中在公办学校就读和享受政府购买民办学校学位服务的比例达到90.9%。① 十年间，中国小学的净入学率从99.85%提升到99.9%以上，初中毛入学率始终保持在100%以上，已实现全面普及。②

特殊教育公平程度持续提升。中国共有特殊教育学校2288所，比上年增加44所，增长1.96%。招收各种形式的特殊教育学生14.91万人，比上年增加16人；在校生91.98万人，比上年增加3.90万人，增长4.42%；适龄残疾儿童义务教育入学率达到95%以上，适龄残疾儿童少年受教育机会不断扩大。其中，中国特殊教育普通高中（部、班）共计117个，在校生11847人（聋生7274人、盲生1761人、其他2812人）；中国残疾人中等职业学校（班）共计161个，在校生17934人，毕业生4396人，其中1005人获得职业资格证书；中国共有14559名残疾人被普通高等院校录取，2302名残疾人进入高等特殊教育学院学习。③

高中阶段教育普及面持续扩大。中国高中阶段教育学校共计2.2万所，在校生3976.4万人，高中阶段毛入学率达到91.4%，与2012年相比，十年提

---

① 《第十五场：介绍从数据看党的十八大以来我国教育改革发展成效》，中华人民共和国教育部网站，http://www.moe.gov.cn/fbh/live/2022/54875/，2022年9月27日。
② 《第十五场：介绍从数据看党的十八大以来我国教育改革发展成效》，中华人民共和国教育部网站，http://www.moe.gov.cn/fbh/live/2022/54875/，2022年9月27日。
③ 资料来源于《2021年残疾人事业发展统计公报》，中国残疾人联合会网站，https://www.cdpf.org.cn/zwgk/zccx/tjgb/0047d5911ba3455396faefcf268c4369.htm，2022年3月31日。

高了 6.4 个百分点。①中国共有普通高中 1.46 万所，比上年增加 350 所，增长 2.46%；在校生 2605.03 万人，比上年增加 110.58 万人，增长 4.43%；专任教师 202.83 万人，生师比 12.84∶1，专任教师学历合格率 98.82%。中国中等职业学校共计 7294 所，同口径比上年减少 179 所；在校生 1311.81 万人，同口径比上年增加 43.98 万人，增长 3.47%；专任教师 69.54 万人，生师比 18.86∶1，专任教师中本科及以上学历的比例为 93.57%，"双师型"专任教师占专业（技能）课程专任教师的比例高达 55.51%。

高等教育毛入学率稳步上升。中国高等教育学校共计 3012 所，其中，普通本科学校 1238 所（含独立学院 164 所），比上年减少 11 所；本科层次职业学校 32 所，比上年增加 11 所；高职（专科）学校 1486 所，比上年增加 18 所；成人高等学校 256 所，比上年减少 9 所。另有培养研究生的科研机构 233 所。中国各种形式的高等教育在学总规模 4430 万人，比上年增加 247 万人。中国高等教育毛入学率 57.8%，比上年提高 3.4 个百分点。与 2012 年相比，十年提高了 27.8 个百分点，增长近一倍。②普通本科学校校均规模 16366 人，本科层次职业学校校均规模 18403 人，高职（专科）学校校均规模 9470 人。中国高等教育专任教师 188.52 万人，其中，普通本科学校教师 126.97 万人，生师比 17.90∶1；本科层次职业学校教师 2.56 万人，生师比 19.38∶1；高职（专科）学校教师 57.02 万人，生师比 19.85∶1；成人高等学校教师 1.97 万人。

民办教育占比有所下降。中国各级各类民办学校共计 18.57 万所，比上年减少 989 所，占中国各级各类学校总数的 35.08%。在校生 5628.76 万人，比上年增加 64.31 万人，占中国各级各类在校生总数的 19.34%。其中，民办幼儿园 16.67 万所，比上年减少 1254 所，占中国幼儿园总数的 56.54%。中国民办义务教育阶段学校 1.22 万所，比上年减少 67 所，占中国义务教育阶段学校总数的 5.87%。中国民办普通高中 4008 所，比上年增加 314 所，占中国普

---

① 《第十五场：介绍从数据看党的十八大以来我国教育改革发展成效》，中华人民共和国教育部网站，http://www.moe.gov.cn/fbh/live/2022/54875/，2022 年 9 月 27 日。
② 《第十五场：介绍从数据看党的十八大以来我国教育改革发展成效》，中华人民共和国教育部网站，http://www.moe.gov.cn/fbh/live/2022/54875/，2022 年 9 月 27 日。

通高中总数的27.48%。中国民办中等职业学校1978所，比上年增加25所，占中国中等职业学校总数的27.12%。中国民办高校764所，比上年减少9所，占中国高校总数的25.37%。①

（二）国家财政性教育经费占比持续超过4%

党的十八大以来，在以习近平同志为核心的党中央的坚强领导下，新时代中国教育事业得到前所未有的重视，取得前所未有的成就：一是更加突出优先发展教育事业的战略地位；二是更加优先保障教育投入的战略部署；三是更加坚定无论财政状况如何确保教育经费逐年只增不减的战略决心；四是更加明确保证国家财政性教育经费支出占GDP比例一般不低于4%的战略目标。②

二 进一步深化教育综合改革

（一）全面加强思想政治教育

一是推进习近平新时代中国特色社会主义思想进教材进课堂进头脑，发挥思政课铸魂育人主渠道作用。2022年2月，教育部印发《新时代马克思主义理论研究和建设工程教育部重点教材建设推进方案》，聚焦七大重点任务，以深入推进习近平新时代中国特色社会主义思想进教材为主线，系统推进马克思主义理论学科专业课程教材建设，加快推进"中国系列"教材建设，着力建设适应新时代新要求、体现中国特色的高水平原创性教材。③④

---

① 资料来源于《2021年全国教育事业发展统计公报》，中华人民共和国教育部网站，http://www.moe.gov.cn/jyb_sjzl/sjzl_fztjgb/202209/t20220914_660850.html，2022年9月14日。
② 《第十五场：介绍从数据看党的十八大以来我国教育改革发展成效》，中华人民共和国教育部网站，http://www.moe.gov.cn/fbh/live/2022/54875/，2022年9月27日。
③ 教育部：《新时代马克思主义理论研究和建设工程教育部重点教材建设推进方案》（教材〔2022〕1号），2022年2月19日。
④ 《落实国家事权，打造精品教材 进一步推进新时代教育部马工程重点教材建设——教育部教材局负责人就〈新时代马克思主义理论研究和建设工程教育部重点教材建设推进方案〉答记者问》，中华人民共和国教育部网站，http://www.moe.gov.cn/jyb_xwfb/s271/202203/t20220311_606440.html，2022年3月11日。

以中小学三科统编教材、教育部马工程重点教材为重点，组织修订大中小学统编教材、国家课程教材，推动和指导各地各校系统修订相关教材。将党的二十大精神及时准确融入各级各类教材，推进落实《习近平新时代中国特色社会主义思想进课程教材指南》《"党的领导"相关内容进大中小学课程教材指南》等系列重大主题教育指南和纲要精神。切实推进习近平新时代中国特色社会主义思想进课程教材建设，用好习近平新时代中国特色社会主义思想学生读本。

二是切实加强党组织在学校管理中的领导作用。在学校组织领导上，落实《关于建立中小学校党组织领导的校长负责制的意见（试行）》，积极稳妥实施"一校一案"，明确中小学校党组织领导及校长的职权，确保党组织履行好把方向、管大局、作决策、抓班子、带队伍、保落实的领导职责。①

三是深化大中小学思政课一体化建设，全面推动思政课改革创新。印发《全面推进"大思政课"建设的工作方案》，不断深化大中小学思政课一体化建设，全面推动思政课改革创新。②统筹推进本硕博、大中小学思政课一体化建设，支持建设一批思政课一体化基地。各高校全面开设"习近平新时代中国特色社会主义思想概论"课程，加强以习近平新时代中国特色社会主义思想为核心内容的课程群建设，形成必修课加选修课的课程体系。高校重点围绕习近平经济思想、习近平法治思想、习近平生态文明思想、习近平强军思想、习近平外交思想以及"四史"、宪法法律、中华优秀传统文化等设定课程模块，开设选择性必修课程。推进马克思主义理论学科本硕博一体化人才培养，提升马克思主义学院建设管理水平。分专业大类深入推进职业院校课程思政建设，举办职业学校思想政治教育课程教师教学能力比赛和中职学校班主任能力比赛，推进职业院校"三全育人"典型学校建设。

---

① 中共中央办公厅:《关于建立中小学校党组织领导的校长负责制的意见（试行）》,《人民日报》2022年1月27日。
② 教育部等十部门:《全面推进"大思政课"建设的工作方案》（教社科〔2022〕3号），2022年7月25日。

四是分层分类开展"大思政课"综合改革试点。分专题设立一批"大思政课"实践教学基地，建设全国高校思政课教研系统，建好高校思政课教学创新中心，研制普通高校本科专业类课程思政教学指南。分层分类开展"大思政课"综合改革试点。教育部围绕实践教学、教师队伍建设、大中小学思政课一体化、问题式专题化团队教学和均衡发展等思政课改革创新重大问题，在北京、天津、上海、江西、陕西等地设立综合改革试验区。[①] 在加强和改进学校思想政治工作方面，全面实施时代新人培育工程，深化思想政治工作质量提升工程和"三全育人"综合改革，健全"国家—省级—高校"三级网络思政体系运行机制。[②]

五是着力提高思政课教师的专职化、专业化水平。实施高校思政课教师能力提升攻坚计划，"一校一策"推动配齐建强思政课教师队伍，加强研修基地建设，办好"周末理论大讲堂"、骨干教师研修班，建立健全思政课教师"手拉手"帮扶机制。实行思政课特聘教授、兼职教师制度。持续推动各地各高校落实高校辅导员配备要求，加强高校辅导员素质能力提升精准赋能平台建设。

六是创新学生工作和学生活动形式。推进"一站式"学生社区综合管理模式，实现对1000所左右高校的有效覆盖；开展"青春使命""技能成才强国有我""学习新思想做好接班人""开学第一课"等主题教育活动，加强校园文化建设；发挥广大老干部、老战士、老专家、老教师、老模范等"五老"离退休老同志的优势，继续开展"新时代好少年"主题教育读书活动、"读懂中国"活动。

(二)大力推进教育教学改革

一是修订了义务教育课程方案和课程标准。2022年3月25日，教育部

[①] 《全面推进"大思政课"建设——教育部有关部门负责人就〈全面推进"大思政课"建设的工作方案〉答记者问》，中华人民共和国教育部网站，http://www.moe.gov.cn/jyb_xwfb/s271/202208/t20220824_655023.html，2022年8月24日。

[②] 《教育部2022年工作要点》，中华人民共和国教育部网站，http://www.moe.gov.cn/jyb_sjzl/moe_164/202202/t20220208_597666.html，2022年2月8日。

印发《义务教育课程方案和课程标准（2022年版）》，于2022年秋季学期正式执行。新修订义务教育课程方案和语文等16个课程标准，[1]新修订的课程标准优化了课程内容结构、研制了学业质量标准、增强了指导性，更加突出素养导向、课程内容组织形式与实践育人的改革重点，注重幼小衔接，关注从小学到初中学生在认知、情感、社会性等方面的发展变化，了解高中阶段学生特点和学科特点，为学生进一步学习做好准备，进一步促进义务教育教学减负提质。其中，《义务教育劳动课程标准（2022年版）》还根据不同学段，制定了"整理与收纳""家庭清洁、烹饪等日常生活劳动"等学段目标，至此确立了新时代劳动教育的独立育人属性，及时填补了我国劳动教育教学缺少课程标准的空白，体现了国家意志和中华民族基本价值观，标志着中国特色劳动教育正式进入以课程标准引领高质量发展的新阶段，从2022年秋季学期起，劳动课正式升级成为中小学的一门独立课程。[2]

二是编修不同学科教材。完成中等职业学校三科统编教材和数学等七科公共基础课程教材编审，并于2022年秋季学期投入使用。[3]修订已出版的教育部马工程重点教材，完成在编在审马工程重点教材，推进马克思、恩格斯、列宁关于哲学社会科学及各学科重要论述摘编编写。[4]推进首批九种中国经济学教材编写，[5]启动中国新闻学、中国法学教材编写。出台"十四五"普通高等教育本科教材建设规划，遴选建设一批"十四五"职业教育国家规划教材。全面规范教材、教辅及课外读物进校园管理，严格教材审核把关，加强数字教材建设与管理。总结《全国大中小学教材建设规划（2019—2022年）》实施情况，颁布《关于教材工作责任追究的指导意见》，健全地方和高校教材领

---

[1] 教育部：《义务教育课程方案和课程标准（2022年版）》（教材〔2022〕2号），2022年3月25日。
[2] 王晓燕：《以课程标准引领劳动教育高质量发展》，《中国教育报》2022年6月22日。
[3] 教育部办公厅、人力资源和社会保障部办公厅：《关于做好中等职业学校思想政治、语文、历史统编教材统一使用准备工作的通知》（教材厅函〔2022〕1号）。
[4] 《马克思恩格斯列宁相关重要论述摘编工作启动》，中华人民共和国教育部网站，http://www.moe.gov.cn/jyb_xwfb/gzdt_gzdt/s5987/202204/t20220407_614371.html，2022年4月7日。
[5] 《教育部召开首批中国经济学教材编写工作启动会》，中华人民共和国教育部网站，http://www.moe.gov.cn/jyb_zzjg/huodong/202201/t20220118_595089.html，2022年1月18日。

导和工作机制，针对大中小学教材编写、审核、出版、印制发行、选用使用等各环节存在的主要责任问题，明确追责情形和处理方式，实行全覆盖、全链条、规范化责任管理。①

三是加强对在线开放课程教师的管理。印发《关于加强普通高等学校在线开放课程教学管理的若干意见》，切实履行在线开放课程教学管理责任，严格学生在线学习规范与考试纪律。②

（三）教师队伍建设改革

一是完善教师资格制度和流动制度。教育部印发《关于推进师范生免试认定中小学教师资格改革的通知》，进一步完善教师资格制度，深化义务教育教师"县管校聘"管理改革，有序推进教师交流轮岗。③

二是深化教师职称评聘改革。维护教师职业尊严，进一步完善教师职称评价标准，实行分类评价，严格落实师德师风第一标准。④

三是完善岗位管理制度，适当提高中小学中级、高级岗位结构比例。落实学校办学自主权，具备条件的学校在岗位结构比例范围内依据标准自主评聘中级、初级职称和岗位，鼓励地方探索具备条件的学校在岗位结构比例范围内自主评聘高级职称和岗位。

四是优化教师编制管理，创新挖潜，加强中小学教职工管理，加强人员和编制的动态调整，不断提高编制使用效益。

五是提高教师综合待遇。强化教师工资待遇保障，全面落实义务教育教师平均工资收入水平不低于当地公务员平均工资收入水平要求，提高教龄津贴标准，完善中小学教师绩效考核办法，减轻教师非教育教学负担。落实好

---

① 《教育部等五部门印发〈关于教材工作责任追究的指导意见〉》，中华人民共和国教育部网站，http://www.moe.gov.cn/jyb_xwfb/gzdt_gzdt/s5987/202205/t20220523_629463.html，2022年5月23日。

② 教育部等五部门:《关于加强普通高等学校在线开放课程教学管理的若干意见》（教高〔2022〕1号），2022年2月11日。

③ 教育部:《关于推进师范生免试认定中小学教师资格改革的通知》（教师函〔2022〕1号），2022年1月13日。

④ 教育部等八部门:《新时代基础教育强师计划》（教师〔2022〕6号），2022年4月2日。

乡村教师生活补助政策，逐步提高乡村教师待遇，支持艰苦边远地区改善乡村教师周转宿舍，不断增强教师职业吸引力。①

六是推进教师队伍信息化建设。一方面，完善国家智慧教育平台的教师专业发展相关功能；另一方面，推进人工智能助推教师队伍建设试点行动，提升教师的数字素养，帮助教师掌握并使用信息技术手段改进教学，实现发达地区和欠发达地区学生"同上一堂课"、教师共同"备好一节课"。②

（四）教育管理体制改革

一是推进中小学校财务制度改革。修订《中小学校财务制度》，调整适用范围，不再要求接受国家经常性资助的社会力量举办的中小学校执行该制度；明确党组织领导中小学校的财务管理工作；强化学校财务队伍建设，新增学校财务主管人员和财务、会计人员的岗位设置、职责权限以及任职条件等规定；对学校采取自主经营食堂、委托方式经营食堂、配餐或托餐等不同方式为学生供餐的实际情况，分类提出财务管理要求；明确课后服务等服务性收费的管理要求，增加中小学校不得擅自扩大收费范围、增加收费项目、提高收费标准的禁止性规定，加强对地方落实"双减"政策财务行为的指导。③

二是持续深化民办教育分类管理改革，发挥民办教育工作部际联席会议制度的作用，完善民办学校分类扶持、分类管理的政策举措，指导各地加快出台配套政策。

三是规范发展高等学历继续教育。加强对普通高等学校举办非学历教育的规范管理，对直属高校非学历教育领域问题进行专项整治。加强对高等学历继续教育专业设置的统筹规划与规范管理，正式吹响了新时代高等学历继

---

① 《筑牢教育强国建设之基》，《人民日报》2022年6月9日。
② 《教育部：绩效工资分配向班主任、教育教学效果突出的一线教师倾斜》，中华人民共和国教育部网站，http://www.moe.gov.cn/fbh/live/2022/54369/mtbd/202204/t20220415_618094.html，2022年4月14日。
③ 《加强落实"双减"财务行为指导》，《中国教育报》2022年8月12日。

续教育规范发展的冲锋号①,从教材规划、编制、审核、选用等方面全方位加强高等学历继续教育教材建设与管理工作②;严格控制校外教学设点数量和范围,落实落细教育教学各环节要求等,提出了一系列保障高等学历继续教育质量的具体举措,研制专业教学基本要求和办学基本条件要求、校外教学点及社会助学活动管理办法。③

四是规范中小学法治副校长聘任与管理。自2022年5月1日起,开始施行《中小学法治副校长聘任与管理办法》,完善中小学治理体系,规范中小学法治副校长聘任与管理。④重点围绕中小学法治副校长"是什么""干什么""谁来管""怎么聘""如何干好"等问题,系统设计了中小学法治副校长聘任与管理制度,以规范人民法院、人民检察院、公安机关和司法行政部门人员到中小学兼职法治副校长情形。⑤

(五)深化新时代教育评价改革

一是强化教师思想政治素质考察。推进教师考核评价改革,开展高校教师思想政治和师德师风情况专项检查,严肃查处师德师风案件,通报师德违规典型案例,严格落实师德师风问题"黑名单"制度,探索建立师德违规案例指导制度。⑥二是坚决推进"破五唯"工作。落实部门、部内、地方、高校工作清单,加强典型经验总结和宣传推广。三是对严禁行为加强监测和整改。切实加大对违反"十不得一严禁"行为的监测和整改力度,努力使严禁

---

① 《落实〈通知〉要求 持续推进事业高质量发展》,中华人民共和国教育部网站,http://www.moe.gov.cn/jyb_xwfb/moe_2082/2021/2021_zl74/202112/t20211222_589408.html,2021年12月22日。
② 教育部办公厅:《关于加强高等学历继续教育教材建设与管理的通知》(教职成厅函〔2021〕28号),2021年12月16日。
③ 教育部办公厅:《关于严格规范高等学历继续教育校外教学点设置与管理工作的通知》(教职成厅〔2022〕1号),2022年4月8日。
④ 教育部:《中小学法治副校长聘任与管理办法》(中华人民共和国教育部令第52号),2021年12月27日。
⑤ 《第二场:介绍〈中小学法治副校长聘任与管理办法〉有关情况》,中华人民共和国教育部网站,http://www.moe.gov.cn/fbh/live/2022/53969/,2022年2月17日。
⑥ 教育部教师工作司:《关于印发〈教育部教师工作司2022年工作要点〉的通知》,中华人民共和国教育部网站,http://www.moe.gov.cn/s78/A10/tongzhi/202202/t20220225_602341.html,2022年2月24日。

行为彻底失去生存土壤和生发动机。①四是健全各学段办学评价制度体系。印发《幼儿园保育教育质量评估指南》，将办园方向、保育与安全、教育过程、环境创设、教师队伍等作为评估内容，明确了15项关键指标和48个考查要点。②五是科学确立学生评价标准。研制《中学生综合素质评价工作指南》《学生发展指导工作指南》等工作指南，确立学生评价标准。六是突出新评价导向。落实《义务教育质量评价指南》《普通高中学校办学质量评价指南》《关于规范高等学校SCI论文相关指标使用 树立正确评价导向的若干意见》《关于破除高校哲学社会科学研究评价中"唯论文"不良导向的若干意见》等文件，突出创新价值、能力、贡献的评价导向。③

（六）深化教育督导体制机制改革

一是深化教育督导体制机制改革。教育部正在加快修订《教育督导条例》，指导各地制定教育督导问责实施办法，做好省级人民政府履行教育职责评价，继续把"双减""两个只增不减"和落实义务教育教师工资收入"不低于"情况作为评价重点，继续把"双减"督导作为教育督导"一号工程"，加大督办、通报、约谈和问责力度。

二是扎实推进各学段督导评估工作。稳步推进学前教育督导评估，印发《关于开展中小学幼儿园校（园）长任期结束综合督导评估工作的意见》，从党的建设、立德树人、学校治理、教师工作、规范办学、安全卫生、满意度等七个方面明确了综合督导评估的重点，督促校（园）长规范履职；④召开全国县域义务教育基本均衡发展总结大会，认定一批"优质均衡"县（市、区）；做好

---

① 中共中央、国务院：《深化新时代教育评价改革总体方案》，中国政府网，http://www.gov.cn/zhengce/2020-10/13/content_5551032.htm，2021年10月13日。
② 教育部：《幼儿园保育教育质量评估指南》（教基〔2022〕1号），2022年2月10日。
③ 教育部等六部门：《义务教育质量评价指南》（教基〔2021〕3号），2021年3月1日；教育部：《普通高中学校办学质量评价指南》（教基〔2021〕9号），2021年12月31日；教育部、科技部：《关于规范高等学校SCI论文相关指标使用 树立正确评价导向的若干意见》（教科技〔2020〕2号），2020年2月18日；教育部：《关于破除高校哲学社会科学研究评价中"唯论文"不良导向的若干意见》（教社科〔2020〕3号），2020年12月7日。
④ 教育部：《关于开展中小学幼儿园校（园）长任期结束综合督导评估工作的意见》（教督〔2021〕3号），2021年12月27日。

国家义务教育质量监测，研究开展高中教育质量监测试点，启动中小学幼儿园校（园）长任期结束综合督导评估试点；修订中等职业学校办学能力评估办法和高等职业院校适应社会需求能力评估办法，启动第四轮职业院校评估；修订高等学校本科教学工作合格评估办法，研制"十四五"期间本科教育教学审核评估计划；做好高等教育质量监测国家数据平台建设，开展本科教学质量报告工作，探索开展质量监测预警，探索建设教育督导信息化平台。

（七）积极稳妥推进考试招生制度改革

一是推进中考改革。推动各省（区、市）全面推进招生录取综合改革，加快实现省级统一命题，开展中考命题评估。教育部办公厅印发《关于进一步做好普通中小学招生入学工作的通知》，要求各地科学合理划定片区，建立义务教育阶段常住人口学龄儿童摸底调查制度，健全义务教育入学报名登记制度、义务教育阶段学生有序录取机制，全面落实公办民办学校同步招生政策，进一步压减优质公办普通高中和民办普通高中跨区域招生计划，健全控辍保学长效机制，保障特殊群体入学，大力推进"阳光招生"，[1]进一步提高普通中小学招生入学工作的科学化、制度化、规范化水平，健全公平入学长效机制。此外，教育部办公厅发布《关于做好2022年中考命题工作的通知》，积极推进省级统一命题，严格依据课程标准命题，严禁将高中课程内容、学科竞赛试题以及校外培训内容作为考试内容。[2]

二是深化高考综合改革。稳妥启动第五批高考综合改革，各省份也因地制宜出台改革方案并抓好组织实施，深化考试内容改革，健全德智体美劳全面考查的内容体系，加强对学生关键能力的考查。

三是深入实施高职院校分类考试。严格规范高校艺术类专业、高水平运动队考试招生管理，进一步提高艺术体育人才选拔水平和质量，着力选拔培

---

[1]《关于进一步做好普通中小学招生入学工作的通知》，中华人民共和国教育部网站，http://www.moe.gov.cn/jyb_xwfb/gzdt_gzdt/s5987/202204/t20220401_612713.html，2022年4月1日。
[2] 教育部办公厅：《关于做好2022年中考命题工作的通知》（教基厅函〔2022〕6号），2022年3月25日。

养高素质技术技能人才。

四是加强普通高等学校学历继续教育招生考试监管。发布高等学历继续教育的改革方案和措施条例，从办学体系、监管措施以及对在籍学员的考纪考核等方面，严格规范学员从报名学习到毕业答辩等一系列监管。教育部印发《关于推进新时代普通高等学校学历继续教育改革的实施意见》，明确办学定位，优化办学形式，推进分类发展，严格办学基本要求，提高人才培养质量；①此外，教育部办公厅还发布《关于加强高等学历继续教育专业设置与管理有关工作的通知》《关于加强高等学历继续教育教材建设与管理的通知》《关于严格规范高等学历继续教育校外教学点设置与管理工作的通知》，从高等学历继续教育专业设置与管理、教材编制与审用、严格控制校外教学设点数量和范围等方面推进高等学历继续教育改革。②

三 深入推进更高质量的教育公共服务

（一）推进学前教育普及普惠安全优质发展

为深入贯彻落实党的十九届五中全会"完善普惠性学前教育保障机制""建设高质量教育体系"的部署要求，积极服务国家人口发展战略，进一步推进学前教育普及普惠安全优质发展，2021年12月9日，教育部等九部门联合印发《"十四五"学前教育发展提升行动计划》，进一步提高学前教育普及普惠水平，明确到2025年，全国学前三年毛入园率达到90%以上，普惠性幼儿园覆盖率达到85%以上，公办园在园幼儿占比达到50%以上。③2022年，为加快落实

---

① 教育部:《关于推进新时代普通高等学校学历继续教育改革的实施意见》（教职成〔2022〕2号），2022年7月23日。
② 教育部办公厅:《关于加强高等学历继续教育专业设置与管理有关工作的通知》（教职成厅函〔2021〕27号），2021年12月10日；教育部办公厅:《关于加强高等学历继续教育教材建设与管理的通知》（教职成厅函〔2021〕28号），2021年12月16日；教育部办公厅:《关于严格规范高等学历继续教育校外教学点设置与管理工作的通知》（教职成厅〔2022〕1号），2022年4月8日。
③ 教育部等九部门:《"十四五"学前教育发展提升行动计划》（教基〔2021〕8号），2021年12月9日。

《"十四五"学前教育发展提升行动计划》，推动各地适应生育政策调整，各地以县为单位完善了普惠性资源布局规划，加强了城镇新增人口、流动人口集中地区和乡村幼儿园建设。同时，公办园教师核编补充力度加大，按同工同酬要求落实教师待遇，普惠性学前教育保障机制得以健全。① 幼小科学衔接深入推进，学前教育的普及普惠水平和科学保教质量进一步提高，更好地为国家人口发展战略服务。2022年2月10日，教育部印发《幼儿园保育教育质量评估指南》，将办园方向、保育与安全、教育过程、环境创设、教师队伍等作为评估内容，明确了15项关键指标和48个考查要点，注重过程评估、强化自我评估、聚焦班级观察，学前教育评价制度得以进一步建立健全，促进了学前教育高质量发展。②

（二）推进义务教育优质均衡发展

一是县域义务教育进入优质发展新阶段。2022年4月，国务院教育督导委员会印发《关于公布通过义务教育均衡发展国家督导评估认定县（市、区、旗）名单的决定》，公布了2021年通过义务教育均衡发展国家督导评估认定的县名单，共94个县正式通过义务教育基本均衡发展国家督导评估认定。③ 至此，全国31个省（区、市）和新疆生产建设兵团的2895个县都实现了县域义务教育基本均衡发展，成为继全面实现"两基"后我国义务教育发展中的又一重要里程碑，标志着义务教育进入优质发展的新阶段，我国义务教育发展迎来了新的历史拐点。为进一步落实教育部办公厅《关于开展县域义务教育优质均衡创建工作的通知》，教育部确定了135个义务教育优质均衡先行创建县（市、区、旗），加快实现义务教育优质均衡发展，充分发挥创建示范引领作用，努力形成可复制、可推广的典型经验和有效举措。④⑤

---

① 《"十四五"教育公共服务如何发力》，《中国教育报》2022年1月12日。
② 教育部：《幼儿园保育教育质量评估指南》（教基〔2022〕1号），2022年2月10日。
③ 国务院教育督导委员会：《关于公布通过义务教育均衡发展国家督导评估认定县（市、区、旗）名单的决定》（国教督〔2022〕1号），2022年4月21日。
④ 教育部办公厅：《关于开展县域义务教育优质均衡创建工作的通知》（教基厅函〔2021〕43号），2021年11月25日。
⑤ 教育部办公厅：《义务教育优质均衡先行创建县（市、区、旗）名单》（教基厅函〔2022〕10号），2022年4月20日。

二是构建优质均衡的基本公共教育服务体系。推动建立与常住人口变化相协调的基本公共教育服务供给机制，实现教育资源按实际服务人口规模配置，指导各地完善义务教育学位配置标准，保障足够的公办学校学位供给，推动县域内校长教师有序交流轮岗，实现优秀骨干教师在学校间均衡配置，促进县域义务教育优质均衡创建工作，健全义务教育的政策保障体系，加快缩小区域、城乡、校际、群体教育差距。①

三是强化学籍管理。全面落实免试就近入学全覆盖和"公民同招"，各地完善了学校划片政策，修订出台了学籍管理办法，学籍管理进一步严格规范。

四是深化基础教育综合改革。开展基础教育精品课遴选工作，总结推广第一批实验区成果，遴选建立第二批基础教育综合改革实验区，建立利用社会资源支持学校教育教学和课后服务的有效机制。

（三）加快推动普通高中特色多样发展

普通高中教育在整个教育系统中起到承上启下的重要作用，是人才培养体系中的关键环节。2022年，国家为加快推动普通高中特色多样发展，更好适应高考综合改革和普通高中育人方式改革，采取了一系列举措：一是加快推动普通高中特色多样发展。全面实施新课程新教材，以强化特色引领高中学校健康发展，地方以加强学校特色建设为抓手，积极探索形成科技高中、人文高中、外语高中、体育高中、艺术高中和综合高中等多样化有特色的办学格局。二是促进普通高中教育内涵发展和质量提升。实施《普通高中学校办学质量评价指南》，将办学方向、课程教学、教师发展、学校管理、学生发展等作为评价内容，明确了18项关键指标和48个考查要点，建立以发展素质教育为导向的科学的评价体系，充分发挥质量评价对深化教育教学改革的导向作用，坚决克服"唯分数""唯升学"倾向，促进持续提高普通高中学校办学质量水平。②

---

① 《"十四五"教育公共服务如何发力》，《中国教育报》2022年1月12日。
② 教育部：《普通高中学校办学质量评价指南》（教基〔2021〕9号），2021年12月31日。

（四）增强职业教育适应性

中国职业教育沿着"规模"和"内涵"两个维度同时发展，经历了20世纪80年代中等职业教育的恢复和发展阶段、20世纪90年代的规模稳定和内涵初建阶段、21世纪以来的体系初步形成和内涵全面深化阶段。[①]实现了由参照普通教育办学向相对独立的教育类型转变，当前已进入提质培优、增值赋能新阶段。2022年是职业教育提质培优、攻坚克难的关键之年，职业教育的发展主要聚焦于"提高质量、提升形象、深入落实、着力突破"，取得佳绩。

在"提高职业教育质量"方面，主要聚焦类型特色、产教融合、校企合作、教学改革、打造品牌等方面，抓实抓好现代职业教育高质量发展。2021年12月31日，教育部等八部门印发《职业学校学生实习管理规定》，明确了实习组织、实习管理、实习考核、安全职责和保障措施等全链条、全过程的基本要求，针对实习关键节点明确了行为准则，提出一个"严禁"、27个"不得"，为实习管理画出了底线和红线，对实习各方提出了刚性约束。[②]2022年9月2日，教育部发布新版《职业教育专业简介》，根据新版专业目录并通过专业简介的形式对专业内涵进行了全面、系统、权威的阐释。[③][④]在"提升职业教育形象"方面，在不断提升质量的基础上逐步改变社会对职业教育的刻板印象，增强职业教育的吸引力。严格落实好《国家职业教育改革实施方案》《职业教育提质培优行动计划（2020—2023年）》《关于推动现代职业教育高质量发展的意见》，一方面健全部、省、校协同推进机制，细化分工、建好台账；另一方面，加强激励引导，强化制度保障，扩大发展职业教育的总体

[①] 《第三场：介绍推动现代职业教育高质量发展有关工作情况》，中华人民共和国教育部网站，http://www.moe.gov.cn/fbh/live/2022/53982/，2022年2月23日。

[②] 教育部等八部门：《职业学校学生实习管理规定》（教职成〔2021〕4号），2021年12月31日。

[③] 《教育部职业教育与成人教育司负责人就新版〈职业教育专业简介〉答记者问》，中华人民共和国教育部网站，http://www.moe.gov.cn/jyb_xwfb/s271/202209/t20220907_659060.html，2022年9月7日。

[④] 教育部：《职业教育专业目录（2021年）》（教职成〔2021〕2号），2021年3月12日。

效应。①② 职业教育发展的重点突破口主要从推动职业本科教育稳中有进、推进中等职业教育多样化发展、推进"职教高考"成为高职招生主渠道、推动职业教育数字化升级、打造职业教育内涵建设工作闭环等方面展开。③2022年，还迎来了《中华人民共和国职业教育法》26年来的首次大修，首次以法律形式明确职业教育是与普通教育具有同等重要地位的教育类型，是国民教育体系和人力资源开发的重要组成部分。④ 新修订的职业教育法内容更为丰富，体系结构更加完备，针对性和可操作性更强，体现了最新的发展理念和制度创新，系统构建了新时代职业教育法律制度体系，标志着现代职业教育体系建设进入新的法治化进程，也意味着职业教育"类型"地位在法理上得到保障。⑤

2022年4月27日，中国主办金砖国家职业教育联盟大会，成立金砖国家职业教育联盟，为共同应对教育领域挑战、助推各国经济转型和产业升级、共创全球发展新时代做出积极贡献。⑥ 教育部牵头组织金砖国家职业技能大赛，推动金砖国家在教育领域的深度合作交流，整体推进金砖国家国际化高质量技能人才培养。⑦2022年8月19~20日，教育部还在天津组织举办首届世界职业技术教育发展大会，大会期间举办首届世界职业院校技能大赛、世界职业教育产教融合云上博览会，并发布筹建世界职业技术教育发展联

---

① 国务院：《国家职业教育改革实施方案》（国发〔2019〕4号），2019年1月24日；教育部等九部门：《职业教育提质培优行动计划（2020—2023年）》（教职成〔2020〕7号），2020年9月16日；《中共中央办公厅 国务院办公厅印发〈关于推动现代职业教育高质量发展的意见〉》，新华社，2021年10月12日。

② 《第三场：介绍推动现代职业教育高质量发展有关工作情况》，中华人民共和国教育部网站，http://www.moe.gov.cn/fbh/live/2022/53982/，2022年2月23日。

③ 教育部等八部门：《职业学校学生实习管理规定》（教职成〔2021〕4号），2021年12月31日。

④ 《中华人民共和国职业教育法》（中华人民共和国主席令第112号），2022年4月20日。

⑤ 《介绍教育系统学习宣传贯彻落实新修订〈中华人民共和国职业教育法〉有关情况》，中华人民共和国教育部网站，http://www.moe.gov.cn/fbh/live/2022/54414/，2022年4月27日。

⑥ 《金砖国家职业教育联盟正式成立》，中华人民共和国教育部网站，http://www.moe.gov.cn/jyb_xwfb/gzdt_gzdt/moe_1485/202204/t20220427_622649.html，2022年4月27日。

⑦ 《金砖国家职业技能大赛启动》，中华人民共和国教育部网站，http://www.moe.gov.cn/jyb_xwfb/gzdt_gzdt/s5987/202203/t20220329_611584.html，2022年3月29日。

盟的倡议，形成了"会、盟、赛、展"的职业教育国际交流合作崭新平台和范式。①

（五）提升高等教育服务创新发展能力

2022年，我国已建成世界最大规模高等教育体系。②在实施"双一流"建设计划的背景下，一批大学和一大批学科跻身世界先进行列，中国高等教育整体水平进入世界第一方阵。③在服务国家重大战略能力方面，高校为高铁、核电、生物育种、疫苗研发、国防军工等重点领域提供了关键技术，参与研制超级计算机、北斗卫星导航系统、神舟系列等国家利器，支撑引领文化强国、人才强国、体育强国、健康中国、美丽中国、平安中国建设。在人才培养方面，基础学科拔尖计划2.0全面启动，在77所高校布局建设288个学生培养基地，探索基础学科拔尖人才培养"中国范式"，累计吸引1万余名优秀学生投身基础学科，形成了基础学科拔尖人才的"梯队网络"。④

高等教育服务乡村振兴的能力显著提升。2022年2月28日，教育部办公厅、农业农村部办公厅、中国科协办公厅联合印发《关于推广科技小院研究生培养模式助力乡村人才振兴的通知》，引导高等学校、科研院所广泛开展专家服务基层活动，引导广大研究生在乡村振兴中建功立业，推动专业人才服务乡村，为全面推进乡村振兴、加快农业农村现代化、提升农民科学素质提供坚实的人才支撑。⑤随后，三部门又印发《关于支持建设一批科技小院的通知》，带动全国涉农高校深化研究生培养模式改革，为涉农高校创新人才培养、服务乡村振兴探索更加宽广的路径，为科技成果加快转化为农民可用技

---

① 《介绍世界职业技术教育发展大会有关情况》，中华人民共和国教育部网站，http://www.moe.gov.cn/fbh/live/2022/54701/，2022年8月17日。
② 《教育部：我国已建成世界最大规模高等教育体系》，《经济参考报》2022年5月18日。
③ 《我国受高等教育人口达2.4亿，高等教育进入普及化阶段》，中华人民共和国教育部网站，http://www.moe.gov.cn/fbh/live/2022/54453/mtbd/202205/t20220518_628486.html，2022年5月17日。
④ 《教育部：我国已建成世界最大规模高等教育体系》，《经济参考报》2022年5月18日。
⑤ 教育部办公厅、农业农村部办公厅、中国科协办公厅：《关于推广科技小院研究生培养模式助力乡村人才振兴的通知》（教研厅函〔2022〕2号），2022年2月28日。

术提供强劲推动力，助力脱贫攻坚。①

加强高等职业院校技能人才培养。2022年10月，中共中央办公厅、国务院办公厅印发《关于加强新时代高技能人才队伍建设的意见》，提出构建以行业企业为主体、职业学校（含技工院校，下同）为基础、政府推动与社会支持相结合的高技能人才培养体系；创新高技能人才培养模式，深化产教融合、校企合作，开展订单式培养、套餐制培训，创新校企双制、校中厂、厂中校等方式；围绕国家重大战略、重大工程、重大项目、重点产业对高技能人才的需求，实施高技能领军人才培育计划；发挥职业学校培养高技能人才的基础性作用，优化高技能人才培养资源和服务供给；完善技能导向的使用制度，建立技能人才职业技能等级制度和多元化评价机制，建立高技能人才表彰激励机制。②

加强高校有组织科研。2022年8月，教育部印发《关于加强高校有组织科研 推动高水平自立自强的若干意见》，对推动高校加强有组织科研，着力提升自主创新能力，以更高质量、更大贡献服务国家战略需求作出部署。③

（六）支持和规范民办教育健康发展

在民办学前教育领域，公益性、普惠性、安全性需求更加凸显，托育保教收费进一步合理化。在民办义务教育领域，严格落实民办义务教育发展和公办、民办义务教育学校同步招生的规定要求，坚持将民办义务教育学校招生纳入审批地统一管理，优先满足学校所在县（区）学生入学需求；对报名人数超过招生计划的，实行电脑随机录取；积极稳慎推进规范民办义务教育

---

① 教育部办公厅、农业农村部办公厅、中国科协办公厅：《关于支持建设一批科技小院的通知》（教研厅函〔2022〕7号），2022年7月29日。
② 中共中央办公厅、国务院办公厅：《关于加强新时代高技能人才队伍建设的意见》，新华网，http://m.news.cn/2022-10/07/c_1129054302.htm，2022年10月7日。
③ 教育部：《关于加强高校有组织科研 推动高水平自立自强的若干意见》，中华人民共和国教育部网站，http://www.moe.gov.cn/jyb_xwfb/gzdt_gzdt/s5987/202208/t20220829_656091.html，2022年8月29日。

发展专项工作，加快优化义务教育结构。①在民办高中教育领域，同步规范民办普通高中招生，进一步压减优质公办普通高中和民办普通高中跨区域招生计划，确保按照国家有关规定如期全面实现属地招生和公民同招，严格落实公办学校参与举办的民办普通高中独立招生规定，严禁公办、民办学校混合招生。②在民办高等教育领域，民办高校法人治理结构持续优化，民办高等教育进一步规范化、健康化发展。

四 进一步推进教育公平取得实质成效

（一）推进基本教育公共服务均等化建设

国家财政性教育经费占比连续10年超过4%，为我国教育事业的发展提供了必要的物质保障，有力推动了我国基本教育公共服务均等化进程。一是教育普及水平实现历史性跨越。我国学前教育毛入园率达到88.1%，实现基本普及；小学的净入学率提升到99.9%以上，初中的毛入学率始终保持在100%以上，义务教育已实现全面普及，义务教育阶段建档立卡辍学学生实现动态清零；高中阶段毛入学率达到91.4%；高等教育毛入学率达到57.8%，我国高等教育已迈入普及化的新阶段。各级教育普及程度达到或超过中高收入国家平均水平，其中义务教育普及程度达到世界高收入国家平均水平，高等教育实现了从大众化到普及化的历史性跨越。③二是在义务教育全面普及的基础上，全国2895个县全部实现义务教育基本均衡，进入县域内义务教育优质均衡发展新阶段。不断健全完善家庭经济困难学生资助体系，完善以政府为主导、学校和社会积极参与的学生资助政策体系，对"所有学段、所有学校、所有家庭经济困难学生"实现全覆盖，确保"不让一个学生因家庭经济困难而失

---

① 教育部办公厅：《关于进一步做好普通中小学招生入学工作的通知》（教基厅〔2022〕1号），2022年3月28日。
② 教育部办公厅：《关于进一步做好普通中小学招生入学工作的通知》（教基厅〔2022〕1号），2022年3月28日。
③ 《第十五场：介绍从数据看党的十八大以来我国教育改革发展成效》，中华人民共和国教育部网站，http://www.moe.gov.cn/fbh/live/2022/54875/，2022年9月27日。

学、辍学"。① 三是实施"两为主、两纳入、以居住证为主要依据"的进城务工人员随迁子女入学政策，义务教育阶段进城务工人员随迁子女总规模达到1372.4万人，其中在公办学校就读和享受政府购买民办学校学位服务的比例高达90.9%。② 四是实施特殊教育提升计划,30万以上人口县均设有特殊教育学校，特殊教育共有在校生92万人，十年间增加54.1万人，适龄残疾儿童义务教育入学率达到95%以上。③ 五是实施国家支持中西部地区招生协作计划，从全国招生计划增量中专门安排部分名额面向中西部地区和考生大省招生，通过国家农村和脱贫地区专项招生计划录取到重点高校的人数累计已高达95万人。④

（二）实施部属高校县中托管帮扶项目

加强县域普通高中建设，落实《"十四五"县域普通高中发展提升行动计划》。针对县域普通高中发展存在生源和教师流失比较严重、基础条件相对薄弱、教育质量有待提高等突出问题，一是加强招生统筹管理，强化省级招生工作统筹、地市招生管理主体责任，严格落实普通高中属地招生和"公民同招"政策，规范普通高中招生秩序；二是健全教师补充机制，按照国家规定的普通高中编制标准及时补充教师，满足普通高中学校教育教学工作需要，特别是适应高考综合改革需要，严禁发达地区城区学校到薄弱地区县域高中抢挖优秀校长和老师，防止优秀骨干教师过度流失；三是积极改善县域普通高中办学条件；四是加大县域高中对口帮扶力度。⑤ 实施部属高校县中托管帮扶项目，印发《关于组织实施部属高校县中托管帮扶项目的通知》，2022年秋季学期全面启动实施部属高校县中托管帮扶项目，建立国家示范、地方为

---

① 《第十五场：介绍从数据看党的十八大以来我国教育改革发展成效》，中华人民共和国教育部网站，http://www.moe.gov.cn/fbh/live/2022/54875/，2022年9月27日。
② 《教育部：全国2895个县全部实现义务教育基本均衡》，新华网，http://education.news.cn/20220927/1479ef7fc4ec491fbf980860c5ea5a53/c.html，2022年9月27日。
③ 《第十五场：介绍从数据看党的十八大以来我国教育改革发展成效》，中华人民共和国教育部网站，http://www.moe.gov.cn/fbh/live/2022/54875/，2022年9月27日。
④ 《第十五场：介绍从数据看党的十八大以来我国教育改革发展成效》，中华人民共和国教育部网站，http://www.moe.gov.cn/fbh/live/2022/54875/，2022年9月27日。
⑤ 教育部等九部门:《"十四五"县域普通高中发展提升行动计划》（教基〔2021〕8号），2021年12月9日。

主的县中托管帮扶体系。①部分高校积极研究，逐步将帮扶覆盖面扩大到县域所有高中以及学前教育、义务教育领域，并在产教融合、智力支持、人才培养等方面给予帮扶县全方位支持。②同时，开展国家乡村振兴重点帮扶县教育人才组团式对口帮扶。指导各地组织有条件的地方高校和城区优质普通高中开展县中对口帮扶工作，带动整体提升县中办学质量。③

（三）加强教师队伍能力建设

普及有质量的学前教育、实现优质均衡的义务教育、全面普及高中阶段教育、增强职业教育适应性、实现高等教育高质量发展，核心依靠力量是教师，加强教师队伍能力建设尤为关键。

一是实施新时代基础教育强师计划。教育部等八部门印发《新时代基础教育强师计划》，通过基础教育强师计划与教师思想政治和师德师风建设、振兴教师教育、造就职教"双师型"教师、深化高校教师队伍建设改革、提升教师地位待遇等举措，共同构成一套系统全面涵养"四有好老师"的"施工图"。④⑤二是实施师范教育协同提质计划。教育部办公厅发布《关于实施师范教育协同提质计划的通知》，"十四五"期间，教育部重点支持一批中西部欠发达地区薄弱师范院校，加强学校人才队伍、学科专业等建设，整体提高师范教育办学水平，为欠发达地区培养高质量基础教育教师，为乡村教育发展和乡村振兴提供坚强人才支撑。⑥三是实施中西部欠发达地区优秀教师

---

① 教育部办公厅：《关于组织实施部属高校县中托管帮扶项目的通知》（教基厅函〔2022〕13号），2022年5月27日。
② 《教育部于2022年秋季学期全面启动部属高校县中托管帮扶项目》，中华人民共和国教育部网站，http://www.moe.gov.cn/jyb_xwfb/gzdt_gzdt/s5987/202208/t20220831_656928.html，2022年8月31日。
③ 《教育部：严禁发达地区城区学校到薄弱地区县域高中抢挖优秀老师》，中华人民共和国教育部网站，http://www.moe.gov.cn/fbh/live/2022/54639/mtbd/202207/t20220706_643848.html，2022年7月5日。
④ 教育部等八部门：《新时代基础教育强师计划》（教师〔2022〕6号），2022年4月2日。
⑤ 《筑牢教育强国建设之基》，《人民日报》2022年6月9日。
⑥ 教育部办公厅：《关于实施师范教育协同提质计划的通知》（教师厅函〔2022〕2号），2022年2月9日。

定向培养计划。四是实施职业院校教师素质提高计划，设立国家级示范培训项目。

（四）统筹推进乡村教育振兴和教育振兴乡村工作

2022年，中国持续发力统筹推进乡村教育振兴和教育振兴乡村工作，一是持续巩固拓展教育脱贫攻坚成果，推进控辍保学从动态清零转向常态清零；二是把乡村教育融入乡村建设行动，更好地发挥农村中小学的教育中心、文化中心作用；三是扩大实施中小学银龄计划，做好东部地区对口支援国家乡村振兴重点帮扶县中职、普高工作；① 四是做好直属高校定点帮扶，培育一批精准帮扶典型项目和创新试验项目，探索在乡村振兴领域建立成果转化平台；② 五是做好农村义务教育学生营养改善计划实施工作，落实县级人民政府行动主体责任，确定供餐模式和供餐内容，大力推进学校食堂供餐；③ 六是完善"三区"人才支持计划教师专项计划，引导人才向艰苦地区和基层一线流动；④ 七是引导农村职业教育和成人教育示范县主动对接当地经济社会发展需求，发挥百所乡村振兴人才培养优质校引领作用，助力培养高素质农民和农村实用人才；⑤ 八是利用国家智慧教育平台扩大优质教育资源覆盖面。为广大农村地区免费送去优质教育资源，城乡学生共享全国名师、名家、名校、名课资源，帮助农村地区教师线上协同教研、备课辅导，缩小区域、城乡、校际教育差距，中西部许多农村边远地区利用平台资源实施"双师课堂"，开足

---

① 《教育部2022年工作要点》，中华人民共和国教育部网站，http://www.moe.gov.cn/jyb_sjzl/moe_164/202202/t20220208_597666.html，2022年2月8日。
② 教育部发展规划司：《从脱贫攻坚到乡村振兴：教育部直属高校十年帮扶路》，中华人民共和国教育部网站，http://www.moe.gov.cn/fbh/live/2022/54688/sfcl/202207/t20220726_648725.html，2022年7月26日。
③ 教育部等七部门：《农村义务教育学生营养改善计划实施办法》（教财〔2022〕2号），2022年10月31日。
④ 《教育部2022年工作要点》，中华人民共和国教育部网站，http://www.moe.gov.cn/jyb_sjzl/moe_164/202202/t20220208_597666.html，2022年2月8日。
⑤ 《教育部2022年工作要点》，中华人民共和国教育部网站，http://www.moe.gov.cn/jyb_sjzl/moe_164/202202/t20220208_597666.html，2022年2月8日。

开齐国家课程，进一步提高教学质量，促进教育均衡发展。①

值得重点指出的是，自2012年5月正式启动农村义务教育学生营养改善计划（简称"营养改善计划"）试点地区学生营养健康状况的监测评估工作以来，至2022年营养改善计划已实施满十年，农村学生营养状况得到明显改善，平均身高、体重逐步上升，生长迟缓或贫血儿童逐步减少，农村学校食堂供餐率不断提高，软硬件设施逐步完善，在一定程度上为促进均衡膳食奠定了良好基础。②

五 年度教育热点

（一）疫情防控背景下助力学生健康成长

2022年3月25日，教育部办公厅印发《学生疫情防控期间学习生活健康指南》，包括《学生疫情防控期间在校学习生活健康指南》《学生疫情防控期间居家防护学习生活健康指南》《学生疫情防控期间集中隔离医学观察学习生活健康指南》《学生疫情防控期间住院就医学习生活健康指南》，分类引导学生在校、居家防护、集中隔离医学观察、住院就医期间安全学习、健康生活，③落实国家发布的学校新冠肺炎疫情防控技术方案，支持学校封闭式管理、常态化防控和应急性处置。2022年4月7日，国家卫生健康委办公厅、教育部办公厅联合印发《高等学校新冠肺炎疫情防控技术方案（第五版）》《中小学校新冠肺炎疫情防控技术方案（第五版）》《托幼机构新冠肺炎疫情防控技术方案（第五版）》，④在进一步强化常态化疫情防控管理要求

---

① 《孙春兰强调 打造国家教育公共服务平台 服务高质量教育体系建设》，新华网，http://m.news.cn/2022-07/08/c_1128817147.htm，2022年7月8日。
② 《十年健康监测 见证营养改善——农村义务教育学生营养改善计划营养健康状况变迁（2012—2022）》，中华人民共和国教育部网站，http://www.moe.gov.cn/jyb_xwfb/gzdt_gzdt/s5987/202210/t20221014_669469.html，2022年10月14日。
③ 教育部办公厅：《学生疫情防控期间学习生活健康指南》（教体艺厅函〔2022〕13号），2022年3月25日。
④ 国家卫生健康委办公厅、教育部办公厅：《关于印发高等学校、中小学校和托幼机构新冠肺炎疫情防控技术方案（第五版）的通知》（国卫办疾控函〔2022〕108号），2022年4月7日。

基础上，增加了校园常态化监测预警，细化完善了出现疫情后的应急处置措施和卫生保障要求。① 此外，教育部办公厅等五部门发布《关于做好预防中小学生溺水工作的通知》，② 尽最大努力减少学生溺水事件的发生，切实保障学生生命安全。

（二）深入推动"双减"落地

2022年是落实"双减"政策的关键之年，"双减"是涉及教育观念、教育体系、育人方法等方面的一场深刻变革，事关立德树人根本任务的落实。自2021年7月"双减"政策实施以来，中小学生"减负"成效显著。巩固成果、健全机制、扫除盲点、提升水平、维护稳定、强化督导是全年的工作重点。③

在校内减负方面，一是提高作业设计水平。在"压总量、控时间"的基础上，注重"调结构、提质量"。二是提高课后服务水平。在"全覆盖、广参与"的基础上，注重"上水平、强保障"。财政部、教育部修订《中小学校财务制度》，明确课后服务等服务性收费要求。④ 国家中小学智慧教育平台新增课后服务板块，有效支撑"双减"工作，并获得良好的社会反响。⑤ 三是提高课堂教学水平。推动各省区市制定分学科教学基本要求，进一步强化教师备课和校本教研，深化教育教学改革创新。四是提高均衡发展水平。巩

---

① 《针对病毒特点完善防控措施 科学指导学校疫情防控工作——教育部应对新冠肺炎疫情工作领导小组办公室负责人就教育部联合国家卫生健康委印发高等学校、中小学校和托幼机构新冠肺炎疫情防控技术方案（第五版）答记者问》，中华人民共和国教育部网站，http://www.moe.gov.cn/jyb_xwfb/s271/202204/t20220418_619067.html，2022年4月18日。

② 教育部办公厅等五部门：《关于做好预防中小学生溺水工作的通知》（教基厅函〔2022〕18号），2022年7月26日。

③ 《教育部2022年工作要点》，中华人民共和国教育部网站，http://www.moe.gov.cn/jyb_sjzl/moe_164/202202/t20220208_597666.html，2022年2月8日。

④ 财政部、教育部：《中小学校财务制度》（财教〔2022〕159号），2022年7月14日；《中小学校财务制度》自2022年9月1日起施行。财政部、教育部2012年12月21日颁布的《中小学校财务制度》（财教〔2012〕489号）同时废止。

⑤ 《有效服务"双减"和"停课不停学"：国家中小学智慧教育平台正式上线》，中华人民共和国教育部网站，http://www.moe.gov.cn/fbh/live/2022/54324/mtbd/202203/t20220330_612130.html，2022年3月30日。

固义务教育基本均衡成果，大力推进优质均衡发展，构建优质均衡基本公共教育服务体系。①此外，教育部委托有资质、信誉度高的第三方机构开展学校落实"双减"工作的独立调查，并利用督导监管平台，接受社会各方监督。

在校外减负方面，一是加强校外培训监管行政执法工作，不断提升校外培训治理能力和治理水平。教育部、中央编办、司法部发布《关于加强教育行政执法 深入推进校外培训综合治理的意见》，这是第一个关于校外培训监管行政执法的专门文件。②二是建立"双减"工作专门协调机制，联合开展专项治理行动，对校外培训违法违规行为进行查处，初步形成了多部门联动的校外培训监管联合执法机制。③教育部部署开展了持续三个月的"回头看"工作，各地围绕机构压减、"营转非"、培训收费、学科类隐形变异、培训材料和人员管理、监管信息化、风险防范等七个方面进行全面排查整改并取得了积极成效。④在全国范围内组织开展以"强化培训监管 守护快乐假期"为主题的校外培训"监管护苗"2022年暑期专项行动，⑤着力巩固学科类培训机构压减成果。三是规范非学科类校外培训行业发展。教育部、国家发展改革委、市场监管总局联合发布《关于规范非学科类校外培训的公告》，防范培训质量不高、价格肆意上涨、存在安全隐患等问题，不断规范非学科类校外培训行

---

① 《第一场：介绍2022年基础教育重点工作任务和中小学幼儿园开学有关工作要求》，中华人民共和国教育部网站，http://www.moe.gov.cn/fbh/live/2022/53959/，2022年2月15日。
② 教育部、中央编办、司法部：《关于加强教育行政执法 深入推进校外培训综合治理的意见》（教监管〔2022〕1号），2022年1月25日。
③ 《加强校外培训监管行政执法 切实维护人民群众合法权益——教育部有关司局负责人就〈关于加强教育行政执法 深入推进校外培训综合治理的意见〉答记者问》，中华人民共和国教育部网站，http://www.moe.gov.cn/jyb_xwfb/s271/202202/t20220209_598154.html，2022年2月9日。
④ 《全国义务教育阶段校外培训治理"回头看"顺利完成并取得积极成效》，中华人民共和国教育部网站，http://www.moe.gov.cn/jyb_xwfb/gzdt_gzdt/s5987/202208/t20220810_651989.html，2022年8月10日。
⑤ 《教育部部署开展校外培训"监管护苗"暑期专项行动 严厉打击学科类培训隐形变异等突出问题》，中华人民共和国教育部网站，http://www.moe.gov.cn/jyb_xwfb/gzdt_gzdt/s5987/202207/t20220721_647702.html，2022年7月21日。

业发展。①四是持续巩固线上学科类培训治理成果。教育部结合暑期工作安排，于2022年6月11日至7月20日继续对线上培训机构和网站平台开展深度巡查，巡查发现线上学科类培训违规收费、无资质培训、推送培训广告、撮合违规培训等多项问题，切实减轻中小学生校外培训负担依然任重道远。②

（三）全面排查整改教材插图问题

2022年5月，人民教育出版社第十一套小学数学教材"奇丑"插画受到社会广泛关注，成为教育舆情热点关注话题，教育部随即成立调查组对此进行全面彻查。随后，教育部责成人民教育出版社立即整改教材"奇丑"插画等问题，并重新组织专业力量绘制教材插图，以确保2022年秋季学期开始使用新教材。③教育部通过约谈相关人员，调阅原始资料，听取数学、思政、美术等方面专家意见，征求一线数学和美术教师意见等方式，进行认真调查核实。2020年8月22日，教育部发布通告指出教材插图主要存在三方面问题：一是整体画风不符合大众审美习惯，部分插图人物形象较为丑陋，没有恰当体现出我国少年儿童阳光向上的形象，与立德树人根本要求存在差距；二是部分插图制作专业水准不高，且插图数量过多，个别插图存在科学性、规范性问题；三是部分插图容易引人误读，部分插图绘制粗糙，一些线条绘制和元素选择不当，图片比例不协调。④

针对人民教育出版社小学数学教材插图问题，教育部对全国中小学教材教辅和进入校园课外读物的插图及内容进行全面排查整改，组织国家教材委专家委员会近350位专家，对中小学在用的359套2487册国家课程教材

---

① 《教育部 国家发展改革委 市场监管总局关于规范非学科类校外培训的公告》，中华人民共和国教育部网站，http://www.moe.gov.cn/jyb_xxgk/s5743/s5744/A29/202203/t20220303_604140.html，2022年3月3日。

② 《教育部开展第16次校外线上培训巡查》，中华人民共和国教育部网站，http://www.moe.gov.cn/jyb_xwfb/gzdt_gzdt/s5987/202208/t20220808_651556.html，2022年8月8日。

③ 《教育部关于人教版小学数学教材插图问题的回应》，中华人民共和国教育部网站，http://www.moe.gov.cn/jyb_xwfb/gzdt_gzdt/s5987/202205/t20220528_632055.html，2022年5月28日。

④ 《教育部关于人民教育出版社小学数学教材插图问题的调查处理通报》，中华人民共和国教育部网站，http://www.moe.gov.cn/jyb_xwfb/gzdt_gzdt/s5987/202208/t20220822_654438.html，2022年8月22日。

等进行全面审读；对普通高校和职业院校使用的教材教辅、出版单位出版的所有教材教辅和课外读物采用全面自查与重点抽查的方式进行全面排查与整改。①此外，教育部畅通中小学教材问题快速反映通道，针对社会通过专门邮箱②反映的教材问题，建立24小时处置机制，由专人分时段及时查收邮件，逐一对邮件进行分类登记，实行台账管理，全面接受社会公众的监督。国务院教育督导委员会办公室针对排查整改的专项督查范围覆盖31个省（区、市）和新疆生产建设兵团，全面督促检查各项排查整改任务落实情况及成效。教材是传播知识的主要载体，体现着一个国家、一个民族的价值体系，是老师教学、学生学习的重要工具，③在学校教育中扮演着极为重要的角色。应细化大中小学教材编写（修订）、审核、出版、印刷发行、选择使用及发布涉教材信息等方面的追责情形，强化责任意识，严加监管与审核，多方协同监督，加强对相关出版行业的严格监管，加大对违法违规行为的查处力度。

（四）全力确保高校毕业生就业大局稳定

2022年，中国高校应届毕业生人数达1076万，较上年增长167万，规模之大与增量之多再创历史新高。④受世纪疫情等多重因素叠加影响，2022年高校应届毕业生就业形势更为严峻复杂，面临的就业压力更大。就业为民生之本，党和国家始终把高校毕业生就业工作列为各项工作的重中之重，抢抓毕业生求职黄金期、冲刺期，加快推进就业工作，持续推出有效促进就业的优惠政策和帮扶计划，不断健全就业创业促进机制，完善市场化社会化就业

---

① 《教育部全力做好中小学教材教辅排查整改工作》，中华人民共和国教育部网站，http://www.moe.gov.cn/jyb_xwfb/gzdt_gzdt/s5987/202208/t20220822_654437.html，2022年8月22日。
② 教材问题反映邮箱：jcwt@moe.edu.cn。
③ 《落实国家事权，打造精品教材 进一步推进新时代教育部马工程重点教材建设——教育部教材局负责人就〈新时代马克思主义理论研究和建设工程教育部重点教材建设推进方案〉答记者问》，中华人民共和国教育部网站，http://www.moe.gov.cn/jyb_xwfb/s271/202203/t20220311_606440.html，2022年3月11日。
④ 《教育部：2022届高校毕业生预计1076万人 规模和增量均创历史新高》，中华人民共和国教育部网站，http://www.moe.gov.cn/fbh/live/2021/53931/mtbd/202112/t20211228_590924.html，2021年12月28日。

机制，健全毕业生基层就业支持体系。

2022年5月，国务院办公厅印发《关于进一步做好高校毕业生等青年就业创业工作的通知》，多渠道开发就业岗位，强化不断线就业服务，简化优化求职就业手续，稳妥有序推动取消就业报到证，着力加强青年就业帮扶。[①]2022年5月26日，财政部、教育部、人民银行、银保监会联合印发《关于做好2022年国家助学贷款免息及本金延期偿还工作的通知》，对2022年及以前毕业的贷款学生2022年内应偿还的国家助学贷款利息予以免除，免除的利息由中央财政和地方财政分别承担；对2022年及以前毕业的贷款学生2022年内应偿还的国家助学贷款本金，经贷款学生自主申请，可延期1年偿还，延期贷款不计罚息和复利，以帮助缓解贷款学生经济压力和就业压力，维护学生个人信用记录，促进其顺利就业。[②]此外，教育部进一步严明就业统计的纪律要求，严格执行"不准以任何方式强迫毕业生签订就业协议和劳动合同""不准将毕业证书、学位证书发放与毕业生签约挂钩""不准以户档托管为由劝说毕业生签订虚假就业协议""不准将毕业生顶岗实习、见习证明材料作为就业证明材料""不得不切实际向高校和学院提去向落实率具体指标""不得层层加码向辅导员摊派就业任务""不得将单一的去向落实率指标与就业工作人员或者辅导员的绩效考核、评优等挂钩"。[③]教育部已开通全国高校毕业生毕业去向登记与网上签约平台，优化高校毕业生求职就业服务流程。[④]

教育部从5月开始到8月中旬，以"千方百计拓岗位 攻坚克难促就业"为主题，开展高校毕业生就业"百日冲刺"系列活动，主要通过开展系列校园招聘活动、高校书记校长访企拓岗促就业行动、万企进校园行动、精准就

[①] 国务院办公厅：《关于进一步做好高校毕业生等青年就业创业工作的通知》（国办发〔2022〕13号），2022年5月5日。
[②] 财政部、教育部、人民银行、银保监会：《关于做好2022年国家助学贷款免息及本金延期偿还工作的通知》（财教〔2022〕110号），2022年5月26日。
[③] 《稳妥有序推进校园招聘活动正常开展》，《人民日报》2022年6月18日。
[④] 教育部办公厅：《关于推荐使用全国高校毕业生网上签约平台的公告》，中华人民共和国教育部网站，http://www.moe.gov.cn/jyb_xxgk/s5743/s5744/A15/202207/t20220706_643711.html，2022年7月6日。

业指导服务行动、就业困难群体帮扶行动等五大专项行动，进一步挖潜创新拓展岗位资源，做实做细就业指导服务。①高校建立就业重点毕业生台账，对脱贫家庭、低保家庭、零就业家庭、有残疾的学生，还有较长时间未就业的学生，按照"一人一档""一人一策"的要求开展重点帮扶，在受疫情影响严重的地区继续实施教师资格"先上岗、再考证"的政策，②全力确保2022届高校毕业生就业大局稳定。

（五）深入推进"双一流"建设

建设世界一流大学和一流学科（简称"双一流"建设）作为党中央、国务院作出的重大战略部署，是中国社会发展进入新时代以后，政府为加快建设世界重要人才中心和创新高地、加速实现中华民族复兴大业而采取的重要举措。③自"双一流"建设实施以来，改革发展成效明显，推动高等教育强国建设迈上新的历史起点。为着力解决"双一流"建设中仍然存在的高层次创新人才供给能力不足、服务国家战略需求不够精准、资源配置亟待优化等问题，2022年1月26日，教育部等三部门发布《关于深入推进世界一流大学和一流学科建设的若干意见》，标志着"双一流"建设正式进入新一轮周期。④随后，教育部等三部门公布《第二轮"双一流"建设高校及建设学科名单》，第二轮"双一流"建设名单正式更新公布，标志着新一轮"双一流"建设正式启动。根据首轮监测数据和成效评价，三部门按照"总体稳定，优化调整"的原则，以需求为导向、以学科为基础、以比选为手段，确定了新一轮建设高校共147所，建设学科中数学、物理、化学、生物学等基础学科布局共59

---

① 《积极应对疫情影响 加快就业工作进展：教育部开展2022届高校毕业生就业"百日冲刺"系列活动》，中华人民共和国教育部网站，http://www.moe.gov.cn/jyb_xwfb/gzdt_gzdt/s5987/202205/t20220509_625893.html，2022年5月9日。

② 《稳妥有序推进校园招聘活动正常开展》，《人民日报》2022年6月18日。

③ 《完善分类建设评价，推进高等教育高质量内涵式发展》，中华人民共和国教育部网站，http://www.moe.gov.cn/jyb_xwfb/moe_2082/2022/2022_zl04/202202/t20220214_599085.html，2022年2月14日。

④ 教育部等三部门：《关于深入推进世界一流大学和一流学科建设的若干意见》（教研〔2022〕1号），2022年1月26日。

个、工程类学科共180个、哲学社会科学学科共92个。①此外，为增强建设动力，完善约束机制，对首轮建设成效并未完全达到预期，相比同类学科在整体发展水平、可持续发展能力和成长提升程度方面相对偏后的部分学科给予警示，相关学科加强整改，并在2023年接受再评价，届时未通过的，将调出建设范围。②

教育部指出新一轮建设的重点：一是加强党的全面领导；二是牢牢把握立德树人根本任务；三是坚持服务国家战略需求；四是打造高水平师资队伍；五是深化科教融合；六是提升国际合作交流水平；七是优化管理评价机制；八是完善稳定支持机制。③

六 未来教育展望

2022年是新时代新征程中具有特殊重要意义的一年，适逢党的二十大胜利召开之年。根据《中国教育现代化2035》的要求，到2035年，我国总体实现教育现代化，迈入教育强国行列。未来中国教育事业发展的主要任务将重点聚焦以下几方面：加快完善德智体美劳全面培养的教育体系；积极推进人工智能、大数据、云计算、5G技术等与教育教学的融合，加快推进教育数字化战略；大力发展适应新技术和产业变革需要的职业教育；推进人才培养服务新时代人才强国战略，推进学科专业结构适应新发展格局；建设服务国家重大发展战略的高素质专业化创新型教师队伍；在世界大变局中谋划教育对外开放新策略。

---

① 《扎根中国大地，办出中国特色，争创世界一流——深入推进新一轮"双一流"建设》，中华人民共和国教育部网站，http://www.moe.gov.cn/jyb_xwfb/gzdt_gzdt/s5987/202202/t20220214_599079.html，2022年2月14日。
② 教育部等三部门：《第二轮"双一流"建设高校及建设学科名单》（教研函〔2022〕1号），2022年2月9日。
③ 《服务创新发展，完善管理机制 推动高层次人才培养与高水平科学研究相互促进——教育部有关负责人就第二轮"双一流"建设有关情况答记者问》，中华人民共和国教育部网站，http://www.moe.gov.cn/jyb_xwfb/s271/202202/t20220214_599080.html，2022年2月14日。

B.6
2022年中国社会安全形势分析报告

刘 蔚*

摘 要： 2022年，我国发展的内部条件和外部环境正在发生深刻复杂变化。总体而言，社会大局保持稳定，政治安全防线更加牢固，反恐形势平稳可控，社会矛盾纠纷有效化解，刑事案件持续下降，公共安全持续巩固，网络犯罪得到遏制。同时，社会安全形势日趋复杂，政治安全风险因素明显增多，社会矛盾纠纷风险挑战有所增加，公共安全风险隐患显著增多，新型网络犯罪仍呈多发高发态势。有鉴于此，应超前预判，储备对策，健全政治安全风险防控体系，坚决防范化解社会矛盾风险，数智赋能新时代"枫桥经验"，全面实现公共安全的事前预警预防转型，加强网络空间态势感知，在以中国式现代化全面推进中华民族伟大复兴的征程中，以新安全格局保障新发展格局。

关键词： 社会安全 中国式现代化 新安全格局 新发展格局

社会安全是人民群众安全感的晴雨表，是社会安定的风向标，我国社会大局保持长期稳定，是世界上最有安全感的国家之一。2022年，世界百年未有之大变局加速演进，我国发展的内部条件和外部环境正在发生深刻复杂变化，发展面临的风险挑战前所未有，需要解决的矛盾问题错综复杂。一方面，

---

* 刘蔚，中国人民公安大学国家安全学院副教授、硕士生导师，首都社会安全研究基地研究员。

改革发展稳定面临的不平衡、不协调、不可持续问题更加突出,各种"黑天鹅""灰犀牛"事件随时可能发生,我们必须增强忧患意识,坚持底线思维,做到居安思危、未雨绸缪;另一方面,来自外部的打压遏制和逆风逆水的形势可能会随时升级,我们必须加快构建新发展格局,着力推动高质量发展,坚定不移贯彻总体国家安全观,统筹维护国家安全,以新安全格局保障新发展格局。

一 2022年社会安全总体状况

(一)政治安全防线更加牢固,反恐形势平稳可控

党的二十大报告指出,"国家安全是民族复兴的根基,社会稳定是国家强盛的前提"。政治安全是国家安全的根本,关乎社会安全稳定大局。当前,全球进入动荡变革期,我国政治安全的外部环境考验将长期存在,面临的风险挑战日趋复杂,境内外敌对势力渗透颠覆捣乱破坏活动、网上网下政治安全风险、暴力恐怖活动等风险对政治安全防线构成了挑战。

2022年,公安机关聚焦影响政治安全的突出风险,严密防范、严厉打击境内外敌对势力渗透颠覆捣乱破坏活动,全力防范化解网上网下政治安全风险,敢于斗争、善于斗争,坚决捍卫中国共产党的长期执政地位,坚决捍卫人民民主专政的国家政权,坚决捍卫中国特色社会主义制度,坚决捍卫我国宪法的权威和尊严[①],确保政权安全、制度安全、意识形态安全。全面贯彻"团结教育挽救绝大多数,依法打击极少数"政策,始终保持对邪教和非法传教活动的严打高压态势,始终保持对邪教违法犯罪的零容忍,坚决铲除邪教滋生土壤,相继破获了一批重大案件,配合民政部门对"生命禅院"非法组

---

① 《通报两年来全国公安机关全力维护国家政治安全和社会大局稳定,推动公安改革的相关部署,及做好秋季开学安保和防汛抗旱的工作举措》,中华人民共和国公安部网站,https://www.mps.gov.cn/n2254536/n2254544/n2254552/n8670427/n8670485/c8671678/content.html,2022年8月26日。

织依法取缔，依法严密防范和严厉打击"法轮功""全能神"等邪教组织的非法活动，深入开展对涉案邪教人员的教育转化，做好邪教人员教育帮扶，全力挤压邪教生存空间。①

面对不稳定、不确定、不安全的外部环境因素，反恐怖斗争的艰巨性复杂性更加突出，公安机关坚定自信，全面贯彻落实新时代党的治疆治藏方略，深入开展反分裂反恐怖斗争，不断拓展反恐怖反分裂斗争主动态势，全力打好反恐防恐"组合拳"。持续深化严打暴恐专项行动，主动出击，侦破了一批暴力恐怖团伙案件，抓获了一批准备实施恐怖活动的犯罪分子，把绝大多数恐怖活动摧毁在预谋阶段、行动之前；不断强化源头治理，深入整治非法宗教活动、非法宗教宣传品，最大限度铲除恐怖极端思想滋生土壤；不断以公众参与为着力点，强化专群结合，扎实打好反恐怖人民战争；不断推进多领域反恐怖国际合作，已与10多个国家相关部门建立反恐合作关系，全球反恐问题中的"中国方案"成效日渐凸显。②应当意识到，反恐怖斗争是一项长期工作，全球恐怖主义发展形势对暴恐极端人员具有刺激示范效应，良好平稳的反恐怖斗争态势需要持续巩固、久久为功。

（二）社会矛盾纠纷有效化解，刑事案件持续下降

中国已经成为世界上公认的最安全的国家之一。国家统计局的调查显示，2021年全国群众安全感为98.62%，近五年持续保持高位，比2020年提升0.2个百分点，20个省（区、市）群众安全感超过98.5%。③党的十八大以来，我国坚持人民至上，始终牢牢把握人民满意的根本标准，始终着力解决人民群众急难愁盼的突出问题，平安中国续写了长期稳定奇迹，彰显了"中国之治"的制度优势和治理效能。

---

① 《全国公安反邪教部门——常抓不懈 筑牢反邪铜墙铁壁》，中国警察网，http://special.cpd.com.cn/2022/zjgayx/gagzcjxl/522/t_1031891.html，2022年5月25日。
② 《全国公安反恐怖部门——守土有责 全力打好反恐防恐"组合拳"》，中国警察网，http://special.cpd.com.cn/2022/zjgayx/gagzcjxl/522/t_1029227.html，2022年5月12日。
③ 《全国群众安全感持续提升 平安中国建设续写奇迹》，中国长安网，https://www.chinapeace.gov.cn/chinapeace/c100007/2022-03/01/content_12601501.shtml，2022年3月1日。

在推进中国式现代化的伟大实践中,我们党领导人民不断完善正确处理新形势下人民内部矛盾的有效机制,坚持和发展新时代"枫桥经验",充分发挥人民调解作为维护社会和谐稳定的"第一道防线"作用。截至2022年3月,全国共有人民调解委员会69万个,人民调解员316万余人,其中专职人民调解员37万余人;全国人民调解组织每年调解各类矛盾纠纷900多万件,调解成功率达95%以上;全国乡镇(街道)、村(社区)人民调解委员会调解纠纷成功的数量占调解纠纷总量的近80%;全国行业性、专业性人民调解组织达4万余个,派驻有关部门人民调解组织达2.6万个,各地积极推动大数据、云计算、区块链等新技术与调解工作的融合,形成了多层次、宽领域、广覆盖的人民调解组织网络。① 国家统计局的数据显示,党的十八大以来的10年间,全国矛盾纠纷调解数量始终在高位波动,人民调解这一独具中国特色的非诉讼纠纷解决机制效力得到彰显(见图1)。

图1 2012~2021年全国调解工作基本情况

资料来源:国家统计局年度数据,http://data.stats.gov.cn。

---

① 《各地人民调解组织创新机制、用好平台,加快调解中心建设——覆盖更广泛 调解更有效(两会后探落实·多元化解纠纷④)》,《人民日报》2022年3月23日,第11版。

社会蓝皮书

在社会矛盾纠纷有效化解工作中，我国已建成世界上联动资源最多、在线调解最全、服务对象最广的一站式多元纠纷解决和诉讼服务体系。[1] 近5年来，人民法院矛盾纠纷解决数量呈现增长态势（见图2），但始终将非诉讼纠纷解决机制挺在前面，定纷止争。为进一步化解社会矛盾纠纷，人民法院不断丰富群众选择解决纠纷渠道的"菜单库"，完善分调裁审机制，构建网上网下相融合的服务平台。

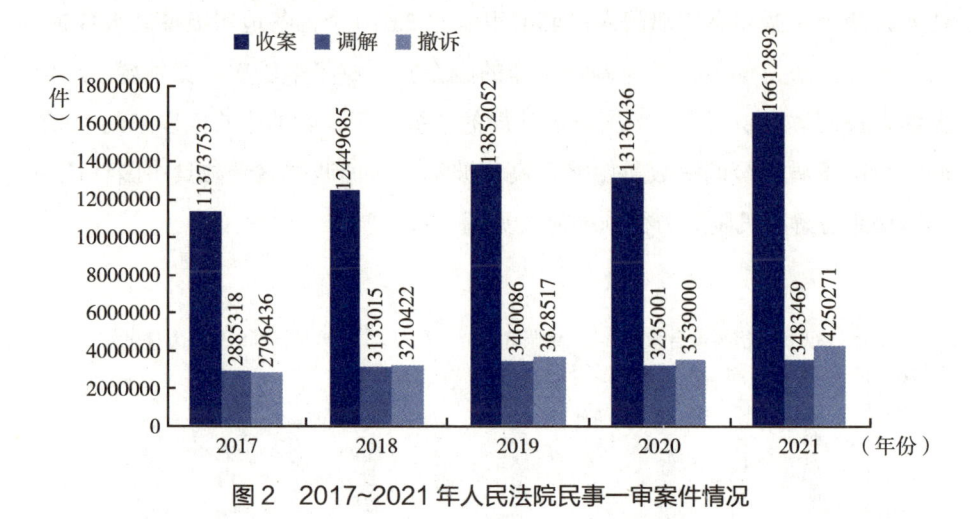

图2 2017~2021年人民法院民事一审案件情况

资料来源：全国法院司法统计公报，ttp://gongbao.court.gov.cn/ArticleList.html?serial_no=sftj。

在社会矛盾纠纷有效化解的大前提下，全国公安机关侦办的刑事案件数量稳步下降。根据公安部发布的相关数据，我国刑事案件总量在2015年后进入下降通道，2022年1~8月同比下降13.1%[2]，现行命案破案率达99.9%[3]。

---

[1] 《最高人民法院工作报告（全文）》，中国法院网，https://www.chinacourt.org/article/detail/2022/03/id/6563667.shtml，2022年3月8日。

[2] 《我国刑事案件总量2015年后进入下降通道》，新华网，http://www.news.cn/politics/2022-09/27/c_1129035538.htm，2022年9月27日。

[3] 《全国刑事案件发案量连续5年下降 群众安全感高》，中国长安网，http://www.chinapeace.gov.cn/chinapeace/c100007/2022-05/28/content_12631429.shtml，2022年5月28日。

116

在2022年公安机关开展的夏季治安整治"百日行动"期间，自6月25日至7月底，全国公安机关共破获刑事案件26.98万起，抓获各类违法犯罪嫌疑人46.58万名；打掉涉黑组织14个、恶势力集团176个、恶势力团伙159个，抓获犯罪嫌疑人3723名，破获各类刑事案件2439起，集中抓获涉黑涉恶目标逃犯34名；侦破拐卖妇女儿童案件124起，抓获犯罪嫌疑人321名，找回失踪被拐妇女儿童153名；侦破性侵案件2489起，抓获犯罪嫌疑人2532名。[①]2022年4~9月，全国共立案侦办养老诈骗刑事案件41090起、破案39294起，打掉犯罪团伙4735个，抓获犯罪嫌疑人6.6万余人，追赃挽损308亿余元，有效维护了老年人的合法权益[②]。此外，在打击经济犯罪活动方面，全国公安机关在2022年夏季治安打击整治"百日行动"期间，开展缉捕在逃境外经济犯罪嫌疑人"猎狐"行动，缉捕外逃犯罪嫌疑人112名，追缴赃款10亿余元；查处218起重点商业贿赂案件，涉案金额超50亿元；组织开展打击假币犯罪的"风云"行动，捣毁涉及22个省份的75个犯罪窝点；瞄准银行卡、信贷、保险等重点领域，严打涉嫌犯罪、涉案金额数十亿元的非法金融活动。全国有广泛社会影响的重特大案件全部及时破获，严重暴力犯罪案件发案数量逐年下降，我国长期处于全球发案率最低国家行列。[③]

（三）社会治安防控体系不断完善，公共安全持续巩固

近年来，在加快推进新时代市域社会治理现代化的进程中，全国公安机关不断推进社会治安防控体系现代化，编织全方位、立体化、智能化社会安全网，强化社会治安整体防控，不断提升社会安全动态防控体系整体效能，

---

① 《通报全国公安机关扎实开展夏季治安打击整治"百日行动"工作进展及成效情况，发布第一波次集群战役战果》，中华人民共和国公安部网站，https://www.mps.gov.cn/n2254536/n2254544/n2254552/n8648973/index.html，2022年8月5日。

② 《陈一新在全国打击整治养老诈骗专项行动总结会上强调 全面总结专项行动成效经验 常态化推进打击整治工作 更好维护老年人合法权益》，中华人民共和国公安部网站，https://www.mps.gov.cn/n2253534/n2253535/c8706272/content.html，2022年9月26日。

③ 《通报五年来全国公安机关深入学习贯彻对党忠诚、服务人民、执法公正、纪律严明总要求，奋力开创公安工作和队伍建设新局面显著成效》，中华人民共和国公安部网站，https://www.mps.gov.cn/n2254536/n2254544/n2254552/n8497124/n8497170/c8497484/content.html，2022年5月19日。

治安防控的整体性、协同性、精准性大大增强，公共安全持续巩固，人民群众安全感不断增强。

2020年8月至2022年7月，全国110报警服务台共受理处置各类警情2.5亿起，及时处置违法犯罪警情3252.4万起、群众求助警情6764.6万起。[1] 截至2021年底，全国派出所民警同比增加7.9%，1.4万余个警力较多的派出所实行"两队一室"警务模式，累计建成街面警务站1.6万个，日均投入50万警力开展巡逻防控，不断圈层查控、单元防控、要素管控。在推进全国治安防控体系建设、"示范城市"创建活动过程中，已建成以小区、学校、医院为重点的智能安防社区25.6万个。深入开展"护校安园""平安医院"建设，排查整改校园安全隐患37.4万处，2021年涉校刑事案件较2019年下降13.3%，涉医刑事案件比2019年下降34.9%。[2]

为巩固公共安全成效和维护社会安定大局，公安机关持续开展"云剑""净边""昆仑"等专项行动，依法严厉打击"涉枪涉爆""盗抢骗""黄赌毒""食药环"等违法犯罪。2022年1~5月，全国公安机关共侦破制售假药劣药等涉药品犯罪案件1000余起，抓获犯罪嫌疑人1600余名。[3] 自6月25日至7月底，全国公安机关共收缴枪支2677支、爆炸物品8954公斤、管制刀具1.1万余把，共侦破黄赌刑事案件5000余起，抓获犯罪嫌疑人1.8万人，打掉涉案犯罪团伙1400余个，共破获毒品犯罪案件2589起，抓获毒品犯罪嫌疑人3341人，缴获各类毒品1.31吨，查处吸毒人员1.87万人次，打掉黄赌毒、黑恶痞、枪爆刀、盗抢骗犯罪团伙38个，捣毁涉黄直播、枪支生产储存、赌博机制售、滋扰秩序、侵害弱势群体权益等犯罪窝点102个，收缴赌

---

[1] 《通报两年来全国公安机关全力维护国家政治安全和社会大局稳定，推动公安改革的相关部署，及做好秋季开学安保和防汛抗旱的工作举措》，中华人民共和国公安部网站，https://www.mps.gov.cn/n2254536/n2254544/n2254552/n8670427/index.html，2022年8月26日。
[2] 《通报一年来公安机关践行总体国家安全观 全力以赴维护国家安全和社会大局稳定取得的实效》，中华人民共和国公安部网站，https://www.mps.gov.cn/n2254536/n2254544/n2254552/n8456496/index.html，2022年4月15日。
[3] 《公安机关依法严厉打击药品领域犯罪活动 公安部公布5起典型案例》，中华人民共和国公安部网站，https://www.mps.gov.cn/n2254098/n4904352/c8581340/content.html，2022年7月11日。

博机 1018 台、毒品和危化品 35.7 公斤、剧毒化学品原药及饵料 181.5 公斤、枪支 9 支、铅弹 645 发、钢珠 7868 发，查冻结涉案资金逾 2 亿元，挽回经济损失 600 余万元。①

（四）网络生态治理成效突出，网络犯罪得到遏制

随着大数据、人工智能、物联网、云计算等网络信息技术的迅猛发展，传统犯罪加速向互联网蔓延，网络犯罪对我国社会安全构成了重大挑战，对人民群众的合法权益形成了直接威胁，直接影响数字经济的健康长远发展。2018 年以来，公安机关坚持"全链打击、生态治理"策略，连续开展"净网"行动，依法整治网上突出违法犯罪和网络乱象，网络生态得到有效改善，网络秩序得到有效维护。

2022 年，公安机关继续依法严厉打击惩治利用信息网络实施"裸聊"敲诈、"套路贷"、舆情敲诈、恶意索赔、软暴力催收、网络水军滋事等犯罪活动的黑恶势力组织，坚决斩断非法软件开发、"吸粉引流""跑分洗钱"等上下游犯罪不法利益链条，强力整治网络水军、造谣炒作、恶意营销、网络暴力等网络空间问题乱象②，严打制作勒索病毒、僵尸网络及 DDoS（分布式拒绝服务）攻击等黑客团伙、人员，严打非法窃取、买卖公民个人信息团伙、行业内鬼和数据黑企③。2021 年，公安机关共侦办 6.2 万余起网络犯罪案件，抓获犯罪嫌疑人 10.3 万人，行政处罚违法互联网企业、单位 2.7 万余家，对"暗网"等互联网隐秘部位全力侦查，侦办侵犯公民个人信息案件 9800 余起，抓获实施黑客攻击活动及为其提供工具、洗钱等服务的人员 3309 名，铲除制售木马病毒、开发攻击软件平台团伙 341 个，依法关停"网络水军"账号 620

---

① 《通报全国公安机关扎实开展夏季治安打击整治"百日行动"工作进展及成效情况，发布第一波次集群战役战果》，中华人民共和国公安部网站，https://www.mps.gov.cn/n2254536/n2254544/n2254552/n8648973/index.html，2022 年 8 月 5 日。
② 《公安部等九部门联合部署开展打击惩治涉网黑恶犯罪专项行动》，中华人民共和国中央人民政府网站，http://www.gov.cn/xinwen/2022-09/06/content_5708451.htm，2022 年 9 月 6 日。
③ 《全国公安网安部门"百日行动"推进会召开 深入推进各项集群战役》，中华人民共和国公安部网站，https://www.mps.gov.cn/n2254098/n4904352/c8632259/content.html，2022 年 7 月 20 日。

万余个、网站1200余个，铲除涉青少年淫秽色情网站16个，摸排、检查网络教育、游戏等重点网站和App 1.2万余个，清理色情低俗文学作品40万余部、各类违法有害信息104万余条；成功阻止网络雇凶伤害、绑架、抢劫等恶性案事件232起，对"黑卡、黑号、黑线路、黑设备"聚焦打击，清理手机黑卡300万余张，关停网络黑号1000万余个，捣毁接码平台63个，缴获"猫池"①等黑产设备1万余台。②

值得注意的是，2022年，公安机关联合国家版权局、工业和信息化部、国家互联网信息办公室专门开展网络侵权盗版犯罪重点整治，主要涉及文献数据库、短视频和网络文学等重点领域专项整治、网络平台版权监管、NFT数字藏品和"剧本杀"等网络新业态版权监管以及院线电影、网络直播、体育赛事、在线教育、新闻作品版权保护等方面的热点难点问题。③

二 2023年社会安全风险趋势分析

（一）政治安全风险因素明显增多

新时代，政治安全是国家安全的根本，亦是其他安全的生命线，政治安全若得不到保障，其他安全亦无从谈起。2022年，是党的二十大召开之年，也是向第二个百年奋斗目标进军新征程的开局之年，面对纵深发展的世界大变局，不稳定、不确定的国际形势，各类可以预见和难以预见的风险因素显著增多，直接威胁我国政治安全。一是全球政治极化、社会矛盾加速激化以及民众就业和收入分化等风险进一步推升全球政治社会风险，要注意境外向境内的风险传导与倒灌，也要注意境内受境外影响而导致的风险变异和升级；二是境内外敌对势力企图在我国制造"颜色革命"的现实威胁增加，策动频

---

① 所谓"猫池"，是基于电话的一种扩充装备，可以同时插入上百张电话卡，并在电脑软件操作下实现模拟手机批量拨打电话、收发短信和上网。
② 《通报一年来公安机关践行总体国家安全观 全力以赴维护国家安全和社会大局稳定取得的实效》，中华人民共和国公安部网站，https://www.mps.gov.cn/n2254536/n2254544/n2254552/n8456496/index.html，2022年4月15日。
③ 《四部门启动"剑网2022"专项行动》，《法治日报》2022年9月10日，第2版。

率、网络运用均呈现上升与升级之势；三是意识形态领域斗争更加复杂尖锐，追求"西方认可"、自我"矮化"和"丑化"的作品引发广泛关注，敌对势力妄图通过话题炒作、煽动不满、同步施压等手段撕裂我国内部共识、制造我国内部对立；四是部分国家利用民族宗教问题对我国进行的分裂、渗透、破坏活动明显增多，重大风险隐患需要警惕；五是全球恐怖活动突发性、隐蔽性大大增强，暴恐威胁面临扩大异化的现实风险。对此，我们要警惕容易诱发政治安全风险的重大突发事件、苗头性倾向性问题，此类问题我们既不能无视漠视，更不能简单对待，要坚决防止头痛医头、脚痛医脚的做法，坚决防止非政治性风险蔓延为政治风险，坚定不移贯彻总体国家安全观，坚持推进国家安全体系和能力现代化。

（二）社会矛盾纠纷风险挑战有所增加

近年来，社会矛盾纠纷数量长期处于高位。综合往年人民调解委员会全年调解案件数量以及人民法院民事案件收案情况，2023年社会矛盾纠纷风险挑战将进一步增加，尤其应注意因为家庭、感情、邻里、债务等纠纷而导致的"民转刑""刑转命"案件数量的增长趋势。一方面，受新冠肺炎疫情、局部冲突、经济下行等复杂因素影响，社会问题触点多、燃点低，社会成员个体受环境影响和外部刺激极易催动小矛盾、小纠纷发生裂变；另一方面，社会心态与社会情绪同频共振、波动明显，各类社会情绪相互碰撞，紧张、愤怒等负面情绪容易蔓延导致不稳定、难预料风险滋生，诱发"民转刑""刑转命"等重大恶性案事件。另外，在经济增速下行、就业与失业问题交织以及网络舆论生态日趋复杂的背景下，各种利益纠纷更易引发对社会稳定造成潜在影响的社会矛盾纠纷风险事件。有鉴于此，我们更应注意内外环境多变、利益格局与思想观念调整变化、网上网下联动、社会与个体的心态和情绪共振等综合因素诱发的社会矛盾纠纷，更加留意社会矛盾纠纷的跨领域传导、跨区域蔓延以及跨事态升级。

（三）公共安全风险隐患显著增多

当前，社会治安防控体系有待进一步完善，社会治安面临的风险挑战不断涌现，公共安全的新问题新风险不断增加，各类风险相互交织。一是社会治安各领域还存在不少堵点、断点、难点以及风险点，依托大数据、人工智能、物联网和云计算等现代科技构建全时空控制、点线面结合、打防管控衔接的立体化信息化社会治安防控体系还亟待推进；二是中国式现代化推进过程中，要素高度积聚的中心城市与城市群使得生产生活空间高度关联，各类风险极易交织叠加，公共安全风险防控难度加大，一旦发生灾害事故容易导致社会面产生连锁效应、放大效应；三是食药环领域的新业态、新情况潜在风险增多，食品安全形势依然复杂严峻，药品违法违规手段翻新、高端医疗器械以及医药科技创新存在短板弱项，环境污染跨地域犯罪依然存在；四是"黑恶痞""枪爆刀""盗抢骗""黄赌毒"和涉疫犯罪等危害公共安全的风险源依然存在，且上述领域犯罪逐渐从网下走向网上、部分风险存在跨境互动现象，更须注意传统犯罪的隐蔽化、职业化以及网络化。

（四）新型网络犯罪仍呈多发高发态势

当前，网络空间威胁和风险日益突出，并向社会安全传导渗透，网络黑客、电信网络诈骗、侵犯公民个人隐私、网络恐怖主义、网络贩毒、网络洗钱、网络赌博等违法犯罪形势十分严峻，已成为一个较为复杂的社会治理问题。虽然网络犯罪得到一定的遏制，但在未来一段时间内，新型网络犯罪仍将呈现多发高发态势。一方面，新型网络犯罪依托网络黑灰产业链已呈现团伙化、集团化，且跨境特征极为突出，这种现状对相关部门的跨国全链条纵深精准打击提出严峻考验，一旦犯罪集团实现境外转移或相关国家拒绝配合势必对遏制网络犯罪工作造成掣肘；另一方面，在元宇宙这一网络沉浸式的空间环境中，深度伪造、增强现实和虚拟现实等诸多技术的使用，不仅会推动传统现实生活空间犯罪和网络犯罪的迭代升级，更可能会成为滋生非法犯罪活动的新"温床"，国际刑警组织亦曾警告"元宇宙"可能催生新的网络犯罪。① 除此之外，随着互联网信息技术的发展、虚拟世界与现实世界的并存共生，新型网络犯罪极易在政治经济与社会文化等不同领域传导渗透，微小案件、事件容易在极短时间内通过网络发酵实现"质"的突变，进而酿成危害社会的大事件，对此，我们要对明网、深网和暗网空间的苗头性动向高度警觉，处置现实危害，防范潜在威胁。

三 对策建议

党的二十大报告深刻指出："国家安全是民族复兴的根基，社会稳定是国家强盛的前提。"在以中国式现代化全面推进中华民族伟大复兴的征程中，我们必须充分把握当前面临的新的战略机遇，直面社会安全领域的现实挑战、潜在风险以及未来趋势，防范化解社会安全领域重大风险，构建全域联动、立体高效的社会安全防护体系，持续推进建设更高水平的平安中国，以新安全格局保障新发展格局。

（一）牢固树立底线思维，健全政治安全风险防控体系

新时代，政治安全面对的形势复杂多变，要坚持底线思维，增强忧患意识，做到居安思危。在维护和塑造政治安全方面，越是面对复杂形势和艰巨任务，越是要不打折扣地健全政治安全风险防控体系。一是加强党对国家安全工作的绝对领导，健全集中统一、高效权威的国家安全领导体制，强化国家安全工作协调机制，牢牢掌握维护和塑造国家安全的全局性主动权；二是始终坚持底线思维，凡事从坏处着眼和准备，主动把握和转化矛盾，一时一刻不放松、一丝一毫不马虎，健全包括政治安全风险研判、防控协同、防范化解等机制在内的风险防控体系，不断增强政治安全态势感知能力；三是在维护政治安全方面，党员领导干部要高度警惕各类倾向性、苗头性动向，严密防范各领域的各类风险挑战内外联动、累计叠加、交叉感染和蔓延

---

① 《国际刑警组织警告"元宇宙"可能催生新的网络犯罪》，参考消息网，https://www.cankaoxiaoxi.com/world/20221029/2493818.shtml，2022年10月29日。

升级,避免"和平麻痹"思想;四是坚决遏制境内外敌对势力借助各类社会热点问题、采取网上网下手段对我国的渗透颠覆捣乱破坏活动,深入开展反恐怖反分裂斗争;五是密切关注疫情衍生的内外风险,防范同疫情相关的经济民生等领域矛盾问题相互联动、变异升级,特别要防止其向政治安全领域传导。

(二)坚决防范化解社会矛盾风险,数智赋能新时代"枫桥经验"

把握社会主要矛盾的发展变化,防范化解不同行业、不同领域的社会矛盾风险事关人民安居乐业、关系社会安定有序、关乎人民群众的幸福感和满意度。在加快推进市域社会治理现代化进程中,要坚决防范化解社会矛盾风险,将社会矛盾纠纷最大限度吸附在市域层面、化解在社会基层、解决在萌芽状态。在数字化、智能化技术发展的基础上,有效防范化解社会矛盾风险更需注重新时代"枫桥经验"的数智赋能。一是推动新时代"枫桥经验"的信息化"数智大脑"建设,充分发挥网络"万物互联"优势,借助智能计算等技术深入研究矛盾纠纷的重点领域、重要问题和关键群体;二是完善新时代"枫桥经验"的精细化"数智平台"建设,充分打通数据和信息孤岛,观察矛盾纠纷的新情况与新变化,形成社会矛盾纠纷感知、分流、调处、结案、反馈、评估的跟踪闭环,真正实现跨地域、跨部门、跨领域的社会矛盾纠纷精准识别与精准调解;三是推动社会心态与社会情绪"数智感知"建设,融合网络资源以及各大媒体平台资源,推动实现社会心态与社会情绪缓解的"链式改变";四是立足新时代"枫桥经验"的数智赋能,依托圈、面、格、点等基础单元,健全动态感知风险、及时阻断风险的立体化、智能化社会治安防控体系。

(三)全面提升公共安全保障能力,实现事前预警预防转型

稳妥处置各类公共安全风险事件,全面提升公共安全保障能力,必须始终坚持人民至上、生命至上,从人民群众反映最强烈的问题入手,保障人民群众生命财产安全。一是优化应急管理能力体系建设,体系建设是

能力提升的重要保障，要强化跨区域、跨流域、跨领域以及跨行业的公共安全事件应急协同联动机制；二是防范化解公共安全风险，要对公共安全各领域实施长期持续、重点聚焦、动态感知的跟踪研究，依托现代科技力量，引导关键资源，加强公共安全风险预判预警和前瞻部署，从事后应急处置向事前预防化解转型；三是完善健全事前预警预防监测处置体系，基于公共安全风险案件、事件的多发高发领域，立足案件、事件发生发展及衍生危害的"全生命周期"，从源头上预防和减少公共安全风险因素，构建全链条、全要素、全方位、全过程、全覆盖的预警监测与协同处置体系，实现公共安全责任主体网络、资源共享网络、多元治理网络和科技支撑网络的融合融通；四是不能忽视跨境流动的公共安全风险，要强化境外安全风险处置与境内安全风险监测的同频沟通、同步处置机制，强化对海外公共安全风险的识别、规避、处理以及善后等方面的全过程动态监测评估和应对处置。

（四）加强网络空间态势感知，密织网络保护网

大安全时代的网络空间安全已经超越传统信息、网络本身意义上的安全，而是更广泛意义上的个体安全、社会安全与国家安全，在全球科技发展态势日趋严峻复杂的情况下，必须加强网络空间安全的自主性、主动性，强化态势感知能力，密织网络保护网，依法严厉打击新型网络犯罪及潜在的犯罪迭代。一是强化态势感知，通过提升重点目标防范水平、监测感知重大网络威胁、提高应急响应效率、实施可信计算技术措施等一系列"组合拳"，在第一时间准确、敏锐地感知尚处于初级传播阶段却具备巨大潜在威胁的网络空间风险、新型网络犯罪风险，实现网络风险的早期预警，提早部署防范控制措施；二是强化网络空间风险的多元治理，尤其注重多元主体的安全监管技术提升，特别是提升公共通信和信息服务、能源、交通、水利、金融、公共服务、电子政务、国防科技工业等重要行业领域的关键信息基础设施防护水平，避免被网络黑客渗透破坏；三是在增强现实和虚拟现实、脑机接口、人机协同、边缘计算等网络前沿领域确保关键核心技术的自主可控性，牢牢掌握新

型网络犯罪在元宇宙、暗网等空间运行的底层技术，引领前沿网络科技的标准制定；四是遏制新型网络犯罪的关键在人，既要不断提升处置新型网络犯罪不同主体的能力水平，更要不断提升广大社会民众的防护意识、法律意识和道德约束能力。

B.7
2022年中国公共卫生事业发展报告

——疫情发生后中国基层医疗卫生服务体系发展状况分析

袁蓓蓓[*]

摘　要： 2020年新冠肺炎疫情对各级各类医疗卫生服务机构产生极大冲击，在冲击中基层的财政补偿水平保持稳定增长趋势、医疗业务收入经历了疫情发生后第一年的无增长到第二年的快速增长和恢复；基层卫生服务机构的人员经费支出水平稳步提高，人员数量增长、人员执业资质提高，均未受到负面影响；疫情发生后基层门诊服务量短暂下落后开始恢复，但住院服务量持续下降；基层医疗卫生机构承担基本公共卫生服务项目和疫情防控相关工作，公共卫生支出占比增长明显；基层机构经济运行普遍处于收支负盈余状态。疫情发生后加强基层医疗卫生体系建设需要借助卫生体系多层次改革带动基层机构医疗服务能力提高，建立财政补助投入的长效机制；基层医疗卫生机构经济运行的恢复，需要支持和鼓励基层医疗卫生机构创新升级服务内容和拓宽筹资渠道，同时加强基层医疗卫生机构成本控制的意识和能力，推进财政和医保经费统筹使用以提高资金使用效率。

关键词： 基层卫生服务体系　公共卫生　医疗服务　医保经费

---

[*] 袁蓓蓓，北京大学中国卫生发展研究中心副研究员，世界卫生组织卫生体系研究证据整合专家委员会成员，主要研究领域为基层卫生服务体系、卫生人力资源激励机制、公共卫生体系改革等。

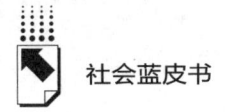

我国历来重视基层卫生服务。2009年新医改启动时，提出"保基本、强基层、建机制"的基本原则；医改进入深水区时，2016年全国卫生健康大会上提出的新时期卫生健康工作方针再次强调"以基层为重点，以改革创新为动力，预防为主，中西医并重，将健康融入所有政策，人民共建共享"。乡镇卫生院和社区卫生服务中心作为我国基层医疗卫生服务体系的核心机构，承担基本医疗服务和基本公共卫生服务的职责，同时也是整个卫生服务提供体系的纽带，是基本医疗的主要守门人，也是基本公共卫生服务的主要提供者和村卫生室/社区卫生服务站的技术指导者。因此，乡镇卫生院和社区卫生服务中心的良好运行对整个卫生服务体系的绩效改善至关重要。

新医改明确由政府举办城市社区卫生服务中心（站）和乡镇卫生院等基层卫生服务机构，基于该原则，新医改以来各级财政通过基本建设经费、设备购置经费、人员经费、药品零差率补偿、承担公共卫生服务的经费等多种途径增加对基层卫生机构的投入。此外，新医改后政府新增投入优先支持基本医疗保障体系发展，直接形式为补贴居民参保费，进而提高居民对医疗服务的可及性，这部分投入也通过居民基层就医后医保经费支付间接地补偿了提供医疗服务的基层卫生服务机构。在这些资源支持下，形成了我国基层卫生服务机构以财政投入和医疗服务收入为主的筹资结构，基层医疗卫生服务设施和人力资源都有明显提升，进而带动了其服务功能的发挥。

新医改10年之后，整个卫生体系遇到了新冠肺炎疫情的冲击，各级各类卫生服务机构的服务量大幅下降，但也承担了诸多疫情防控工作，必然带来支出和成本的变化；同时基层卫生服务机构的医疗收入必然受到影响，在各级各类财政能力增长困难的背景下，财政补助收入也会有所变化。虽然目前已有研究分析了疫情发生后公立和民营医院运行情况，但缺少对基层卫生服务机构疫情发生后收支状况的分析。本报告将利用《中国卫生健康统计年鉴》数据分析医改后整体发展趋势中发生疫情后基层医疗卫生服务体系运行情况；然后以某个经济发展水平处于国家平均水平、内部发展水平层次多样化的市为案例，分析疫情前后共3年时间其乡镇卫生院和社区卫生服务中心收支水平和结构变化趋势，以及不同特征机构的差别，识别基层卫生服务机构在疫情背景下的应对和挑战，为在深化医改过程中进一步加强基层卫生体系建设提供建议。

一 疫情发生后中国基层医疗卫生服务体系发展趋势的变化

（一）基层医疗卫生服务机构收入

医改后基层医疗卫生机构的财政补偿占总收入的比例经历三年显著增长后进入稳定水平，疫情发生后财政补偿水平保持稳定增长趋势，但医疗业务收入经历了疫情后第一年的无增长到第二年的快速增长和恢复。

2009年新医改后，中国基层卫生服务机构的收入来源主要为财政补助收入和医疗业务收入。图1显示了全国范围两类筹资来源在基层机构总收入中的平均占比和变化趋势。2009年新医改之前，财政补助收入占基层卫生服务机构总收入的18.94%，医疗收入占81.06%；之后，财政补助收入经历2年的明显增长，进入缓慢增长阶段，到2019年财政补助收入和医疗业务收入分别占基层卫生机构总收入的30.75%和61.47%。新冠肺炎疫情发生后，2020年底财政补助收入占基层卫生服务机构总收入的比例提高到33.08%，医疗业务收入占57.75%；2021年底恢复到疫情之前的收入结构：财政补助收入和医疗业务收入分别占总收入的30.05%和59.72%。单独看财政补助的水平，2016年以来保持8.6%~12.9%的年增长率，疫情发生后第一年的增长率提高到15.8%，疫情发生后第二年又降低到7.2%。分析医疗业务收入的增长趋势发现，2016年以来保持10.3%~16.8%的年增长率，疫情发生后第一年的增长率仅为0.9%，疫情发生后第二年医疗业务收入增长明显，年增长率为22.4%，医疗收入总额已恢复甚至超过疫情前2019年底的水平。

图2对比了同期医院筹资结构及其变化趋势，2009~2019年，医院财政补助收入占比维持在8%左右的水平，而基层医疗卫生机构财政补助收入占比从18.94%提高到30.75%，体现了医改中新增政府投入优先投入基层卫生的原则。对疫情发生后该比例的趋势分析发现，财政补助收入占医院总收入

社会蓝皮书

图1 2007~2021年基层医疗机构收入来源及构成

资料来源：历年《中国卫生健康统计年鉴》。

的比例明显增长，2020年和2021年分别占比13.97%和10.58%；疫情后财政补助收入占基层医疗卫生机构总收入的比例2020年有所提升后（33.08%），2021年底又回到疫情前的水平（30.05%）。疫情发生后医院获得的财政补助增长与疫情中承担疫情防控和感染患者救治等工作是相关的。

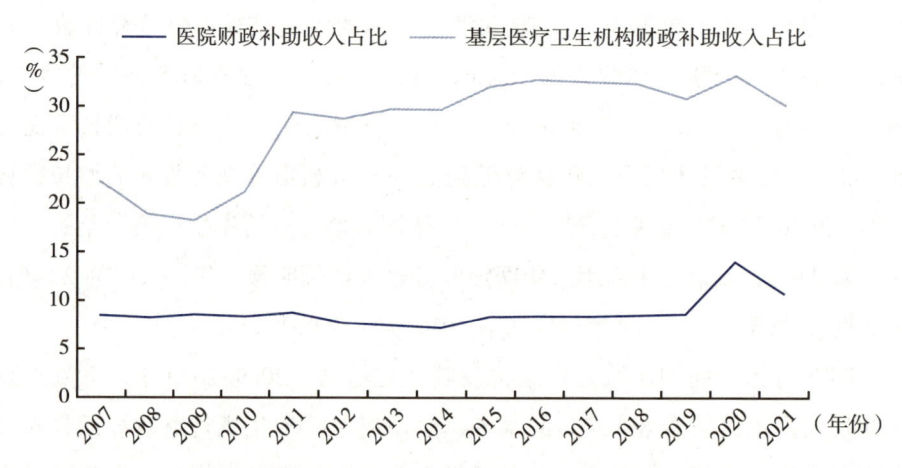

图2 2007~2021年基层医疗卫生机构和医院的财政补助收入占比及变化趋势

资料来源：历年《中国卫生健康统计年鉴》。

（二）基层医疗卫生服务机构支出

基层医疗卫生服务机构的人均人员支出水平稳步提高，疫情发生后也未受到负面影响。医改后开展多项改革，包括财政投入对基层人员基本收入和运行的兜底以及绩效工资的实施和改进，基层医疗卫生机构的人均人员支出稳定增长，2012~2019年增长1.3倍；同期，医院的人均人员支出提高了1.0倍。疫情发生后两年，基层医疗卫生机构人均人员支出分别增长2.4%和13.1%；比较而言，医院人均人员支出经历了一定波动：2020年出现明显下降，2021年恢复到2019年的水平。表1数据也表明，医院与基层人均人员支出的绝对水平差距在疫情后有些缩小，绝对差距从2019年的9.38万元缩小到2021年的8.57万元。

表1 2012~2021年基层医疗卫生机构和医院人均人员支出对比

单位：万元

年份	基层人均人员支出	医院人均人员支出	医院与基层的差值
2012	2.88	7.90	5.02
2013	3.38	8.76	5.38
2014	3.81	9.69	5.88
2015	4.43	10.94	6.51
2016	5.01	11.95	6.94
2017	5.65	13.11	7.46
2018	6.67	14.19	7.52
2019	6.64	16.02	9.38
2020	6.80	15.21	8.41
2021	7.69	16.26	8.57

资料来源：历年《中国卫生健康统计年鉴》。

（三）基层医疗卫生服务机构数量

基层医疗卫生服务机构数量在医改后两年里明显增长，之后除社区卫生服务中心之外其他类型基层机构数量基本不再大幅增长；基层机构和床位数量增长速度均明显慢于医院的增长速度，但疫情发生后相对于医院，基层床

位增长速度受影响较小。

基层医疗机构数量变化情况如表2所示,基层机构数量从2007年的878686家增长到2021年的977790家,2009年新医改前年增速为1.9%,新医改后年增速减缓直到疫情发生后一直保持在0.6%~0.8%。总体来看,基层卫生服务机构数量增长速度比医院要慢。分开看各类基层卫生服务机构的增长情况发现,村卫生室在2009年新医改后的两年里明显增长,之后逐步放缓并有所下降,10年来总数量变化不大,疫情发生后村卫生室的数量进一步减少;卫生院的数量在医改前后和疫情发生后一直保持缓慢下降,年增速为-0.98%。与此同时,基层机构中社区卫生服务中心数量增长最明显,年增速为8.67%,在新医改前年增速为28.47%,新医改后的年增速为3.68%,疫情发生后年增速降至3.01%。

表2 2007~2021年医院与各类基层医疗卫生机构数量变化趋势和年增长率

单位:家,%

年份	医院	基层医疗机构总数	社区卫生服务中心	社区卫生服务站	卫生院	村卫生室
2007	19852	878686	3160	23909	40679	613855
2008	19712	858015	4036	20224	39860	613143
2009	20291	882153	5216	22092	39627	632770
2010	20918	901709	6903	25836	38765	648424
2011	21979	918003	7861	24999	37962	662894
2012	23170	912620	8182	25380	37707	653419
2013	24709	915368	8488	25477	37608	648619
2014	25860	917335	8669	25569	37497	645470
2015	27587	920770	8806	25515	37341	640536
2016	29140	926518	8918	25409	37241	638763
2017	31056	933024	9147	25505	37094	632057
2018	33009	943639	9352	25645	36987	622001
2019	34354	954390	9561	25452	36624	616094
2020	35394	970036	9826	25539	36301	608828
2021	36570	977790	10122	26308	35455	599292
年增速	4.46	0.77	8.67	0.69	-0.98	-0.17

资料来源:历年《中国卫生健康统计年鉴》。

图 3 显示了基层医疗机构和医院床位数变化趋势。医院床位数增长最快，从 2007 年的 267.51 万张增长至 2021 年的 741.42 万张，平均每年增长 7.55%。2009 年新医改前的两年，平均每年增长 8.00%；新医改后的十年，平均每年增长 8.16%；2020 年疫情发生后到 2021 年，增速明显降低，每年增长 3.96%。基层医疗卫生机构的床位数从 2007 年的 85.03 万张增长至 2021 年的 169.98 万张，平均每年增长 5.07%。2009 年新医改前的两年，平均每年增长 13.72%；新医改后的十年，平均每年增长 3.54%；2020 年疫情发生后到 2021 年，增速未受影响，每年增长 3.57%。新医改后，医院床位数一直保持较高增长速度，直到 2020 年疫情发生后，医院床位数的增速才开始放缓；而基层医疗卫生机构的床位数增长速度不如改革之前，在改革后保持缓慢增长。

图 3 2007~2021 年基层医疗机构和医院床位数变化趋势

资料来源：历年《中国卫生健康统计年鉴》。

（四）基层医务人员数量

基层医务人员数量稳定上升，但明显慢于医院；基层医务人员资质水平明显提高，执业（助理）医师和注册护士在基层医务人员中的占比快速提高，疫情发生后基层医务人员数量增长和执业资质提高的趋势未受到影响。

表 3 显示，2010~2021 年基层卫生人员总数稳步增长；其中，基层卫生技术人员数、执业（助理）医师数、注册护士数均逐年增加；基层执业（助

133

理）医师年均增长率高于基层卫生人员总数年均增长率，可见基层医务人员队伍的执业水平逐步提高；注册护士数量增长最快，年均增长率为8.55%。即便如此，基层医务人员数量的年均增长率仍不及医院医务人员数量的年均增长率。作为医改后人才队伍培养的重点，全科医生数量增长明显（见图4），到2021年，基层全科医生数达到28.4万人，每万常住人口的全科医生数从0.64人增加到2.01人，已经达到"城乡每万名居民有2~3名合格的全科医生"的规划目标。此外，医院人员总数在疫情发生前后增速明显降低，但基层医疗卫生机构受到的影响并不大。

表3 2010~2021年中国基层医疗卫生机构卫生人员数量变化

单位：人，%

年份	医院卫生人员	基层医疗卫生机构卫生人员	医院卫生技术人员	医院执业（助理）医师	医院注册护士	基层卫生技术人员	基层执业（助理）医师	基层注册护士
2010	4227374	3282091	3438394	1260892	1468754	1913948	949054	466503
2011	4526978	3374993	3705541	1306835	1627761	1962497	959965	492554
2012	4937468	3437172	4057640	1403797	1830202	2051751	1009567	528178
2013	5370598	3514193	4424925	1503184	2041367	2137623	1050067	576630
2014	5741680	3536753	4741677	1584393	2222293	2176823	1064136	603900
2015	6132793	3603162	5071151	1692766	2407632	2257701	1101934	646607
2016	6542137	3682561	5415066	1803462	2613367	2354430	1145408	695781
2017	6976524	3826234	5784712	1932530	2822446	2505174	1213607	769206
2018	7375273	3964744	6129201	2053527	3020813	2682983	1305108	852377
2019	7782171	4160571	6487497	2174264	3237987	2920999	1436619	960374
2020	8111981	4339745	6774764	2282574	3388445	3123955	1536381	1057420
2021	8481234	4431568	7115465	2396771	3586736	3301599	1614973	1149879
年均增长率	6.53	2.77	6.83	6.01	8.46	5.08	4.95	8.55
2010~2019年年均增长率	7.02	2.67	7.31	6.24	9.18	4.81	4.71	8.35
2020~2021年年均增长率	4.55	2.12	5.03	5.00	5.85	5.69	5.12	8.74

资料来源：历年《中国卫生健康统计年鉴》。

图 4　2012~2021 年中国基层全科医生数量情况

资料来源：历年《中国卫生健康统计年鉴》。

具体分析基层医疗机构中医务人员资质水平的发展趋势（见表4），2010~2021 年，基层医疗卫生机构中具有执业（助理）医师和注册护士资格的人员占比平均每年提高 2.13 个和 5.62 个百分点；其中，村卫生室中具有执业（助理）医师资格的人员占比年均增长率最高，为 9.74 个百分点。基层医务人员资质水平与医院的差距有所缩小：就卫生技术人员的占比来看，2010 年基层卫生技术人员的占比相对于医院低 23.03 个百分点，到 2021 年这个差距降低到 9.40 个百分点。疫情发生后，基层医务人员资质水平的提高，包括卫生技术人员占机构总人数比例、执业（助理）医师占机构总人数比例增速均持续增加，相对而言，医院的注册护士占机构总人数比例增速在疫情发生之后有所放缓，这应该与疫情发生后医院增加未取得注册护士的人员参与防疫相关工作有关系。

表 4　2010~2021 年中国各机构卫生人员执业资质变化情况

单位：%，百分点

年份	卫生技术人员占机构总人数比例		执业（助理）医师占机构总人数比例			注册护士占机构总人数比例	
	医院	基层	医院	基层	村	医院	基层
2010	81.34	58.31	29.83	28.92	8.84	34.74	14.21
2011	81.85	58.15	28.87	28.44	9.40	35.96	14.59

续表

年份	卫生技术人员占机构总人数比例		执业（助理）医师占机构总人数比例			注册护士占机构总人数比例	
	医院	基层	医院	基层	村	医院	基层
2012	82.18	59.69	28.43	29.37	10.58	37.07	15.37
2013	82.39	60.83	27.99	29.88	11.17	38.01	16.41
2014	82.58	61.55	27.59	30.09	11.49	38.70	17.07
2015	82.69	62.66	27.60	30.58	12.16	39.26	17.95
2016	82.77	63.93	27.57	31.10	12.64	39.95	18.89
2017	82.92	65.47	27.70	31.72	13.52	40.46	20.10
2018	83.10	67.67	27.84	32.92	15.36	40.96	21.50
2019	83.36	70.21	27.94	34.53	19.71	41.61	23.08
2020	83.52	71.98	28.14	35.40	21.45	41.77	24.37
2021	83.90	74.50	28.26	36.44	24.57	42.29	25.95
年均增长率	0.28	2.25	-0.49	2.13	9.74	1.80	5.62
2010~2019年年均增长率	0.27	2.08	-0.72	1.99	9.32	2.02	5.54
2020~2021年年均增长率	0.46	3.50	0.43	2.94	14.55	1.24	6.49

资料来源：历年《中国卫生健康统计年鉴》。

（五）基本公共卫生服务项目

基层医疗卫生机构承担基本公共卫生服务项目，基本公共卫生服务的人群覆盖率和公平性均有改善，但在慢性病管理服务数量和质量上的进展一直缺乏数据支持。

基层医疗卫生服务机构为辖区居民提供两类服务。第一类是基本公共卫生服务包。2009年国家启动"基本公共卫生服务均等化"政策，其中包括基本公共卫生服务包和重大公共卫生服务项目，政策中明确基层机构是提供"基本公共卫生服务包"中服务项目的主体机构。2009年项目启动之时，基本公共卫生服务包包括建立居民健康档案、健康教育、预防接种、传染病报告与处理、0~3岁儿童健康管理、孕产妇健康管理、老年人健康管理、慢性病（高血压、2型糖尿病）患者健康管理、重性精神病患者管理等9类35项。2011年增加服务包到10类41项；2013年提高为11类43项；2015年增加为12类45项；2017年9月确立服务包内容为14大类55项，14类分别是建立居民健康档案、健康教育、预防接种、儿童健康管理、孕产妇健康管理、老年人健康管理、慢性病（高血压、糖尿病）患者健康管理、严重精神障碍患者管理、肺结核患者健康管理、中医药健康管理、传染病和突发公共卫生事件报告和处理、卫生计生监督协管、免费提供避孕药具、健康素养促进。2021年以来，我国基本公共卫生服务项目内容基本稳定，将工作重点转移到以重点人群为切入点提升基本公共卫生服务质量，同时，号召结合群众需求和地方实践构建国家基本公共卫生服务项目储备库，推动项目优化和动态调整。"基本公共卫生服务包"是所有基层卫生服务机构必须提供的项目，要求对辖区内居民免费提供。

在"基本公共卫生服务均等化"政策推动下，中国基本公共卫生服务项目的覆盖率明显提高，公平性明显改善。以儿童健康管理和慢性病患者健康管理两类代表性服务为例：3岁以下儿童系统管理率及7岁以下儿童系统管理率稳步提高（见图5、图6），分别由1996年的61.4%、62.7%增加至2021年的92.8%、94.6%，城乡差别不断缩小。根据国家公开报告数据，到2017年慢性病患者健康管理服务覆盖人群数量持续提升。基本公共卫生服务的质量评价仍缺乏可靠数据支持，如果用最终的健康结果来评价慢性病管理服务质量，2008~2020年慢性病死亡率从4.8/1000增长到603.5/100000，仍在明显上升；如果用疾病指标的控制率来直接反映慢性病管理服务质量，数据显示近年来我国居民的血糖控制率一直处于较低水平。卫生行政系统的统计数据显示，被管理糖尿病患者的血糖控制率从2014年的58.41%降为2016年的57.93%，被管理高血压病人的血压控制率从2014年的61.83%增长到2016年的64.56%；在个别农村地区，糖尿病患者的调查数据则显示控制率更低，为8%~38%。

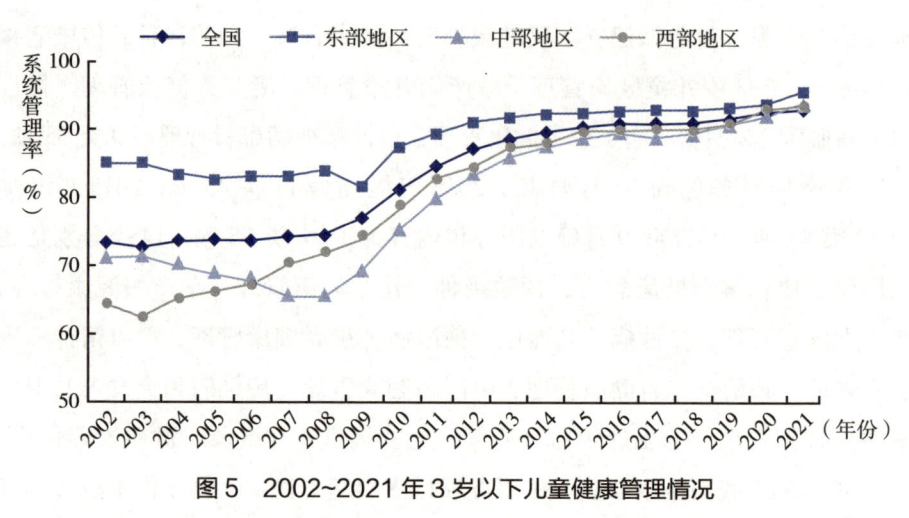

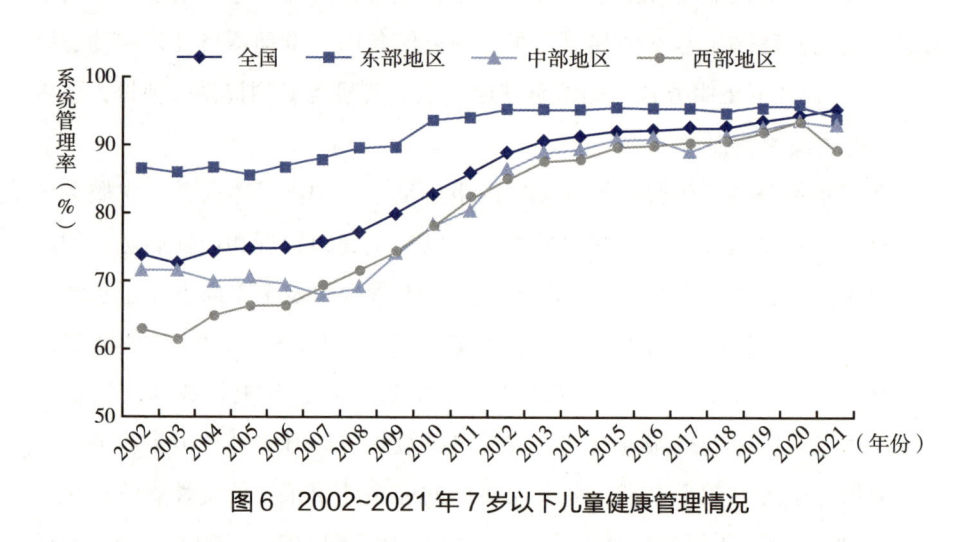

图5　2002~2021年3岁以下儿童健康管理情况

图6　2002~2021年7岁以下儿童健康管理情况

（六）门诊和住院医疗服务量

基层医疗卫生机构提供的门诊和住院医疗服务量在疫情前保持增长趋势，疫情发生后基层门诊服务量短暂下降后开始恢复，但住院医疗服务量持续下降；在医院服务量也因疫情波动的情况下，基层医疗卫生机构的门诊和住院服务量占比均为下降趋势。

基层医疗卫生机构提供常见病、多发病的诊疗服务以及部分疾病的康复、护理服务。《乡镇卫生院服务能力评价指南（2019年版）》对基层医疗服务最低标准的要求是："开展至少50种常见病、多发病诊疗服务，其中30种病种年诊疗量应大于50人次，另20种诊疗量应大于10人次。有卫生院病种诊疗目录，有数据显示诊疗病例或报告说明。"全国不同地区的乡镇卫生院/社区卫生服务中心，在基本医疗服务开展项目和数量上相差较大。

图7显示了2007~2021年中国基层医疗机构和医院诊疗人次变化趋势。2009年医改开始后，基层诊疗量经历了5年的快速增长，从2008年的29.62亿人次增长到2013年的43.24亿人次，2013年后诊疗数量属于稳中有增，到2019年基层诊疗量为45.30亿人次。同期医院的诊疗数量保持更快增长趋势。2020年受疫情影响，基层和医院诊疗量均大幅下降，疫情发生后第一年医院诊疗人次下降率（-13.51%）比基层（-9.14%）多，疫情第二年医疗机构诊疗人次出现回升，医院诊疗人次增加率（16.88%）比基层（3.26%）多。2021年，医院诊疗人次已经恢复甚至超过疫情发生前水平，而基层诊疗量仍没有恢复过来。

图7 2007~2021年中国基层医疗机构和医院的诊疗人次

资料来源：历年《中国卫生健康统计年鉴》。

基层诊疗量在所有医疗机构诊疗量中的占比从2007年的62.31%降低到2019年的51.96%（见图8），2020年由于疫情对医院服务量的影响较大，基层诊疗量占比提高到53.17%，2021年随着医院服务量的恢复，基层诊疗量占比降到50.17%。自2009年医改启动到2021年底，基层诊疗量占比降低11.64个百分点。"基层首诊"最能体现基层卫生服务体系担负基本医疗的职责和健康守门人的角色，但该指标缺乏权威和科学数据支持，文献报道各地2016~2020年的首诊率为40%~60%。

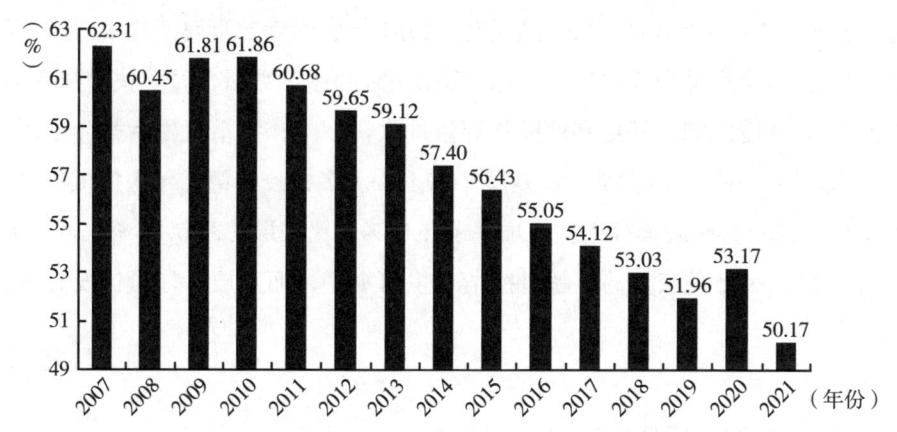

图8 2007~2021年基层卫生机构诊疗人次占总卫生服务人次的比重

资料来源：历年《中国卫生健康统计年鉴》。

图9显示了2007~2021年基层住院服务的发展趋势。基层医疗卫生机构出院人次从2007年的2795万人次增加至2019年的4279万人次，年均增长率为4.42%；疫情发生后基层机构出院人次增长趋势停止，2020年基层机构出院人次大幅度降低（年增长率为-13.37%），2021年底基层机构出院人次继续降低（年增长率为-3.10%）。以疫情发生为分界点，2020年以前，全国各类医疗机构总住院服务量保持增长趋势，基层机构出院人次占总出院人次的比例则从2007年的28.59%降低到2019年的16.14%，基层住院服务占比降低12.45个百分点；疫情发生的两年，在基层和医院住院服务量均大幅下降的同时，基层卫生机构出院人次占比继续下降，到2021年底已降到14.58%。从

图10看，基层机构住院服务提供数量明显低于其医疗服务提供规模，基层机构床位使用率基本保持在低于60%的水平，2020年疫情发生后甚至降到50%以下的水平；医院的床位使用率在疫情前一直处在高于80%的水平，疫情发生后2021年底降低到74.60%。在床位使用率上，基层受疫情影响更大，两年时间床位使用率下降15.84%，而医院床位使用率下降10.71%。

图9 2007~2021年基层卫生机构出院人次及占比

资料来源：历年《中国卫生健康统计年鉴》。

图10 2010~2021年基层卫生机构和医院床位使用率

资料来源：历年《中国卫生健康统计年鉴》。

二 疫情发生后基层卫生服务机构经济运行情况的案例分析

通过案例地区基层机构经济运行详细数据，分析疫情发生前后2019~2021年三年基层卫生机构的真实情况。选择案例市位于中国东部省份的中部地区，下辖12个区县；第七次全国人口普查数据显示，该市常住人口数量为939.36万人；2021年全年人均GDP为7.47万元，与国家人均GDP平均水平8.10万元比较接近，各区县人均GDP最高和最低水平分别为12.02万元、4.8万元，其内部经济发展水平的多层次性与国家整体分布近似，因此该案例地区有一定的区域代表性。收集该地级市所有乡镇卫生院/社区卫生服务中心的数据，将187家纳入研究范围，其中民办13家、公办174家，对乡镇卫生院和社区卫生服务中心的人员情况、服务量、收入总额和结构、支出总额和结构、收支结余、医保核定和使用额度、人员工资及补助情况、重大投入情况、负债情况进行了详细调查。

（一）机构总体情况

2019~2021年案例市乡镇卫生院/社区卫生服务中心发展总体稳定，机构总数有所减少。2019~2021年案例市总服务人口数为8430007人、8231049人、8345054人，同期三年案例市乡镇卫生院/社区卫生服务中心总数为187家、186家和176家，减少的均为公办机构，是区域规划机构合并的结果。2019~2021年案例市每个乡镇卫生院/社区卫生服务中心平均服务人口数分别为45080人、44253人、47415人，2021年全国平均水平为31346人。

2019~2021年案例市乡镇卫生院/社区卫生服务中心人员总体呈现增长态势，但增长速度相对缓慢，基层人员仍相对不足。2019~2021年案例市乡镇卫生院/社区卫生服务中心人员总数分别为15385人、15471人、15584人，年均增长0.64%，2019~2021年案例市每千服务人口乡镇卫生院/社区卫生服务中心医务人员数分别为1.83人、1.88人、1.87人，全国平均水平为1.39人。

2019~2021年案例市乡镇卫生院/社区卫生服务中心实际开放床位数分别为12691张、13652张、13517张，年均增长3.20%（2021年全国平均水平为3.96%），2019~2021年案例市乡镇卫生院/社区卫生服务中心每千服务人口基层医疗卫生机构床位数分别为1.51张、1.66张、1.62张（2021年全国平均水平为1.18张）。2019~2021年案例市乡镇卫生院/社区卫生服务中心门急诊人次分别为8857091人次、8379135人次、8795960人次，年均增长-0.35%（全国平均水平为-6.18%），其中2019~2020年增长率为-5.40%（全国平均水平为-9.14%），2020~2021年增长率为4.97%（全国平均水平为3.26%）。2019~2021年案例市乡镇卫生院/社区卫生服务中心出院人数分别为356286人、328203人、360133人，年均增长0.54%（全国平均水平为-16.06%），其中2019~2020年增长率为-7.88%（全国平均水平为-13.37%），2020~2021年增长率为9.73%（全国平均水平为-3.15%）。疫情发生后第一年基层医疗卫生机构的业务量有明显下降，第二年有所恢复，但门急诊服务至2021年底仍未恢复至疫情前的水平。

总体而言，案例地区基层医疗卫生机构的人员和床位储备水平略高于全国平均水平，机构平均服务人口数也高于全国平均水平，门急诊和住院服务量、疫情发生后服务量恢复程度均高于全国平均水平。

（二）机构收入水平和构成

2019~2021年案例市乡镇卫生院/社区卫生服务中心总收入分别为273833万元、296945万元、337132万元，年均增长10.96%，其中2019~2020年增长率为8.44%，2020~2021年增长率为13.53%。

在不同类别收入增长方面，2019~2021年案例市乡镇卫生院/社区卫生服务中心的医疗收入、药品收入、财政补助收入、其他收入年均增长率分别为11.15%、13.05%、9.45%、10.56%，其中财政补助收入2019~2020年增长率为15.63%，2020~2021年增长率为3.61%，而其他类型收入增长率都呈平稳提升态势。医疗业务收入，包括医疗收入和药品收入，反映基层卫生服务机构基本医疗服务和创收能力。数据分析显示，平均每位职工的医疗业务收入水平

在2019~2021年分别为113972元、114208元和135184元,其中2019~2020年增长率为0.21%,2020~2021年增长率为18.37%。

在收入结构方面,2019~2021年案例市乡镇卫生院/社区卫生服务中心的医疗收入、药品收入、财政补助收入、其他收入占比如图11所示,可见财政补助收入占比在疫情后第一年(2020年)明显增加,在2021年减少且低于2019年;药品收入占比在2019~2021年保持稳定中缓慢提升的状态。

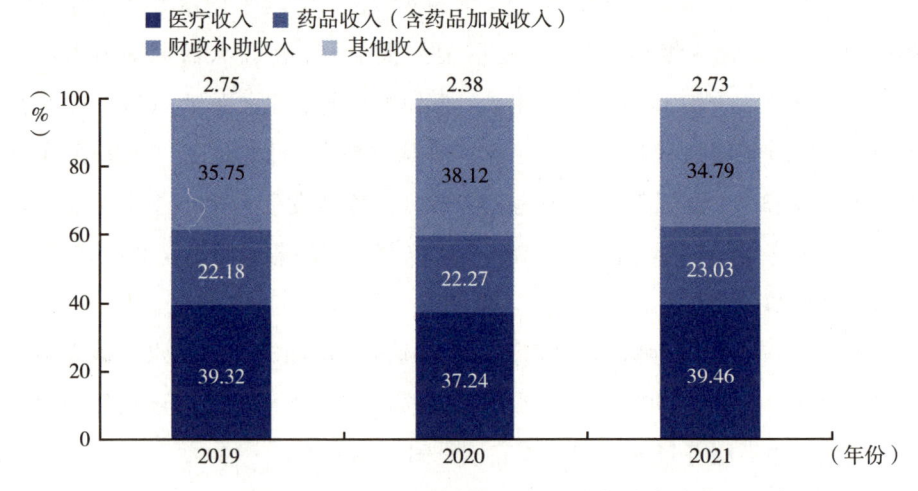

图11 2019~2021年案例市基层医疗卫生机构各类收入占比

(三)机构支出水平及结构

2019~2021年案例市乡镇卫生院/社区卫生服务中心总支出分别为287458万元、305935万元、334518万元,年均增长7.88%,其中2019~2020年增长率为6.43%,2020~2021年增长率为9.34%。

在支出增长方面,2019~2021年案例市乡镇卫生院/社区卫生服务中心的医疗服务支出、公共卫生支出、其他支出年均增长率分别为6.38%、10.27%、48.36%,其中医疗服务支出2019~2020年增长率为3.06%,2020~2021年增长率为9.80%;公共卫生支出2019~2020年增长率为9.60%,2020~2021年增长率为10.94%，公共卫生支出的增长率高于医疗服务支出。

在支出结构方面，2019~2021年案例市乡镇卫生院/社区卫生服务中心的医疗服务支出、公共卫生支出、其他支出占比如图12所示，可见医疗服务支出依然占总支出的大部分比例，公共卫生支出占比在2019~2021年持续稳步提升。

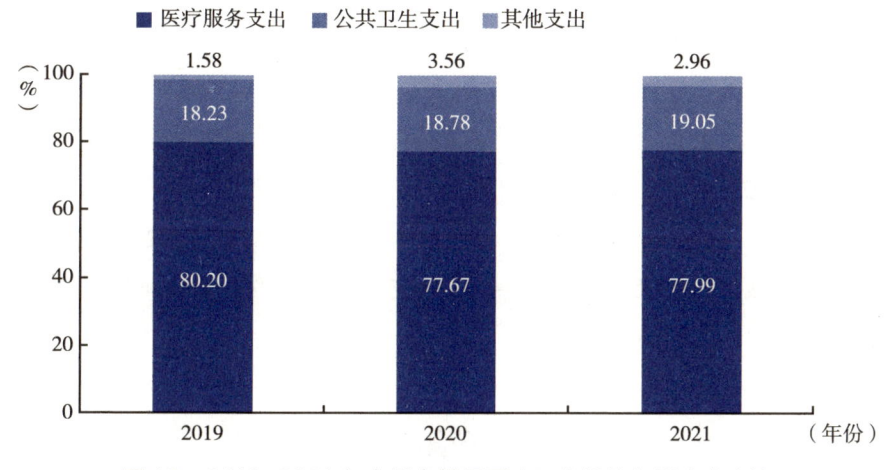

图12 2019~2021年案例市基层医疗卫生机构各类支出占比

（四）机构收支结余

2019~2021年案例市乡镇卫生院/社区卫生服务中心收支结余分别为-13625.60万元、-8989.83万元、-11231.42万元，总体呈亏损状态，其中2020年亏损额度较2019年下降34.02%，2021年较2020年亏损额度增加幅度为24.93%，但亏损额度仍小于2019年的水平。对比分析不同覆盖人口规模的基层卫生机构的收支亏损情况发现：服务人口量处于中等和低水平的机构，均在2021年实现收支有所盈余，只有服务人口最多即公共卫生服务任务量高的机构仍然存在收支亏损。

（五）案例分析总结

本案例地区经济发展水平处于国家平均水平，基层医疗资源和服务能力略高于全国平均水平，对该地区基层医疗卫生服务机构疫情发生后经济运行情况的分析发现：在疫情后医疗服务业务量第一年短暂下滑、第二年有所恢复的情况下，基层卫生服务机构的总收入保持增长趋势，其中疫情发生后第一年（2020年）医疗业务收入增长率低于财政补助收入增长率、疫情发生后第二年（2021年）医疗业务收入增长率高于财政补助收入增长率，两年波动后机构总收入中医疗业务收入占比略有上升；疫情发生后两年基层卫生服务机构支出持续增长，增长率逐年提高，并且公共卫生支出增长率明显高于医疗服务支出增长率，可见疫情发生后基层卫生服务机构在公共卫生相关工作上的投入增长更多；基层卫生服务机构普遍处于支出大于收入的亏损状态，但亏损状态在三年中呈减少和开始扭转的趋势，疫情发生后第一年（2020年）财政补助收入大幅增长使得亏损额度明显减少，但第二年（2021年）从整体水平看亏损减少的趋势未得到维持。从收支结余看，2019~2021年整体上处于亏损减少和扭转的趋势中。

三 政策建议

上文分析结果显示：医改后一系列加强基层导向的改革中，基层医疗卫生服务体系获得的投入和资源支持持续增加，基层医疗卫生服务设施和人力资源都有明显提升；进而带动了其服务功能的发挥——基本公共卫生服务项目覆盖率显著提高和基本医疗服务量增长；但是，基层的基本公共卫生服务质量一直缺乏证据和结论，医疗服务数量和吸引基本医疗需求患者的能力相对于医院依然处于明显弱势。2020年新冠肺炎疫情对各级各类医疗卫生服务机构产生巨大冲击，在冲击中基层的财政补偿水平保持稳定增长趋势，医疗业务收入经历了疫情发生后第一年的无增长到第二年的快速增长和恢复；基层卫生服务机构的人员支出水平稳步提高，人员数量增长、人员执业资质提高，均未受到负面影响；疫情发生后基层门诊服务量短暂下降后开始恢复、但住院服务量持续下降，即使在医院服务量也因疫情而波动变化的情况下，基层医疗卫生机构的门诊和住院服务量占比仍然均为下降趋势；基层医疗卫生机构承担基本公共卫生服务项目和疫情防控相关工作，公共卫生支出占比增长明显，但公共卫生服务的数量和质量数据缺乏。用案例地区的数据剖析基层卫生机构运行情况发现，医疗业务收入增长受疫情冲击最大时，财政补助收入的高增长率对维持机构经济运行平稳起到重要作用，但财政补助投入仍需要长效机制的支持；基层卫生服务机构普遍处于支出大于收入的亏损状态，特别是覆盖人口多、公共卫生服务量大的机构。

基于以上分析，对于疫情发生后基层卫生体系的发展和基层卫生服务机构的良好运行提出以下改革建议。

第一，医疗服务能力是基层医疗卫生机构发挥职能的基础，可以带动公共卫生工作高质量开展，下一阶段以基层为重点的改革中，建议采取多层面、系统的改革举措，着力提高基层医疗卫生服务机构的医疗服务能力。

全国数据分析发现，在疫情对医院冲击更大、间接控制了医院发展规模的情况下，两年后基层卫生服务机构的门诊服务量占比仍然是下降趋势；案例地区数据也显示，医疗服务能力较低的机构其经济运行受冲击较大。基层卫生服务机构医疗服务能力的提高需要多层面政策的支持：区域医共体建设要改革牵头医院的治理制度，以区域卫生体系整体绩效提高为导向修改医院考核指标，引导医院重视人群健康、服务质量和社会成本效益，坚持牵头医院对基层卫生服务机构医疗服务能力的帮扶，建立牵头医院专科医生对基层专科能力的可持续培养机制，建立专科联盟、规划不同基层医疗机构的重点专业发展方向；医保支付方式继续推进执行医共体为单位的总额预付和结余留用，联合体内的基层机构发展指标与总额预付结余中牵头医院的分享额度挂钩；财政补助的项目经费重点用于长期提高基层机构业务能力的方向，财政兜底的同时提高基层卫生服务机构经济运行的持续性。

第二，基层卫生服务机构的医疗业务收入增长受疫情冲击最大时，财政补助收入的高增长率对维持机构经济运行平稳起到重要作用，但财政补助投入仍需要长效机制的支持。

全国数据显示，疫情发生后第一年基层卫生机构财政补助收入增长率为10年来最高水平，但疫情发生后第二年明显下降；案例地区数据也验证在疫情冲击最严重的时期，财政补助能发挥在基层医疗卫生机构经常性收支出现

困难时的兜底作用，确保基层医疗卫生机构正常运行。但2020~2021年财政补助投入未能维持同样的增长水平，这可能与疫情对地方经济和财政收入的负面影响有关。建议国家层面就地方财政中固定和持续对基层医疗卫生服务体系的投入逐步形成制度安排，并构建对经济发展落后地区、经济发展受突发事件影响时财政补助的保障储备基金。

第三，关注基层卫生服务机构经济运行收支亏损的状态，在经济发展模式转化和地方财政补助增长受限的条件下，通过基层服务升级和收费标准的调整拓宽基层机构筹资补偿渠道。

案例地区数据分析和不少研究报道发现，基层卫生服务机构的收支负盈余普遍存在，这种经济运行状态最直接的影响是基层机构没有额外的经费落实"一类保障、二类管理"鼓励的人员绩效工资安排，也就无法实现基层吸引和留住高资质医务人员，进而限制基层医疗卫生服务体系的可持续发展。新冠肺炎疫情对国家经济发展有负面影响，地方财政支出压力增加，这必然限制财政对基层医疗卫生机构补助水平的提高。基层医疗卫生服务机构需要创新和拓宽筹资途径，建议尽快提高基层医务人员的技术劳务价格，调整基层医疗卫生机构的诊查费、治疗费、护理费、手术费等技术劳务类服务项目收费标准。鼓励基层根据当地居民健康需求，提供拓展和个性化基层健康服务，包括家庭病床、出诊、家庭巡诊等医疗服务，也包括长期照护、养老、社会救助等社会服务；针对新服务项目，基层医疗卫生机构可根据市场机制定价，报价格给相关部门备案。

第四，基层医疗卫生服务机构在拓宽筹资渠道的同时，也要探索提高财政和医保经费的使用效率，策略包括医保资金和财政补助经费的整合使用、加强基层卫生服务机构成本控制的意识和能力。

中国基层医疗卫生服务体系发展瓶颈，包括人才吸引和激励、提高服务质量、吸引患者并承担起医疗服务守门人的角色等方面，这些均根源于基层卫生服务机构经济补偿机制的问题——不同经费补偿的支付方式存在激励方向上的矛盾，医保的支付方式仍以总额控制下按服务项目付费为主流，并且医保只覆盖医疗服务，其激励方向是医疗机构提供更多治疗服务，相对忽视了减少疾病发生的预防性服务；与此同时，基本公共卫生服务项目严格服务数量质量考核和按绩效支付项目经费，综合利用考核压力推动基层开展基本公共卫生服务；政府一部分投入通过基本公共卫生服务项目推动预防性服务的提供，另一部分投入通过医保支付的路径限制预防性服务的提供，两个方向的投入并没有形成一致的目标和合力，这种矛盾对政府投入的使用效率提升有负面影响。改革的最终目标是统筹广义上的公共卫生财政资金，即整合财政对卫生体系供需两方各渠道的投入，转变"基本医保负责治疗、基本公卫负责预防"的思想观念，建立一个县域范围内基本健康保障统筹基金，该基金投入对象为医联体而不是单个的医疗卫生部门或机构。另外，也需要引导基层医疗卫生服务机构加强成本控制的意识和能力，提高可获得经费的使用效率。

调 查 篇
Reports on Social Survey

B.8
中国居民家庭住房状况调查报告[*]

李炜 米兰[**]

摘 要： 本文根据"中国社会状况综合调查"2021年的数据资料，对我国城乡居民的房屋财产状况、房屋居住状况等方面进行了描述和分析。研究结果表明，我国城乡居民家庭自有住房拥有率稳步上升，绝大部分家庭拥有自有住房。我国居民家庭住房的性质以农村私有住房和商品房两种类型为主，依然具有城乡二元形态的特征，但随着我国城市化进程的不断加快，我国城乡居民获房方

---

[*] 本文受到以下项目资助：中国社会科学院登峰计划重点学科发展社会学建设项目；国家社会科学基金重大项目"中国社会质量基础数据库建设"（16ZDA079）；中国社会科学院"社会发展指标综合集成实验室"项目。

[**] 李炜，中国社会科学院社会学研究所研究员；米兰，中国社会科学院大学博士研究生。

式、住房流动趋势、家庭住房资产均发生较大的变化。总体而言，我国居民家庭住房市场化程度不断加深，城乡之间房屋资产不平等现象凸显，并呈现以地县级城市城区和县城为核心的城市化发展趋势。

关键词： 居民住房状况　住房使用状况　住房市场化　住房价值状况　房地产市场

　　安居乐业，是民众对美好生活的本真诉求、深切渴望，也是社会和谐的重要基础。自党的十七大首次将"住有所居"写入党的全会文件以来，历届党的全会报告，都将"住有所居"作为增进民生福祉的重要目标。计划体制时期，单位和政府提供的住房福利制度一直是我国城镇居民主要的住房获得方式，自1998年城镇住房商品化进入全面启动阶段，住房分配才逐渐由单位福利制转向市场化住房体制，住房开始具有"商品"属性。20多年来，我国城乡居民的家庭住房状况得到大幅改善，对比第五次人口普查和第七次人口普查数据，居民家庭户人均住房面积由2000年的22.76平方米提升至2020年的41.76平方米[1]。同时随着住房市场化程度的不断加深，住房的投资价值日益显现，住房也成为衡量居民家庭财富和资产的重要标志。近年来，政府陆续推出一系列住房保障政策，如加大廉租房、经济适用房等政策性住房的供给，以提升低收入家庭的生活质量。由此看来，居民住房状况不再单单是一个民生议题，更是涉及经济发展和社会公平的综合议题。本文主要根据中国社会科学院社会学研究所2021~2022年开展的"中国社会状况综合调查"（以下简称"CSS2021"）数据，对我国城乡居民的住房拥有、性质、价值、使用等状况进行描述和分析。

---

[1] 国家统计局：《中国2000年人口普查资料》（表8-4），http://www.stats.gov.cn/tjsj/pcsj/rkpc/5rp/index.htm；《中国人口普查年鉴2020》（表1-12），中国统计出版社，2022。

一 城乡居民房屋拥有状况

（一）我国城乡居民住房自有率接近95%，超过1/5的家庭拥有多套住房

根据CSS2021数据，我国城乡居民家庭住房自有率为94.77%，和2019年94.06%的比例基本持平。其中拥有一套住房的占比为72.00%，拥有第二套住房的占比为18.81%，拥有第三套住房的占比为3.07%，由此可知拥有两套及以上自有住房的住户占比为22.77%，比2019年的20.56%上升2.21个百分点（见表1）。

表1 2019年和2021年家庭拥有自有住房套数情况

单位：%

自有住房套数	2021年（N=10172）	2019年（N=10251）
无房	5.23	5.94
第一套住房	72.00	73.50
第二套住房	18.81	17.07
第三套住房	3.07	2.71
第四套及以上	0.89	0.78
合计	100.00	100.00

分城乡来看，农村居民家庭的住房自有率比城镇居民家庭高出5.61个百分点，这一差值较为明显。与2019年相比，2021年农村居民家庭的住房自有率从95.44%上升至98.46%，上升3.02个百分点；城镇居民家庭的住房自有率从2019年的91.13%上升至92.85%，上升1.72个百分点。

同时也要看到，在拥有多套住房的家庭中，城乡分布显现出一定的差异。有25.99%的城镇居民家庭拥有两套及以上住房，而农村居民家庭拥有两套及以上住房的比例仅为16.60%，两者相差近10个百分点（见表2）。

表2　2021年城乡居民家庭自有住房数量比较

单位：%

城乡属性	自有住房数量					合计
	无房	第一套住房	第二套住房	第三套住房	第四套及以上	
城镇（N=6689）	7.15	66.86	21.05	3.72	1.22	100.00
农村（N=3483）	1.54	81.86	14.52	1.82	0.26	100.00
合计（N=10172）	5.23	72.00	18.81	3.07	0.89	100.00

注：统计检验 P=0.00<0.01。

（二）大部分居民家庭的新房购置于旧房的同类地区，地县级城市城区和县城成为新房购置的主要集中地

数据分析发现，大部分居民家庭倾向于在第一套住房（简称旧房）的同类型地区购置第二套住房（简称新房）。比如，有79.43%的家庭旧房和新房都在直辖市城区；同样，旧房在省会城区的家庭，购置的新房有84.39%也在省会城市；旧房在地县级城市城区的家庭，其新房有81.49%也在地县级城市城区；旧房在县城的家庭，其新房也在县城的占比为60.65%；旧房在乡镇、农村的家庭，其新房也在乡镇和农村地区的比例也是最高的（见表3）。

表3　旧房所在地与新房所在地的分布情况（N=1748）

单位：%

新房所在地 旧房所在地	直辖市城区	省会城区	地县级城市城区	县城	乡镇	农村	小计	总计
直辖市城区	79.43	2.02	9.74	2.43	0.00	6.38	5.21	100.00
省会城区	6.64	84.39	3.37	1.17	1.64	2.79	6.80	100.00
地县级城市城区	2.29	4.79	81.49	2.54	4.49	4.40	20.95	100.00
县城	3.18	5.64	14.77	60.65	3.16	12.60	11.64	100.00
乡镇	1.37	4.59	19.85	21.57	46.36	6.26	5.95	100.00
农村	1.10	3.81	16.71	23.01	8.75	46.62	49.45	100.00
小计	6.07	9.66	28.97	20.46	8.50	26.34	100.00	100.00

同时也应看到，除同类型地区的新房购置倾向外，还体现出对地县级城市城区和县城的二套房购置偏好，我国或正在形成以地县级城市城区为核心的城市化发展趋势。对比图1旧房和新房的地区分布可以看出，城乡居民的第一套住房处于农村地区的最高（49.45%），地县级城市城区和县城次之，合计为32.59%；而新房的地区分布则大为改观，居于农村的比例为26.34%，较旧房减少23.11个百分点，地县级城市城区（上升8.02个百分点）、县城（上升8.82个百分点）、省会城区（上升2.86个百分点）、乡镇（上升2.55个百分点）、直辖市城区（上升0.86个百分点）等地的新房购置率均有增加。其中，城乡居民新房居于地县级城市城区和县城的比例合计为49.43%，较旧房上升16.84个百分点，成为新房占比较高的地区。

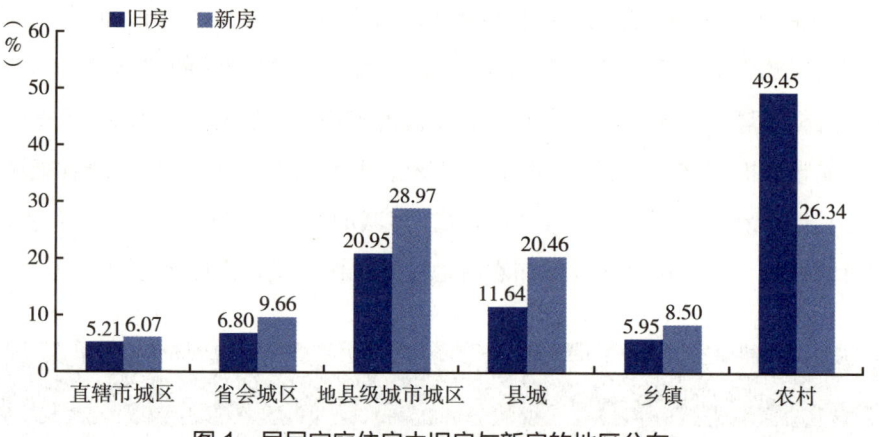

图1 居民家庭住房中旧房与新房的地区分布

对新房按照购置时间进行分析发现，2019年以来居民家庭在地县级城市城区和县城购置新房的比例最高，分别为39.08%和22.30%，两项之和超过60%，比总体新房选购在地县级城市城区和县城的比例之和高出11.95个百分点（见图2）。这一数据结果表明，在地县级城市城区和县城购置二套房的趋势在2019年之后得到加强，充分反映出我国城市化发展以县城为核心的特征。

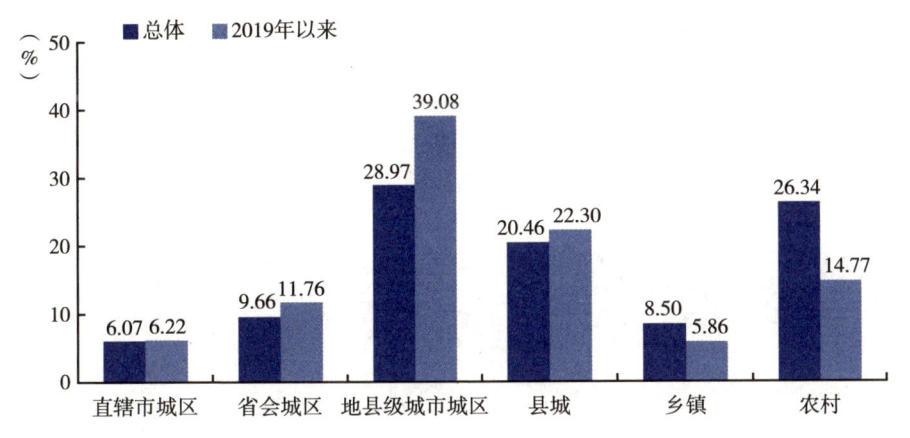

图2 2019年以来居民家庭购置的新房地区分布与总体分布比较

（三）农村和乡镇居民的新房购置呈现"向上流动"的总体趋势

表3数据还表明，农村和乡镇居民的新房购置地，更偏好于更高层级地区。如旧房在农村而购置新房的家庭中，除在农村购置新房的比例最高外，还有23.01%的家庭购置新房于县城，有16.71%的家庭购置新房于地县级城市城区。2019年，这两个比例分别为16.4%和10.2%，这表明农村居民家庭新房购置"向上流动"的意愿和趋势逐步加强。同样，旧房在乡镇而购置新房的居民家庭中，有21.57%选择在县城购置新房，有19.85%选择在地县级城市城区购置新房。这两个比例比起2019年的10.5%和14.1%均有较大幅度的提升。这种新房购置的"向上流动"趋向，体现了城市化对乡村居民的吸附力。居住在农村和乡镇的居民更愿意通过购置新房进入县城或市区，改善居住环境，分享城市资源。这充分表明我国居民的住房流动总体上呈现"向上流动"的趋势。

二 城乡居民住房使用状况

（一）居民家庭人均住房面积超过42平方米，高收入家庭的人均住房面积远高于平均水平

住房面积能充分反映居住质量，一般而言，住房面积越大，越能满足

家庭成员日常生活需要，生活起居功能也越能得到体现。CSS2021数据显示，2021年居民家庭人均住房面积为42.56平方米，城镇跟农村基本持平（42.69:42.29）（见表4），与国家统计局《中国人口普查年鉴2020》中"2020年我国家庭户人均住房建筑面积达到41.76平方米"数据很接近[①]。

表4 分城乡属性的家庭人均住房面积

单位：平方米

城乡属性	人均面积	标准差
城镇（N=6119）	42.69	45.13
农村（N=3184）	42.29	41.14
总计（N=9303）	42.56	43.81

分区域来看，西北地区人均住房面积最小，为36.42平方米，低于全国人均住房面积6.14平方米，其次是东北地区、华北地区、西南地区，人均住房面积分别为37.77平方米、39.30平方米、41.72平方米，均低于全国平均值；华东地区人均住房面积最大，为46.55平方米，高于全国人均住房面积3.99平方米，中南地区人均住房面积也高于全国平均值，为43.23平方米。

从各大区域的城乡差别来看，西北、中南、西南地区城乡人均住房面积差异较小，西北地区农村人均住房面积比城镇大1.33平方米，中南地区则是城镇居民人均住房面积大于农村居民，高出1.51平方米，西南地区也是城镇比农村大1.81平方米。城乡人均住房面积差异最为显著的是东北地区，城镇居民人均住房面积比农村居民大4.78平方米；其次是华东、华北地区，华东地区农村比城镇大3.05平方米，华北地区农村比城镇大2.98平方米（见表5）。

---

① 国家统计局：《中国人口普查年鉴2020》（表1-12至表1-12c），中国统计出版社，2022。

表5 分大区和城乡属性的家庭人均住房居住面积

单位：平方米

大区	城乡	人均面积	标准差
东北	城镇（N=515）	39.38	37.22
	农村（N=262）	34.60	68.41
	合计（N=777）	37.77	49.96
华北	城镇（N=912）	38.48	36.82
	农村（N=348）	41.46	37.36
	合计（N=1260）	39.30	36.98
华东	城镇（N=2056）	45.77	51.01
	农村（N=700）	48.82	44.01
	合计（N=2756）	46.55	49.34
中南	城镇（N=1629）	43.82	46.52
	农村（N=1057）	42.31	37.17
	合计（N=2686）	43.23	43.08
西南	城镇（N=640）	42.54	42.17
	农村（N=535）	40.73	33.97
	合计（N=1175）	41.72	38.64
西北	城镇（N=367）	35.84	34.99
	农村（N=282）	37.17	26.73
	合计（N=649）	36.42	31.65
总计	城镇（N=6119）	42.69	45.13
	农村（N=3184）	42.29	41.14
	合计（N=9303）	42.56	43.81

进一步从家庭收入来看，总体上呈现家庭收入越高，人均住房面积越大的趋势。按家庭收入五等分分组，低收入组家庭人均住房面积只有37.62平方米，中低收入组、中间收入组与之相近，分别为37.73平方米和38.02平方米，中高收入组为44.24平方米，略高于平均值1.68平方米，高收入组家庭人均住房面积高于总体平均值10平方米以上，为56.65平方米。由此可以看出，目前按收入分组的家庭人均住房面积呈偏态分布：60%的家庭人均住房

面积低于平均值，而高收入组的家庭人均住房面积显著拉升了总体水平，也反映了住房作为家庭最重要的财产，在社会成员中呈现不平等分配状况（见表6）。

表6 不同家庭收入分组的家庭人均住房面积

单位：平方米

家庭收入分组	人均面积	标准差
低收入组（N=2050）	37.62	39.94
中低收入组（N=1674）	37.73	31.49
中间收入组（N=1858）	38.02	33.67
中高收入组（N=2080）	44.24	36.39
高收入组（N=1641）	56.65	68.10
总计（N=9303）	42.56	43.81

（二）居民家庭住房性质仍以农村私有住房和商品房为主，住房商品化率快速提升

住房性质反映的是住宅的产权归属，这是体现住房市场化程度的一个重要方面。目前在我国，只有商品房可以完全以市场化的方式进行交易，其他性质的房屋均难以完全在市场上流转，所以其财产价值也不能得到充分体现。

CSS2021数据显示，我国居民家庭住房状况依然具有城乡二元形态的特征，其住房性质以农村私有住房和商品房两种类型为主。在所有住房中，农村私有住房占比最高，为50.21%；商品房次之，占比34.68%，两者之和接近85%。其中农村私有住房主要分布在农村和乡镇，尤其是农村地区，其占比高达94.77%；城镇地区（包含直辖市城区、省会城区、地县级城市城区、县城）的商品房占比均超过65%，这充分说明商品房已成为城镇地区居民自有住房的最主要来源。乡镇则体现出城乡二元交汇的特性，其农村私有住房的占比为30.70%，商品房的占比为44.24%，两者之间的差值比起其他地区更小。

中国居民家庭住房状况调查报告

此外，还有一些特殊类型的住房，占比均较小。如小产权房（占比3.02%），主要集中于县城与乡镇；安置房占比5.00%，主要集中于省会城区、地县级城市城区、县城和乡镇；原公房占比2.27%，主要集中于直辖市城区和省会城区（见表7）。

表7 不同住房所在地的自有住房性质（N=11181）

单位：%

住房所在地	商品房	经适房/两限房	原公房	集资房	小产权房	安置房	农村私有住房	其他	合计
直辖市城区	70.71	3.64	9.69	1.85	4.16	4.66	3.01	2.28	100.00
省会城区	66.62	5.98	5.92	1.42	2.64	10.89	4.32	2.21	100.00
地县级城市城区	68.61	3.72	3.88	2.61	2.77	8.70	7.16	2.55	100.00
县城	65.49	3.11	2.78	2.41	8.26	6.76	8.35	2.84	100.00
乡镇	44.24	1.42	2.25	2.70	6.61	8.74	30.70	3.34	100.00
农村	1.56	0.36	0.25	0.10	1.16	1.55	94.77	0.25	100.00
合计	34.68	2.04	2.27	1.28	3.02	5.00	50.21	1.50	100.00

注：统计检验 P=0.000<0.01。

从住房购置或建造时间来看，伴随城市化进程的不断加快，我国居民自有住房中农村私有住房的比例持续下降，而购买商品房的比例持续上升。前者已从1980年以前的89.13%下降到近10年的32.45%，降幅达56.68个百分点；后者由1980年以前的1.85%上升到近10年的51.00%，增加49.15个百分点。此外，自有住房中安置房的比例在近40年来也呈上升趋势，从1980年以前的0.95%增长到近10年的7.32%，一定程度上反映了城镇化过程中拆迁征地的发展态势。值得关注的是，小产权房在目前居民的住房中仍有3.02%的占比，虽然占比数值不大，但对应全国4.942亿家庭户，其绝对量接近1500万户之多。"原公房"作为计划经济背景下单位分配住房向商品化住房过渡的产物，其在居民住房中的比例在1991~2000年曾达到6.13%，其后逐步下降到近10年的1.13%。经济适用房、两限房等保障性住房在居民家庭住房中占

比较低，1980年以前还未有这一类住房，1981~1990年开始出现，占比0.32%，近10年占比2.90%（见表8）。

表8 购（建）房时间分组与自有住房性质情况（N=11181）

单位：%

购（建）房时间	商品房	经适房/两限房	原公房	集资房	小产权房	安置房	农村私有住房	其他	总计
1980年以前	1.85	0.00	3.33	0.00	2.29	0.95	89.13	2.45	100.00
1981~1990年	5.65	0.32	3.13	0.78	1.74	0.65	86.37	1.36	100.00
1991~2000年	15.39	0.88	6.13	2.57	2.03	2.49	68.01	2.50	100.00
2001~2010年	31.26	2.00	1.43	1.33	3.71	4.38	54.45	1.44	100.00
2011~2021年	51.00	2.90	1.13	0.88	3.18	7.32	32.45	1.14	100.00
合计	34.68	2.04	2.27	1.28	3.02	5.00	50.21	1.50	100.00

注：统计检验P=0.000<0.01。

（三）自建与购买是目前居民家庭住房主要的获得方式

居民获得住房的方式主要包括自建、购买、继承或赠与、拆迁补偿四种形式。CSS2021数据显示，我国居民目前主要的两种获房方式为自建与购买，在住房来源类型占比分布中，48.70%为自建，42.98%为购买，这两种得房方式也体现出农村和城市两个区域的不同住宅土地政策。

改革开放初期，城乡之间流动还较少，因为我国农村多、农民多，所以自建房比例在1980年以前高达79.22%，而购买房的比例仅占不到5%。随着我国城市化进程不断加快、住房商品化、城镇外来人口落户，自建与购房的格局发生了巨大的变化：通过市场渠道获房的现象越来越普遍，购房比例在过去40年间不断攀升，至近10年达到59.71%，而同期自建房比例一路下降，近10年来为30.88%，已经低于购买住房的占比。另外，通过拆迁补偿获房的占比在近20年来也有明显增长，从1981~1990年的1.16%上升至近10年的7.25%。与此同时，通过继承或赠与的方式获得住房的比例持续下降，1980年以前这一比例为 12.86%，近 10 年这一比例下降至 1.10%（见表 9），这表明我国的住房市场化程度日益加深。

表 9 购（建）房时间分组与住房来源情况（N=11181）

单位：%

购（建）房时间	自建	购买	继承或赠与	拆迁补偿	其他	总计
1980 年以前	79.22	4.99	12.86	0.36	2.57	100.00
1981~1990 年	85.63	7.51	4.65	1.16	1.05	100.00
1991~2000 年	66.77	25.08	3.02	3.56	1.57	100.00
2001~2010 年	53.30	40.07	1.44	4.57	0.62	100.00
2011~2021 年	30.88	59.71	1.10	7.25	1.06	100.00
合计	48.70	42.98	2.04	5.23	1.05	100.00

分城乡来看，城镇和农村的住房来源存在较大差异，农村家庭主要通过自建渠道获房，自建获房占比 84.43%，城镇地区则只有 31.18% 的自建比例；城镇家庭主要通过市场购买获房，购买占比 58.31%，农村地区只有 11.72%；拆迁补偿的占比也体现出一定的城乡差异，城镇地区这一比例为 7.07%，农村地区只有 1.48%；其他两个类别（继承或赠与以及其他）在城镇和农村均占比较小，差异不明显（见图 3）。

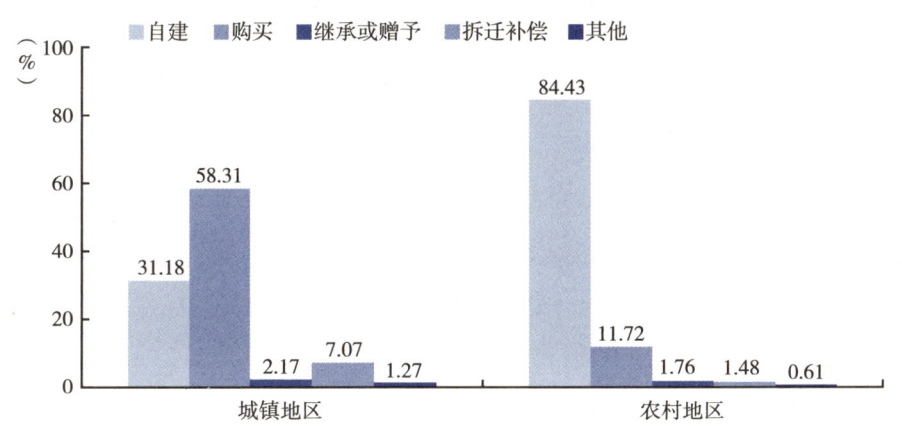

图 3 城乡分组与住房来源情况（N=11181）

从收入分组来看，收入对住房来源的影响主要体现在自建和购买类别中，且这一影响较为显著。高收入组中自建的比例仅为28.74%，低于平均值20.12个百分点，购买的比例为63.19%，高于平均值20.37个百分点；低收入组中自建的比例为70.90%，高于平均值22.04个百分点，购买的比例仅为21.48%，低于平均值21.34个百分点（见表10）。也就是说，收入越高的家庭，其住房越可能为购买，收入越低的家庭，其住房越可能为自建。总体而言，基本呈现收入与自建获房负相关、与购买获房正相关的趋势。

表10 不同家庭收入分组的住房来源（N=10753）

单位：%

家庭收入分组	自建	购买	继承或赠与	拆迁补偿	其他	总计
低收入组	70.90	21.48	2.00	4.58	1.04	100.00
中低收入组	61.33	28.38	3.08	6.08	1.13	100.00
中间收入组	48.78	42.55	1.95	5.56	1.16	100.00
中高收入组	42.60	49.90	2.41	4.29	0.80	100.00
高收入组	28.74	63.19	1.25	5.70	1.12	100.00
合计	48.86	42.82	2.08	5.20	1.04	100.00

三 城乡居民住房价值状况

（一）城乡居民户均住房资产超过77万元，城乡和家庭之间房产价值悬殊

住房资产能有力地反映居民家庭总资产状况，是家庭财富的重要内容。CSS2021数据显示，我国居民家庭住房资产平均为77.83万元，但家庭间差异较大，标准差为145.06万元。分城乡看，城镇居民和农村居民住房资产价值悬殊，城镇居民住房资产均值为98.66万元，农村居民为35.47万元[1]，前者为

---

[1] 此处的居民住房资产为多套住房总资产。

后者的 2.78 倍（见表 11）。这表明我国农村和城镇居民家庭总资产因住房价值拉开了较大差距。

表 11　城乡居民住房资产情况

单位：万元

城乡属性	均值	标准差
城镇（N=5054）	98.66	169.36
农村（N=2486）	35.47	53.24
总体（N=7540）	77.83	145.06

我国居民家庭住房资产的严重不平等状况更加清晰地体现在房产价值分布上。由图 4 可见，家庭住房资产价值由低到高排列，一半以上的家庭（52.73%），其住房资产低于 40 万元，均值点（77.83 万元）大致落在由低到高排列的 2/3 处，这样的分布明显呈"金字塔"形态。通过图 4 可以推算出，住房资产最低的 52.73% 的家庭，在全部家庭住房资产中只拥有 12% 的份额；而住房资产最高的 2.17% 的家庭，其占全部家庭住房资产的份额大概超过 1/4（25.58%）。

区间	百分比
500万元以上	2.17
300万~500万元	3.37
200万~300万元	3.58
150万~200万元	3.54
100万~150万元	8.15
80万~100万元	5.46
60万~80万元	8.34
40万~60万元	12.66
20万~40万元	23.54
20万元以下	29.19

图 4　居民家庭住房资产分段情况（N=7540）

（二）城乡居民住房资产增值超过7倍，住房所在地城市层级越高，房产增值越大

CSS2021 数据显示，我国居民家庭住房的名义增值[1]平均在 7.01 倍。分城乡看，城市居民住房增值情况和农村居民住房增值情况存在差异，城镇居民住房增值高于农村居民。其中城市居民的住房现价值平均是购房（或建房）时价值的 7.40 倍，农村居民的住房现价值平均是购房（或建房）时价值的 6.29 倍，这表明城镇地区的住房比农村地区更具备投资增值价值[2]（见表 12）。

表 12 城乡居民住房增值情况

单位：倍

城乡属性	均值	标准差
城镇（N=4027）	7.40	27.80
农村（N=2177）	6.29	22.38
总体（N=6204）	7.01	26.03

房屋价值增速与房屋所在位置之间存在一定关系，但不管房屋在什么位置，每一所在地类别下，均有超过或接近 20% 的房屋增值达到 5 倍以上。其中，直辖市城区的增值情况是最好的，有略低于一半（42.75%）的房屋增值5 倍以上；省会城区、地县级城市城区和县城的住房增值情况较为相似，增值倍数集中于 1~2 倍，省会城区有 38.45% 的房屋增值倍数在这一区间，地县级城市城区为 36.71%，县城为 44.06%。且大部分省会城区、地县级城市城区、县城的住房增值幅度在 2 倍及以下，这表明，省会城区、地县级城市城区和县城的住房不仅具备稳健的投资增值价值，还将继续利好计划在这些地区购置新房的居民（见表 13）。

---

[1] 此处增值数据选用受访者登记于问卷中的第一套房数据。
[2] 此处增值样本量 N=1273，为排除受访者不清楚房屋购买时价值或房屋现值的情况之后剩余的样本。

中国居民家庭住房状况调查报告

表 13　居住所在地与住房增值情况（N=6204）

单位：%

住房所在地	自有住房增值倍数						合计
	增值≤1	1<增值≤2	2<增值≤3	3<增值≤4	4<增值≤5	增值>5	
直辖市城区	15.24	24.94	6.8	7.28	2.99	42.75	100.00
省会城区	8.3	38.45	17.4	7.43	4.69	23.73	100.00
地县级城市城区	16.58	36.71	13.06	5.84	5.34	22.47	100.00
县城	14.48	44.06	11.45	6.11	4.77	19.13	100.00
乡镇	16.33	37.95	13.16	8.06	4.18	20.32	100.00
农村	15.01	35.42	14.39	8.69	6.04	20.45	100.00
合计	15.02	36.83	13.56	7.57	5.45	21.57	100.00

注：统计检验 P=0.000<0.01。

（三）原公房、安置房的房产增值幅度最大

分不同自有住房性质来看增值幅度，发现原公房、安置房和其他类型住房的增值情况较好，原公房中增幅为5倍以上的占67.82%，安置房和其他类型住房增值5倍以上的比例也较高，均超过40%；而商品房、经适房/两限房、小产权房则增幅较低，这三类性质的住房超过一半的增值幅度在2倍及以下（见表14）。造成这一现象可能有多重原因，一是原公房和安置房性质特殊，一般获房年代较早，而且享受了政府或单位的补贴，从起初就会以远低于市场价的成本进入交易市场，再经过年代的增值，就产生了相对较大的获利空间；二是商品房一般获房年代较近，且近年来国家和政府提倡房屋"只住不炒"的政策，因而商品房增值空间有限；三是对于经适房/两限房和小产权房来说，这些类型的住房一般缺少法律认可的产权，容易导致交易存在风险，因此增值空间十分有限。

表 14　不同性质住房增值情况（N=6204）

单位：%

自有住房性质	住房增值倍数						合计
	增值≤1	1<增值≤2	2<增值≤3	3<增值≤4	4<增值≤5	增值>5	
商品房	17.31	45.06	13.32	5.94	4.30	14.07	100.00
经适房/两限房	17.41	38.64	16.2	11.29	3.09	13.37	100.00
原公房	4.77	12.13	3.51	4.94	6.83	67.82	100.00
集资房	6.56	18.37	14.23	11.85	11.22	37.77	100.00
小产权房	16.75	35.87	10.05	6.14	6.27	24.92	100.00
安置房	7.55	23.28	14.02	5.51	5.49	44.15	100.00
农村私有住房	14.66	34.35	14.22	8.65	5.91	22.21	100.00
其他	7.97	23.06	10.76	6.33	8.59	43.29	100.00
合计	15.02	36.83	13.56	7.57	5.45	21.57	100.00

注：统计检验 P=0.000<0.01。

四　城乡居民房屋使用状况

（一）八成以上的城乡居民居住在自有住房内，城镇居民超过两成住在非自有住房中

虽然接近95%的受访者家庭拥有自有住房，但调查时现居住的住房不一定恰好是自有住房。尤其对离开家乡的外出务工人员来说，其现居所往往不是自家住房，而是以租/借住他人住房、居住于就业单位提供的集体宿舍、居住于地方政府供给的廉租房公租房等方式来解决住房需求。

CSS2021数据显示，调查时点城乡居民的居住方式以自有住房占比最高（82.11%），其次是租住私人住房（10.55%），而居住在廉租房/公租房、亲友房、集体宿舍、周转性住房、其他类型住房的比例甚低，一共只有7.34%。

分城乡来看，农村居民 94.10% 都居住在自有住房中，而城镇居民只有 75.89% 居住在自有住房中，超过 20% 是通过租住、借住或集体宿舍等形式（见表 15），这在一定程度上反映了进入城市的外来务工者的租房现实状况。

表 15　城乡属性与目前居民住房状况

单位：%

城乡属性	自有住房	廉租房/公租房	亲友房	租住私人住房	集体宿舍	周转性住房	其他	合计
城镇（N=6705）	75.89	1.94	3.78	15.00	1.26	0.80	1.33	100.00
农村（N=3482）	94.10	0.46	1.99	1.97	0.34	0.49	0.65	100.00
合计（N=10187）	82.11	1.43	3.17	10.55	0.95	0.70	1.09	100.00

（二）居民的自有住房自住率近85%，空置率约一成，直辖市和省会城市住房中出租占比超过10%

调查中城乡居民家庭累计有 12486 套自有住房，其中 84.94% 为本人居住或家人亲属居住，约有一成的自有住房目前无人居住（9.90%），一定程度上反映了目前的房屋空置情况；还有 4.18% 的住房出租给他人。其他居住情况较少见，只有不到 1% 的比例。

分城乡来看，农村居民家庭中，有高达 91.72% 的自有住房为本人或家人亲属居住，这比城镇家庭高出 10.07 个百分点；出租他人的比例，城市为 5.96%，农村为 0.51%，城市比农村高出 5.45 个百分点。前文中所述城镇居民拥有多套住房的比例高于农村这一结论与城乡之间自有住房居住差异情况相符，这表明城镇家庭住房在满足本人居住需求外，还有多余住房可以满足其他类型住房需求。同时，没人居住的情况也值得注意，这一比例在城市家庭中为 11.32%，在农村家庭中为 7%，差值超过 4 个百分点，显示城乡之间存在一定差异（见表 16）。

表16 城乡居民家庭自有住房居住情况

单位:%

城乡属性	本人居住	本人不住,家人或者其他亲属居住	出租他人	借与他人	没人居住	其他	合计
城镇(N=8396)	66.57	15.08	5.96	0.15	11.32	0.92	100.00
农村(N=4090)	84.54	7.18	0.51	0.09	7.00	0.68	100.00
总计(N=12486)	72.45	12.49	4.18	0.13	9.90	0.85	100.00

结合上文对居民居住在非自有住房的分析,租住私人住房的居民在总体居民中占比10.55%,对照居民家庭自有住房用于出租他人的占比4.18%,据此可推算出每一套出租的自有住房平均居住2.52人,一定程度上反映出目前我国私人住房出租市场呈现以合租为主的特点。

分城市层级来看,居民自有住房为本人或家人亲属居住的比例都是最高的,均超过70%;城市层级之间差异较为明显的体现在出租他人这一类别下,直辖市城区自有房屋出租他人的占比为10.70%,省会城区为13.02%,均超过10%,但其他地区出租他人的占比就明显减少,地县级城市城区和县城为6%左右,乡镇则低于5%,只有3.45%,农村这一比例更低,只有1.20%。这表明,城市级别越高,私人房屋的出租可能性也越大,居民在直辖市城区、省会城区购置的房产具有较强的出租优势;在没人居住的类别下,省会城区、县城和乡镇的比例都偏高,分别为12.96%、12.14%和11.15%,省会城区没人居住的比例偏高可能与省会城区居民拥有多套住房的比例高有关,而县城及乡镇没人居住的比例也偏高,可能表明县城和乡镇住房存在空置化趋势。农村地区、直辖市城区没人居住的比例是最低的,分别为9.04%和9.07%,农村地区这一比例相对较低可能与农村居民拥有多套住房的比例不高有关。其次为地县级城市城区,其没人居住的比例为9.39%,这在一定程度上反映出当前我国人口流动出现"大城市取向"和"地级市取向"两个趋势,表现出新特点(见表17)。

中国居民家庭住房状况调查报告

表17 住房所在地与家庭自有住房居住情况（N=12486）

住房所在地	本人居住	本人不住，家人或者其他亲属居住	出租他人	借与他人	没人居住	其他	合计
直辖市城区	63.08	15.68	10.70	0.13	9.07	1.34	100.00
省会城区	58.81	13.05	13.02	0.08	12.96	2.08	100.00
地县级城市城区	70.17	12.49	6.48	0.35	9.39	1.12	100.00
县城	69.59	11.63	5.36	0.13	12.14	1.15	100.00
乡镇	67.31	17.81	3.45	0	11.15	0.28	100.00
农村	77.47	11.72	1.20	0.06	9.04	0.51	100.00
合计	72.45	12.49	4.18	0.13	9.90	0.85	100.00

（三）居民家庭的多套住房约1/4处于空置状态，农村尤为明显；城市多套住房约1/7用于出租

数据分析发现，居民家庭的多套住房[①]中有61.08%用于自住，有26.17%的住房处于"无人居住"的空置状态，特别是农村地区家庭，其多套住房中空置住房占比竟高达28.45%。已有研究表明，受农村人口持续向城镇地区转移、乡村住房建设无序、乡村宅基地退出机制缺失等约束，我国目前农村宅基地闲置问题日益凸显，带来土地资源浪费、村庄景观环境破败、基础设施配套困难、农民和农村集体财产权益难以实现等负效应。[②] 这一现象值得高度关注。

城乡居民家庭的自有房产除了满足自住的需求外，闲置房产还可以用于在市场上出租。调查数据显示，目前拥有多套住房的居民家庭，其住房有

[①] 这里的"多套住房"系居民家庭除目前自住的一套住房外其他自有住房的合称。由于拥有2~3套住房的居民家庭合计占比21.88%，而拥有4套及以上的占比仅为0.89%，故为统计便利，此处的多套住房均限于拥有2~3套住房。

[②] 李婷婷:《中国农村宅基地闲置现状及整治模式》，载《中国农村经济形势分析与预测（2018~2019）》，社会科学文献出版社，2019。

169

10.12%用于出租,其中城镇居民的多套住房用于出租他人的比例(14.28%)比农村居民(1.77%)高出12.51个百分点,两个比例之间差距巨大,这说明城镇居民的房产比起农村居民的房产更具有投资增值价值(见表18)。

表18 城乡居民家庭第二、第三套房用途比较

单位:%

城乡属性	本人或亲友居住	出租他人	借与他人	无人居住	其他	合计
城镇(N=1702)	58.11	14.28	0.35	25.03	2.23	100.00
农村(N=847)	67.07	1.77	0.35	28.45	2.36	100.00
合计(N=2549)	61.08	10.12	0.35	26.17	2.28	100.0

四 主要结论

目前,我国城乡居民家庭自有住房率高达94.77%,拥有两套及以上住房的比例已达到22.77%,较2019年上升2.21个百分点。农村居民家庭住房自有率高于城镇居民家庭,高出5.61个百分点,但城镇居民家庭拥有多套住房的比例明显高于农村居民家庭,高出近10个百分点。2021年我国城乡居民家庭人均住房面积为42.56平方米,城镇跟农村基本持平。

从住房所在地区分布来看,居民偏好在地县级城市城区和县城购置二套房,我国正在形成以地县级城市城区和县城为核心的城市化发展态势;虽然大多数购置第二套住房的居民,会选择与第一套住房相同的地区类型,但伴随着城市化的进程,我国居民住房的流动趋势总体以向上流动为主,特别是农村和乡镇的居民,呈现在更高层级地区购置新房的趋势和意愿。

从住房性质来看,我国居民家庭住房的性质以农村私有住房和商品房两种类型为主,依然具有城乡二元形态的特征。农村私有住房在所有住房中占50.21%,特别是在农村地区占比高达94.77%;商品房在所有住房中占34.68%,其中城镇地区的商品房占比均在60%以上,说明商品房已成为城镇

地区居民自有住房的最主要来源。随着我国城镇化进程的推进，我国居民自有住房中农村私有住房的比例持续下降，而购买商品房的比例持续上升。前者已从 1980 年以前的 89.13% 下降到近 10 年的 32.45%，下降 56.68 个百分点；后者由 1980 年以前的 1.85% 上升到近 10 年的 51.00%，增加 49.15 个百分点。

从住房来源来看，自建与购买是我国居民目前主要的两种获房方式，有 48.70% 的居民家庭自有住房为自建，有 42.98% 的居民家庭自有住房来自购买。随着我国城市化进程不断加快、住房商品化、城镇外来人口落户，自建与购房的格局发生了巨大的变化：越来越多的家庭开始通过市场渠道获取住房，购房比例在过去 40 年间不断上升，至近 10 年达到 59.71%，而自建住房比例同期一路下降，近 10 年来为 30.88%，已经低于购买住房的占比。通过拆迁补偿获取住房的比例也有明显增长，从 1981~1990 年的 1.16% 上升至近 10 年的 7.25%，与此同时，通过继承或赠与的方式获得住房的比例持续下降，1980 年以前这一比例为 12.86%，近 10 年这一比例下降至 1.10%，这表明我国的住房市场化程度日益加深。

从住房价值来看，我国居民家庭住房资产平均为 77.83 万元。城镇居民和农村居民住房资产悬殊，城镇居民住房资产均值为 98.66 万元，农村居民为 35.47 万元，前者为后者的 2.78 倍，这表明我国农村和城镇居民家庭总资产因住房价值拉开了较大差距。我国居民家庭住房资产表现出严重不平等状况，住房资产最低的 52.73% 的家庭，在全部家庭住房资产中只拥有 12% 的份额；而住房资产最高的 2.17% 的家庭，其占全部家庭住房资产的份额大概超过 1/4。

从住房增值来看，我国居民家庭住房的名义增值平均在 7.01 倍。其中城镇居民和农村居民的住房现价值平均是购（建）房时价值的 7.40 倍和 6.29 倍，城镇居民住房增值高于农村居民，表明城镇地区的住房比农村地区更具备投资增值价值。从自有住房性质看，增值幅度较大的是原公房和安置房，而增值幅度较低的是商品房、经适房/两限房和小产权房。

从现居住住房状况来看，有 82.11% 的居民居住在自有住房内。农村地区 94.10% 的居民居住在自有住房中，而城镇居民为 75.89%，超过 20% 的城

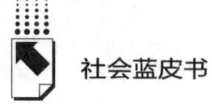

镇居民以租住、借住或集体宿舍等形式居住。目前有84.94%的自有住房为本人居住或家人亲属居住,有4.18%的自有住房出租给他人。自有住房没人居住的比例接近10%,一定程度上反映了存在房屋空置化的情况。分城乡来看,农村居民家庭自有住房为本人居住或亲友居住的比例高达91.72%,高出城镇家庭10.07个百分点;出租他人的比例,城市高出农村5.45个百分点;这些差异表明城镇家庭住房在满足本人居住需求外,还有闲置住房可以满足其他类型住房需求。

B.9
中国相对贫困家庭生活状况调查报告

任莉颖　侯中杨*

摘　要： 2020年我国脱贫攻坚战取得全面胜利，我国历史性告别绝对贫困，在全面建设社会主义现代化国家的新征程中，相对贫困的治理成为新的关注重点。通过分析2021年"中国社会状况综合调查"（CSS2021）数据，结合以往三轮调查数据，发现我国现阶段相对贫困家庭规模较大，主要分布在乡村和城（镇）乡结合部地区。这些家庭对农业生产性收入和转移性收入高度依赖，消费结构不利于人力资本的发展，并且在家庭成员中存在一定程度的社会剥夺和相对复杂的社会心态。据此，本文提出在乡村振兴战略中降低农业就业比重，注重致富能力和人力资本培养，促进社会保障和基本公共服务城乡均等化，加强基层社区社会、政治和文化建设等建议。

关键词： 相对贫困　贫困家庭生活状况　社会参与　社会心态

2012年底党的十八大拉开了脱贫攻坚战的序幕，经过8年的努力，到2020年底，在中国现行标准下9899万农村贫困人口全部脱贫，832个贫困县

---

*　基金项目：国家社会科学基金项目"城市化进程中城市居民社会质量变迁研究"（项目号：20BSH081）的阶段成果。本文还受到以下项目资助：国家社会科学基金重大项目"中国社会质量基础数据库建设"项目（16ZDA079）；中国社会科学院登峰计划重点学科发展社会学建设项目；中国社会科学院"社会发展指标综合集成实验室"项目。
**　任莉颖，中国社会科学院社会学研究所副研究员；侯中杨，中国社会科学院大学社会与民族学院硕士研究生。

全部摘帽，12.8万个贫困村全部出列，区域性整体贫困得到解决，实现了消除绝对贫困的目标。① 然而这并不意味着贫困问题的终结。习近平总书记曾明确指出："2020年全面建成小康社会之后，我们将消除绝对贫困，但相对贫困仍将长期存在。到那时，现在针对绝对贫困的脱贫攻坚举措要逐步调整为针对相对贫困的日常性帮扶措施，并纳入乡村振兴战略架构下统筹安排。"② 同时，共同富裕为新时代的扶贫工作指明了方向。根据党的十九大报告，到2035年，中国人民生活将更为宽裕，中等收入群体比例明显提高，城乡区域发展差距和居民生活水平差距显著缩小，基本公共服务均等化基本实现，全体人民共同富裕迈出坚实步伐。党的二十大报告进一步指出实现全体人民共同富裕是中国式现代化的本质要求之一，从2035年到21世纪中叶把我国建成富强民主文明和谐美丽的社会主义现代化强国。

自2021年起，我国反贫困进入了新阶段，新的扶贫战略要瞄准相对贫困群体，因地制宜，改善他们的生产生活状况，缩小其与其他群体的差距，实现全体人民共同富裕的宏伟目标。当下的首要任务是界定和识别相对贫困群体，在可靠的调研数据和深入观察分析的基础上，了解这一群体的基本特征和现阶段的生活状况。

本报告主要基于中国社会科学院社会学研究所主持的"中国社会状况综合调查"（CSS）③2021年数据，并辅以2015~2019年三轮调查中的家庭收入和人口数据，选择相对简单、普遍和可比较的单维度收入测量方法来估算我国相对贫困家庭的群体规模，并通过比较其与其他群体来发现其基本特征，在多维度视角下观察这一群体的经济和社会政治生活状况。

---

① 《（受权发布）习近平：在全国脱贫攻坚总结表彰大会上的讲话》，新华网，http://www.xinhuanet.com/world/2021-03/03/c_1211049315.htm，2021年3月3日。
② 转引自林闽钢《前瞻研究相对贫困治理问题》，光明网，https://m.gmw.cn/baijia/2020-12/29/34502138.html，2020年12月29日。
③ "中国社会状况综合调查"（CSS）采用多阶段概率与规模成比例（PPS）抽样方法，调查区域覆盖全国31个省/自治区/直辖市，包括151个区/市/县的604个社区，研究结果可推论全国年满18~69周岁的住户人口。2021年CSS共完成10136个样本的数据采集。

一 相对贫困家庭的总体特征

贫困有两种表现形式：一种是基本生活必需品的缺乏，称为绝对贫困；另一种是个人或家庭在饮食、住房、娱乐和参与社会活动等方面的资源不足以达到社会平均生活水平的相对匮乏，称为相对贫困。识别两类贫困应采用不同的测量标准。我国现行的农村贫困标准是依据基本营养必需的食物消费标准和0.60的恩格尔系数制定，本质上属于绝对贫困标准。国际上相对贫困的划分有"相对收入"和"可行能力"两个视角，有单维度和多维度两类标准，同时在单维度的测量上有收入比例法和收入位置法等。[1]

党的二十大报告指出，中国式现代化"既有各国现代化的共同特征，更有基于自己国情的中国特色"，因此本报告中对相对贫困识别标准的界定主要有四个考虑：一是借鉴世界相对通用的标准，这样有助于通过跨国比较来定位我国的发展阶段；二是与国内中等收入群体的研究相结合，将两个群体的研究整合在"共同富裕"的同一架构下；三是从政策瞄准和有效实施的角度出发，相对贫困群体规模暂不宜过大；四是在我国城乡差距较大和乡村振兴战略的国情下，特别关注农村居民家庭相对贫困生活的改善。因此，本报告综合经合组织（OECD）的收入比例法和国内学者的相关研究成果，将我国居民家庭划分为五组：第一组采用檀学文提出的"比例型相对贫困标准"[2]，将相对贫困家庭定义为农村居民收入中位值的50%及以下；第二组的上限参考OECD相对贫困标准[3]，确定为全国居民收入中位值的50%；第三组到第五组的划分参照OECD和李培林、崔岩关于中等收入群体的划分标准，分界线分别为全国居民可支配收入中位值的75%和200%[4]。具体分组标准为：相对贫

---

[1] 王小林、冯贺霞：《2020年后中国多维相对贫困标准：国际经验与政策取向》，《中国农村经济》2020年第3期。

[2] 檀学文：《走向共同富裕的解决相对贫困思路研究》，《中国农村经济》2020年第6期。

[3] OECD, *Society at a Glance 2019: OECD Social Indicators*, OECD Publishing, Paris. https://doi.org/10.1787/soc_glance-2019-en, 2019.

[4] 李培林、崔岩：《我国2008—2019年间社会阶层结构的变化及其经济社会影响》，《江苏社会科学》2020年第4期。

困家庭（农村居民收入中位值的50%及以下）、脆弱家庭（农村居民收入中位值的51%~全国居民收入中位值的50%）、低收入家庭（全国居民收入中位值的51%~75%）、中等收入家庭（全国居民收入中位值的76%~200%）和高收入家庭（全国居民收入均值的200%以上）。

根据国家统计局发布的全国和城乡人均可支配收入中位值的统计数据，可以计算出2014年以来相对贫困家庭及其他组家庭的收入范围（见图1）。其中，相对贫困家庭的收入范围在2014年为0~4749元，2016年为0~5575元，2018年为0~6533元，2020年为0~7602元。与2014年的水平相比，相对贫困家庭组上限的名义增长率为60.08%，其他家庭组分界值的名义增长率为56.74%，反映了我国全国和农村人均可支配收入的增长速度。

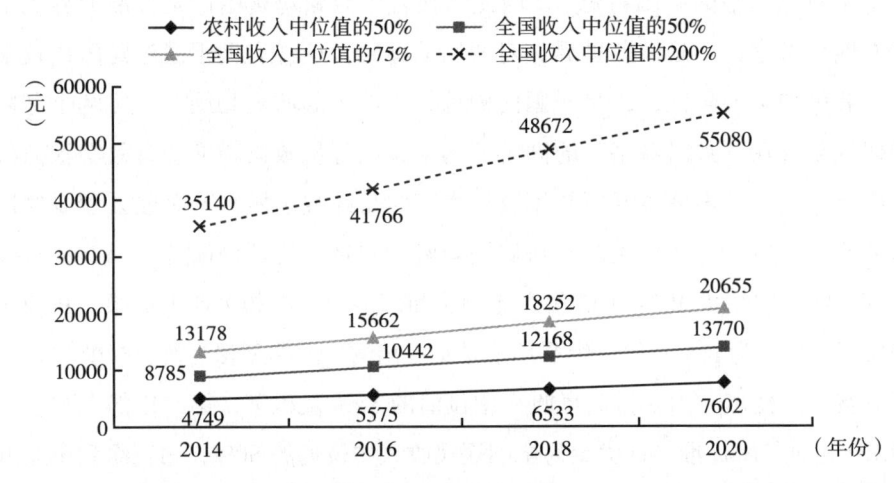

图1　2014~2020年农村及全国家庭收入中位数变动比较

资料来源：国家统计局历年统计公报。

（一）相对贫困家庭占比

根据上述标准，基于CSS调查数据可以计算得出家庭人均收入数据[①]，并

---

① 家庭人均收入的计算方法为：家庭总收入/家庭中收支在一起的人口数。

对 2014 年以来各类家庭组的规模进行测算（见图 2）。可以发现，虽然这些年来相对贫困家庭组的收入上限不断提高，但相对贫困家庭的比重基本保持在 17%~20%，统计上也没有显著差异。这意味着这些年，绝对贫困的消除改善了相对贫困家庭组的底部状况，但没有带来居民收入分配整体结构的明显变化。OECD 国家在 2016 年的平均相对贫困比例为 11.7%，平均中等收入阶层比例为 61%。[①] 依照相同标准测算，我国 2020 年在全国收入中位值一半以下的家庭比例是 34.77%，中等收入家庭比例是 31.50%，和 OECD 国家还有相当大的差距。由此，要解决相对贫困问题，实现共同富裕，我国相关政策要以调整收入分配结构为主要导向。

图 2　2014~2020 年五组家庭占比比较

资料来源：CSS 历年调查数据。

（二）相对贫困家庭人均收入变化

表 1 显示，2014 年以来各类家庭组的人均收入均有明显增长，相对贫

[①] OECD, *Society at a Glance 2019: OECD Social Indicators*, OECD Publishing, Paris. https://doi.org/10.1787/soc_glance-2019-en，2019.

177

困家庭的人均收入增长速度最快。以2014年的家庭人均收入为参照点，相对贫困家庭的人均收入均值在2016年名义增长38.69%，在2018年名义增长60.71%，在2020年名义增长84.66%。相比之下，其他各家庭组的增长速度比较接近。如2016年，脆弱家庭与低收入家庭的人均收入均值名义增长率在22%左右，中等收入家庭为17.68%，高收入家庭为12.84%；2018年中等收入家庭的人均收入均值增长34.52%，另外三个家庭组的增长率均在40%左右；2020年各家庭组都增长60%左右。

表1 2014~2020年五组家庭人均收入均值名义增长率比较

单位：%

年份	相对贫困家庭	脆弱家庭	低收入家庭	中等收入家庭	高收入家庭
2014	—	—	—	—	—
2016	38.69	22.22	21.88	17.68	12.84
2018	60.71	38.24	39.63	34.52	41.05
2020	84.66	59.59	60.04	57.98	62.99

资料来源：CSS历年调查数据。

（三）相对贫困家庭空间分布

我国城乡和区域发展不均衡导致相对贫困家庭在城乡和地区之间的比重不同。基于CSS所采集的数据，2020年我国相对贫困家庭在乡村（乡中心区和村庄）的占比最高，达到31.59%；其次是城（镇）乡结合区，比例为18.09%；再次是镇中心区，比例为14.31%；主城区的比例最低，为7.71%。我国主城区的收入分配结构和多数OECD国家比较接近，在全国居民收入中位值一半以下的家庭占比为15.75%，中等和高收入家庭占比在70%左右。而其他地区，特别是乡村地区的收入分配结构下偏严重，在全国居民收入中位值一半以下的家庭占比超过50%（见图3）。因此，乡村地区仍应成为解决相对贫困问题、实现共同富裕的关注点和发力点。

中国相对贫困家庭生活状况调查报告

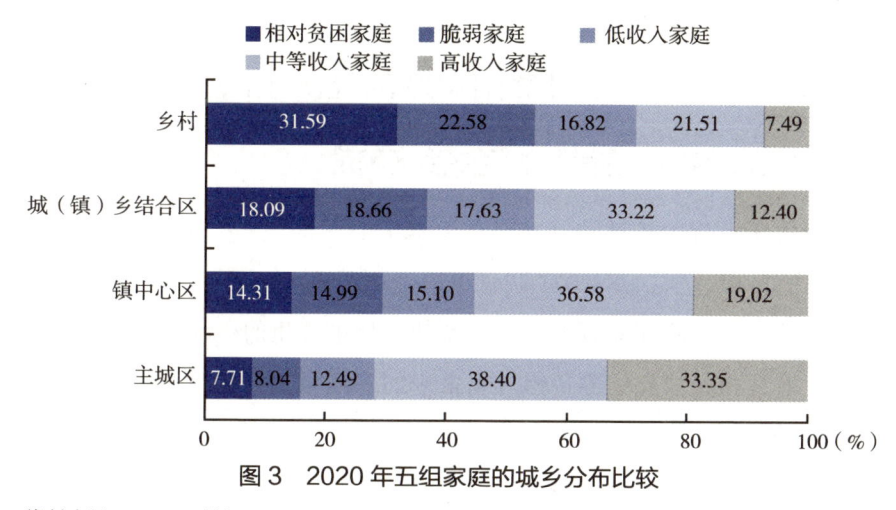

	相对贫困家庭	脆弱家庭	低收入家庭	中等收入家庭	高收入家庭
乡村	31.59	22.58	16.82	21.51	7.49
城（镇）乡结合区	18.09	18.66	17.63	33.22	12.40
镇中心区	14.31	14.99	15.10	36.58	19.02
主城区	7.71	8.04	12.49	38.40	33.35

图3 2020年五组家庭的城乡分布比较

资料来源：CSS2021数据。

将我国按照行政区划和地理位置分为六大区来看，2020年相对贫困家庭在西北地区占比最高，为26.80%；其次是西南和中南地区，占比也超过20%；华北、东北和华东地区的相对贫困家庭比例明显较低，分别为17.03%、14.76%和13.80%（见图4）。区域发展不平衡的情况较为突出，在西北、西南和中南地区缓解相对贫困的任务较为艰巨。

	相对贫困家庭	脆弱家庭	低收入家庭	中等收入家庭	高收入家庭
华北地区	17.03	14.68	16.43	30.87	20.99
东北地区	14.76	16.35	16.05	39.39	13.46
华东地区	13.80	11.78	12.87	35.99	25.56
中南地区	22.30	17.02	17.35	28.59	14.74
西南地区	22.26	20.91	13.98	27.92	14.94
西北地区	26.80	20.91	16.86	23.87	11.56

图4 2020年五组家庭的地区分布比较

资料来源：CSS2021数据。

二 相对贫困家庭的经济生活

（一）相对贫困家庭面临的经济生活困难

相对贫困家庭的首要特征是经济生活上的"贫"，表现为收入的相对不足和支出的负担过重。CSS2021调查中，受访者认为在过去12个月中自己或家庭遇到的主要经济问题有因收入、就业、物价产生的生活困难，以及因医疗、子女教育和人情支出等负担过重带来的生活压力，相对贫困家庭面临的这些生活困难和压力则更为严重。

如表2所示，相对贫困家庭中有56.12%的家庭认为遇到"家庭收入低，日常生活困难"的问题，有40.21%的家庭认为遇到"家人无业、失业或工作不稳定"的问题。脆弱家庭中的这两个比例稍低，分别为53.02%和38.76%，但显著高于其他三个家庭组的相应比例。如对于中等收入家庭来说，遇到这两个问题的比例分别为28.54%和20.36%。生活水平也会受到物价的影响，除了高收入家庭组外，其他各组家庭中遇到"物价上涨，影响生活水平"这一问题的比例比较接近，相对贫困家庭还略低。如脆弱家庭和低收入家庭认为在过去12个月里家庭遇到这个问题的比例分别为51.71%和50.71%，相对贫困家庭和中等收入家庭的比例为47.28%和47.57%，而高收入家庭为38.37%。

表2 五组家庭面临的经济生活问题比较

单位：%

经济生活问题	相对贫困家庭	脆弱家庭	低收入家庭	中等收入家庭	高收入家庭
家庭收入低，日常生活困难	56.12	53.02	45.14	28.54	15.16
家人无业、失业或工作不稳定	40.21	38.76	30.27	20.36	13.01
物价上涨，影响生活水平	47.28	51.71	50.71	47.57	38.37
医疗支出大，难以承受	41.44	36.26	29.92	22.96	15.75
子女教育费用高，难以承受	29.78	30.44	31.38	22.40	15.75
家庭人情支出大，难以承受	25.85	26.37	23.28	17.86	10.91

资料来源：CSS2021数据。

居民认为遇到"医疗支出大，难以承受""子女教育费用高，难以承受""家庭人情支出大，难以承受"三个问题的比例也相对较高。首先，随着各组家庭收入水平的提高，认为遇到医疗支出问题的比例不断降低。如相对贫困家庭中有此项困难的比例为41.44%，脆弱家庭为36.26%，低收入家庭为29.92%，中等收入家庭和高收入家庭分别为22.96%和15.75%。在子女教育费用高这一问题上，相对贫困家庭与脆弱家庭、低收入家庭的情况比较接近，比例分别为29.78%、30.44%和31.38%，中等收入和高收入家庭这一比例相对较低，分别为22.40%和15.75%。此外，人情支出也给各组家庭带来了困扰，相对贫困家庭、脆弱家庭和低收入家庭中大约有1/4选择遇到这一问题，中等收入和高收入家庭稍好，比例也达到17.86%和10.91%。

以上报告的是各组家庭遭遇的主要经济生活问题，下面将基于CSS2021调查数据深入分析相对贫困家庭的主要收入来源是什么、这些收入主要花费在哪些方面。

（二）相对贫困家庭的主要收入来源及特征

CSS2021调查问卷中家庭收入题组涵盖10个分项，归为六大类：工资性收入（工资、奖金、津贴、节假日福利等）、农业生产收入（农林牧渔业生产经营净收入）、经营性收入（扣除各项成本和税费之后的净收入）、财产性收入（出售/出租房屋、土地收入；家庭金融投资理财收入，如债券、存款、放贷等的利息收入，股票投资收入及股息、红利收入等）、转移性收入（家庭成员退休金、养老保险金、失业保险金、工伤保险金、生育保险金等社保收入；政府、工作单位和其他社会机构提供的社会救助收入；政府提供的生产经营补贴、政策扶持收入；居委会、村委会提供的福利收入）和其他收入。家庭总收入为这些分项收入的汇总。

1. 和其他组家庭相比，相对贫困家庭表现为工资性收入比重低，对农业生产收入和转移性收入依赖程度高

工资性收入是相对贫困家庭的主要收入来源，45.85%的家庭有此项收入。但其一，这一占比远低于其他四组家庭中有工资性收入的占比，这些家庭的

占比分别为79.91%、83.84%、85.18%和89.67%；其二，相对贫困家庭中对工资性收入的依赖程度也最低，工资性收入占家庭总收入的80%及以上的比例在相对贫困家庭中是30.17%，而在其他类家庭中都超过60%；其三，相对贫困家庭的家庭总收入中工资性收入比重过低，平均值为41.43%，而其他类家庭的比重都在70%以上（见表3）。

表3 五组家庭主要收入来源及比较

单位：%

分组	类目	工资性收入	农业生产收入	经营性收入	财产性收入	转移性收入
相对贫困家庭	有此项收入家庭占比	45.85	43.22	1.77	100	100
	高度依赖家庭占比	30.17	18.26	0.47	2.29	15.20
	占家庭总收入比重	41.43	28.68	0.95	3.91	24.36
脆弱家庭	有此项收入家庭占比	79.91	40.10	3.82	100	100
	高度依赖家庭占比	61.50	7.87	1.89	0.80	5.48
	占家庭总收入比重	70.71	14.70	2.54	1.86	9.66
低收入家庭	有此项收入家庭占比	83.84	30.01	4.44	100	100
	高度依赖家庭占比	65.03	5.30	2.17	0.37	6.77
	占家庭总收入比重	74.42	9.94	2.95	1.41	10.84
中等收入家庭	有此项收入家庭占比	85.18	20.58	6.01	100	100
	高度依赖家庭占比	63.03	2.40	2.03	0.52	8.57
	占家庭总收入比重	73.86	5.68	3.56	2.45	14.18
高收入家庭	有此项收入家庭占比	89.67	13.16	12.66	100	100
	高度依赖家庭占比	60.55	1.08	5.23	1.39	2.68
	占家庭总收入比重	73.91	3.24	8.10	5.84	8.52

注："高度依赖"指该项收入占家庭总收入的80%及以上。

资料来源：CSS2021数据。

农业生产收入是相对贫困家庭的第二大收入来源，有43.22%的相对贫困家庭从农业生产中获取收入。和其他类家庭相比，相对贫困家庭对农业生产收入具有较高的依赖性，其农业生产收入占家庭总收入的比重为28.68%，并且有18.26%的家庭对农业生产收入高度依赖（农业生产收入占家庭总收入的80%及以上）。相比之下，脆弱家庭中虽然有农业生产收入的比例也较高（40.10%），然而农业生产收入占家庭总收入的比重为14.70%，对农业生产收入高度依赖的家庭比例仅为7.87%，显著低于相对贫困家庭。其他类家庭对农业生产收入的依赖性则更低。

转移性收入是相对贫困家庭的第三大收入来源。数据显示，所有家庭都或多或少有转移性收入，而相对贫困家庭中转移性收入占家庭总收入的比重为24.36%，对转移性收入高度依赖的家庭比例为15.20%。在脆弱家庭中转移性收入占家庭总收入的比重为9.66%，高度依赖转移性收入的家庭比例为5.48%，甚至低于低收入和中等收入家庭。

2. 居住在乡村的相对贫困家庭对农业生产收入依赖度较高，居住在主城区的相对贫困家庭收入大约有1/3来自转移性收入

聚焦相对贫困家庭组内部，数据分析发现收入来源在城乡之间存在明显结构性差异。居住在乡村的相对贫困家庭中，工资性收入和农业生产收入的占比均值比较接近，分别为35.80%和38.00%，后者略高。居住在镇中心区或城（镇）乡结合区的相对贫困家庭中，工资性收入的占比均值较高，超过50%，对农业生产收入的依赖度明显降低，不足20%。居住在主城区的相对贫困家庭中，转移性收入的占比均值最高，大约为1/3，比其他相对贫困家庭高出约10个百分点（见图5）。

3. 和其他组家庭相比，相对贫困家庭成员中有工作的比例较低，其中务农的比例较高，只从事非农工作的比例较低

CSS2021数据分析发现，相对贫困家庭的成员中有工作的比例为46.96%，没有工作（不含退休或上学）的比例为26.20%，和脆弱家庭、低收入家庭的情况比较接近，然而与中等收入和高收入家庭有显著区别。

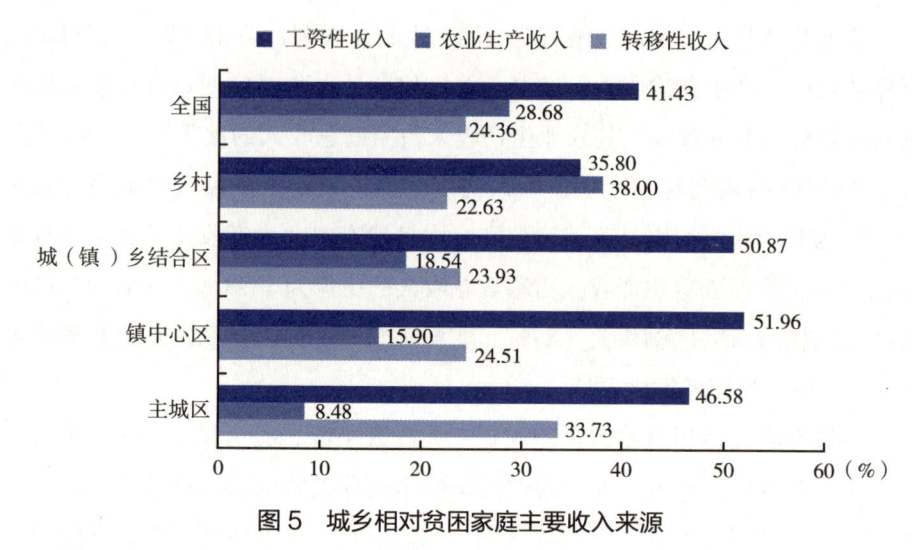

图5 城乡相对贫困家庭主要收入来源

	工资性收入	农业生产收入	转移性收入
全国	41.43	28.68	24.36
乡村	35.80	38.00	22.63
城（镇）乡结合区	50.87	18.54	23.93
镇中心区	51.96	15.90	24.51
主城区	46.58	8.48	33.73

资料来源：CSS2021 数据。

进一步分析家庭成员的就业情况发现，相对贫困家庭成员务农的比例为 21.41%，在各组家庭中最高，脆弱家庭是 16.54%，低收入家庭为 10.78%，其他两类家庭都在 10% 以下。相对贫困家庭成员也有部分人只从事非农工作，但相比其他组家庭，比例最低，为 17.64%，脆弱家庭为 20.96%，低收入家庭为 27.44%。同时兼任农业和非农工作的相对贫困家庭成员比例不高，为 7.92%，脆弱家庭和低收入家庭占比都要高一些，分别为 10.56% 和 9.41%（见表4）。

表4 五组家庭成员就业情况比较

单位：%

分组	有工作	工作类型			没有工作（不含退休、上学）
		务农	非农工作	农与非农工作	
相对贫困家庭	46.96	21.41	17.64	7.92	26.20
脆弱家庭	48.06	16.54	20.96	10.56	21.16
低收入家庭	47.64	10.78	27.44	9.41	19.23
中等收入家庭	52.33	6.79	38.87	6.67	14.03
高收入家庭	64.81	3.75	57.97	3.09	11.46

资料来源：CSS2021 数据。

（三）相对贫困家庭的主要生活消费

1. 相对贫困家庭的食品支出接近总支出的三成，除高收入家庭外，和其他组家庭没有显著差别

CSS2021 了解了城乡居民家庭的基本生活消费（包括食品、衣着、家庭设备及用品和居住[①]）和主要经济负担（如医疗、教育和人情支出）情况。

数据分析显示，相对贫困家庭的食品支出占家庭总支出的 29.42%，这一比例比高收入家庭高出约 6 个百分点，然而接近脆弱家庭、低收入家庭和中等收入家庭的支出比例，后三者分别为 30.52%、29.70%、29.32%（见表 5）。由于相对贫困家庭总体消费水平较低，这意味着他们在食品类消费上的绝对金额较低，家庭成员的营养水平可能要低于其他组家庭。

表 5　五组家庭主要生活消费支出占家庭总支出比例比较

单位：%

分组	食品	衣着	家庭设备及用品	居住	医疗	教育	人情
相对贫困家庭	29.42	6.63	6.67	13.91	18.71	13.04	7.86
脆弱家庭	30.52	6.28	7.52	11.75	13.83	14.05	8.76
低收入家庭	29.70	7.21	8.16	14.94	11.03	13.95	6.78
中等收入家庭	29.32	7.99	10.21	17.53	6.97	10.76	6.46
高收入家庭	23.31	9.18	13.84	20.62	5.43	8.69	5.39

资料来源：CSS2021 数据。

2. 相对贫困家庭的医疗支出接近总支出的两成，显著高于其他组家庭的医疗支出比例

数据显示，相对贫困家庭还承担着比其他组家庭更重的医疗负担。与其他组家庭相比，相对贫困家庭的医疗支出比例最高，达到 18.71%，近乎家庭

---

① 居住支出包括缴纳房租的支出、分期偿还房贷的支出以及电费、水费、燃气费、物业费、取暖费等费用的支出，反映了居民在居住方面的基本开销。

总支出的1/5。随着家庭收入水平的上升，医疗支出比例呈现降低的趋势。脆弱家庭和低收入家庭这一比例分别为13.83%和11.03%。中等收入家庭和高收入家庭的这一比例降到10%以下，分别为6.97%和5.43%。

3．相对贫困家庭的居住和教育支出比例大致相当，两项之和超过总支出的1/4，但与中等收入家庭和高收入家庭相比，居住支出比例较低，教育支出比例较高

除食品和医疗支出外，相对贫困家庭承受的第三和第四大支出是居住和教育方面的花费，二者分别占家庭总支出的13.91%和13.04%，共计26.95%。在这两项的合计上，各组家庭之间差别不大，然而中等收入家庭和高收入家庭在居住方面的支出比例明显高于其他组家庭，分别为17.53%和20.62%；而在教育方面的支出比例则明显较低，在10%左右。

4．相对贫困家庭在人情方面的支出不到1/10，但高出在衣着或家庭设备及用品方面的支出

表2中报告，约1/4的相对贫困家庭遇到过人情支出过重的问题。对消费数据的分析显示，相对贫困家庭在人情方面的花费占家庭总支出的7.86%，脆弱家庭的这一比例更高，为8.76%，其他组家庭均低于7%。在相对贫困家庭和脆弱家庭中，人情方面的支出超出他们花费在衣着或家庭设备及用品上的金额，造成了一定的挤占，影响这些家庭的生活水平。其他组家庭花费在衣着或家庭设备及用品上的比例均高出人情支出。

5．居住在城（镇）乡结合区的相对贫困家庭的食品支出比例较高，居住在主城区的相对贫困家庭的居住负担明显较重，支出比例达到1/4

居住在不同城乡地区的相对贫困家庭的各项消费支出也存在一定差异，差异最大的是食品和居住两项支出。居住在城（镇）乡结合区的相对贫困家庭将34.18%的家庭开销用于食品支出，而居住在镇中心区的相对贫困家庭的这一比例则较低，为23.72%。乡村和主城区的相对贫困家庭的食品支出比例相近，均约为30%。

在居住支出方面，主城区的相对贫困家庭有25.16%的支出用于居住，这一比例明显高于其他地区的相对贫困家庭。城（镇）乡结合区和镇中心区的

相对贫困家庭在居住上的支出比例相近,为13%左右,乡村的相对贫困家庭在居住上的支出比例最低,为10.41%,与主城区的相对贫困家庭相差近15个百分点(见表6)。

表6 城乡相对贫困家庭主要生活消费支出占比比较

单位:%

类目	食品	衣着	家庭设备及用品	居住	医疗	教育	人情
全国	29.42	6.63	6.67	13.91	18.71	13.04	7.86
乡村	30.45	5.56	5.65	10.41	22.41	12.17	8.39
城(镇)乡结合区	34.18	5.40	6.48	12.91	15.58	19.22	7.21
镇中心区	23.72	8.65	10.43	13.60	18.17	12.66	9.62
主城区	30.44	8.01	5.69	25.16	10.05	12.56	4.51

资料来源:CSS2021数据。

6. 居住在乡村的相对贫困家庭在医疗上的负担最重,居住在城(镇)乡结合区的相对贫困家庭在教育方面支出比例最高

居住在乡村的相对贫困家庭医疗支出比例达到22.41%,超过总支出的1/5。城(镇)乡结合区和镇中心区的相对贫困家庭该项支出比例相近,分别为15.58%和18.17%。而居住在主城区的相对贫困家庭在医疗方面的支出比例最低,为10.05%,不到乡村相对贫困家庭医疗支出比例的一半。实际上,对于居住在乡村的相对贫困家庭而言,医疗支出是除了食品支出以外在总支出中占比最大的支出分项。

居住在城(镇)乡结合区的相对贫困家庭在教育方面的支出比例为19.22%,约为总支出的1/5;居住在其他地区的相对贫困家庭的这一比例比较接近,在12%~13%。

居住在主城区的相对贫困家庭在人情方面的支出比例最低,不足

5%；而居住在镇中心区的相对贫困家庭在人情方面的支出比例较高，接近10%。

三 相对贫困家庭的社会生活

相对贫困家庭不仅体现了经济维度上的"贫"，也表现出社会维度上的"困"。[①]CSS2021调查中从每个家庭随机抽选一名18~69岁成人接受问卷访问，本部分基于这些代表性成人样本的回答，从社会交往和社会政治参与两个方面来了解相对贫困家庭在社会政治生活中所处的困境。

（一）相对贫困家庭的社会交往

随着互联网的普及和信息技术的发展，人们的社交方式从面对面或电话沟通逐渐向网上社交转移。特别是2020年新冠肺炎疫情发生以来，网上社交更是成为居民交往的重要方式。来自相对贫困家庭的成人与来自其他组家庭的成人之间是否存在社会交往上的数字鸿沟？他们在网上社交的行为特征如何？

1. 与来自其他组家庭的成人相比，来自相对贫困家庭的成人不上网比例最高，而且在网上聊天交友的频率较低

数据分析发现，来自相对贫困家庭的成人中超过四成（46.44%）不上网，随着家庭人均收入水平的升高，不上网的比例不断降低，来自脆弱家庭的成人中不上网的比例降到31.93%，来自低收入、中等收入和高收入家庭的成人中不上网的比例分别为24.89%、17.71%和6.95%。

来自相对贫困家庭的成人上网聊天交友的频率也相对较低，几乎每天这样做的人占24.80%，经常这样做（一周一到多次）的人占10.74%，偶尔这样做（一月至少一次到一年几次）的人占11.21%，而上网但从不聊天交友的人占6.81%。相比之下，来自其他组家庭的成人中几乎每天上网聊天交友的比

[①] 王小林、冯贺霞：《2020年后中国多维相对贫困标准：国际经验与政策取向》，《中国农村经济》2020年第3期。

例显著高于来自相对贫困家庭的成人，而且收入水平越高，比例越高。如来自脆弱家庭的成人中有33.23%几乎每天上网聊天交友，来自低收入、中等收入和高收入家庭的成人中几乎每天上网聊天交友的比例为39.68%、48.19%和62.66%（见图6）。

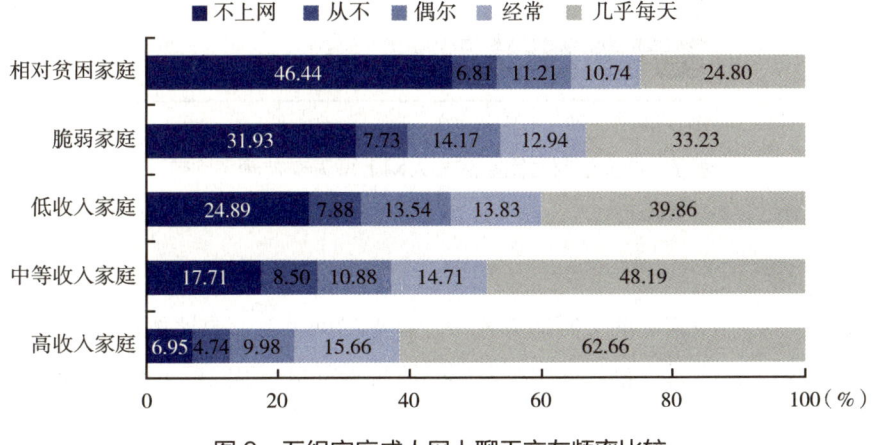

家庭类型	不上网	从不	偶尔	经常	几乎每天
相对贫困家庭	46.44	6.81	11.21	10.74	24.80
脆弱家庭	31.93	7.73	14.17	12.94	33.23
低收入家庭	24.89	7.88	13.54	13.83	39.86
中等收入家庭	17.71	8.50	10.88	14.71	48.19
高收入家庭	6.95	4.74	9.98	15.66	62.66

图6　五组家庭成人网上聊天交友频率比较

资料来源：CSS2021数据。

2. 同是来自相对贫困家庭的成人，从城到乡不上网的比例递增，几乎每天在网上聊天交友的比例递减

对来自相对贫困家庭的成人居住地进行分析，发现居住在乡村的人有51.59%不上网，居住在镇中心区的有48.43%不上网，居住在城（镇）乡结合区的有39.05%不上网，而居住在主城区的有32.60%不上网。

在网上聊天交友的频率方面，居住在乡村的人在网上聊天交友的频率最低，几乎每天在网上联络的人大约占1/5（20.66%）；居住在镇中心的人网络联络稍紧密，几乎每天联络的大约占1/4（25.89%）；居住在城（镇）乡结合区和主城区的人几乎每天联络的比例分别为28.32%和37.52%（见图7）。

社会蓝皮书

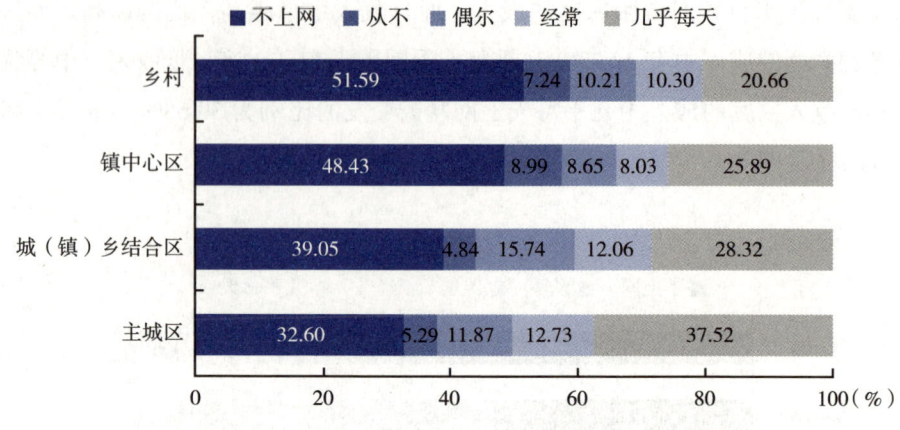

图例：■ 不上网　■ 从不　■ 偶尔　■ 经常　■ 几乎每天

区域	不上网	从不	偶尔	经常	几乎每天
乡村	51.59	7.24	10.21	10.30	20.66
镇中心区	48.43	8.99	8.65	8.03	25.89
城（镇）乡结合区	39.05	4.84	15.74	12.06	28.32
主城区	32.60	5.29	11.87	12.73	37.52

图 7　城乡相对贫困家庭成人网上聊天交友频率比较

资料来源：CSS2021 数据。

3. 相对贫困家庭的上网的成人中，参加的网上社交群比例最高的是亲人亲戚社交群、朋友社交群和同学校友群，但与来自其他组家庭上网的成人相比，整体参与比例较低

数据分析发现，来自相对贫困家庭的上网的成人，加入亲人亲戚社交群的比例最高，为 73.55%，其次是朋友社交群，为 62.57%，排在第三位的是同学校友群，为 40.67%。然而，与其他组家庭相比，来自相对贫困家庭的上网成人对网上社交群的参与比例偏低。参加亲人亲戚社交群的比例比脆弱和低收入家庭低将近 7 个百分点，比中等收入和高收入家庭低约 10 个百分点；参加朋友社交群的比例比脆弱和低收入家庭低约 10 个百分点，比中等收入和高收入家庭分别低 16.97 个和 21.29 个百分点；参加同学校友群的比例比脆弱家庭、低收入家庭、中等收入家庭、高收入家庭分别低 5.85 个、11.03 个、17.24 个和 26.12 个百分点（见图 8）。

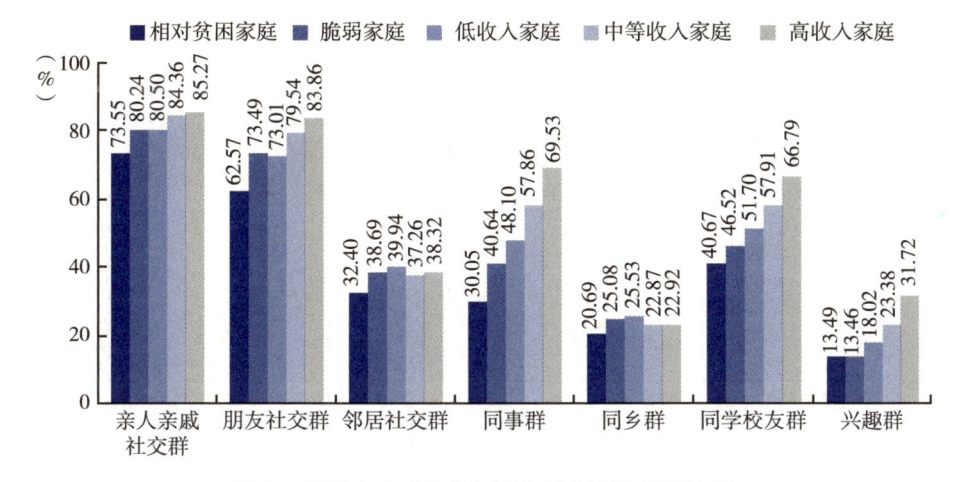

图 8 五组家庭成人参与网上社交群的情况比较

资料来源：CSS2021 数据。

（二）相对贫困家庭的社会和政治参与

1. 与来自其他组家庭的成人相比，来自相对贫困家庭的成人参与社会团体和志愿服务的比例最低，大约在 1/4

社会参与从两个方面测量，一是社会团体参与，包括加入宗教团体、宗亲会或同乡会、校友会、文体娱乐等兴趣组织、民间自发组织的公益社团、职业团体或维权组织等；二是志愿服务活动参与，包括参与儿童关爱、老年关怀、扶助残障、支教助教、医疗护理或法律援助等活动。

社会团体参与的数据分析显示，来自相对贫困家庭的成人中有 27.64% 至少参与了一种社团，而其他组家庭中参与社团的比例都要更高，且呈现随家庭收入升高参与比例增加的趋势。如中等收入家庭的这一比例为 49.81%，接近一半；而比例最高的高收入家庭高达 64.03%，接近 2/3。

志愿服务活动参与的数据分析显示，来自相对贫困家庭的成人中参加志愿服务的比例仍然是各组中最低的，为 22.95%，但与脆弱家庭和低收入家庭没有显著区别。中等收入和高收入家庭成人的参与比例明显高于三个较低收入组，比例分别为 32.97% 和 42.21%（见图 9）。

社会蓝皮书

	相对贫困家庭	脆弱家庭	低收入家庭	中等收入家庭	高收入家庭
社会团体参与(%)	27.64	34.41	41.73	49.81	64.03
志愿服务参与(%)	22.95	25.93	26.18	32.97	42.21

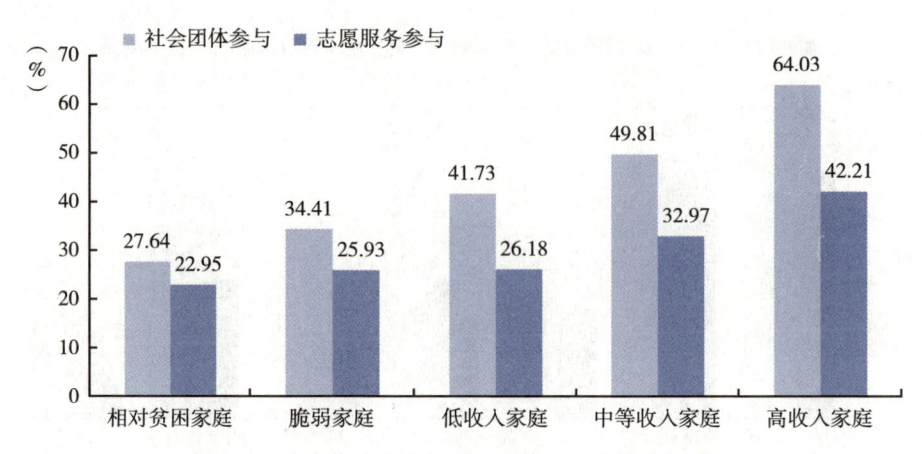

图9　五组家庭成人参与社团和志愿服务的比例比较

资料来源：CSS2021数据。

2. 与其他组家庭的成人相比，相对贫困家庭中成人参与政治过程的比例最低，约占1/7，但参加社区选举投票的比例较高，约占一半

党的二十大报告指出，发展全过程人民民主是中国式现代化的本质要求之一。各类人群对于政治过程和选举活动的参与应成为政治现代化建设的主要关注点。CSS2021调查中询问受访者在最近两年是否参与过如下事情：向报刊、电台、网络论坛等媒体反映社会问题，向政府部门反映意见，利用专业知识参与公共政策、公共事务论证会，通过各种渠道对政府公布的政策发表个人意见，出席政府部门组织的有关公共政策的听证会，到政府部门上访，参加所在村居/单位的重大决策讨论，参加社区组织或者自发组织的社会公益活动，或参加线上/线下集体性维权行动。数据分析显示，相对贫困家庭的成人参与过以上任意一种活动的比例为14.52%，约占1/7；而其他组家庭中参与过相关活动的比例都要更高，中等收入家庭达到1/5（20.57%），高收入家庭超过1/4（27.73%）。

来自相对贫困家庭的成人参与社区选举投票的比例为50.81%，这意味着相对贫困家庭中约一半的成人都曾参与社区中的选举投票。这一比例在各家庭组的数据中位居前列，仅略低于脆弱家庭的51.67%。中等收入和高收入家庭的这一比例分别为36.64%和31.05%（见图10）。

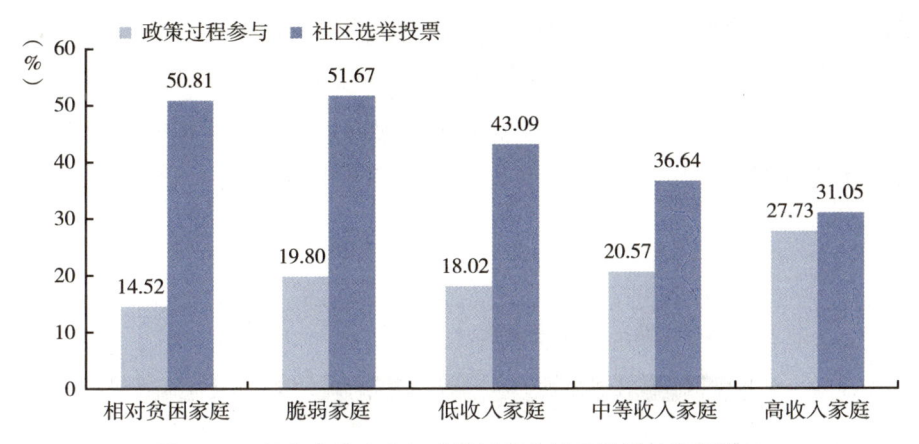

图 10　五组家庭成人参与政策过程和社区选举的比例比较

资料来源：CSS2021 数据。

四　相对贫困家庭的社会心态

党的十九大报告曾指出："不断满足人民日益增长的美好生活需求，促进社会公平正义，形成有效的社会治理、良好秩序，使人民获得感、幸福感、安全感更加充实、更有保障、更可持续。"本部分将从个人的幸福感、获得感与对基层治理的效能感这三个方面，同样基于 CSS2021 每个家庭中随机抽选的成人的数据来分析比较相对贫困家庭成人在社会心态上与其他组家庭成人的异同。

（一）幸福感

1. 与来自其他组家庭的成人相比，相对贫困家庭的成人对家庭经济状况的满意程度相对较低，不满意的比例达到 1/3

本报告中对于幸福感的测量包含三个指标，分别是：对家庭经济状况的满意度、对总体生活的满意度，以及是否认为自己是一个幸福的人。CSS2021 调查数据显示，对家庭经济状况的满意度与家庭所处的收入地位显著相关。各组家庭中的成人感到比较满意的比例差别不大，在一半左右，而表示非常满意和不满意的比例则有明显差异。来自相对贫困家庭的成人中，只有18.66%的人对家庭经济状况感到非常满意，而表示不满意的比例为35.08%，二者之比大约为1∶2；来自中等收入家庭的成人中表示非常满意和不满意的比例之比约为3.5∶1；而来自高收入家庭的成人中这一比值超过8∶1（见图11）。

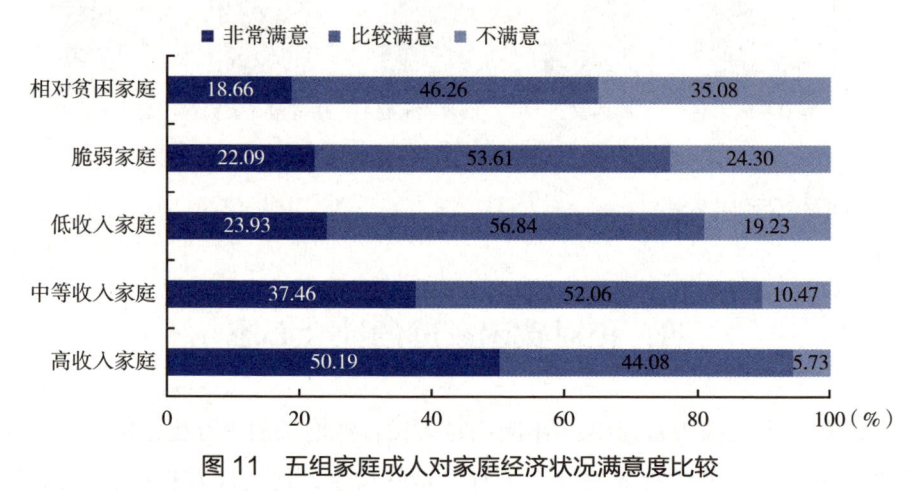

家庭类型	非常满意	比较满意	不满意
相对贫困家庭	18.66	46.26	35.08
脆弱家庭	22.09	53.61	24.30
低收入家庭	23.93	56.84	19.23
中等收入家庭	37.46	52.06	10.47
高收入家庭	50.19	44.08	5.73

图11　五组家庭成人对家庭经济状况满意度比较

注：CSS2021原题为"您对家庭经济状况的满意度"。测量尺度为1~10分，1分表示非常不满意，10分表示非常满意。数据分析时将其分为三类：非常满意（8~10分）、比较满意（5~7分）和不满意（1~4分）。

资料来源：CSS2021数据。

2. 来自相对贫困家庭的成人中接近一半对总体生活状况感到非常满意，与其他较低收入家庭的成人差异不大，但明显低于中等收入和高收入家庭

CSS2021调查数据显示，来自相对贫困家庭的成人中有46.46%对自己的生活状况感到非常满意，这一比例超过感到比较满意的比例（37.25%）。同时，这一比例和脆弱家庭、低收入家庭的比例相近，后两者分别为46.95%和49.85%。收入水平较高的另两组家庭的成人对生活非常满意的比例则更高，都超过50%。另外，与其他组家庭相比，来自相对贫困家庭的成人对生活状况不满意的比例是最高的，达到16.29%，而其他各组的比例都要低于10%（见图12）。

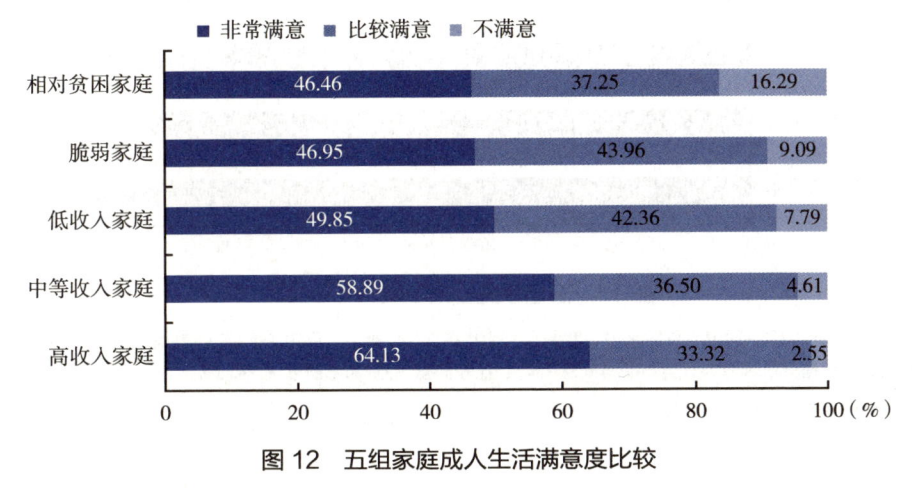

家庭类型	非常满意	比较满意	不满意
相对贫困家庭	46.46	37.25	16.29
脆弱家庭	46.95	43.96	9.09
低收入家庭	49.85	42.36	7.79
中等收入家庭	58.89	36.50	4.61
高收入家庭	64.13	33.32	2.55

图12 五组家庭成人生活满意度比较

注：CSS2021原题为"总体来说，您对生活的满意度"。测量尺度为1~10分，1分表示非常不满意，10分表示非常满意。数据分析时将其分为三类：非常满意（8~10分）、比较满意（5~7分）和不满意（1~4分）。

资料来源：CSS2021数据。

3. 与来自其他组家庭的成人相比，来自相对贫困家庭的成人中感到非常幸福的比例最高，同时感到不幸福的比例也最高

幸福感的分布在不同收入水平的家庭组中呈现不同的模式。对于"我是一个幸福的人"的说法，来自相对贫困家庭的成人中有近一半（48.63%）表示"非常同意"，这一比例超过其他组家庭中持同样意见的人数比例，如中等收入和高收入家庭的这一比例分别为45.85%和38.38%。

然而，表示"比较同意"的比例在高收入家庭中最高，为55.17%，在相对贫困家庭中最低，为40.25%。而且，相对贫困家庭中有大约1/10（11.11%）表示"不同意"，比中等收入和高收入家庭的这一比例高约5个百分点（见图13）。

社会蓝皮书

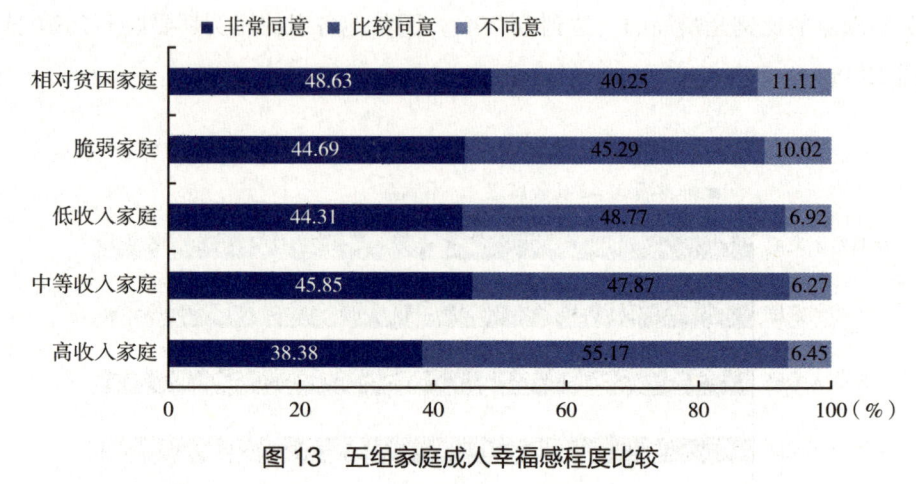

■ 非常同意　■ 比较同意　■ 不同意

家庭类型	非常同意	比较同意	不同意
相对贫困家庭	48.63	40.25	11.11
脆弱家庭	44.69	45.29	10.02
低收入家庭	44.31	48.77	6.92
中等收入家庭	45.85	47.87	6.27
高收入家庭	38.38	55.17	6.45

图 13　五组家庭成人幸福感程度比较

注：CSS2021 原题为"总的来说，我是一个幸福的人"。测量尺度为 1~4，1 代表很不同意，4 代表非常同意。数据分析时分为三类：非常同意（4）、比较同意（3）和不同意（1 和 2）。

资料来源：CSS2021 数据。

（二）获得感

本报告从纵向获得感和横向获得感两个维度[1]来分析比较相对贫困家庭成人对生活状况的感知。CSS2021 调查中对纵向获得感的测量包含两个方面：一个是目前的家庭经济状况与五年前相比情况如何；另一个是预估五年后的经济状况与现在相比情况如何。横向获得感是通过与亲戚、邻居/村里人、本县/市的人、本省的人和全国的人的平均生活水平相比认为自己的生活水平如何。

1. 与其他组家庭的成人相比，来自相对贫困家庭的成人中认为自己家庭经济状况在过去五年中得到改善的比例最低，对未来五年发展抱持乐观态度的比例也最低

来自相对贫困家庭的成人中，有超过一半（55.77%）的人认为目前的家庭经济状况比五年前有所改善，但与其他组家庭相比，这一比例是最低的，

---

[1] 王浦劬、季程远：《新时代国家治理的良政基准与善治标尺——人民获得感的意蕴和量度》，《中国行政管理》2018 年第 1 期。

其他组家庭中持相同观点的比例在 60%~70%。

各家庭组的成人对将来的预期普遍乐观。来自相对贫困家庭的成人中有 65.37% 认为五年后家庭经济状况会变得更好，但这一比例仍低于其他组家庭，其他组家庭中都有超过七成的成人相信家庭经济状况会在五年后变得更好（见图 14）。

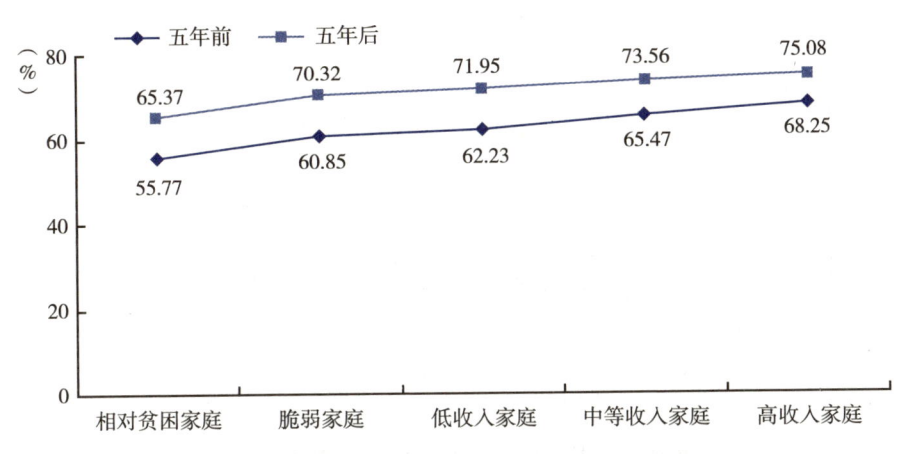

图 14　五组家庭成人的家庭经济状况纵向获得感比较

注：CSS2021 原题为"您认为您目前的家庭经济状况，与五年前相比，是好了很多、好了一些、没变化、差了一些，还是差了很多？""想想五年后，您估计您那时候的家庭经济状况会比现在好了很多、好了一些、没变化、差了一些，还是差了很多？"图中报告的是认为"好了很多"和"好了一些"的比例。

资料来源：CSS2021 数据。

2. 来自相对贫困家庭的成人中，有超过一半的人认为自己的生活水平不差于亲戚或邻居，但与来自其他组家庭的成人相比这一比例最低

数据分析发现，相比而言，相对贫困家庭中的成人在评估和比较自身的生活水平时，有更多人倾向于相信自己的生活水平不差于亲戚或邻居/村里人等较为亲近和熟悉的人，较少的人倾向于相信自己的生活水平不差于本县/市、本省或全国的人。前者的比例都在 50% 以上，分别为 53.69% 和 57.60%；后者的比例则集中在 22% 上下，分别为 24.13%、20.85% 和 22.07%。

但是与其他组家庭比较，这两个比例都较低。其他组家庭中，认为自己

家庭生活水平不差于亲戚或邻居/村里人的比例都超过60%，认为自己家庭生活水平不差于本县/市、本省或全国的人的比例也都分别高于相对贫困家庭中的数据（见图15）。

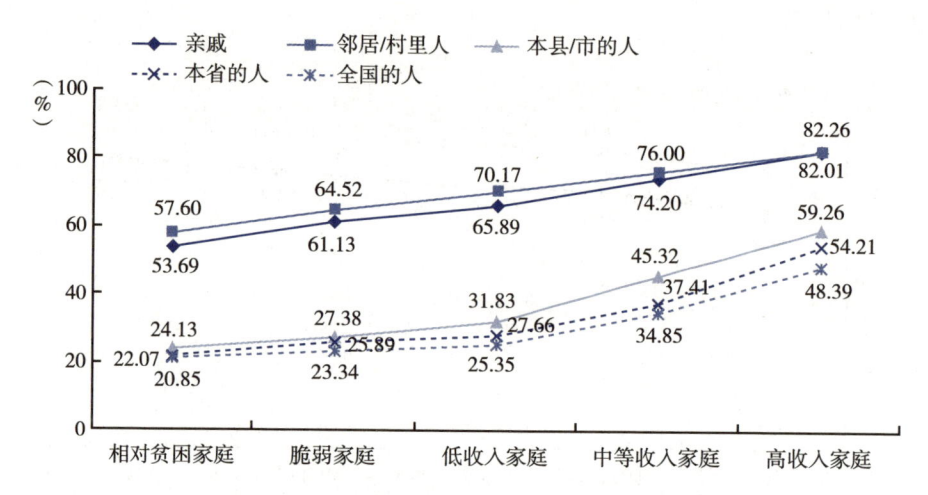

图15　五组家庭成人生活水平横向获得感比较

注：CSS2021原题为"与下列人的平均生活水平相比，您觉得自己的生活水平如何？"图中报告的是认为"好很多"、"好一些"和"差不多"的比例。

资料来源：CSS2021数据。

（三）基层治理效能感

基层治理效能感属于政治效能感的范畴。政治效能感是一种个人认为自己的政治行动对政治过程能够产生政治影响力的感觉。一个政治效能感强的人首先会关注政治过程，而且认定自己的行动能够影响政治决策，并期望对自己的需求有正向的回应。CSS2021调查将政治效能感具体化至社区层面的基层政治选举和治理加以研究。

1. 来自相对贫困家庭的成人中，超过七成的人对基层选举保持关注，但只有大约1/3的人认为基层选举中选民的投票对选举结果有影响

来自相对贫困家庭的成人中有72.04%的人会关注所在村（居）委会的选

举工作。与其他组相比，这一比例处在较高的水平，仅略低于脆弱家庭和低收入家庭中的比例，后者均在74%以上。高收入家庭中只有61.15%的成人关注本村（居）委会的选举，相对贫困家庭与之相比高出超过10个百分点。

然而，来自相对贫困家庭的成人对基层选举的效能感较低。仅有33.32%的相对贫困家庭成人否认了"在村（居）委会选举中，选民的投票对最后的选举结果没有影响"的说法，这一比例与脆弱家庭和低收入家庭比较接近。来自中等收入和高收入家庭的成人中则有明显较高的比例否认这一说法，分别为46.48%和53.19%（见表7）。

表7 五组家庭成人基层治理效能感比较

单位：%

类目	相对贫困家庭	脆弱家庭	低收入家庭	中等收入家庭	高收入家庭
我关注村（居）委会的选举　（同意）	72.04	74.79	74.46	70.71	61.15
在村（居）委会选举中，选民的投票对最后的选举结果没有影响　（不同意）	33.32	35.72	39.76	46.48	53.19
村（居）委会根本不在乎和我一样的普通村（居）民的想法　（不同意）	46.71	49.88	51.90	57.39	60.63
在我需要的时候，我能得到村（居）委会的帮助　（同意）	76.78	79.02	80.48	80.00	80.23

资料来源：CSS2021数据。

2. 来自相对贫困家庭的成人中不足一半的人认为基层社区会在乎普通居民的想法，却有超过七成的人相信能够得到基层社区的帮助

来自相对贫困家庭的成人中不到一半（46.71%）的人否认村（居）委会不在乎普通村（居）民的说法，与脆弱家庭和低收入家庭的这一比例比较接近，但显著低于中等收入和高收入家庭，后者的比例分别为57.39%和60.63%。

在对所在村（居）委会的信任程度上，各组家庭的成人之间没有显著差异。其中来自相对贫困家庭的成人中有76.78%的人相信在自己需要的时候能够得到村（居）委会的帮助，其他各组家庭的这一比例在80%左右。

五 主要发现与政策建议

相对贫困家庭生活状况的改善是我国实现共同富裕的重要路径，要实现这一目标，首先要对相对贫困群体进行科学的规模测算、特征定位和摸底调查。本报告通过对2021年全国代表性抽样调查数据的分析，并结合以往调查数据，总结相关发现如下。

其一，以全国农村居民可支配收入中位值的50%为界点，2020年在此标准以下的家庭占比为18.82%。根据国家统计局发布的总人口数据（141212万人）估算，我国相对贫困人群的规模约为2.66亿人。如以OECD国家的全国居民可支配收入中位值的50%为界点，2020年在此标准以下的家庭占比为34.77%，对应群体规模为4.91亿人。综合考量下，选取前一界点为本报告测算和分析相对贫困家庭的标准，并按照全国居民可支配收入中位值的50%、75%和200%将其他家庭分为脆弱家庭、低收入家庭、中等收入家庭和高收入家庭。本报告通过与其他家庭组的比较来展现相对贫困家庭多维度的生活状况。

其二，我国相对贫困家庭的占比自2014年以来变化不大，表明第一阶段以消除绝对贫困为目标的扶贫政策尚未触及整体收入结构的变化。然而划分相对贫困家庭的标准线随着农村居民可支配收入的增加而逐年增长，和2014年相比，到2020年名义增长84.66%，反映了相对贫困家庭绝对生活水平的提升。空间分布上，居住在乡村的家庭中大约有三成处于相对贫困，居住在城（镇）乡结合区的家庭中大约有两成处于相对贫困。同时中南、西南和西北地区的相对贫困家庭占比也相对较高，均超过两成。这些地区应成为扶助相对贫困家庭的重点地区。

其三，与其他收入家庭组相比，相对贫困家庭对农业生产收入和转移性收入依赖程度较高，缺少相对稳定的工资性收入来源。同时，在总体消费水平较低的情况下，相对贫困家庭在食品、居住和教育方面的支出比例没有明显升高，而医疗支出比例相对较高，人情支出占比也比他们在衣着或家庭设备及用品上的花费占比要高。这种消费结构下，家庭成员的营养水平、居住条件和教育投入处于相对恶劣或匮乏的状态，不利于这些家庭培育反贫困的能力。

其四，相对贫困家庭除经济弱势外还处于社会弱势地位。与其他收入家庭组相比，来自相对贫困家庭的成人不上网的比例最高，在网上聊天交友的频率最低，主要社交圈是亲人亲戚社交群、朋友社交群和同学校友群。同时，他们参与社会团体、志愿服务和政治过程的比例最低，但参加社区选举投票的比例较高。

其五，相对贫困家庭的成人的社会心态比较复杂。在幸福感与获得感方面，与其他收入家庭组相比，来自相对贫困家庭的成人对家庭经济状况和总体生活状况的满意度较低；感到非常幸福的比例最高，但同时感到不幸福的比例也最高；认为自己家庭经济状况在过去五年得到改善的比例最低，对未来五年发展抱持乐观态度的比例也最低；有超过一半的人认为自己的生活水平不差于亲戚或邻居，但与来自其他收入家庭组的成人相比，这一比例最低。在效能感方面，超过七成的人对基层选举保持关注，但只有大约1/3的人认为基层选举中选民的投票对选举结果有影响；不足一半的人认为基层社区会在乎普通居民的想法，却有超过七成的人相信能够得到基层社区的帮助。

总之，我国现阶段相对贫困家庭规模较大，主要分布在乡村和城（镇）乡结合区。这些家庭对农业生产收入高度依赖，消费结构不利于人力资本的发展，并且在家庭成员中存在一定程度的社会剥夺和相对复杂的社会心态。基于这些发现，建议从以下三个方面加强对相对贫困家庭的政策扶持与文化引导。

第一，乡村仍应成为解决相对贫困问题的重点地区。在乡村振兴的大背景下，努力引入多样化经营，促进农村居民收入来源的多元化，减轻相对贫困家庭对单一的农业生产收入的高度依赖，实现农业强、农民富的目标。同时，加速推动新型城镇化和农村劳动力转移，降低农业就业比重。

第二，注重相对贫困家庭成员致富能力与人力资本的培养。努力改善这些家庭成员的营养状况，缩小相对贫困家庭的数字鸿沟，鼓励他们更多地接

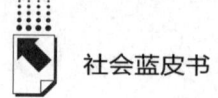

受正规教育或继续教育等，帮助他们走出贫困的陷阱。促进城乡社会保障和基本公共服务的均等化，减轻相对贫困家庭的医疗和教育支出负担，切实提高他们的生活水平和对人力资本培养的投资。

第三，加强基层社区社会、政治和文化建设，加强这些家庭成员的社会融入，鼓励他们参与全过程人民民主的实践，提倡移风易俗，减轻人情支出负担，并通过社区教育与关怀，帮助他们培育积极的社会心态等。

参考文献

李培林、崔岩：《我国 2008—2019 年间社会阶层结构的变化及其经济社会影响》，《江苏社会科学》2020 年第 4 期。

檀学文：《走向共同富裕的解决相对贫困思路研究》，《中国农村经济》2020 年第 6 期。

王浦劬、季程远：《新时代国家治理的良政基准与善治标尺——人民获得感的意蕴和量度》，《中国行政管理》2018 年第 1 期。

王小林、冯贺霞：《2020 年后中国多维相对贫困标准：国际经验与政策取向》，《中国农村经济》2020 年第 3 期。

OECD，*Society at a Glance 2019: OECD Social Indicators*，OECD Publishing, Paris. https://doi.org/10.1787/soc_glance-2019-en，2019.

B.10 中国城市低碳消费调查报告[*]

朱迪 高文珺 崔岩 龚顺 胡文博 马墨琳 吴蕙羽[**]

摘 要： 人们生活方式的改变是缓解气候变化的关键。本报告聚焦城市居民低碳消费，基于问卷调查数据、调查实验数据和大数据，分析城市低碳消费的现状、存在的问题及影响机制。在态度方面，城市居民总体低碳消费态度较积极、低碳文化认同也较强，消费者个体责任感较强，但也顾虑低碳消费会影响生活成本和生活质量，认可环境保护但也顾虑会影响就业和收入。在行为方面，购买环节的低碳行为更普遍，而使用和处置环节的低碳行为比例较低，同时考察了二手消费和出行消费两个低碳消费重点领域。不同领域的消费行为分析都指向外部的物质和文化环境促进低碳消费的重要作用，市场供给体系的完善、市场的规范、是否满足多元消费需求以及日常消费的绿色可达性是影响居民践行低碳消费的关键因素。分析发现也指出应重视中等收入群体和青年，发挥其在塑造社会文化习俗、引领社会新风尚方面的重要作用。基于实证分析，本报告从社会治理、社会创新和社会文化的框架角度提出推广低碳生活方式的对策建议。

关键词： 低碳生活方式 消费行为 消费态度 社会文化 二手消费

---

[*] 本报告是中国社会科学院—上海市人民政府上海研究院交办课题"城市居民低碳消费调查研究与大数据分析"的阶段性成果。

[**] 朱迪，中国社会科学院社会学研究所研究员，中国社会科学院国情调查与大数据研究中心特约研究员；高文珺，中国社会科学院社会学研究所副研究员；崔岩，中国社会科学院社会学研究所副研究员；龚顺，中国社会科学院社会学研究所助理研究员；胡文博，上海大学通信与信息工程学院博士后；马墨琳，中国社会科学院大学研究生；吴蕙羽，中国社会科学院大学研究生。

中国提出"3060"碳达峰碳中和目标，是党和国家作出的重大战略决策，既是积极应对全球气候变化、作为负责任大国的使命担当所在，也是实现高质量发展的内在要求。党的二十大报告在"加快发展方式绿色转型"专题强调，倡导绿色消费，推动形成绿色低碳的生产方式和生活方式。国内外研究表明，人们生活方式的改变是缓解气候变化的关键，因此低碳生活方式转型是非常紧迫的现实问题。

随着我国城市化进程不断推进、居民生活水平提高，消费领域对资源环境的压力凸显，也出现一系列资源环境问题。有研究估计，2005~2015年我国家庭消费持续稳定增长，产生的碳排放占到总量的50%。[1] 同时，过度型、浪费型等不合理消费方式加剧了资源环境问题，成为城市垃圾、污水甚至大气污染等环境污染的主要来源。[2] 另外，我国生活消费端减排极具潜力，低碳绿色消费也能够极大促进我国经济社会转型发展。我国正处于经济持续增长和人民生活快速改善的耗能增长"叠加"时期，必须走改变能源结构的道路，通过技术改进降低单位能耗的碳排放，同时实施全民节约能源行动，这将是一场极其深刻的生产生活方式的革命。[3] 依托巨大的人口规模和消费能力，中国的减碳减排能够为全球应对气候变化事业做出重要贡献。从生活消费端减碳，不仅是中国实现"双碳"目标的内在要求和重要途径，也可以成为创新消费模式、激发内需潜力、提高居民生活质量的重要抓手。

本报告聚焦城市居民低碳消费，通过实证数据分析城市低碳消费的现状、存在问题及影响机制，试图对居民绿色消费转型、推动形成绿色低碳生活方式提出行动框架和对策建议。数据来源主要包括问卷调查数据、调查实验数据和大数据。①问卷调查数据和调查实验数据：主要基于中国社会科学院社

---

[1] Cao, Qingren, Wei, Kang, Xu, Shichun, Sajid, M. Jawad and Cao, Ming, "Estimation and Decomposition Analysis of Carbon Emissions from the Entire Production Cycle for Chinese Household Consumption," 2019.

[2] 国合会"绿色转型与可持续社会治理专题政策研究"课题组:《"十四五"推动绿色消费和生活方式的政策研究》,《中国环境管理》2020年第5期。

[3] 李培林:《中国式现代化和新发展社会学》,《中国社会科学》2021年第12期。

会学研究所课题组主持实施的"2022年中国城市低碳消费调查",课题组设计了一套测量居民低碳消费态度和行为的三级指标体系,在此指标体系下设计调查问卷,并设计实验题目对影响人们低碳消费因素的因果机制进行分析,问卷被随机分配给被访者,确保样本随机且有相同比例参与实验。②大数据:主要使用供给、消费和地理信息相关大数据。首先,来自大众点评的供给和消费数据,抓取时间为2021年1月1日至2022年1月1日,总数据量1299682条,其中供给数据76215条,消费数据1223467条,清理后有效数据311136条。其次,来自百度地图的上海市地铁网、居住区及企业数据,上海市地铁网数据采用12条地铁线截至2013年的数据;居住区信息为POI数据,日期为2020年4月至2021年5月;上海企业信息同样为POI数据,为2021~2022年在网登记的公司主体。

"2022年中国城市低碳消费调查"覆盖全国六大地理区划,包括4个直辖市、5个计划单列市、27个省会(自治区首府)城市以及4个二/三线城市,共包括40个样本城市,并根据第七次人口普查数据进行抽样设计,为了分别研究城镇总体和一线城市情况,在总体调查设计基础上区分了两个样本库:①全国库,确保样本能够代表全国大中城市居民,共获得有效样本4107个;②北上库,确保样本能够代表北京和上海城市居民,共获得有效样本2105个。对有代表性的样本以网络推送问卷的方式开展调查。在全国调查中,男性占50.3%,女性占49.7%;年龄结构上,"50后"占4.2%,"60后"占13.8%,"70后"占23.4%,"80后"占25.1%,"90后"占27.3%,"00后"占6.2%;受教育程度上,初中及以下占19.5%,高中/职高占40.0%,大学专科及以上占40.5%。

一 城市居民低碳消费认知和价值观分析

了解大众对于低碳理念的认知水平和对于低碳消费的态度,对理解其低碳消费行为和发展趋势具有重要意义。本部分重点分析城市居民的低碳消费认知特点以及低碳消费态度和文化认同。

（一）低碳消费认知特点

1. 对低碳消费知识比较了解，过半居民了解低碳消费相关倡议和政策

调查用两道较为基础的低碳知识相关题目考察城市居民低碳知识的掌握情况，即是否了解①我国能效等级数字越大，能耗越高；②低泡、无磷洗衣粉或洗衣液较环保。结果发现，能够正确了解能效等级的比例为75.0%，正确了解洗衣粉环保知识的比例为79.9%。进一步分析发现，城市居民低碳知识的掌握情况在年龄、受教育程度上并无明显差异，但在婚姻状况上呈现显著差异，已婚人群对低碳知识的掌握率要明显高于未婚人群（见图1）。这可能因为已婚人群在日常生活中，参与家电购买、家务劳动这样的日常家庭活动较多，因此相关方面的知识储备更丰富。

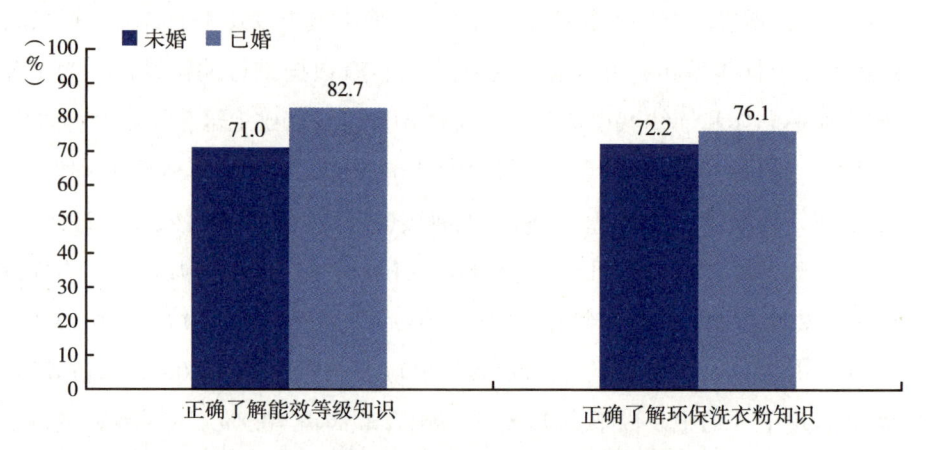

图1　不同婚姻状况受访者的低碳知识掌握情况

针对低碳消费相关倡议和政策（见图2），被访者听说过"光盘行动""地球一小时""素食主义"倡议的比例相对较高，超过六成了解"光盘行动"，接近半数了解"地球一小时"活动，排在第三位的是"素食主义"倡议（45.5%）。整体上，受教育程度越高，越可能了解各类低碳倡议活动和政策。

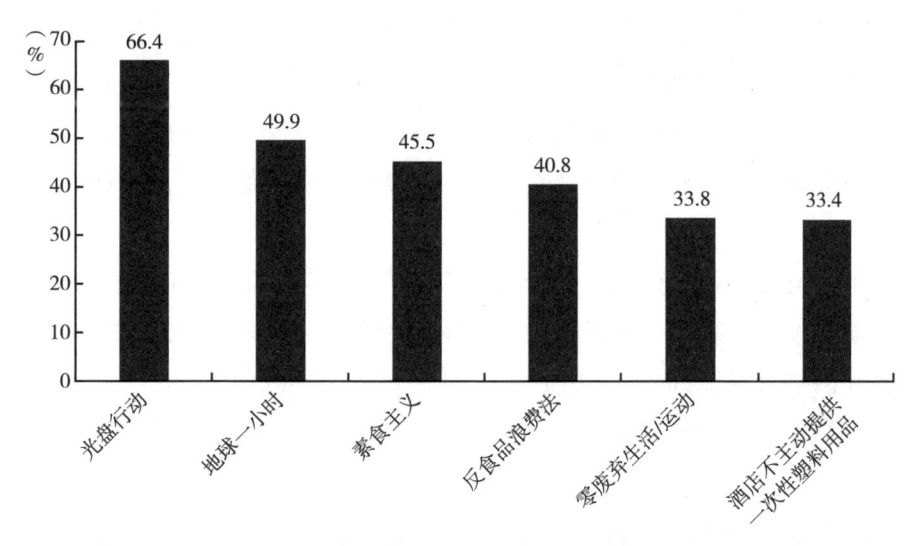

图2 低碳消费相关倡议和政策了解情况

光盘行动 66.4
地球一小时 49.9
素食主义 45.5
反食品浪费法 40.8
零废弃生活/运动 33.8
酒店不主动提供一次性塑料用品 33.4

2. "低碳消费"不容易判断，相关信息透明度和丰富性需提升

随着国家对绿色低碳发展的重视，低碳生活理念的普及程度越来越高，调查中（见图3），92.7%的城市居民都表示听说过低碳消费或低碳生活的概念。但是，在低碳生活方式的践行方面，超过四成表示不能判断自己的生活方式是对环境有利还是有害，超过三成表示不能分辨出哪些商品属于

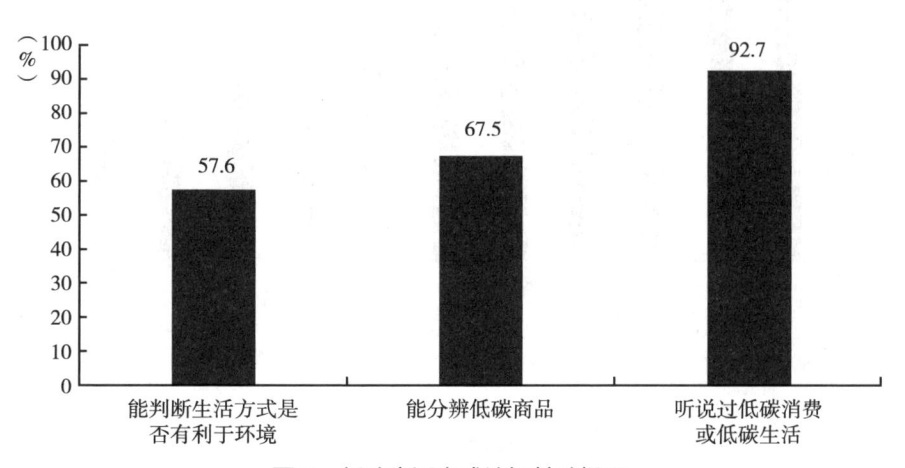

能判断生活方式是否有利于环境 57.6
能分辨低碳商品 67.5
听说过低碳消费或低碳生活 92.7

图3 低碳生活方式认知基础概况

207

低碳商品，其中，已婚人群和受教育程度较高人群表示能够分辨低碳商品或低碳生活方式的比例较高。调查结果一方面说明消费者的相关知识不够充分，还需要加强低碳知识科普；另一方面也反映低碳商品的相关信息不够完整或者不够明确，使得消费者难以判断是否属于低碳商品或低碳生活方式。

3. 低碳消费信息获取渠道多元化，年轻人更倾向社交媒体和新媒体渠道

调查显示（见图4），城市居民最常获取低碳消费信息的来源依次为"短视频和网络直播""同事朋友交流""社区宣传""微信公众号""电视和广播"，体现了新媒介、传统媒介和人际传播交织的信息获取特点。低碳消费信息获取渠道的年龄世代差异显著。"90后"和"00后"更倾向将短视频和网络直播（45.2%）、微博（37.9%）、微信公众号（36.7%）以及视频网站（35.2%）等社交媒体和新媒体渠道作为低碳消费信息的主要获取渠道，而"60后"和"50后"更倾向通过电视和广播（38.9%）等传统媒介以及单位宣传（30.0%）和社区宣传（36.6%）等组织化传播渠道获取相关信息。

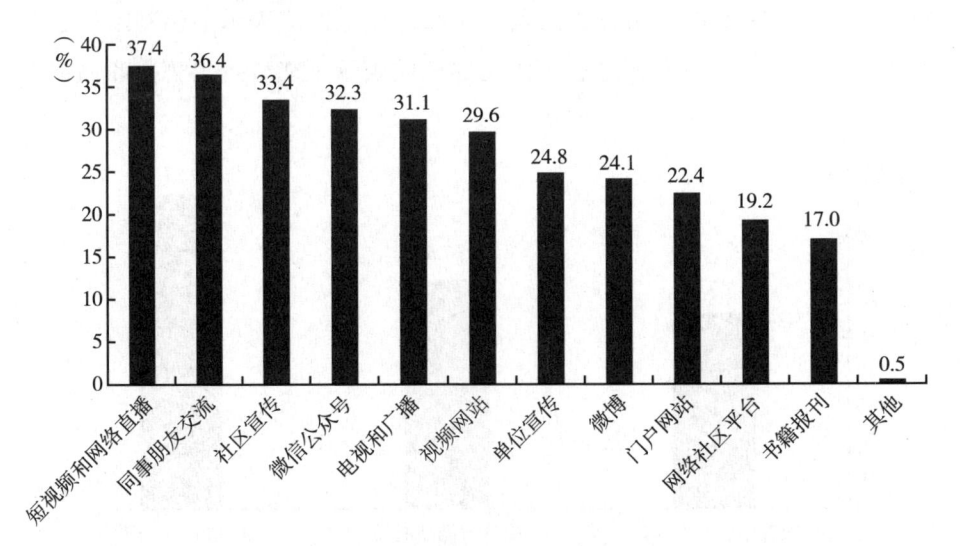

图4 低碳消费信息获取渠道

（二）低碳消费态度与低碳文化认同

1. 生态保护意识和个体责任感较强，对环境优先还是经济优先呈矛盾情绪

低碳发展价值观是指引城市居民践行低碳消费的核心价值理念，影响低碳消费态度和低碳消费文化认同。本报告从五个方面分析城市居民的低碳发展价值观特征。一是环境优先发展观，认为要在保护环境的前提下发展经济；二是生态危机意识，衡量人们对地球环境危机的认识；三是环境承载极限意识，衡量人们对地球资源有限性的认识；四是生态个体责任意识，是否认为个人应承担保护生态的责任；五是生态他人责任意识，是否认为保护生态要大家一起承担责任才行，他人做了自己再做才有意义。在分析中，将各维度指标的均值划分为低、中、高三个分数区间，低分表示不赞同相应的价值观，高分表示比较赞同相应的价值观，中等分值表示持有中立观念，结果如表1所示。

表1 低碳发展价值观指标构成

单位：%

低碳价值观	价值观分布情况		
	低	中	高
环境优先发展观	1.5	60.6	37.9
生态危机意识	2.3	61.7	35.9
环境承载极限意识	5.7	33.7	60.6
生态个体责任意识	0.7	21.1	78.2
生态他人责任意识	43.9	31.2	24.9

调查发现，城市居民总体更认同生态个体责任意识、环境承载极限意识，分别有78.2%和60.6%比较认同这些价值观，还有接近四成居民认同环境优先发展观和生态危机意识，而只有24.9%的居民认同生态他人责任意识，相反有43.9%表示不认同该价值观。这反映了城市居民有较高的生态保护意识以及个体责任感，而对环境优先和生态危机相关的价值观认同比例稍低，则体现了居民对生态保护可能影响就业和收入的顾虑，认为生态保护的紧迫性还不那么

209

强。这种较为矛盾、犹豫的情绪也体现在对"中国应该先保护环境再发展经济"的态度上，只有不到半数的人比较认可这种发展理念。可见，如何处理好环境保护同经济发展和民生保障之间的关系，是我国当前发展阶段的重要课题。

总的来讲，社会经济地位越高，居民的低碳发展价值观越强，越认同生态保护、个体责任等，"80后"和"90后"也更认同生态危机意识和环境承载极限意识。

2. 强调低碳发展的企业责任，认同环境保护应当政府和个人都承担责任

调查从"国际责任""政府责任""企业责任"三个维度测量低碳发展的责任意识，采用5点计分量表，将各维度均值划分为低、中、高三个分数区间，分别表示不同维度下的认同程度。结果如表2所示，高达81.6%的被访者认为保护环境是企业需要履行的责任，这可能由于很多环境污染事件的责任主体都是企业，因而公众认为企业应当是环保的直接责任主体。另外也有超七成被访者认为中国对全球社会治理具有国际责任。而四成居民认为保护环境是政府需要履行的责任，即"保护环境是政府的事情，个人能做的有限"，这说明大多数城市居民还是认为政府和个人都应承担保护环境的责任。

表2 低碳发展的责任意识

单位：%

指标构成	低	中	高
国际责任	9.8	16.6	73.6
政府责任	42.4	17.5	40.1
企业责任	3.3	15.0	81.6

3. 低碳消费态度总体较积极，高学历高收入群体更强调生活质量，低学历低收入群体更强调经济效益

城市居民对于低碳消费普遍持有积极的态度（见表3），86.7%的人赞同要倡导简单生活以节约能源、保护环境，79.9%的人认同低碳消费不会影响生活质量，而当需要为环保付出经济代价时，赞同比例有所下降，但仍有61.3%的人表示可以接受水电价格因环保需求而上涨。

中国城市低碳消费调查报告

表3 低碳消费态度

单位：%

指标构成	低	中	高
接受因环保水电价上涨	11.9	25.0	61.3
应该倡导简单生活	1.4	11.9	86.7
低碳生活不会影响生活质量	4.4	15.7	79.9

比较而言，接受过高等教育的城市居民低碳消费态度更积极（见图5），88.8%的被访者认同应倡导简单生活，66.6%的被访者接受因环保而导致水电价上涨，在不同学历群体中比例是最高的；而对于低碳消费是否可能影响生活质量稍显迟疑，79.6%的被访者认为不会影响，低于高中/职高学历群体而高于初中及以下学历群体。收入的影响呈现类似趋势（见图6），高收入（按照个人月收入计算）的居民有更高比例认同应倡导简单生活，部分也接受因环保而导致水电价上涨，但是认为低碳生活不会影响生活质量和接受因环保水电价上涨的比例低于中等收入水平的居民，中低收入水平居民接受因环保而导致水电价上涨的比例是最低的。研究结果反映了不同社会经济群体的偏好差异，高学历高收入群体更强调生活质量，低学历低收入群体更强调经济效益，这在理解居民的环保认同和低碳消费态度时应当注意。

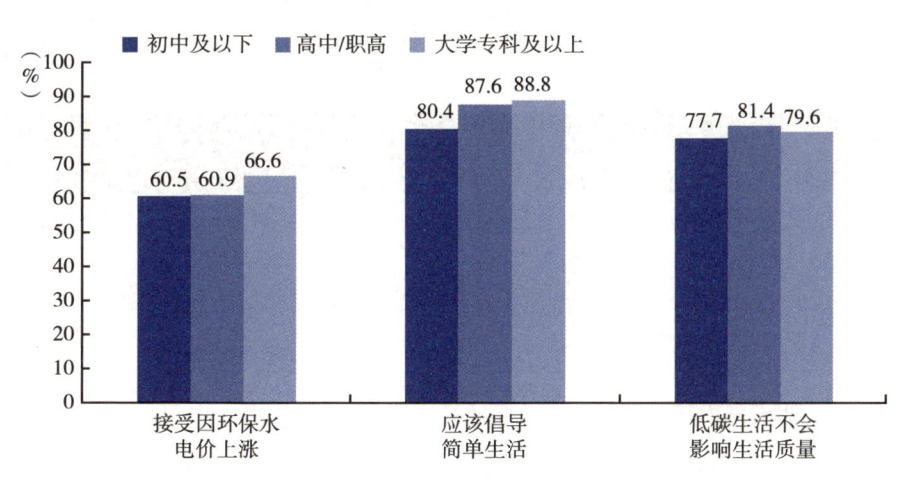

图5 低碳消费态度的受教育程度差异

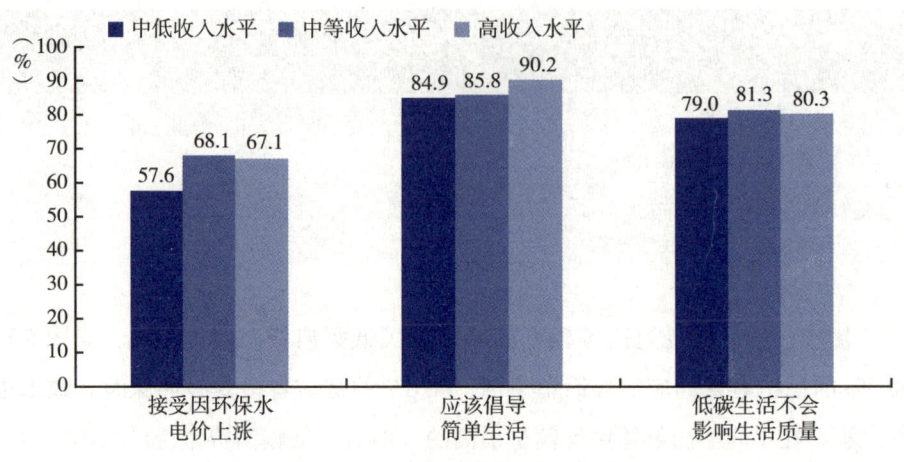

图 6 低碳消费态度的收入差异

4. 低碳文化认同整体较高，情感认同和行为卷入之间存在差距

本报告从情感认同和行为卷入两方面来衡量低碳文化认同，情感认同指因低碳消费习惯而自豪、认同自己有责任去保护环境，行为卷入指关注低碳消费相关信息、与人讨论相关话题。这部分量表为 5 点计分，将各维度均值划分为低、中、高三个分数区间，分别表示不同维度下的文化认同程度。分析结果如表 4 所示，超过六成的城市居民有较高的低碳文化认同，并且这种认同主要体现在情感认同上，超七成在情感上认同低碳文化；相较而言，行为卷入维度的文化认同较弱，不到六成的居民表现出对低碳行为的高度卷入。

表 4 低碳文化认同

单位：%

指标构成	低	中	高
低碳文化情感认同	1.0	24.8	74.2
低碳文化行为卷入	4.2	35.8	59.9
低碳文化认同总分	0.7	34.6	64.7

进一步分析发现，受教育程度越高、生活水平越高，居民的行为卷入程度明显越高，越年轻、受教育程度越高、生活水平越高，情感认同水平越高。分析表明高社会经济地位群体和年轻世代有明显更高的低碳文化认同，这强

调中等收入群体和青年可能是推动低碳生活方式的重要力量。

综合以上分析，可以看出城市居民对于低碳文化的整体认同程度是比较高的，但在行为卷入程度和情感认同程度之间存在一定差距。因此，将情感方面的认同转化为行为卷入将是未来推进低碳社会建设的重要命题。

二 城市居民低碳消费行为的总体分析

本报告将从一般行为和重点领域考察城市居民的低碳消费实践。本部分主要分析一般性的低碳消费行为及其存在的人口特征差异。

（一）不同指标下的低碳消费行为分析

按照从购买/获取到使用再到处置的不同消费环节，本报告设计了3个一级指标测量一般性的低碳消费行为，分别为"低碳商品购买行为""商品/能源使用低碳化行为""商品处置低碳化行为"。类似消费态度，本报告将消费行为的均值划分为低、中、高三个分数区间，低分表示较少或从未有过这类行为，中等分值表示偶尔或有时发生这类行为，高分表示经常发生这类行为。

调查显示，从消费过程来看（见图7），购买和获取环节的低碳消费行为较普遍，经常有低碳商品购买行为的比例为66.6%，相对而言使用环节和处

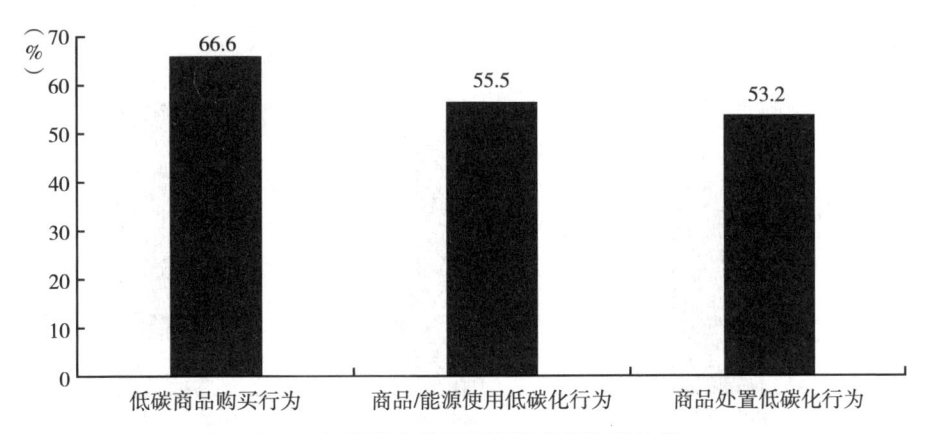

图7 经常发生此类低碳消费行为的比例

置环节的低碳消费行为比例较低，经常有商品/能源使用低碳化行为的占比55.5%，经常有商品处置低碳化行为的占比53.2%。

（二）低碳消费行为的人口特征差异

低碳商品购买行为指标关注的是人们在作出消费决策时，是否会考虑低碳的因素。该一级指标由"选择购买可循环利用的材料制成的产品""优先购买有环保标志的商品""优先购买耗能少的商品""避免购买对环境有害的商品""避免购买过度包装的商品"5个二级指标构成。总体而言，受教育程度、婚姻状况和生活水平显著影响城市居民的低碳商品购买行为。大专及以上学历人群中，70.2%经常有低碳商品购买行为，而初中及以下学历人群中，57.9%经常有低碳商品购买行为。相对于生活水平较低群体，自评生活水平较高群体更经常有低碳商品购买行为（71.2% vs 59.1%）。

商品/能源使用低碳化行为指标侧重关注人们在使用商品或能源时是否考虑低碳因素。该指标由6个二级指标构成，包括"避免使用一次性餐具""夏天不会把空调温度调得很低""节约洗浴用水""节约厨房用水""随手关灯""外出就餐打包剩菜"。高学历群体、年轻群体是商品/能源使用低碳化行为的重要参与者。具体来看（见图8），在大专及以上学历群体中，60.6%经常践行商品/能源使用低碳化行为，而在初中及以下学历群体中，只有45.6%经常有此行为。特别是在"90后"和"00后"

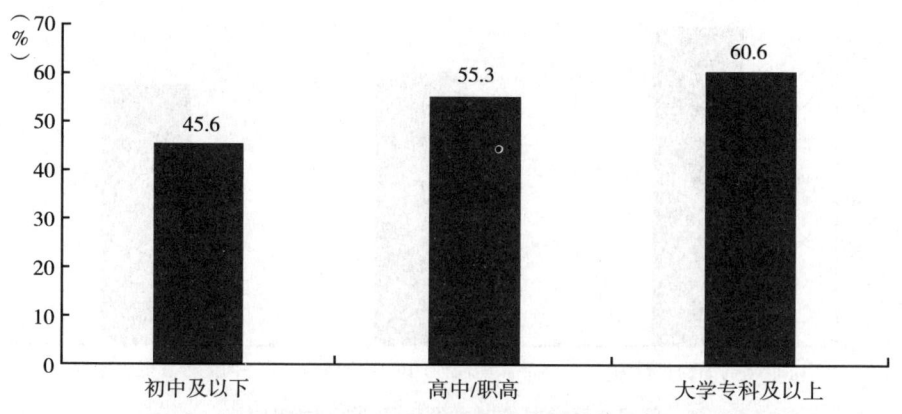

图8 不同受教育程度群体的商品/能源使用低碳化行为

群体中，58.0%经常有商品/能源使用低碳化行为，是所有年龄组中比例最高的（见图9）。

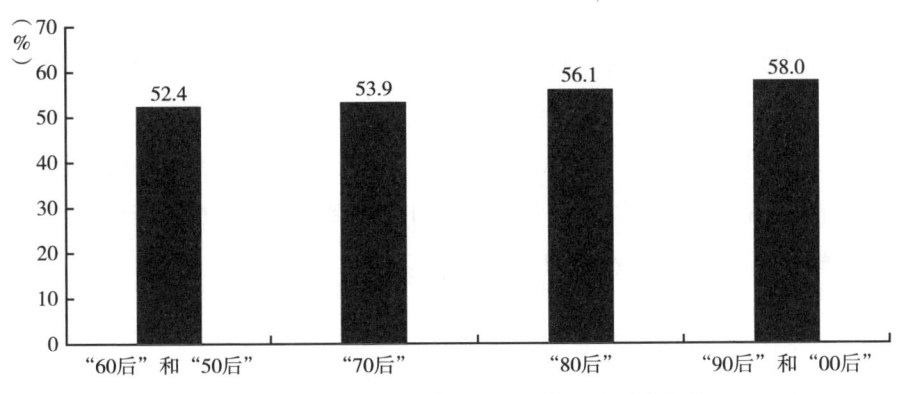

图9 不同年龄群体的商品/能源使用低碳化行为

商品处置低碳化行为关注的是人们对使用后的商品如何处理、丢弃的行为，由4个二级指标构成，包括"变废为宝""捐赠闲置物品""出售闲置物品""垃圾分类"。高学历、高生活水平的居民在商品处置低碳化行为上更积极。大专及以上学历人群中，59.3%在日常生活中经常低碳化处置商品，而在初中及以下学历群体中，只有45.6%经常有此行为。同时，被访者自评生活水平越高，越经常实践商品处置低碳化行为（见图10）。这反映了这部分高学历、高生活水平的群体更认同绿色、环保的消费理念，在生活中也更注重垃圾分类、物质资源再利用等环保的商品处置方式。

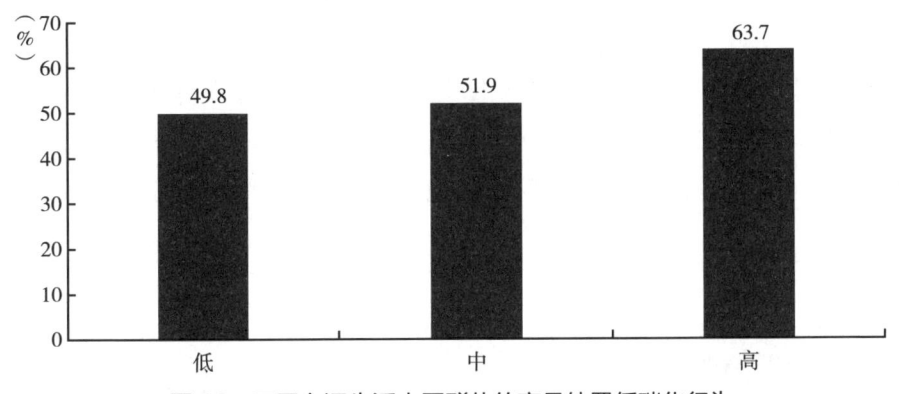

图10 不同自评生活水平群体的商品处置低碳化行为

三 城市居民低碳消费重点领域行为分析

除了考察城市居民的一般性低碳消费行为外，本次调查还重点关注二手消费和出行消费。这既是低碳研究领域的重点课题，也是应用层面推动低碳消费的重要领域。其中，二手消费是推动循环经济发展的重要途径，出行消费是居民生活消费碳排放的主要来源，而且新能源车消费也是当前国家发展绿色低碳产业、扩大消费政策的热点。

（一）二手消费

二手消费的本质是提高商品的重复利用率，发挥其价值以实现资源的最大化利用，在资源循环利用的过程中减少浪费、提高使用效率，促进可持续发展。《中共中央 国务院关于完整准确全面贯彻新发展理念做好碳达峰碳中和工作的意见》指出，要加快形成绿色生产生活方式，加快发展循环经济，加强资源综合利用，不断提升绿色低碳发展水平。[1]《"十四五"循环经济发展规划》提出，要建设资源循环型社会，特别强调要规范二手商品市场发展，包括鼓励"互联网+二手"模式发展，推动线下实体二手市场规范建设和运营等。[2] 随着我国经济迅速发展，二手闲置交易的需求量也逐年上升，二手消费也衍生出许多新业态，如线下"循环商店"、二手商品的线上直播等，二手闲置物品电商平台发展更是迅速，2021年市场规模破万亿元。[3]

1. 二手市场潜力有待释放，线上二手交易平台是主要交易渠道

调查显示，64.3%的消费者曾有过二手交易体验，其中部分受访者（10.8%）更是经常或总是在二手渠道购买商品，二手消费渐成一种常见的消

---

[1] 中国政府网，http://www.gov.cn/xinwen/2021-10/24/content_5644613.htm。
[2] 国家发展和改革委员会，https://www.ndrc.gov.cn/xxgk/zcfb/ghwb/202107/P020210707324072693362.pdf。
[3] 光大证券：《二手电商行业深度报告》，https://new.qq.com/rain/a/20211125A02GMM00。

费形式。从二手消费渠道来看（见图11），互联网成为人们购买二手商品的重要途径，线上二手交易平台的使用最为广泛，67.8%的受访者用过此渠道。一些具有社交属性的线上平台交易渠道逐渐兴起，如近30%的受访者使用过二手交易微信群、二手交易网络社区。与此同时，线下渠道也有其发展空间，35.9%的消费者曾经在实体二手店铺或二手摊位购买过二手商品。还有小部分人（12.7%）会进行亲友之间的熟人二手交易。

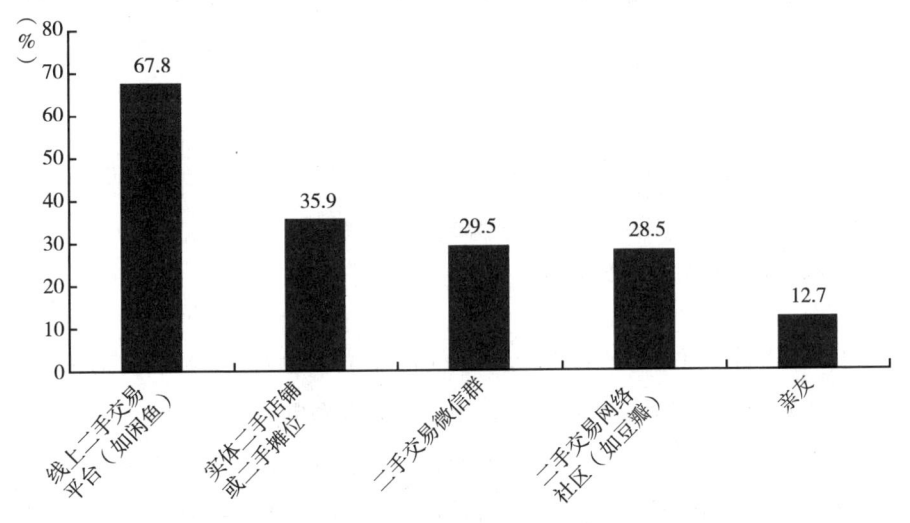

图 11 二手商品购买渠道

注：此题为多选题，因此各个比例相加大于100%。

人们通过二手消费购买的商品中（见图12），图书类商品最为常见，27.4%的受访者通过二手交易购买过图书。其次，手机和家电、家具、日用品等家居商品也在二手市场中较受欢迎，约两成的受访者曾购买过相关二手产品。再次，数码产品类（不包括手机）、皮具箱包类、运动户外装备类二手商品构成了二手交易商品的第三梯队，紧随其后的是服装、鞋帽、玩具类二手商品。相对而言，美妆和母婴类商品通过二手交易购买的人比较少。

社会蓝皮书

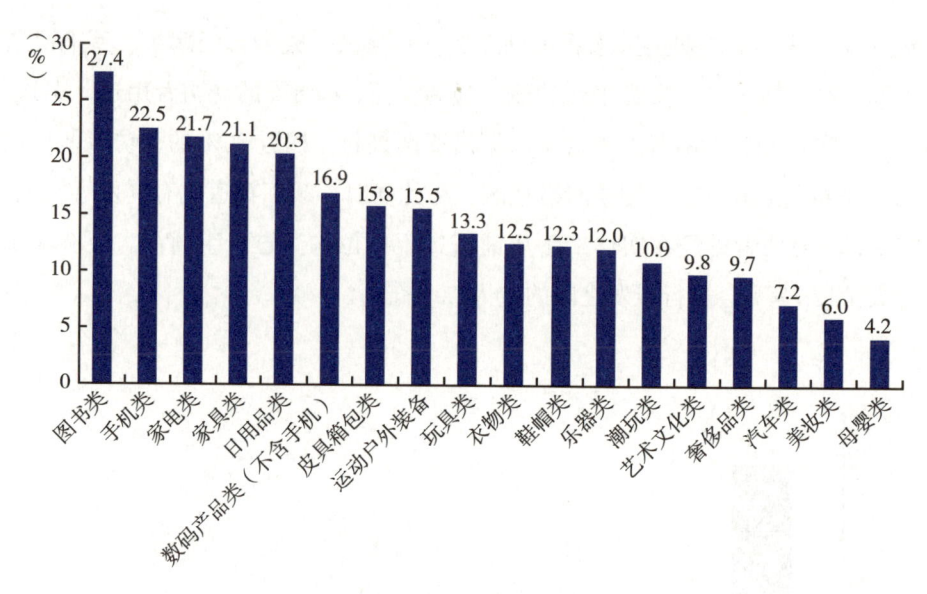

图12 二手商品购买类型

图书类 27.4
手机类 22.5
家电类 21.7
家具类 21.1
日用品类 20.3
数码产品类（不含手机）16.9
皮具箱包类 15.8
运动户外装备 15.5
玩具类 13.3
衣物类 12.5
鞋帽类 12.3
乐器类 12.0
潮玩类 10.9
艺术文化类 9.8
奢侈品类 9.7
汽车类 7.2
美妆类 6.0
母婴类 4.2

注：此题为多选题，因此各个比例相加大于100%。

2．"90后"更拥抱二手消费，"60后"较依赖个人关系网进行交易

调查显示，年轻人二手消费体验更多并且频率更高（见表5）。首先，"90后"和"00后"群体中有69.7%的人曾有二手消费体验，比"80后"高出3.1个百分点，比"70后"、"60后"和"50后"高出10个百分点以上。其次，"90后"和"00后"群体中合计有43.4%有时和经常进行二手消费，该比例比其他年龄段的群体至少高出5个百分点。

表5 不同年龄群体的二手消费情况

单位：%

二手消费频率	"60后"和"50后"	"70后"	"80后"	"90后"和"00"后
从不	41.5	41.4	33.4	30.4
很少	23.4	23.5	27.6	25.6
有时	25.9	24.8	28.0	32.2
经常	8.7	9.6	9.4	11.2
总是	0.5	0.7	1.6	0.7

在二手交易渠道上，年轻人更偏向于线上交易（见表6），中老年人更偏向于线下交易。"80后"、"90后"和"00后"都有超过七成的人使用过线上二手交易平台，比"70后"、"60后"和"50后"高出10个百分点以上；而"60后"和"50后"、"70后"则有更高比例的人通过实体店和个人关系网络进行二手交易。

表6　不同年龄群体的二手消费渠道

单位：%

二手消费渠道	"60后"和"50后"	"70后"	"80后"	"90后"和"00"后
实体二手店铺或二手摊位	41.0	39.1	35.5	32.2
线上二手交易平台（如闲鱼）	54.4	61.8	71.3	74.9
二手交易网络社区（如豆瓣）	30.1	27.7	30.1	27.0
二手交易微信群	29.6	32.9	31.3	26.2
亲友	13.9	14.7	12.5	11.2

3. 绿色观念和社会文化推动二手消费，市场不规范和消费者权益缺乏保障是主要制约因素

分别分析人们选择购买和不愿购买二手商品的理由发现，绿色消费理念是推动人们进行二手消费的重要因素，有过二手消费体验的受访者中，有36.8%的人表示购买二手商品是为了"支持绿色环保"。性价比则是影响人们二手消费决策的第二大原因，进行过二手消费的受访者中，三成左右的人表示购买二手商品的理由是"质量还可以"（33.3%）、"便宜实惠"（32.8%）和"可以低价购买原价较高的商品"（28.0%）；最后，社会文化也是比较重要的推动因素，"认同二手消费文化"（23.1%）、"周围也有朋友买"（18.4%）、"二手消费很酷"（14.0%）也是不少受访者选择购买二手商品的理由。

而制约二手消费的主要因素则是质量和渠道规范性。没有进行过二手消费的受访者表示不愿购买二手商品的最重要理由是"质量不可靠"（37.9%），还有人存在"商品信息经常与商品实际不符"（26.4%）、"不卫生"（22.8%）这样的质量担忧。其次就是对购买渠道的不信任让人望而却步，比如"售后没保障"（35.9%）和"出现纠纷处理麻烦"（26.9%）。最后，周围缺少支持

性的社会文化，也是阻碍人们二手消费的一个因素，"周围很少有朋友买"（24.9%）、"用或买二手商品感觉没面子"（15.1%）成为人们不购买二手商品的理由。

4. 隐私保护和社会文化是影响二手电子产品循环利用的关键

本调查应用调查实验的方法，分析了影响二手电子产品消费的三种情境，分别是隐私保护技术、社会文化和价格补贴。此外，实验还包括无任何干预的情境。除了这组实验题目外，实验组和对照组的问卷在其他部分均无任何差异，问卷被随机分配给被访者，确保有相同比例的样本参与实验。

表7显示，在隐私保护技术进步情境中，即"假设伴随技术进步用户只需要下载App就可以彻底删除电子产品的文件，且永不可恢复"，被访者表示愿意将二手电子产品回收的比例为70.1%；在二手回收流行化情境中，即"假设二手电子产品回收率已经高达60%，在青年群体中这一比例更是高达86.1%"，被访者表示愿意将二手电子产品回收的比例为70.3%，以上两组受访者愿意将二手电子产品回收的比例均高于控制组的这一数值（68.3%）。

表7 不同情境下城市居民的二手电子产品回收意愿分析

单位：%

回收意愿	对照组	隐私保护技术进步	二手回收流行化	提高回收价格
是	68.3	70.1	70.3	67.0
否	31.7	29.9	29.7	33.0

然而，在提高二手电子产品回收价格的情境中，即"假设将按照回收商家评估价格的20%提供额外补助"，被访者表示愿意将二手电子产品回收的比例为67.0%，甚至低于控制组的68.3%。可见，价格手段不是万能的，提高二手电子产品回收价格可能让消费者更加没有安全感，反而降低二手电子产品回收意愿。分析显示，推动技术进步、解决隐私保护问题以及形成二手消费的社会文化氛围，是促进二手电子产品循环利用的更有效手段，其中，社会文化对二手消费的重要作用也在上文对二手商品购买原因的分析中有一致发现。

（二）出行消费

已有研究表明，出行是消费碳排放的主要来源，考察我国居民出行方式特征及影响因素有助于采取措施引导绿色出行。伴随我国汽车保有量的增加，私家车出行在我国居民出行方式中比重不断上升，引导居民选择电动车等新能源车，也是消费减碳的重要途径。我国高度重视新能源汽车产业发展，出台了一系列鼓励消费政策。2022年财政部、税务总局、工业和信息化部发布《关于延续新能源汽车免征车辆购置税政策的公告》[1]，延长新能源汽车免征购置税期限至2023年12月31日。国务院办公厅发布的《新能源汽车产业发展规划（2021—2035年）》明确指出发展新能源汽车是我国从汽车大国迈向汽车强国的必由之路，是应对气候变化、推动绿色发展的战略举措。[2]

1. 城市居民出行总体首选公交车，有车家庭倾向私家车出行

在城市居民首选的出行方式中（见图13），排在第一位的是公交车或单位班车，有23.6%选择此项，其次是电瓶车，有17.6%选择此项，再次是私家车，有15.5%选择此项。有无私家车会对城市居民的首选出行方式产生重要影响。在本次调查中，有车家庭占所有受访者的33.24%，其中绝大多数是一车家庭。整体上有车家庭更倾向首选私家车出行，46.5%的有车家庭将私家车作为首选出行方式，只有12.4%将公交车或单位班车作为首选出行方式；相较而言，无车家庭更倾向首选公共交通、电瓶车或步行，29.2%选择公交车或单位班车、20.2%选择电瓶车、17.2%选择步行、12.5%选择轨道交通作为首选出行方式。

此外，不同类型城市的居民出行方式也存在差异，一线城市居民首选出行方式依次为私家车（22.4%）、公交车或单位班车（19.8%）和轨道交通（17.4%），而其他城市居民首选出行方式依次为公交车或单位班车（24.0%）、电瓶车（18.2%）和步行（15.0%）、私家车（14.7%）。调查结果反映了一线城市通勤距离较远、轨道交通较发达的特点，而其他城市中，往往通勤距离较近，电瓶车和步行这些受交通拥堵、停车空间等因素影响较小的交通方式，就成为重要的出行方式。

---

[1] 中央政府网，http://www.gov.cn/zhengce/zhengceku/2022-09/26/content_5712586.htm。
[2] 中央政府网，http://www.gov.cn/zhengce/content/2020-11/02/content_5556716.htm。

社会蓝皮书

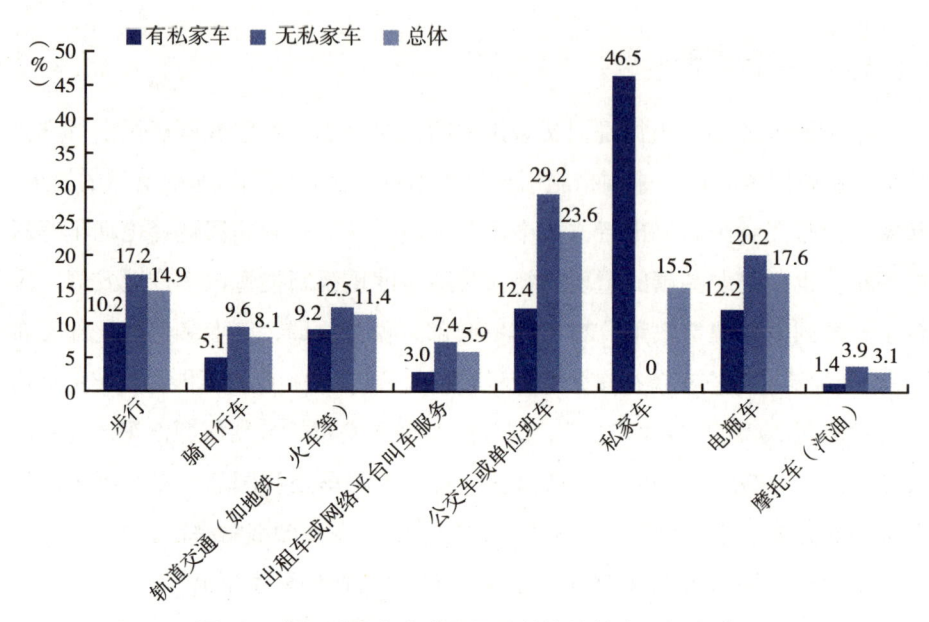

图13 有无私家车家庭和居民总体的首选出行方式

2. 一线城市居民将步行和轨道交通作为首选出行方式的比例高于全国水平，消费的绿色出行可达性较高是重要原因

将北京、上海样本与全国总体样本比较来看，一线城市居民虽然将私家车作为首选出行方式的比例较高，但是将步行和轨道交通作为首选出行方式的比例也高于全国总体水平。分别有15.6%的北京居民和17.9%的上海居民将步行作为首选出行方式，19.4%的北京居民和16.1%的上海居民将轨道交通作为首选出行方式，高于14.9%（步行）和11.4%（轨道交通）的全国总体水平。除了与出行习惯、通勤距离有关，较高的私家车出行比例也与一线城市较高的私家车保有量有关[①]，但较高比例的步行和轨道交通出行反映了一线城市绿色出行的巨大潜力。

本报告使用消费大数据和地理信息大数据，以上海为例，分析日常消费的空间分布特征，可以解释一线城市的出行方式特征，并对推动绿色出行产

---

① 截至2021年9月，76个城市汽车保有量超过100万辆，北京汽车保有量超过600万辆，苏州、上海、郑州、西安汽车保有量超过400万辆。中华人民共和国中央人民政府网站，http://www.gov.cn/shuju/2021-10/12/content_5642074.htm。

生有益启示。在居民的出行目的中，通勤、社交和办事、餐饮休闲等日常消费占据重要地位，如果一个地区通过步行、骑行、轨道交通等绿色出行能够便捷地实现日常消费，那么该地区的低碳生活前景可以说非常乐观。

本报告将大众点评上的店铺数据分为餐饮和休闲娱乐（餐饮以外的文化休闲、运动健身、购物等）两类，经过大数据与地理信息技术处理，分析不同类型消费与居住区和企业密集区以及轨道交通之间的邻近度。分析发现，休闲娱乐供给与企业密集区之间具有高度空间拟合度，说明休闲娱乐供给与城市通勤空间距离更近，同时餐饮与居住热点有更高空间拟合度，说明餐饮供给与城市居住空间距离更近。这一趋势更明显体现在核心区。而且靠近职住区的餐饮和休闲娱乐供给更多属于高频消费（由单个个体在数据覆盖年份中在单一店铺消费的次数测量）。大数据分析说明上海的不同类型日常消费与居住区和通勤区邻近度更高，而且更多是高频消费，从而可以解释为什么一线城市虽然空间距离大，但是将步行作为首选出行方式的比例并不比其他城市低，而且将骑自行车作为首选出行方式的比例也较为接近。

一线城市有相当的步行和自行车出行，有赖于一线城市的"邻近经济"比较发达。比如北京市商务局2022年出台《加快建设一刻钟便民生活圈 促进生活服务业转型升级的若干措施》[1]，上海2022年也推出首批"一刻钟便民生活圈"示范建设试点单位，体现宜居、宜业、宜学、宜游、宜养等高品质社区服务功能[2]。本文的大数据分析进一步指出"邻近经济"能够提升消费的绿色出行可达性，同时也发现以上海为例，核心区和外延区大型商务中心的餐饮与娱乐都显现供给过剩状态——集中了大量高端餐饮（高档餐厅和小众精品餐厅）和品牌连锁餐厅，高密度居住区附近则聚集了大量大众餐饮（面向家庭和日常消费的平价连锁餐厅）供给。未来应推动消费供给规划更符合附近人群的日常生活习惯和生活方式特征，避免无效供给和供给过剩，从而有效提高"邻近经济"的绿色效益。

大数据分析也发现，上海的餐饮尤其大众餐饮分布也呈现对地铁的高依

---

[1] 北京市人民政府网站，http://www.beijing.gov.cn/zhengce/gfxwj/202207/t20220712_2769991.html。
[2] 上观新闻，https://export.shobserver.com/baijiahao/html/510361.html。

赖性。在北部外延区，餐饮供给按密度由高到低沿7号线、1号线、3号线和11号线分布，另有一些小密度餐厅簇沿地铁线分布，在嘉定（11号线）和宝山西（7号线）尤为显著。在南部外延区（5号线、15号线、9号线、18号线及16号线），较少数量的高密度餐厅簇在地铁末端形成，这主要由于以公共交通为导向的商业综合体在地铁末端建设（比如松江南站、浦东长泰）。这也可以解释调查显示的一线城市居民将轨道交通作为首选出行方式的比例高于全国平均水平，这一方面由于一线城市轨道交通较发达，另一方面也有赖于一线城市的消费供给更靠近地铁沿线，提高了消费的绿色可达性。

3. 普遍认同绿色出行的环境效益，公共交通可及性和满足多样化出行需求是促进绿色出行的关键

调查数据显示，2022年以来，74.9%的城市居民将公共交通作为工作日最常用的出行方式。当被问到选择公共交通的原因时（见图14），被访者选择比例最高的是绿色出行、对环境好，占48.2%，接下来是便宜实惠（35.3%）和比较安全（33.6%）。调查结果深刻反映了公共交通出行是我国城市中具有文化合法性的交通方式，主要由于人们普遍认同绿色环保观念，同时城市广泛的绿色出行公益宣传也使得这种文化具有较强的引导性和约束性。

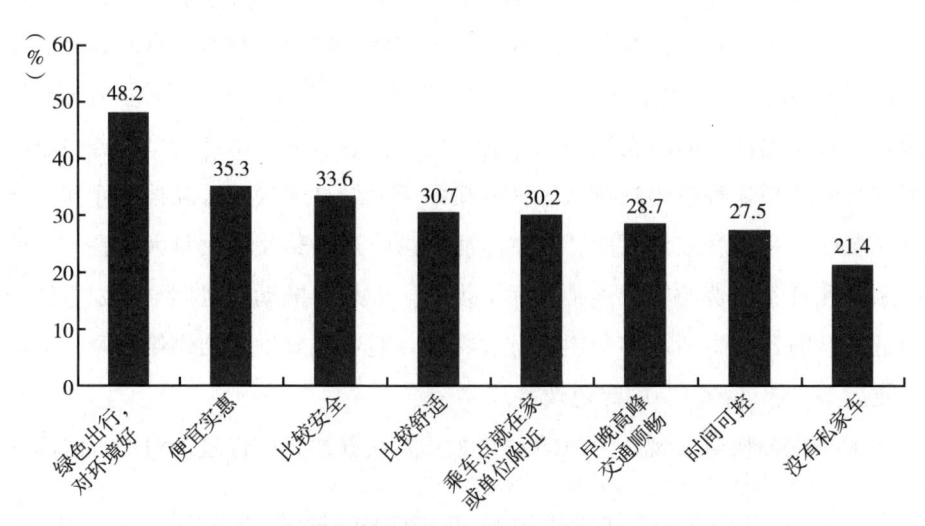

图14 工作日选择公共交通出行的原因（限选3项）

再来看不选择将公共交通作为工作日主要出行方式的原因（见图15），选择比例最高的两项是乘车（含换乘）时间长和乘车点离得较远，分别占37.8%和37.3%，接下来的重要原因依次为距离近、不用乘车（30.0%）、不舒适（26.4%）、带老人孩子出行不方便（17.7%）等。

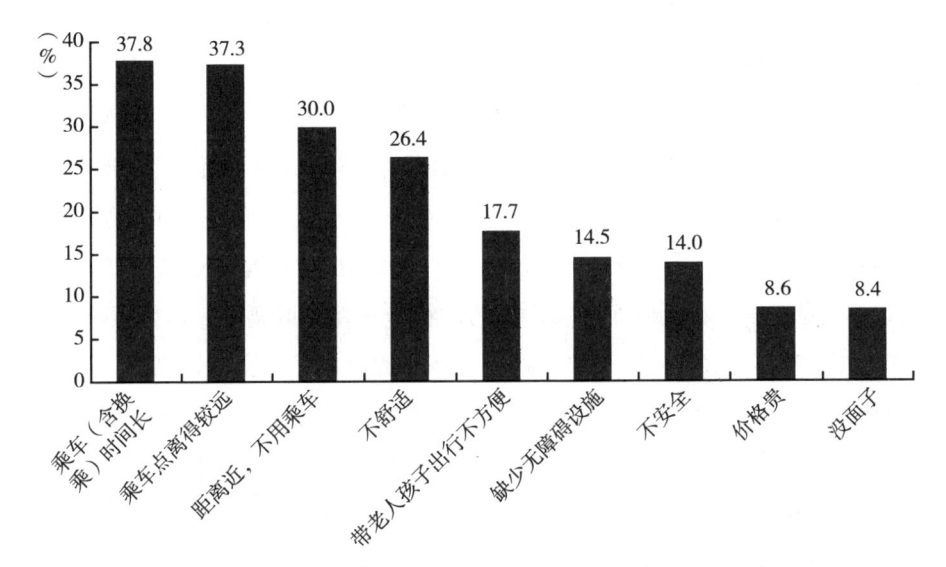

图15 工作日不选择公共交通出行的原因（限选3项）

综合选择和不选择公共交通的原因，我们可以发现乘车和下车地点是否离得近、是否安全舒适、是否适合行动不便人群等是影响居民公交出行的重要因素。因此，提升公共交通基础设施的可及性——与居民区和通勤区的距离在合理范围内、价格适中，以及公共交通出行的可行性——满足安全、舒适、无障碍、儿童友好等不同出行需求，是促进居民绿色出行的关键。相对来讲，公共交通出行的文化合法性在我国比较显著，人们选择公共交通不会觉得没面子（只有8.4%的居民出于此类考虑不选择公共交通），而普遍认同绿色出行的环境效益。

4. 近七成居民倾向新能源车，能否满足方便、安全、驾驶感受等消费需求有显著影响

在不考虑价格、购车指标、不会开车、用车场景等因素的情况下，调查显示69.4%的城市居民倾向购买新能源车（电动、混动或其他新能源），

25.1%倾向购买燃油车，还有5.5%表示不了解。年轻世代、高学历、高收入人群明显更喜欢新能源车，"00后"中有72.1%倾向购买新能源车，而"50后"中该比例仅为60%，大专及以上学历人群中有73.9%倾向购买新能源车，而初中及以下学历人群中该比例为62.3%，月收入10001元及以上人群中有76.3%倾向购买新能源车，而月收入4000元及以下人群中该比例为67.84%。

在愿意购买新能源车的群体中，选择安全、舒适、性能好、使用方便、用起来便宜、驾驶感受好、驾驶更容易的比例分别在16%~24%，这些原因反映了新能源车使用过程中如何满足消费者需求，即供给可行性（见图16）。另外，分别有21.1%和16.4%由于价格实惠和选择丰富而选择新能源车，体现了供给可及性和供给丰富性方面的原因。值得注意的是，还有20.0%选择"有优惠打折政策"，反映了政策助推的供给引导性的重要性。文化原因方面，34.6%由于对环境好而倾向新能源车，是所有原因中选择比例最高的，同公共交通出行一样反映了绿色消费文化的合法性较强。其次还有16.1%选择"是一种潮流时尚"，15.1%选择"周围很多人买"，反映了从模仿、追随到认同不同层次的文化引导性机制；15.5%的人出于对新能源车比较了解而选择，反映信息和知识方面的文化支持性机制的影响。

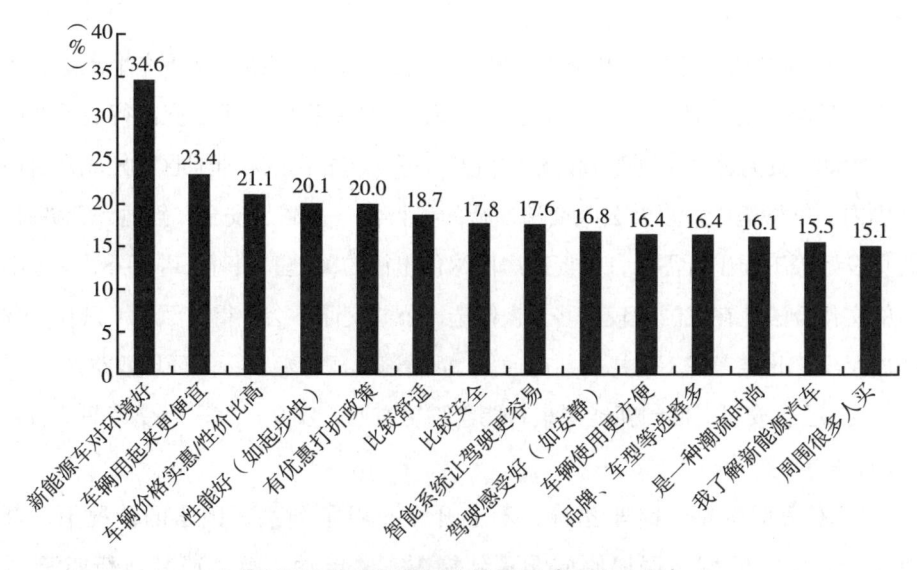

图16 选择新能源车的原因（限选3项）

另外，不选择新能源车的"堵点"集中体现在"充电桩不好找"（26.4%）、"性能不如燃油车"（26.1%）以及"安全性不如燃油车"（25.8%）等供给可行性方面（见图17）。同时，新能源车的供给不够丰富也是制约因素之一，有25.4%因为品牌和车型选择太少，此外也有20.7%选择"虚假宣传多（如续航里程缩水）"，反映消费者权益无法得到保障造成的消费障碍。

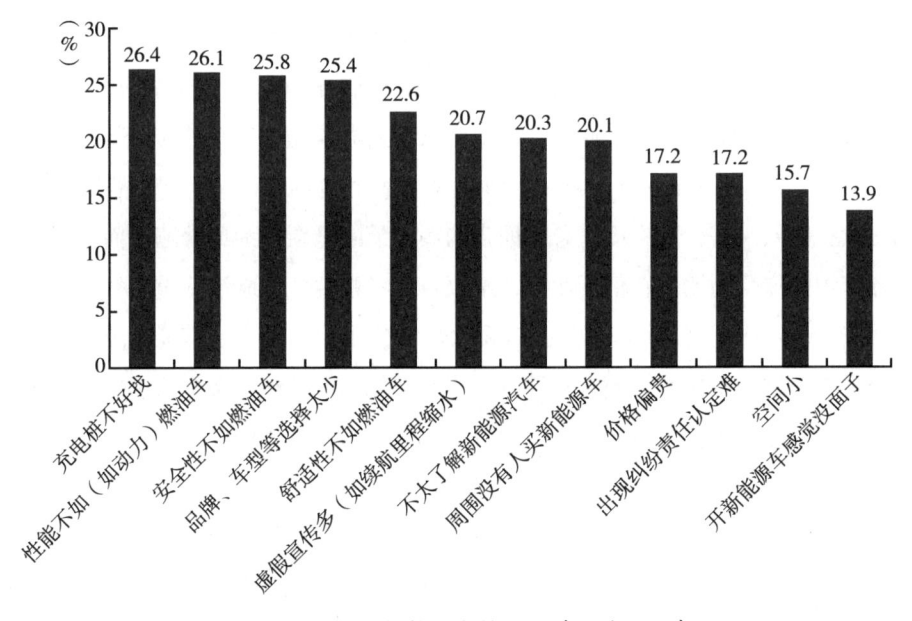

图17 不选择新能源车的原因（限选3项）

原因	百分比
充电桩不好找	26.4
性能不如（如动力）燃油车	26.1
安全性不如燃油车	25.8
品牌、车型等选择太少	25.4
舒适性不如燃油车	22.6
虚假宣传多（如续航里程缩水）	20.7
不太了解新能源汽车	20.3
周围没有人买新能源车	20.1
价格偏贵	17.2
出现纠纷责任认定难	17.2
空间小	15.7
开新能源车感觉没面子	13.9

综合考虑选择和不选择新能源车的原因，新能源车的价格是否适中等供给可及性因素，能否满足方便、安全、驾驶感受等不同消费需求等供给可行性因素，增强新能源车的绿色文化内涵是推动新能源车消费的重要抓手。《中国消费者权益保护状况年度报告（2021）》指出，新能源智能汽车消费纠纷新发问题多、维权存在难点，如行驶中断电、续航里程缩水、辅助自动驾驶系统失灵、电池充电故障等纠纷中不同程度地存在原因和责任认定难等问题。[①]本报告的分析发现也印证了这一消费维权问题。因此，及时发现解决新能源

---

① 中国消费者协会：《中国消费者权益保护状况年度报告（2021）》，2022年。

智能汽车消费引发的维权新问题，营造有序的消费环境，也是促进新能源车消费、推广绿色低碳生活方式的重要途径。

四 研究总结与对策建议

本报告从态度和行为两方面考察了我国大中城市居民的低碳消费特征与程度。在态度方面，城市居民总体低碳消费态度较积极、低碳文化认同也较强，消费者个体责任感较强，但也呈现一些差异性、矛盾性的特征：①高学历高收入群体顾虑低碳消费会影响生活质量，低学历低收入群体顾虑低碳消费会带来更高的生活成本；②情感认同和行为卷入之间存在差距；③认可环境保护但也顾虑会影响就业和收入。在行为方面，总体而言购买环节的低碳行为更普遍，而使用和处置环节的低碳行为比例较低。此外，本报告还考察两个低碳消费重点领域：①二手消费，超六成城市居民有过二手交易经验，线上平台是主要交易渠道，最常交易的是图书类和手机类，调查实验进一步发现隐私保护和社会文化引导是影响二手电子产品循环利用的关键因素；②出行消费，城市居民出行总体首选公交车，一线城市绿色出行潜力巨大，不考虑其他因素的情况下近七成居民倾向新能源车，年轻世代、高学历、高收入人群明显更愿意购买新能源车。

不同领域的消费行为分析都指向外部的物质和文化环境促进低碳消费的重要作用。无论是二手消费、出行消费还是新能源车消费，供给体系的完善、市场的规范、能否满足多元消费需求以及消费的绿色可达性是影响居民践行低碳消费的关键因素。市场供给和公共供给更为丰富、可及和可行，使得低碳消费更能够融入人们的日常生活安排和生活方式中，而不是与之相冲突，才能有力推动全社会的低碳消费。本文提到的"公共供给"尤其指公共基础设施和城市空间规划，大数据分析发现一线城市较高的绿色可达性是步行和轨道交通出行比例高于全国水平的重要原因：餐饮和休闲消费更靠近职住区和地铁沿线，以步行距离和自行车距离为典型特征的"邻近经济"较发达。另外，绿色文化在我国居民当中已经具有相当的合法性，但居民的绿色态度和绿色行为之间仍存在差距，在二手消费、出行消费和新能源车消费中，调查数据和实验数据都揭示了社会文化的引导和支持作用,发展低碳潮流文化以及消费者的信息赋能是促进绿色消费转型的关键因素。

本报告也指出中等收入群体和青年是推动低碳生活方式的重要力量。相对其他群体,较高学历、较高收入群体和较年轻的"80后"、"90后""00后"从态度到行为都更加绿色低碳,而且实验数据以二手电子产品回收为例验证了青年的文化引领作用。因此,推动低碳消费,应重视中等收入群体和青年,发挥其在塑造社会文化习俗、引领社会新风尚方面的示范带头作用。

基于实证分析,本报告提出由社会治理、社会创新和社会文化构成的推动低碳生活方式的行动框架。社会治理机制提供包括基础设施、制度架构和管理模式在内的治理方案,以政府为主体并协同其他利益相关主体,坚持以满足人的需求为根本目的,完善低碳城市建设和低碳社会治理体系。社会创新机制提供由产品、平台、传播构成的市场方案,以企业为主体并链接其他利益相关主体,促进研发创新和商业创新,完善低碳产品和服务供给,引导低碳美好生活,借助平台和媒介实践可持续价值传播。社会文化机制提供塑造社会新风尚的文化方案,重视发挥中等收入群体和青年的文化引领作用,打造低碳"潮文化",发扬优秀传统文化,为低碳生活方式提供规范性、引导性和支持性力量。

参考文献

国合会"绿色转型与可持续社会治理专题政策研究"课题组:《"十四五"推动绿色消费和生活方式的政策研究》,《中国环境管理》2020年第5期。

李培林:《中国式现代化和新发展社会学》,《中国社会科学》2021年第12期。

俞海、王勇、李继峰、任勇:《中国"十四五"绿色消费衡量指标体系构建与战略展望》,《中国环境管理》2020年第6期。

Cao, Qingren, Wei, Kang, Xu, Shichun, Sajid, M. Jawad and Cao, Ming, "Estimation and Decomposition Analysis of Carbon Emissions from the Entire Production Cycle for Chinese Household Consumption," 2019.

B.11
中国大学生就业观念与就业状况调查报告

刘保中 臧小森 郭亚平 倪晨旭[*]

摘　要： 近几年，我国大学毕业生总数不断突破历史纪录、增加速度显著加快，加之在新冠肺炎疫情的冲击下，全球经济增长乏力，国内经济下行压力明显，以致大学生就业遭遇异常严峻的挑战。为积极应对大学生"就业难"，本报告使用"中国大学生追踪调查"数据，纵向对比分析了2018~2021年大学生就业观念和就业状况的新特征、新趋势以及疫情带来的影响。研究发现：①在校大学生择业体现出非常明显的"体制内偏好"，并且这种体制内偏好呈现逐年加强趋势。选择去三四线中小城市、小县城、基层乡镇和农村工作的大学生比例呈现增加趋势。②在校大学生就业心态总体比较乐观，就业信心充足，虽然在新冠肺炎疫情后有所削弱，但大部分学生对自身就业还是充满信心。③2018~2021届大学毕业生毕业去向落实率总体变化不大，疫情后出现小幅度下降，但总体平稳。④2018~2021届大学毕业生工作收入总体呈现增长趋势，但疫情后增长率下降；疫情后大学生工作满意度下降明显。⑤疫情带来的累积性和持续性影响，叠加外部市场环境影响，2018~2021届大学毕业生就业稳定性变差，失业担忧情绪呈增长趋势。为促进大学生就业质量的提高，本报告提出了"施政策""细服务""稳心态""定规划""强保障"等对策建议。

---

[*] 刘保中，中国社会科学院社会学研究所副研究员；臧小森，中国社会科学院大学经济学院硕士研究生；郭亚平，中华女子学院社会工作学院讲师；倪晨旭，中国社会科学院大学经济学院硕士研究生。

关键词： 大学生　就业观念　就业状况

自 20 世纪末高校扩招以来，我国高等教育迅速发展，高等教育毛入学率不断提高，高等教育规模持续扩大。我国高等教育在 21 世纪初迅速从精英化阶段进入大众化阶段，并历经十几年的发展，于 2019 年步入普及化阶段。[①]2020 年 5 月教育部发布的《2019 年全国教育事业发展统计公报》显示，2019 年我国高等教育毛入学率已经达到 51.6%，标志着我国高等教育正式由大众化阶段进入普及化阶段。

随着高等教育规模的快速扩张，我国大学毕业生数量逐年攀升、不断突破历史纪录，大学生就业形势越来越严峻。尤其是在新冠肺炎疫情的冲击下，全球经济增长乏力，国内经济下行压力明显，国际形势复杂多变。雪上加霜的是，高校毕业生人数增速在 2007 年之后已经放缓，并在 2009 年之后长时间维持在每年新增人数均未超过 30 万人的态势，但是疫情发生后的 2020 年，大学毕业生人数增速又开始变快，2020~2022 年每年高校毕业生数量比前一年分别增加 40 万、35 万和 167 万，是自 2009 年以来增量最多的几年。多种不利因素交织叠加，加剧了疫情后大学生就业的困难程度，这也对大学生就业观念产生了重要影响。

分析当前中国大学生就业观念、就业状况的新特征和新趋势，特别是新冠肺炎疫情以来的新变化，对于应对大学生"就业难"、实现高校毕业生更高质量和更充分就业，具有重要意义。为此，本报告使用中国社会科学院社会学研究所的"中国大学生追踪调查"（以下简称 PSCUS）数据进行分析。该调查采用多阶段混合抽样的方法，在全国范围内选取了 20 余所不同层级、不同

---

① 根据美国学者马丁·特罗的研究，高等教育发展可分为"精英"（Elite）、"大众"（Mass）、"普及"（Universal）三个阶段，如果以高等教育毛入学率为指标，高等教育毛入学率在 15% 以下时属于"高等教育精英化阶段"，处于 15%~50% 时为"高等教育大众化阶段"，在 50% 以上时属于"高等教育普及化阶段"。

学科类型、不同地域的高校，在每个高校随机抽取八个专业的大学生，对入样的在校生和毕业生进行调查。该调查自2013年（基线调查）以来，每年实施一轮跟踪调查。大学生就业是该调查关注的重要内容，该调查提供了关于大学生就业观念和就业状况的大量信息。为了更好地保证数据的可比性，本报告选取了该调查2018~2021年四年相同的18所样本大学的在校生和应届毕业生数据，通过纵向对比分析呈现大学生就业观念和就业状况的新特征、新趋势以及疫情带来的影响。由于我国大学具有鲜明的层级化特点，不同层级、不同类型高校大学生的就业观念和就业状况往往存在较大的差异，因此，本报告把我国高校类型区分为重点本科院校（既是"985"大学，也是"双一流"大学）、非重点本科院校和高职院校三种类型，并对三种类型高校毕业生的就业观念与就业状况的特征和变化趋势进行比较。[①]

本报告对在校大学生就业观念的特征及其变化趋势进行了分析，样本分布情况如下：2018年有效样本数为11901个，重点本科院校学生占25.75%、非重点本科院校学生占31.32%、高职院校学生占42.93%；2019年有效样本数为12186个，其中重点本科院校学生占24.69%、非重点本科院校学生占32.34%、高职院校学生占42.97%；2020年有效样本数为6039个，[②]其中重点本科院校学生占26.25%、非重点本科院校学生占29.99%、高职院校学生占43.77%；2021年有效样本数为12512个，其中重点本科院校学生占24.29%、非重点本科院校学生占31.42%、高职院校学生占44.29%。

本报告对应届毕业生的就业状况及变化趋势进行了分析，样本情况如下：2018届有效样本数为2683个，重点本科院校学生占19.23%、非重点本科院校学生占27.95%，高职院校学生占52.81%；2019届有效样本数为2865个，重点本科院校学生占19.69%，非重点本科院校学生占27.54%，高职院校学生

[①] 报告中涉及不同类别取值的比较，均在5%显著性水平下统计显著。
[②] "中国大学生追踪调查"2020年采取了分问卷的调查方式，即按照随机原则将总调查样本平分为两部分，分别填答内容不完全一样的A问卷或B问卷。其中，涉及就业的题目仅在A卷出现，因此该年份调查的有效样本量约为往年的一半。

占52.77%；2020届有效样本数为2731个，重点本科院校学生占21.09%，非重点本科院校学生占31.67%，高职院校学生占47.24%；2021届有效样本数为2665个，重点本科院校学生占19.89%，非重点本科院校学生占28.48%，高职院校学生占51.63%。

一 大学生就业单位与就业地域选择

（一）就业单位选择

大学生对就业单位的偏好是就业意愿和就业观念的重要体现。中国大学生追踪调查数据表明，当前大学生在就业单位类型的选择上，体现出非常明显的"体制内偏好"，而且呈现逐年增长趋势；相反，愿意去体制外单位工作的大学生比例则呈现逐年下降趋势，尤其是愿意去外企工作的比例下降十分明显。

大学生就业选择的"体制内偏好"，体现在两个方面：一是从选择比例来看，大学生中选择最想去党政机关、事业单位、国有企业等体制内单位工作的比例远远高于选择最想去体制外单位工作的比例；二是从变化趋势看，选择最想去体制内单位工作的比例呈现增长趋势，选择最想去体制外单位工作的比例则呈现下降趋势。

如图1所示，从数据结果看，2018~2021年大学生选择最想去体制内单位工作的比例分别为63.68%、68.32%、73.04%和74.74%。可见多数大学生最愿意去体制内单位就业，并且这一特征随时间推移呈现加强趋势。相反，只有少数大学生首选去体制外工作，并且做出这一选择的大学生比例逐年下降。在体制内单位的选择中，大学生中选择最想去国有企业工作的比例最高，其次是事业单位，再次是选择去党政机关当公务员，最后才选择去集体企业。在体制外单位的选择中，大学生愿意去私营企业工作的比例高于选择去外资企业工作的比例。

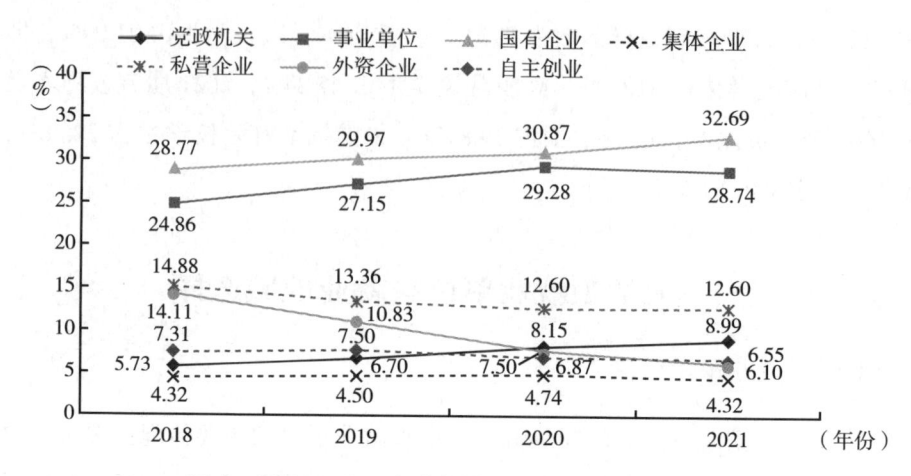

图 1　2018~2021 年在校生就业单位类型选择偏好

从具体单位类型偏好的变化趋势来看，2018~2021 年，大学生选择最愿意去体制内单位工作的比例呈现增长趋势，具体来看，选择党政机关的比例从 2018 年的 5.73% 上升到 2021 年的 8.99%，选择国有企业的比例从 2018 年的 28.77% 上升到 2021 年的 32.69%，选择事业单位的比例从 2018 年的 24.86% 上升到 2021 年的 28.74%。大学生选择最愿意去体制外单位工作的比例呈现下降趋势，其中选择私营企业的比例略有下降，但是选择外企的比例下降十分明显。2018 年大学生中有 14.11% 的人最想去外企工作，2019~2021 年这一比例分别下降到 10.83%、7.50% 和 6.10%。2018 年选择去外企和私企工作的比例差不多，但是到了 2021 年，选择外企的比例已经比选择私企的比例低了 6.50 个百分点。大学生选择毕业后最想创业的比例一直不太高，且变化不大，2018~2021 年占比维持在约 7%。

体制内单位的稳定本就对大学毕业生具有很强的吸引力，加之最近几年全球经济增长乏力，国内经济下行压力明显，尤其是新冠肺炎疫情在全球范围内的暴发进一步加大了经济衰退和失业风险，市场不确定性和职业不稳定性进一步强化了大学生追求稳定的就业观念。

（二）就业地域选择

大学生就业地域偏好明显，想去北上广深等一线大城市和二线经济发达城市的大学生仍占大多数，不过这一占比呈缓慢下降趋势。想去三四线中小城市、小县城、基层乡镇和农村工作的大学生占比虽然相对较少，但呈现上升趋势。

从就业地点的选择来看，大学生就业也呈现明显的偏好，他们最喜欢去二线省会城市或非省会城市就业，其次是北上广深等一线大城市。图2显示，40%左右的大学生想去二线省会城市或经济较为发达的非省会城市，35%左右的大学生想去北京、上海、广州、深圳等一线大城市工作。尽管刚毕业的大学生对未来充满期待，同时北上广深以及其他经济发达地区的经济发展迅速、国际化程度高，能够为大学生今后发展提供更多的就业机会和广阔的事业空间，但是在大城市生活的压力与成本也比较大，因此他们更想去压力与成本较小且基础设施相对较为完善的二线经济发达城市发展。

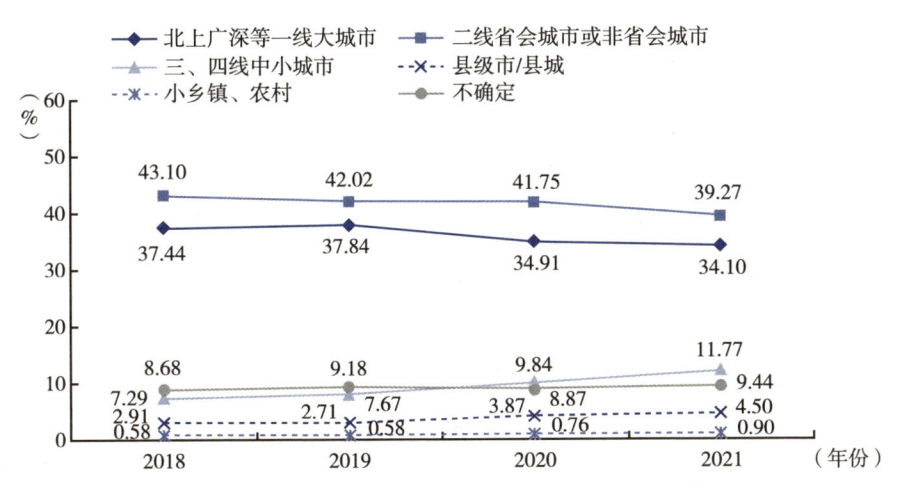

图2 2018~2021年在校生就业地点选择变化

不过，毕业后想去一线与二线城市工作的大学生占比呈缓慢下降趋势。2018~2021年想去北上广深等一线大城市工作的大学生占比分别为37.44%、37.84%、34.91%、34.10%，想去二线省会城市或经济较为发达的非省会城市工作的大学生占比分别为43.10%、42.02%、41.75%、39.27%。想去三四线中小城市、县级市/县城、基层小乡镇和农村的大学生占比虽然相对较少，却呈上升趋势，例如，2018年大学生中想去三、四线中小城市工作的比例为7.29%，2021年这一比例上升到11.77%。这可能是因为近年来，特别是新冠肺炎疫情之后，大城市生活成本上升，压力增大，再加上"佛系""躺平"文化的可能影响，导致部分大学生开始离开大城市。另外，随着我国乡村振兴战略、区域协调发展战略等一系列政策的实施，一些三四线城市、县城、乡镇和农村的生活环境都得到了极大改善，生活水平不断上升，城市配套也持续完善，同时这些地方生活节奏慢，生活压力小，再加上国家对于大学生返乡就业的号召，因此吸引了一部分大学生就业。但总的来说，大学生仍然有自己的理想和抱负，这在大城市中更容易实现，因此想去北上广深等一线大城市和二线城市的大学生仍占大多数。

二 大学生就业信心与失业决策

（一）就业信心

在校大学生就业信心比较充足，新冠肺炎疫情后虽然有所削弱，但大部分学生对自身就业还是充满信心。疫情突发之后，重点本科院校学生就业信心下降幅度最大，非重点本科院校学生就业信心最低。

图3数据显示，只有少数大学生对就业信心不足，2018~2021年对就业"几乎没信心"的大学生占比一直徘徊在3%左右，"有一点没信心"的大学生占比也一直未超过10%。相反，2018~2021年对就业"充满信心"和"有一点信心"的大学生占比加总后超过五成。

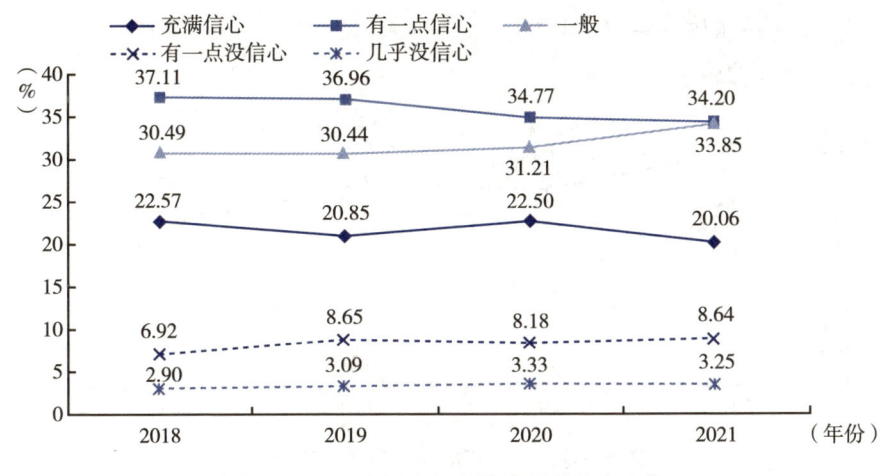

图3 2018~2021年在校生就业信心变化

从趋势上来看，2018~2021年对就业充满信心与有一点信心的大学生占比呈下降趋势，尤其在新冠肺炎疫情之后下降明显。近年来高校扩招，大量毕业生涌入劳动力市场，就业压力加大，再加上疫情导致劳动力市场更加不景气，使得大学生就业信心有所削弱。不过从总体来看，大部分学生对自身就业还是很有信心的。

图4对比了不同类型院校大学生就业信心及其变化的差异。我们对就业信心的五种程度进行1~5分赋值，求取均值作为就业信心得分，分值越高，表明就业信心越充足。可以发现，疫情之前，重点本科院校在校生的就业信心得分最高，高职院校在校生居中，非重点本科院校在校生最低。疫情突发之后，重点本科院校在校生就业信心处于下降趋势，且下降幅度最大，2020年和2021年分别低于和持平于高职院校在校生分值，但高于非重点本科院校在校生；后两者的就业信心在2020年有小幅回升，但2021年又呈下降态势。其中，非重点本科院校在校生一直处于最低位，这可能是因为高职院校学生往往可以学到一门专业的谋生技能，重点本科院校的学生也可以凭借较好的学校背景在劳动力市场上取得优势，而非重点本科院校的学生既无法习得专业的谋生技能，又不能与重点本科院校学生竞争而获得优势，因此他们的就业信心最低。

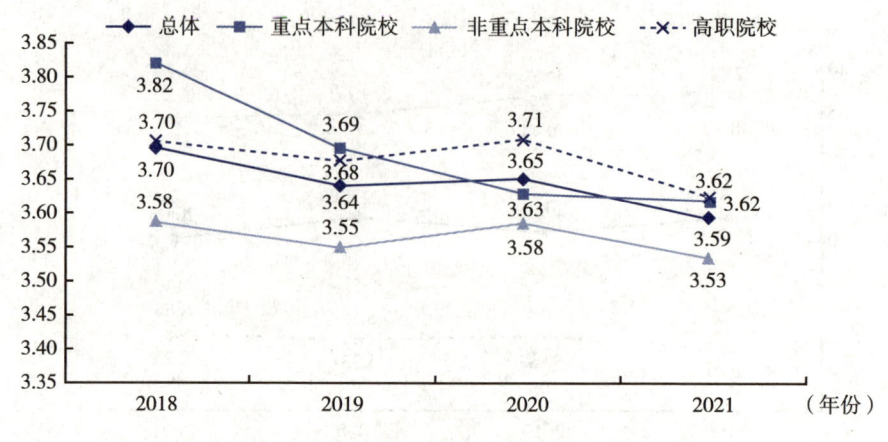

图4　2018~2021年不同院校在校生就业信心变化

（二）失业决策

如果遭遇暂时性失业，超过一半的大学生会选择接受不满意工作或继续求职，但选择先不工作、继续求学的比例呈上升趋势，在疫情突发后或成为大学生最可能的选择。

2018~2021年四年调查中，当在校大学生被问及"如果毕业后3个月还找不到满意的工作"，如图5所示，均有超过一半的大学生表示仍然会选择工作，要么选择只好接受不满意的工作，要么继续找让自己满意的工作；还有大约24%~30%的大学生表示先不工作、继续求学；很少一部分学生会选择创业。

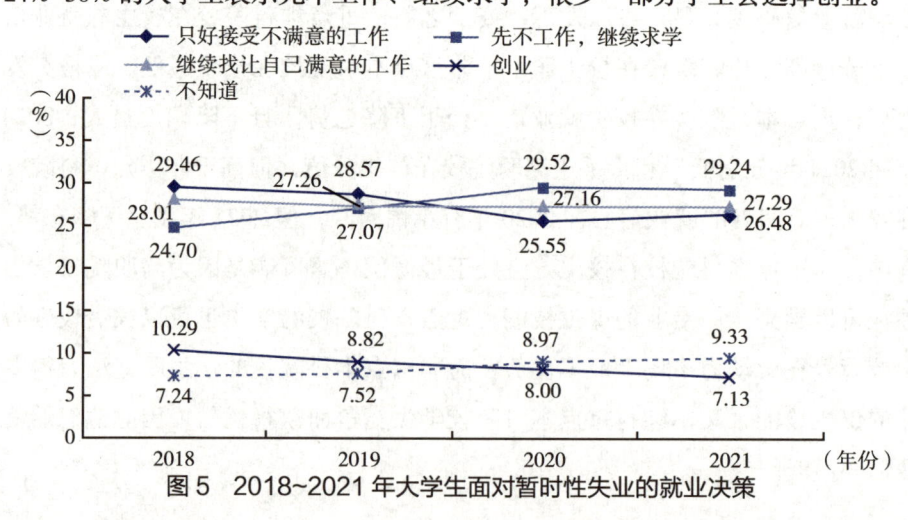

图5　2018~2021年大学生面对暂时性失业的就业决策

从变化趋势看，疫情突发之前被问及如果遭遇暂时性失业，受访大学生表示选择"只好接受不满意的工作"或者"继续找让自己满意的工作"的比例均高于选择"先不工作，继续求学"的比例。疫情突发之后情况相反，被问及如果遭遇暂时性失业，受访大学生表示选择"先不工作，继续求学"的比例更高，选择"继续找让自己满意的工作"的比例略高于选择"只好接受不满意的工作"的比例。大学生在面对疫情对劳动力市场的冲击时，找工作变得更加艰难，因此更多的大学生会选择提高自身的学历层次（如考研）以提高未来在劳动力市场的竞争力。而对于想尽早进入劳动力市场的大学生来说，他们预期未来自己工作收入与福利会更少，因此不愿意接受当前不满意的工作，而会去继续寻找让自己满意的工作。另外，由于创业本身风险较高，疫情发生后创业前期需要更大的投入，不确定性更大，因此其占比呈下降趋势。

三 大学生毕业去向落实率与就业流向

（一）2018~2021届大学生毕业去向落实率总体变化不大，疫情突发后出现小幅度下降，但总体平稳

就业率一直是反映大学毕业生就业状况的重要指标，从2021年开始，教育部将"就业率"这一指标改为"毕业去向落实率"。表1显示了中国大学生追踪调查统计的样本院校应届毕业生毕业后半年的毕业去向落实率，2018届和2019届毕业生分别为86.43%和84.96%，2020届和2021届毕业生分别为83.63%和82.78%。以上数据表明，2018~2021年大学生毕业去向落实率总体变化不大，相对于疫情突发前的2018届和2019届毕业生，2020届和2021届毕业生半年后毕业去向落实率呈现小幅度下降，但波动不大。说明尽管有疫情冲击，从就业率的角度看，高校毕业生仍旧保持了就业水平总体稳定、就业局势基本平稳的良好基本面。

表 1　疫情突发前后不同类型高校毕业生的就业流向

单位：%，个

毕业生		半年后毕业去向落实率	未就业	升学	单位就业	自由职业	创业	样本量
2018届	高职院校	86.24	13.76	10.44	64.71	7.62	3.46	1417
	非重点本科院校	85.42	14.58	32.54	48.81	3.22	0.85	750
	重点本科院校	87.72	12.28	51.48	34.17	1.63	0.44	516
	总体	86.43	13.57	25.64	53.52	5.14	2.12	2683
2019届	高职院校	87.96	12.04	11.64	68.45	5.29	2.58	1512
	非重点本科院校	79.59	20.41	32.83	45.63	0.76	0.38	789
	重点本科院校	84.40	15.60	51.60	30.67	1.42	0.71	564
	总体	84.96	15.04	25.34	54.73	3.28	1.61	2865
2020届	高职院校	87.44	12.56	17.05	60.00	7.60	2.79	1290
	非重点本科院校	78.96	21.04	34.22	41.50	2.54	0.69	865
	重点本科院校	82.12	17.88	56.60	24.48	0.69	0.35	576
	总体	83.63	16.37	30.83	46.65	4.54	1.61	2731
2021届	高职院校	87.86	12.14	23.11	54.29	7.34	3.13	1376
	非重点本科院校	73.39	26.61	32.15	38.34	1.98	0.92	759
	重点本科院校	83.02	16.98	54.91	26.04	1.89	0.19	530
	总体	82.78	17.22	32.01	44.13	4.58	1.83	2665

（二）疫情突发前后大学毕业生就业流向发生显著变化，升学深造、体制内单位就业呈明显增加趋势

高校毕业生就业流向在很大程度上代表着就业行为，也影响着就业结构的变动。从升学选择来看，疫情突发后的毕业生升学深造比例增加明显，如表1所示，2018届和2019届应届大学毕业生实现升学深造的比例分别为25.64%和25.34%，而在疫情突发后的2020届和2021届应届毕业生中，升学深造比例分别明显增加到30.83%和32.01%。这种情况主要由两个方面的原因所致。一是国家政策的刺激，疫情突发后教育部扩大了研究生和专升本招生规模；二是疫情对大量中小企业的正常生产造成影响，对餐饮、旅游、交通等一些行业冲击更大，导致小微企业对大学生的吸纳能力和容量下降。这些原因造成疫情突发后更大比例的毕业生选择继续升学深造，以躲避就业压力，提高学历以增强自身竞争力。

从就业单位类型的变化来看，体制内单位就业的比例仍旧低于体制外单位就业比例。但对比疫情突发前，疫情突发后高校毕业生进入体制内单位工作的比例有明显增加趋势，进入体制外民营、私营和外资企业工作的比例有明显下降趋势。图6数据显示，2018届和2019届毕业生分别有32.00%和35.26%的毕业生进入体制内单位就业，在2020届和2021届毕业生中，这一比例上升到40.34%和38.13%。相应地，进入体制外单位就业的比例有所下降，结合图6和表1数据可以计算得出，①2019届毕业生进入民营、私营和外资企业工作的比例（47.45%）已经明显低于2018届毕业生（60.73%），疫情突发后这一比例进一步下降，2020届和2021届毕业生分别为44.01%和39.70%。这种情况同样由两个方面的原因所致。一是体制内单位本就具有相对安稳的优势，这种优势在疫情突发后经济下行压力较大的环境中被放大；二是疫情突发后国家相关政府部门出台政策，增加了针对大学生的一些体制内就业岗位，加大了党政机关、国有企业、事业单位的招聘力度。以上原因刺激了毕业生的风险回避意识，更多的毕业生涌入体制内单位就业。

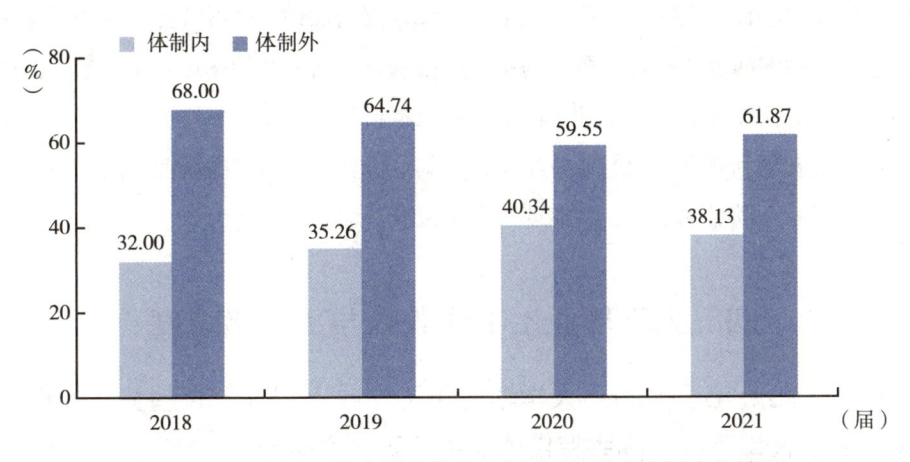

图6 2018~2021届大学毕业生体制内/外就业比例变化情况

① 计算方式为用图6数据算出进入体制外就业的大学毕业生总人数，再用总人数减去表1中创业和自由职业的人数，即为进入民营、私营、外资企业工作的大学毕业生人数。

（三）整体上高职院校毕业生的毕业去向落实率最高且在疫情突发前后变化不大，非重点本科院校毕业生的毕业去向落实率最低且在疫情突发后下降最为明显，高职院校和重点本科院校毕业生在疫情突发后升学比例增长最为明显

表1数据显示，在2019~2021届三种类型高校毕业生中，高职院校毕业生的毕业去向落实率都是最高的，而且疫情突发前后变化不大。比较明显的一个变化是疫情突发后高职院校毕业生升学深造的比例显著提升，2019年高职院校中最终升学的毕业生占比11.64%，但是到了2021年这一比例上升到23.11%，相当于翻了一番。出现这种情况，主要是因为疫情突发后国家扩大了专升本的招生规模。

重点本科院校毕业生的毕业去向落实率在疫情突发后略有下降，但变化不大。在就业流向上，受疫情突发后国家研究生扩招政策的影响，重点本科院校毕业生继续升学读研究生的比例比疫情突发前增长3~6个百分点。

非重点本科院校毕业生的毕业去向落实率在三类高校中始终是最低的，而且在疫情突发后下降最为明显。2019年该类型大学生毕业去向落实率为79.59%，到了2021年下降到73.39%，降低约6个百分点。2020年，非重点本科院校毕业生读研究生的比例也略有提高，但增长有限，仅增加约1个百分点，说明国家在疫情突发后的研究生扩招政策红利主要是被重点本科院校的毕业学生享受到。这也不难理解，在考研的竞争性考试中，重点本科院校大学生显然更具优势。对于本科院校未顺利实现就业的毕业生而言，其"慢就业"或"缓就业"的原因多是因为没有令人满意的工作，要继续为考研做准备。

四 大学毕业生工作收入与工作满意度

（一）2018~2021届大学毕业生工作收入呈现增长趋势，但疫情突发后增长率下降，高职院校毕业生下降最为明显

在对毕业生名义月工资收入进行平减处理、消除价格因素影响的情况下，图7数据显示，2018~2021届不同类型的高校毕业生，在工作半年后的工作月收入均呈现增长趋势。这说明疫情并未导致大学毕业生经济收入的下滑。但是，相比于疫情前，疫情突发后大学毕业生工作收入的增长幅度有所下降。相比于2018届毕业生，2019届毕业生的平均月薪增加了396.47元，2020届毕业生的平均月薪比前一届毕业生增加了342.63元，2021届毕业生平均月薪的增加幅度进一步缩小，比前一届毕业生高出239.57元。

图7 2018~2021届大学毕业生的工作月收入

对于不同类型高校毕业生而言，四届毕业生中，高职院校毕业生的工作收入都是最低的，重点本科院校毕业生的工作收入都是最高的。除了非重点本科院校毕业生外，对比疫情前，疫情突发后不同类型大学毕业生工作收入的增长幅度均有所下降，但高职院校毕业生下降最为明显，这导致他们与本科院校毕业生之间的收入差距加一步拉大。

（二）2018~2021届大学毕业生工作满意度处于中等以上水平，疫情突发后工作满意度下降明显，非重点本科院校毕业生下降幅度最大

工作满意度是反映大学毕业生就业质量的主观性指标，是毕业生对其就业是否满意的心理感受和综合评价。本报告采用满意度得分评价大学毕业生的工作满意度。具体来说，通过对调查数据中大学生毕业半年后对工作总体满意程度进行赋分，"非常不满意"赋值为1分，"不太满意"赋值为2分，"一般"赋

值为3分,"比较满意"赋值为4分,"非常满意"赋值为5分,然后求取平均值得到满意度得分并进行比较。图8数据显示,2018~2021届大学毕业生工作满意度均处于中等以上水平,但呈现明显的变化趋势。疫情前,2018届应届毕业生毕业半年后的工作满意度得分为3.61分,2019届毕业生工作满意度得分为3.62分,变化不大,但疫情突发后大学毕业生工作满意度出现比较明显的下降,2020届、2021届毕业生工作满意度得分分别下降到3.45分、3.44分。这也从侧面反映出疫情突发后大学毕业生找到一份满意工作的难度正在增加。

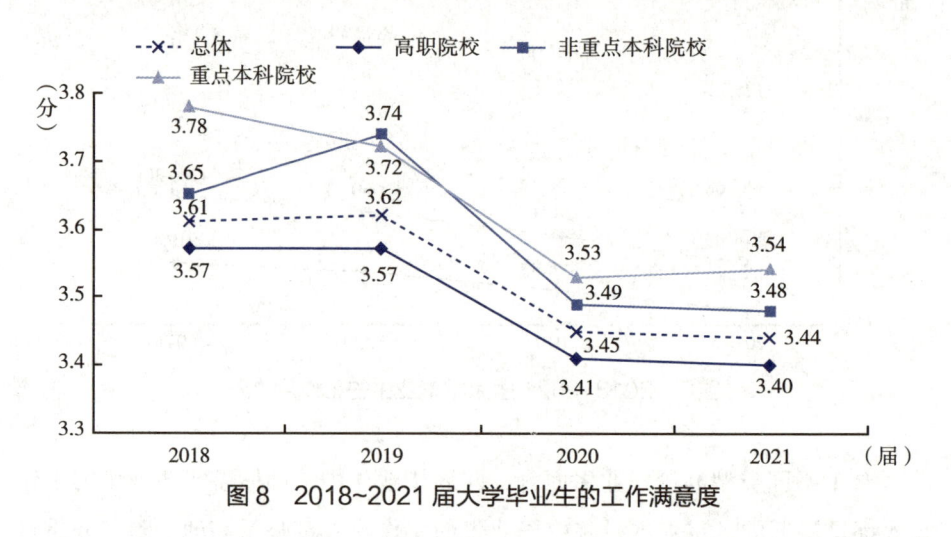

图8 2018~2021届大学毕业生的工作满意度

对三种类型高校毕业生的工作满意度进行比较可以发现,在四届毕业生中高职院校毕业生得分都是最低的,整体上非重点本科院校得分居中,重点本科院校毕业生得分较高。疫情突发后三类院校毕业生的满意度均呈现下降趋势,其中非重点本科院校毕业生下降的幅度是最大的,2020年比2019年下降了0.25分。

五 大学毕业生工作稳定性与失业担忧

(一)疫情突发后大学毕业生工作稳定性普遍下降,重点院校毕业生工作稳定性最高,高职院校毕业生工作稳定性最差、受疫情影响最为明显

我们以大学毕业生毕业半年内是否换过工作来衡量他们的工作稳定性。图

9 数据显示，2018~2020 届毕业生工作稳定程度大致相当，变化不大，相比于疫情前，疫情突发后的第一届毕业生也就是 2020 届毕业生毕业半年后换工作的比例并未增加。但对于疫情突发后第二年的 2021 届毕业生来说，毕业半年内换工作的比例出现大幅增长情况，总体上看，换工作的比例比 2020 届毕业生增加了 22.17 个百分点。这种情况出现的原因，除了疫情可能给就业带来的负面影响外，更大一种可能是叠加了外部市场因素，近两年房地产、互联网、教培等吸纳大学毕业生的行业大户均出现明显震荡，出现不同程度的裁员潮，对大学生就业的吸纳能力也有所下降，尤其是 2021 年 7 月 "双减"文件（《关于进一步减轻义务教育阶段学生作业负担和校外培训负担的意见》）出台，恰逢高校毕业生已经毕业离校，这或许是导致这部分学生换工作比例较高的原因之一。

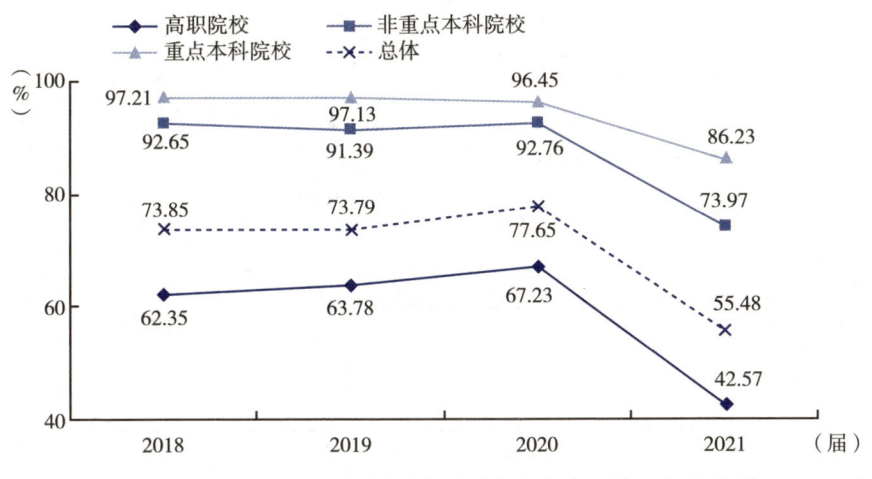

图 9　2018~2021 届高校毕业生毕业半年内未换工作的比例

从不同类型学校的差异来看，2018~2020 届四届毕业生中，高职院校毕业生的工作稳定性是最差的，非重点本科院校居中，重点本科院校的工作稳定程度最高。但在 2021 届毕业生中，三类院校毕业生中没有发生工作变动情况的比例都出现较大幅度的下降，重点本科院校毕业生下降了 10.22 个百分点，非重点本科院校毕业生下降了 18.79 个百分点，高职院校毕业生下降趋势最为明显，下降了 24.66 个百分点，在受访高职毕业生样本中超过一半（57.43%）的人在毕业半年内都换过工作。

（二）大学毕业生失业担忧情绪呈增加趋势，非重点本科院校毕业生的失业担忧上升幅度最大，重点本科院校毕业生的失业担忧上升幅度最小、变化最小

失业担忧反映了大学生对未来失业风险的主观感知。中国大学生追踪调查对大学生失业担忧的调查数据显示（见图10），[①]总体来看，对于2018~2021届高校毕业生来说，疫情前的2018届和2019届毕业生在失业风险的感知方面基本保持一致，均为2.74分，但是疫情突发后的2020届和2021届毕业生失业担忧情绪呈现增加趋势，2020届毕业生该分值增加到2.81分，2021届毕业生该分值进一步增加到2.94分，而且增长幅度加大。

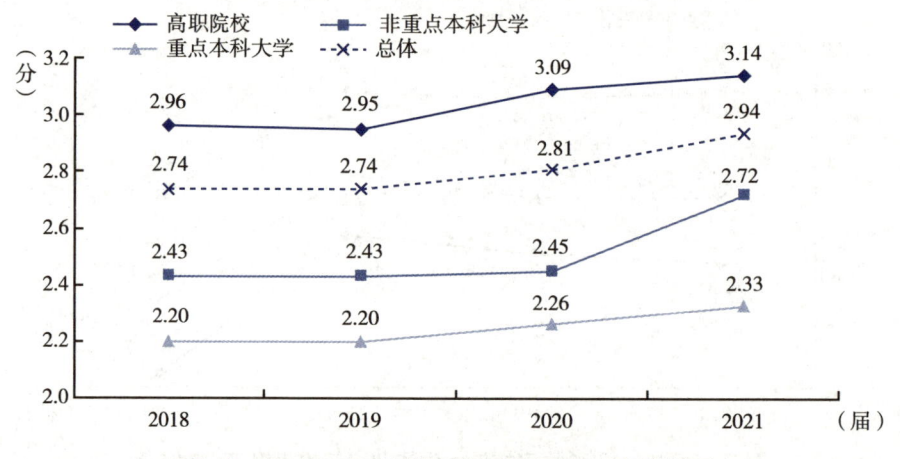

图10　2018~2021届高校毕业生的失业担忧情况

从学校类型差异看，在疫情突发前后，高职院校毕业生对失业风险的主观感知都是最强烈的，重点本科院校毕业生的失业担忧程度是最低的。相比于疫情突发前，疫情突发后的2021届非重点本科院校毕业生的失业担忧情绪

---

① 中国大学生追踪调查询问了大学毕业生认为自己在未来的六个月内失业的可能性有多大，回答分为"非常不可能""不可能""一般""有可能""非常有可能"五种程度，本报告对五个回答选项分别赋值1~5分，分值越大，表明失业担忧程度越高。

增加幅度最大，从疫情前2019年的2.43分增加到疫情后2021年的2.72分。相比之下，重点本科院校毕业生的失业担忧情绪增加最少，变化也最小。疫情和行业变动对就业情绪造成的影响在短时间内没有显现，但长期承压之下就业悲观情绪有加剧趋势。

六 结论与建议

规模庞大的毕业生总量、每年较大数量的毕业生增量、经济下行压力以及新冠肺炎疫情的持续性和累积性影响，导致近几年大学生就业遭遇重重压力。促进高校毕业生实现更高质量和更充分就业，面临更多更大挑战。为此，本报告使用中国大学生追踪调查数据，纵向对比分析了2018~2021年大学生就业观念和就业状况的新特征、新趋势，主要结论如下。

第一，多数大学生最愿意去体制内单位就业，并且这种体制内偏好呈现逐年加强趋势。愿意去体制外单位工作的大学生比例则呈现逐年下降趋势，尤其是愿意去外企工作的比例下降十分明显。大学生在就业地域的选择上，虽然仍旧偏爱北上广深等一线大城市和二线经济发达城市，不过这种偏好有减弱趋势，想去三四线中小城市、小县城、基层乡镇和农村工作的比例呈现增加趋势。

第二，与严峻的就业形势和巨大的就业压力相比，未入职场的在校大学生就业心态总体还比较乐观，就业信心充足，虽然在新冠肺炎疫情后有所削弱，但大部分学生对自身就业还是充满信心。即便假设毕业后遭遇暂时性失业，多数大学生仍旧能保持接受的心态，超过一半的大学生表示仍会继续寻找满意的工作或选择暂时接受不满意的工作，不过也有越来越多的学生在这种情况下会选择先不工作而继续求学。

第三，从实际的就业状况看，2018~2021届大学生毕业去向落实率总体变化不大，疫情突发后出现小幅度下降，但总体平稳。整体上高职院校毕业生的毕业去向落实率最高且在疫情突发前后变化不大，非重点本科院校毕业生的毕业去向落实率最低，而且在疫情突发后下降最为明显。高职院校和重点本科院校毕业生在疫情突发后升学比例增长最为明显。

第四，从收入状况与工作满意度看，2018~2021届大学毕业生工作收入呈现增长趋势，但疫情突发后增长幅度下降；疫情突发后大学生工作满意度下降明显，非重点本科院校毕业生下降幅度最大。这也反映出疫情叠加多重因素导致疫情突发后大学毕业生就业质量有所降低。

第五，从就业稳定性与失业担忧来看，疫情的持续影响叠加外部市场环境的变化，对2021届大学生就业稳定性造成比较大的负面影响。疫情带来的累积性和持续性影响也改变了毕业生失业预期，长期承压之下大学毕业生失业担忧情绪呈增长趋势。相比之下，尚未步入职场的在校大学生则一直表现出比较乐观的就业心态。在不同类型高校中，非重点本科院校毕业生失业担忧情绪增长最明显。

面对大学生就业观念和就业状况的新特征和新趋势，为进一步促进大学生就业质量的提高，本报告提出以下五个方面的对策建议。

第一，"施政策"：积极落实就业支持政策，为大学生提供更多就业保障。教育部、人社部等部门已陆续出台多项就业创业新政促进高校毕业生就业，各省市也针对高校毕业生就业进一步制定出台了细化方案，要继续落实好这些积极的就业政策。进一步加大对民营企业吸纳大学生就业的扶持力度，充分发挥民营企业吸纳就业的"主阵地"作用。

第二，"细服务"：细化就业服务，分类施策，提高就业指导效能。根据高校毕业生就业信息网监测数据，从市场需求、就业流向、薪资待遇、就业形式等方面，对高校毕业生就业情况开展定期分析，建立高校就业情况调度通报制度，督促各高校进一步加大促进就业力度。各大高校要进一步提高就业指导服务效能，一要提高就业服务效率，简化就业手续办理流程，例如一些高校推出就业手续"简办""秒办"，开设就业指导"空中课堂"等。二要提升就业服务精准度，把握就业黄金期，开展更富有针对性的就业帮扶辅导，全面调查了解毕业生的差异化求职需求，分类实施指导，实行"一生一策"动态管理。

第三，"稳心态"：促进大学生转变就业观念，调整心态积极面对。大学生应合理设定就业预期与择业偏好，树立理性务实的择业观念。对于正在找工作的毕业生而言，无论是学校就业指导部门，还是毕业生自身，都要拒绝等待，主动适应。各大高校要稳步有序落实相关就业政策，大学生则要摆脱焦虑和观望心态，更加积极乐观，从容面对。就业心理压力疏导是一项系统性工程，需要社会的认同与关怀、学校的教育与引导、家庭的关心与包容和学生的主动融入。利用好辅导员、学生干部、宿舍成员等资源，及时跟踪未就业群体的思想动态，加强鼓励，帮助减缓压力。

第四，"定规划"：大学生需要做好职业规划，明确就业"首选项"和就业"多选项"。对于大学生来说，在大学期间应积极提升自身能力和加强人力资本积累，结合自身特点建立科学合理的职业规划。尤其是对于正在找工作的毕业生而言，做好职业选择尤为重要，既要明确最适合自己的就业"首选项"，也要放宽选择，为自己准备就业"多选项"。高校就业指导部门则要做好辅助，组织有经验的就业指导专业教师团队，与学生及时沟通，根据学生优势特长、兴趣爱好、求职意向提供职业规划、就业准备、简历问诊、面试技巧等方面的指导。

第五，"强保障"：加强大学毕业生就业保障，健全失业援助机制，降低社会风险。在就业难的形势下，大学生毕业越来越不意味着马上就业，很多大学毕业生往往毕业后在劳动力市场摸索一段时间后再就业。因此，针对大学毕业生待业群体，政府应完善大学毕业生待业保障机制，完善大学毕业生失业保险制度。针对家庭经济困难未就业毕业生制定重点帮扶政策，提供就业经济补助、就业岗位等，确保这部分毕业生顺利就业。针对毕业后未能正常就业的毕业生，要建立"一对一"工作台账，加强跟踪服务。

参考文献

《2019年全国教育事业发展统计公报》，中华人民共和国教育部门户网站，http://www.moe.gov.cn/jyb_sjzl/sjzl_fztjgb/202005/t20200520_456751.html，2020年5月20日。

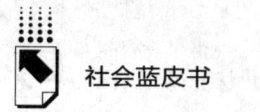

刘保中、郭亚平、敖妮花:《新冠肺炎疫情对大学毕业生就业质量的影响》,《中国青年研究》2022年第10期。

岳昌君:《中国高校毕业生就业满意度的影响因素分析》,《北京大学教育评论》2013年第2期。

B.12
中国城乡青年婚姻家庭生育观调查报告[*]

邹宇春　王翰飞　梁茵岚[**]

摘　要： 青年是国家和民族的未来，及时了解当前我国青年的婚姻家庭生育观状况，引导青年树立文明、健康、理性的婚姻家庭生育观，对于青年健康成长和社会文明可持续发展具有重要意义。为此，本报告采用"2021年中国社会状况综合调查"中婚姻、家庭、生育等方面的行为态度数据，分析我国城乡青年婚姻家庭生育观的现状，并与2015年的类似数据进行对比，研究结果显示：①在婚姻观方面，我国城市青年择偶标准要高于农村青年，但农村青年的初婚比例要高于城市青年；我国城乡青年异质婚比例增多，同时未婚比例也在增多，婚姻的多元化倾向增强。②在家庭观方面，农村青年相较于城市青年有相对更大的主观家庭规模；城乡青年均有较高的家庭满意度，但农村青年略低于城市青年；城乡青年家庭规模的小型化趋势渐缓，且家庭满意度也逐渐上升。③在生育观方面，农村青年比城市青年的生育数量更多，但两者的生育计划均显消极；城乡青年的二孩家庭数量有所增加，但二孩生育计划有所下降。最后，本报告总结了我国城乡青年婚姻家庭生育

---

[*] 本研究成果受到以下项目资助：国家社会科学基金重大项目"中国社会质量基础数据库建设"（16ZDA079）；中国社会科学院登峰计划重点学科发展社会学建设项目；中国社会科学院"社会发展指标综合集成实验室"项目；团中央青少年发展研究课题"我国城乡青年的家庭婚姻生育观及其影响因素研究"（21YB032）。

[**] 邹宇春，中国社会科学院社会学研究所发展社会学研究室主任，副研究员；王翰飞，中国社会科学院大学社会与民族学院博士研究生；梁茵岚，中国社会科学院大学社会与民族学院硕士研究生。

观存在的问题,并提出相应的对策建议。

关键词: 城乡青年 婚姻观 家庭观 生育观

《新时代的中国青年》白皮书指出:"青年是整个社会力量中最积极、最有生气的力量,国家的希望在青年,民族的未来在青年。"青年群体是我国改革开放浪潮中成长起来的最特殊的"拐点一代"。社会结构的变化、思想观念的多元化革新都对青年产生重要影响[①],其中最为明显的表现之一是青年的婚姻观、家庭观、生育观在发生变化。近年来,青年未婚先孕、离婚等比例大幅上升,"物质性恋爱""闪恋闪婚"现象日渐增多;众多青年平均初婚初育年龄不断推迟,婚育间隔逐渐拉大,适龄青年处于非婚状态的情况比较普遍,已婚青年家庭"一孩""二孩"生育率大幅下降。[②]这些风险和问题的存在,在很大程度上会对人口及社会可持续发展造成影响,同时也从侧面反映出加强对青年群体婚姻家庭生育观的调查研究以及修订完善青年婚育政策的必要性和迫切性。

《中长期青年发展规划(2016—2025年)》明确提出,要加强对青年婚恋观、家庭观的教育和引导,引导青年树立文明、健康、理性的婚姻家庭生育观。[③]我国城乡青年婚姻家庭生育观的现状及变化趋势如何是亟须回答的时代命题。基于此,本报告聚焦于探索两个问题:第一,当前我国青年的婚姻家庭生育观整体上处于何种状况?第二,自2015年"全面二孩"政策颁布以来,我国城乡青年的婚姻家庭生育观是否发生了变化?基于对这两类问题的分析和回答,本报告最后还探讨了我国城乡青年婚姻家庭生育观存在的问题,并提出相应的对策建议。

[①] 肖武:《中国青年婚姻观调查》,《中国青年研究》2016年第6期。
[②] 陈卫民、李晓晴:《晚婚还是不婚:婚姻传统与个人选择》,《人口研究》2020年第5期。
[③] 《中长期青年发展规划(2016—2025年)》,http://www.gov.cn/zhengce/2017-04/13/content_5185555.htm#1。

一 数据与测量

（一）数据来源

针对上述问题，本报告采用"2021年中国社会状况综合调查"（以下简称CSS2021）和"2015年中国社会状况综合调查"（以下简称CSS2015）中的婚姻、家庭、生育相关数据，对我国青年群体的婚姻家庭生育观状况展开分析。CSS调查是由中国社会科学院社会学研究所发起、始于2006年每两年开展一次的全国概率抽样入户调查。该调查采用多阶段混合概率抽样，调查范围覆盖全国31个省（自治区、直辖市，不包括港澳台地区），调查对象为18~69岁中国城乡居民。CSS2021有效样本规模为10136份，本报告采用其中18~35岁青年样本作为分析对象，样本规模为2684份，并用户籍属性来区分城市青年和农村青年。同时，为了回答第二个问题，本报告也采用了CSS2015全国调查数据中的青年样本做了对比分析，CSS2015中18~35岁青年样本为2388份。

（二）概念界定与测量指标

首先，关于婚姻观的概念，目前学界主要以婚姻观的具体内容来界定，即通过不同指标来构建婚姻观的测量维度。有学者认为，青年婚姻观可包括择偶观和性观念两个维度[1]，或包括择偶观、恋爱观、性观念、财产观念四个维度等[2]。据此，参照以往研究，本报告通过构建婚姻观的具体内容来界定婚姻观的概念内涵，围绕婚姻匹配、婚姻形态、婚姻模式三方面展开对青年群体婚姻观的讨论。其中，婚姻匹配使用配偶的受教育程度和家庭背景来测量，受教育程度分为"初中及以下""高中/中专/技校""大专""大学本科及以上"，家庭背景选用配偶父亲或母亲中受教育程度较高的一方作为测量指标。

---

[1] 王平一：《大陆和台湾地区青年婚恋观的比较研究》，《中国青年政治学院学报》2002年第4期。

[2] 吴鲁平：《当代中国青年婚恋、家庭与性观念的变动特点与未来趋势》，《青年研究》1999年第12期。

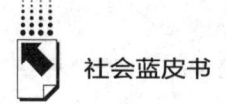

婚姻形态分为"未婚""初婚""再婚""离婚""丧偶""同居"六个类别来测量。婚姻模式包括青年夫妻的居住安排和财产观念，使用"是否与配偶同吃同住"以及"是否与配偶共同收支"两个指标来测量。

其次，关于家庭观的概念，经典的社会学理论认为，家庭是婚姻与血缘基础之上的亲密合作与共同生活的初级社会群体，承担着生产教育、情感交流、娱乐休息等功能。家庭观反映着个人对家庭和家庭问题的基本观点和看法，如夫妻关系的处理、家庭财产管理、夫妻共同生活及私人生活空间的发展、家庭生活角色的分配、夫妻的经济能力、父母对于子女的教育及未来的期望等。[1]沿着上述关于家庭观的讨论，本报告主要使用家庭规模、家庭与工作的平衡、家庭满意度三个指标来测量青年的家庭观。

最后，关于生育观的概念，学界主要从两个角度进行界定，第一个角度是将生育观作为一种价值观，从宏观层面给生育观下定义：将生育观定义为社会意识形态的范畴，是人们对生育问题的基本看法。[2]第二个角度则是根据生育观的主要内容对生育观进行概念界定，主要包括生育态度、生育的性别取向、理想子女数量以及对子女的期望等内容。[3]参照以往研究，为了解和掌握青年生育观更翔实的特征，本报告采用第二种概念界定，侧重对生育观具体内容的分析，并围绕生育水平、再生育计划和生育意愿展开对青年生育观的论述。其中，生育水平使用平均生育数量来测量，再生育计划使用计划再生育子女数测量，分别为"有二孩生育计划""有三孩及以上生育计划""生育计划不确定""确定不再生育"四个类别，生育意愿使用理想生育数量以及生育性别偏好两个指标来测量。

综上，本报告的分析指标框架如表1所示。

---

[1] 蔡翾飞、余秀兰：《工具理性和表达理性下家庭教育观念及其"窄化"问题的研究》，《当代教育论坛》2021年第6期。
[2] 韩永江：《生育观影响因素的经济分析》，《人口学刊》2005年第2期。
[3] 罗天莹：《改革开放30年与青年生育观念的变迁》，《中国青年研究》2008年第1期。

表1 城乡青年婚姻家庭生育观的分析指标

一级指标	二级指标	三级指标
婚姻观	婚姻匹配	配偶受教育程度
		配偶家庭背景
	婚姻形态	婚姻状态
	婚姻模式	是否与配偶同吃同住
		是否与配偶共同收支
家庭观	家庭规模	主观家庭规模
	家庭与工作的平衡	照顾家庭选择
	家庭满意度	家庭总体满意度
		家庭关系满意度
		家庭经济状况满意度
生育观	生育水平	平均生育数量
	再生育计划	计划再生子女数
	生育意愿	理想生育数量
		生育性别偏好

二 我国城乡青年的婚姻观现状及其变化趋势

（一）我国城乡青年婚姻观的基本现状

1. 在婚姻匹配方面，城乡青年倾向选择与自身条件相近的人为配偶，而城市青年择偶的标准要高于农村青年

从婚姻匹配上看，当下青年的婚配呈现现实性和多元化的特征。城乡青年在择偶时会受到配偶个人条件和家庭背景的影响，本研究使用青年配偶的受教育程度、家庭背景指标进行分析。数据分析结果显示，在受教育程度上，有62.64%的已婚青年的受教育程度与配偶的受教育程度相匹配[1]，有37.36%

---

[1] 青年配偶的受教育程度为"初中及以下"的占比最高，为39.27%；配偶的受教育程度是"高中/中专/技校"的青年占比为25.30%；配偶的受教育程度为"大专"和"大学本科及以上"所占的比重分别为18.67%和16.76%。

的已婚青年与配偶受教育程度不相匹配。可以推测，当前青年在择偶时更倾向于选择与自身受教育程度相似的配偶。在配偶的家庭背景方面，本研究进一步对比青年本人的父母及其配偶父母的受教育程度，发现双方父母受教育程度更多地集中在初中及以下，两者分布基本相似。[1] 由此可见，当前大多数青年择偶时倾向选择与自身家庭资源匹配的配偶。

一般而言，由于当前客观存在的城乡社会发展程度的差异，以及由此带来的具有城市背景和农村背景的青年在先赋社会地位上的差别[2]，因此城市青年的配偶的各方面条件要普遍优于农村青年的配偶条件。数据分析结果显示，在配偶的受教育程度方面[3]，接受过大专及以上教育的城市青年配偶占比达到64.78%，远高于农村青年配偶接受过高等教育的比例（24.91%）。城市青年配偶的受教育程度在总体上明显高于农村青年配偶。在配偶的家庭背景方面，从配偶父母的受教育程度[4]看，城市青年配偶的父母在受教育程度上显著[5]高于农村青年配偶的父母。可推测，城市青年配偶的家庭状况普遍要好于农村青年配偶。

2. 在婚姻形态方面，城乡青年未婚比例较高，但农村青年对婚姻家庭更为看重，其"在婚"比例明显高于城市青年

从婚姻形态来看，处于初婚状态的青年占比最多，为49.98%，未婚青年的占比次之，为45.84%，其他四种情况所占比重从高到低依次为再婚（1.70%）、

---

[1] 青年父母的受教育程度占比最多的是"初中及以下"，为71.04%；"高中/中专/技校"占比次之，为21.47%；"大专"占比再次，为3.98%；"大学本科及以上"占比最低，为3.51%。配偶父母的受教育程度占比最多的是"初中及以下"，为79.75%；"高中/中专/技校"占比次之，为17.47%；"大专"占比再次，为1.48%；"大学本科及以上"占比最低，为1.30%。
[2] 风笑天：《谁和谁结婚：大城市青年的婚配模式及其理论解释》，《广西民族大学学报》（哲学社会科学版）2014年第4期。
[3] 农村青年配偶的受教育程度占比由高到低依次排序：初中及以下（47.87%）、高中/中专/技校（27.23%）、大专（14.54%）、大学本科及以上（10.37%）。而城市青年中，配偶受教育程度占比由高到低依次排序：大学本科及以上（34.77%）、大专（30.01%）、高中/中专/技校（19.98%）、初中及以下（15.24%）。
[4] 农村青年配偶父母的受教育程度占比最多的是"初中及以下"，为85.43%，"高中/中专/技校"的占比为13.50%，"大专"和"大学本科及以上"的占比分别为0.60%和0.47%。城市青年配偶父母的受教育程度占比最多的同样是"初中及以下"，为63.75%，"高中/中专/技校"的占比为28.72%，"大专"和"大学本科及以上"的占比分别为3.92%和3.61%。
[5] 如无特别说明，本研究的相关统计分析均通过了卡方检验或T检验。

离婚（1.49%）、同居（0.82%）、丧偶（0.17%）。分城乡看，城市青年中未婚群体的占比最高（57.13%），其次是"初婚"（39.37%）。[1] 农村青年的婚姻状态中占比最多的则是"初婚"（55.20%），未婚群体次之（40.33%）。[2] 其中，农村青年的初婚占比高城市青年15.83个百分点，再婚占比高城市青年0.87个百分点，同居占比高城市青年0.36个百分点，但离婚比例则低城市青年0.12个百分点。可见，受到家本位文化影响，无论是初次结婚还是婚姻重组，农村青年的在婚比例都更高，这说明相比于城市青年，他们更重视稳定的婚姻家庭生活，而对于婚姻解体则比较保守和谨慎。此外，农村青年的同居占比略高于城市青年，这可能是由于有大量农村青年进城务工，他们的工作和生活都相对不稳定，流动青年男女难以结成稳定的婚姻关系，因而选择同居作为婚姻的暂时替代，反映了人口流动对农村青年婚姻形态的影响。

3. 在婚姻模式方面，有八成左右的城乡青年与配偶共同吃住，但农村青年共同吃住的比例要略低于城市青年；超九成城乡青年与配偶共同收支，且无城乡差异

本研究采用"是否与配偶同吃同住"以及"是否与配偶共同收支"对青年的婚姻模式进行测量。调查数据显示，与配偶同吃同住和共同收支的青年分别占80.09%和93.42%。分城乡看，城市青年中与配偶同吃同住的占比83.80%，农村青年与配偶同吃同住的占比78.49%，农村青年夫妻共同吃住的占比偏低，这可能与当前农村青年进城务工、青年夫妻两地分居的现象有关。城市青年与配偶共同收支的占比92.52%，农村青年与配偶共同收支的占比93.68%，两者不存在统计上的显著差异。这表明，大多数青年选择和配偶共同吃住和收支，倾向于将自身和配偶在财产上看作一个整体。总的来说，与配偶同吃同住和共同收支主导着城乡青年的婚姻模式。但出于工作和生活的原因，与城市青年夫妻相比，吃住分离的农村青年夫妻相对较多。

---

[1] 其他四种婚姻状态："再婚"（1.09%）、"离婚"（1.58%）、"丧偶"（0.27%）以及"同居"（0.56%）。

[2] 其他四种婚姻状态："再婚"（1.96%）、"离婚"（1.46%）、"丧偶"（0.13%）以及"同居"（0.92%）。

（二）我国城乡青年婚姻观的变化趋势

1. 从婚姻匹配上看，与2015年相比，2021年青年择偶标准更高，以同质婚为主，但异质婚占比增加

个人条件及其家庭背景共同影响青年的择偶与婚配。在择偶标准方面，如图1所示，对比2015年与2021年数据，分析结果显示，已婚青年的配偶受教育程度整体上有显著提高，配偶的受教育程度为高中/中专/技校、大专和大学本科及以上的比例分别提高了3.45个、6.48个和3.80个百分点，初中及以下的比例则下降了13.74个百分点。已婚青年的配偶有初中以上学历的比例从47.00%上升至60.73%，突破六成。从教育匹配上看，与2015年相比，青年夫妻中教育异质婚比例上升了5.21个百分点，相应地，教育同质婚比例下降了5.21个百分点，但仍保持在六成以上，这意味着受教育程度相同仍旧是青年群体中主要的婚配方式，但教育异质婚的比例在上升。在家庭背景方面，与2015年相比，已婚青年的配偶父母的受教育程度基本没有变化。总的来说，与2015年相比，2021年青年异质婚增多，婚配形式更多元。

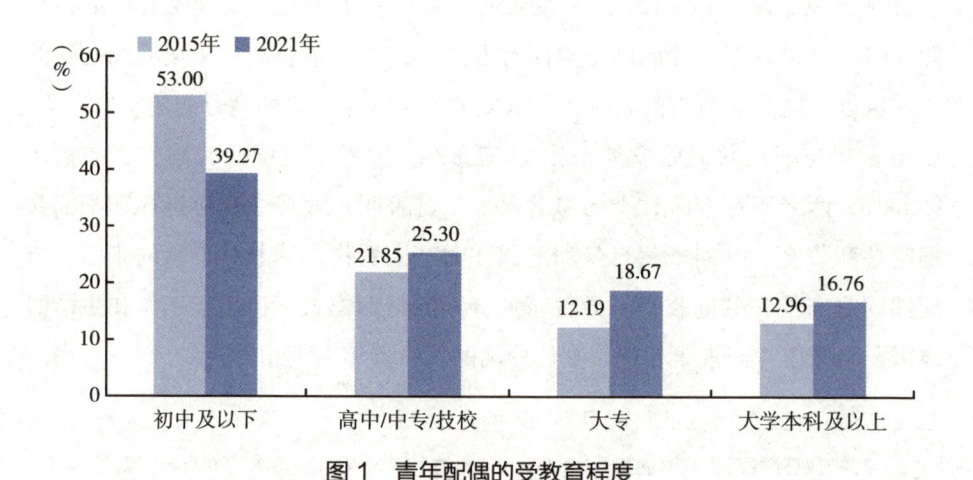

图1 青年配偶的受教育程度

资料来源：CSS2015、CSS2021。

2. 从婚姻形态上看，与 2015 年相比，2021 年我国未婚青年比例有所提高，婚姻形态多样化倾向略有增强

受现代化和个体主义的影响，青年的婚姻选择更为自由和开放，婚姻形态也呈现更为多元的特征。如图 2 所示，一方面，与 2015 年相比，2021 年数据分析结果显示，未婚青年的比例提高了 5.63 个百分点。相应地，青年中初婚比例下降了 7.49 个百分点，跌破 50%，不足一半的青年处于初婚状态，这与近年来青年初婚年龄的推迟和不婚现象的出现密切相关。另一方面，与 2015 年相比，2021 年青年再婚、离婚和同居的比例均略有提高，分别提高了 1.05 个、0.47 个和 0.34 个百分点。可见，青年的婚姻形态变迁与第二次人口转变形势基本吻合，青年男女进入婚姻的时间不断推迟，越来越多年轻人选择同居作为进入婚姻的过渡，婚姻解散（离婚）和婚姻重组（再婚）的现象也更多。但值得注意的是，青年中再婚、离婚和同居的比例仍维持在 2% 以下的较低水平，这表明，尽管婚姻形态多样化，受我国传统文化和家庭观念的影响，青年的婚姻稳定程度仍然较高，婚前同居等现象并未成为主流。

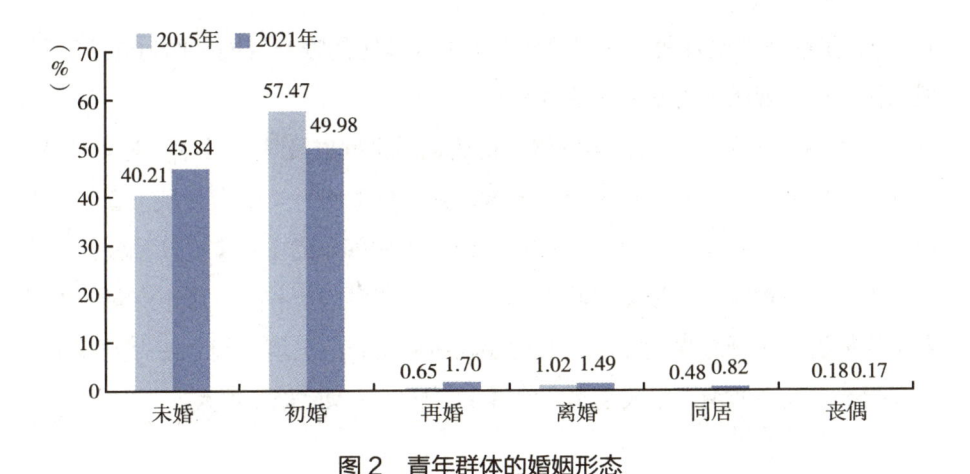

图 2　青年群体的婚姻形态

资料来源：CSS2015、CSS2021。

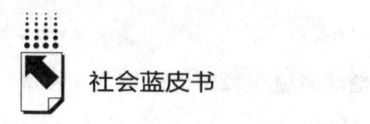

3. 从婚姻模式上看，与 2015 年相比，2021 年我国已婚青年与配偶吃住与收支分离比例均有所提高，但占比仍较低

夫妻同居共产是传统的家庭理念，CSS2015 与 CSS2021 数据显示，已婚青年与配偶同吃同住、共同收支的比例均保持在 80% 和 90% 以上，可见该理念仍主导着当代青年的婚姻模式。但值得注意的是，与 2015 年相比，2021 年数据分析结果显示，已婚青年不与配偶同吃同住、共同收支的比例有所提高，分别提高了 4.54 个和 2.59 个百分点，其中，不同吃同住的青年夫妻接近两成。总之，已婚青年吃住与收支分离比例的上升，一方面，可能与日益普遍的人口流动有关，即受到客观条件的制约，已婚青年夫妻不得不两地生活，如异地工作、外出学习等；另一方面，这可能也与近年来"婚内单身""周末夫妻""AA 制家庭"等现象的出现有关。有研究认为，这代表了一种新的人际关系模式，是人际关系多元化的反映，也体现了青年婚姻观的独立性和现实化趋向。[1]

三 我国城乡青年的家庭观现状及其变化趋势

（一）我国城乡青年家庭观的基本现状

1. 在家庭规模方面，我国城乡青年主观认定的家庭规模平均为 4.35 人，但农村青年主观认定的家庭规模要大于城市青年

调查结果显示，我国青年群体主观认定的家庭成员[2]人数平均为 4.35 人。从城乡差异来看，农村青年主观认定的家庭规模平均为 4.73 人，城市青年主观认定的家庭规模平均为 3.80 人。相对来说，农村青年的主观家庭规模较大，比城市青年的主观家庭规模多出将近 1 人。这可能是因为相对于城市青年，农村青年的传统家庭观念更为浓厚，农村地区熟人社会的环境可能会使青年群体将更多的亲人或亲戚纳入家人范畴，使得主观认定的家庭规模更大。

---

[1] 李银河：《Solo 家庭与人际关系多元化》，《中国新闻周刊》2005 年第 41 期。
[2] "主观认定的家庭成员"是指被受访者主观上认定为家庭成员的人数，与户口本上的客观家庭成员数可能会存在差异。

2. 在家庭与工作的平衡方面，我国未就业的城乡青年中因照顾家庭而未工作的比例超过六成，且农村青年的这一比例要显著高于城市青年

如图3所示，我国未就业的城乡青年中，未工作的原因占比从高到低排序依次为："照顾家庭"（63.18%）、"其他"（14.89%）、"毕业后未工作"（11.91%）、"单位或个人原因"（7.57%）、"丧失劳动能力"（2.01%）、"承包土地被征用"（0.25%）、"已离/退休"（0.19%）。这表明，未就业的青年群体中，因照顾家庭而不工作的比例已超过六成，"家"文化仍然在当今现代社会生活中占据重要地位。从城乡差异来看，农村青年因照顾家庭而未工作的比例为72.36%，城市青年因照顾家庭而未工作的比例为49.11%。可以推测，当家庭与工作产生冲突时，农村青年更倾向于选择家庭，城市青年因家庭而放弃工作的倾向性则相对较弱。

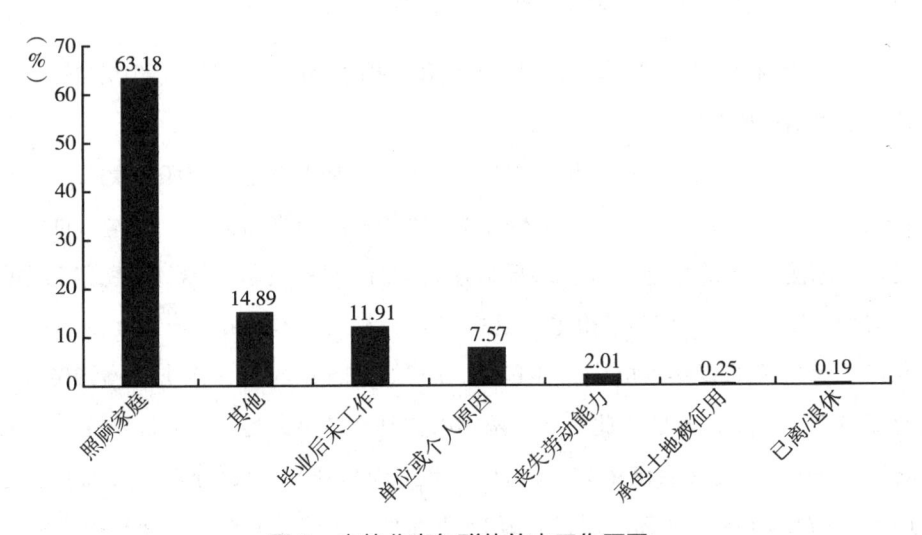

图3 未就业青年群体的未工作原因

资料来源：CSS2021。

3. 在家庭满意度方面，我国城乡青年的家庭总体满意度较高，但农村青年的家庭经济状况满意度显著低于城市青年

数据分析结果显示，我国青年群体家庭总体满意度平均得分为7.50分，

处于较高水平。在家庭关系满意度和家庭经济状况满意度方面，青年群体的平均得分分别为8.89分、6.61分。从城乡差异来看，农村青年的家庭总体满意度平均得分为7.36分，城市青年家庭总体满意度的平均得分为7.76分，前者略低于后者。在家庭关系满意度方面，农村青年家庭关系满意度的平均得分为8.89分，略高于城市青年家庭关系满意度的平均得分（8.81分），但两者不存在统计上的显著差异。在家庭经济状况满意度方面，城市青年家庭经济状况满意度平均得分（7.16分）要显著高于农村青年家庭经济状况满意度平均得分（6.35分）。可见，我国青年群体的家庭总体满意度较高，但城市青年的家庭经济状况满意度更高。究其原因可能是，相比于农村青年，城市青年的家庭能给青年提供更多的社会经济资源和发展机遇。

（二）我国城乡青年家庭观的变化趋势

1. 从家庭规模上看，与2015年相比，2021年青年家庭以四口之家占主导，小型化趋势渐缓

家庭规模是家庭结构中重要的人口要素，影响着家庭的特征和模式，主观家庭规模更在一定程度上代表着人们观念中的家庭边界和构成，其数量的增减反映着家庭观念的变迁。调查结果显示，2021年青年群体主观家庭人口规模平均为4.35人，与2015年相比，提高了近1人。具体来讲，一方面，四口之家在所有规模的青年家庭中占比最高，且从2015年的19.39%增加至2021年的27.35%。三口之家的占比次之，两年占比基本持平。另一方面，中等规模家庭户（4~6人）比例突破半数，较2015年提高了18.86个百分点，大规模家庭户（7人及以上）比例超一成，较2015年提高了5.67个百分点，小规模家庭户（1~3人）比例跌破半数，较2015年降低了24.53个百分点。可见，近年来家庭小型化趋势有所减缓，这可能与2015年以来的计划生育政策调整有关，"全面二孩"政策的实施给了有继续生育意愿的青年夫妻选择空间，使得生育二孩甚至三孩成为部分青年家庭的选择，独生子女核心家庭不再是青年不得不选择的家庭结构，家庭少子化现象稍有改变。

2. 从家庭与工作的平衡上看，与 2015 年相比，2021 年出于家庭原因而不工作的青年占比上升，突破六成

对于青年群体而言，"成家立业"是人生两大重要的任务，但工作和家庭之间却时有冲突。从总体上看，与 2015 年相比，2021 年未就业青年群体中因家庭而不工作的占比大幅上升，提高了 36.66 个百分点，突破六成，这意味着有相当一部分青年会出于料理家务、照看家人等原因而选择不工作，"顾家"逐渐成为青年群体不工作的重要原因。从性别上看，未就业青年女性因家庭而不工作的占比，从 2015 年的四成左右上升到 2021 年的近八成，提高了 36.90 个百分点，而青年男性提高了 13.32 个百分点。可见，在工作和家庭的平衡上，青年男女的"延迟"状况比较突出，即女性与男性共同参与劳动，但男性并不以同样的比例参与到家庭劳动中。随着各种倡导型生育政策的逐渐放宽，在照顾家庭选择方面，青年女性将在一定程度上面临比青年男性更大的挑战，若无相应配套措施的实施，将加剧劳动力市场中的性别不平等，并进一步增加青年夫妇的生育成本，降低家庭的可持续发展能力，不利于"全面二孩"政策的落地和总和生育率的提高。

3. 从家庭满意度上看，与 2015 年相比，2021 年青年家庭总体满意度有所提升，但家庭经济状况满意度提升更快

家庭满意度是家庭生活质量的重要尺度，反映了青年对家庭生活的主观感受。如图 4 所示，与 2015 年相比，2021 年青年群体的家庭总体满意度平均得分提高了 0.94 分，突破了 7 分。具体地，青年群体的家庭关系满意度平均得分提高了 0.69 分，接近 9 分。青年群体的家庭经济状况满意度平均得分提高了 0.99 分，突破了 6 分。由此可见，重视家庭和家庭关系仍然是青年家庭观的重要内容。同时，青年家庭经济状况满意度的显著提高也折射出社会经济的进步对家庭生活质量的重要影响。

图例：家庭总体满意度　　家庭经济状况满意度　　家庭关系满意度

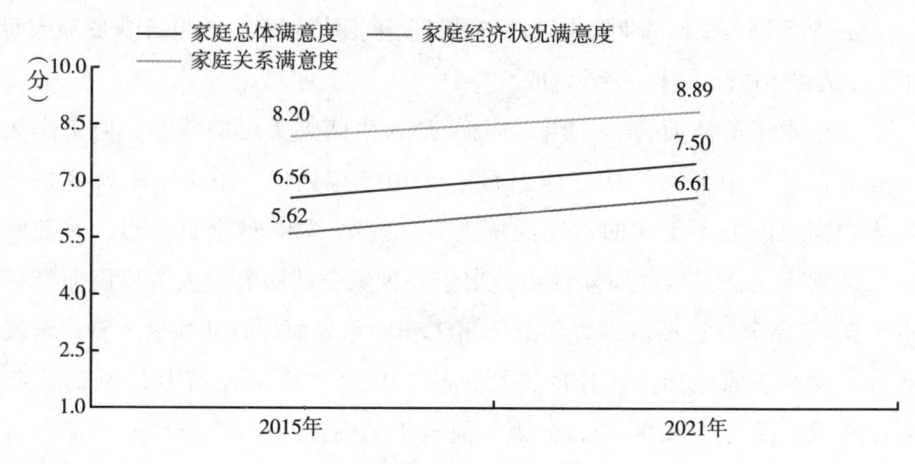

图4　青年群体的家庭满意度

资料来源：CSS2015、CSS2021。

四　我国城乡青年的生育观现状及其变化趋势

（一）我国城乡青年生育观的基本现状

1. 在生育水平方面，我国城乡青年的生育观呈现现代化的特点，表现为城乡青年的生育数量均较低，但农村青年略高于城市青年

实际生育数量是衡量生育观的指标之一。实际生育子女的多寡不仅可衡量生育水平的高低，还可反映青年生育意愿转化为实际生育行为的情况。青年作为育龄人群的主体，其生育行为受到政府生育政策和社会经济发展的共同影响。数据分析结果显示，我国城乡青年实际生育数量的平均数为1.44个。其中，农村青年的平均生育数量为1.58个，而城市青年的平均生育数量为1.21个，前者比后者高0.37个。农村青年的平均生育数量要略高于城市青年，这可能与农村地区子女的抚养和教育成本较低、农村地区"多子多福""养儿防老"等传统生育观念的影响有关。

2. 在再生育计划方面，城乡青年的再生育计划均显消极，生育政策的效力还有待释放

再生育计划，也就是生育意向，是已婚青年考虑现有生育状况后的生育意向,它比理想子女数更接近生育的短期决策,也更适用于预测近期的生育行为。本研究把再生育计划分为"有二孩生育计划""有三孩及以上生育计划""生育计划不确定""确定不再生育"四种情况。数据结果显示,有二孩生育计划的青年占比为14.14%,有三孩及以上生育计划的青年占比为4.21%。生育计划不确定的青年占比为29.95%,确定不再生育的青年占比为51.70%。可见,有再生育计划的青年比例明显较低,青年的再生育计划稍显消极。值得注意的是,生育计划不确定的青年群体中,已生育一孩的青年占比为19.17%,已生育二孩的青年占比为10.07%,已生育三孩及以上的青年占比为0.71%,近三成生育计划不确定的青年群体,是提升生育水平的重要群体。此外,确定不再生育的青年群体,已生育二孩的占比最高,为32.31%,已生育一孩的占比为12.85%,已生育三孩及以上的占比为6.54%,是青年生育计划多样性的体现。

从城乡来看,有二孩生育计划的农村青年(14.14%)占比略低于城市青年(14.51%),但有三孩及以上生育计划的农村青年占比(4.59%)比城市青年(2.87%)高1.72个百分点。可以看出,即使是在"全面二孩"政策出台之后,城乡青年有二孩和三孩及以上生育计划的占比之和均未到两成,在再生育意愿上并不强烈。究其原因,一方面这可能是受到当下青年生育观念的影响,更加注重生育子女的质量而非数量,另一方面这可能是因为养育一个孩子所要付出的较多时间、精力以及经济成本都让青年群体在生育计划上趋向保守。

3. 城乡青年有着相近的理想生育数量,生育性别偏好已不明显,传统的"男孩偏好"在弱化

以理想生育数量测量的生育意愿,比生育计划更能反映青年群体生育文化和价值观,是决定生育行为的主观内核。调查数据显示,我国城乡青年的平均理想生育数量为1.91个。其中,农村青年为1.98个,城市青年为1.78个,农村青年的平均理想生育数量稍高于城市青年。从性别偏好上看,生男孩的性别偏好较弱,只有4.67%的青年表现出明显的男孩偏好,超八成的青年对于生育孩子的性别持"无所谓"或儿女双全两种态度。此

外，生育意愿的性别偏好不存在显著的城乡差异。这说明，对青年群体来说，重男轻女的性别偏好已不明显。同时，有8.33%的青年还表现出对女孩的偏爱高于男孩的倾向，这可能与"女儿是小棉袄""养女防老"的观念有关。

总的来说，我国城乡青年对生育男孩的性别偏好在弱化，一定程度上说明我国传统生育观念正逐步转变，男孩偏好的占比较低体现出我国性别平等意识的显著进步，对于平衡出生性别比具有重要作用。值得强调的是，性别偏好也是生育率的重要影响因素之一，育龄人群在达到理想生育数量之后，如果未得到自己理想的子女性别结构，就会萌生再度生育的计划。但是在出生性别偏好显著弱化之后，这种生育观念对于生育率的改变作用就会随之弱化。

（二）我国城乡青年生育观的变化趋势

1. 从生育水平上看，与2015年相比，2021年青年群体的平均生育子女数略有增加，二孩家庭的比例提高

与2015年相比，2021年青年群体的平均生育子女数量提高了0.10个，但仍保持在1.5个以下。从孩次结构上看，如图5所示，与2015年相比，2021年二孩家庭占比提高最多，提高了8.86个百分点；三孩及以上家庭占比略有提高，提高了0.5个百分点；无孩家庭和一孩家庭占比有所下降，分别下降了0.41个和8.95个百分点。根据生育时间进度和育龄人群结构可推测，在过去5年里，有相当一部分青年群体生育了二孩，"全面二孩"政策的效果及生育的"堆积"效应显著。此外，接近半数的二孩家庭是否继续生育将对"全面三孩"政策实施的效果产生至关重要的影响。无孩家庭占比的相对稳定和三孩及以上家庭占比的增加也预示着生育行为在不同家庭之间的差异性逐渐显现，这反映青年生育观念的多元化趋向日益明显。

图5 生育孩次结构

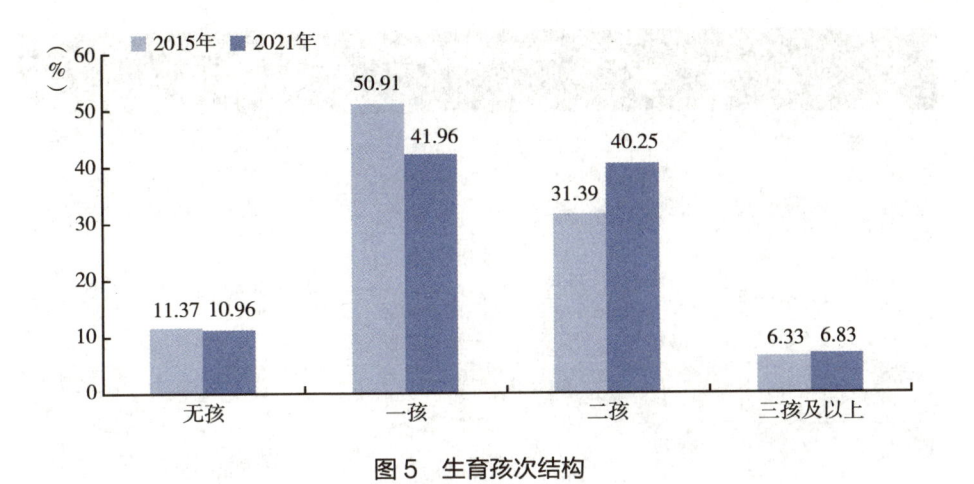

资料来源：CSS2015、CSS2021。

2. 从再生育计划上看，与2015年相比，2021年有二孩生育计划的青年占比下降；在已生育二孩的青年群体中，确定不再生育和生育计划不确定的占比有所提高

如表2所示，与2015年相比，2021年有二孩生育计划的青年占比下降了9.61个百分点，降至20%以下，有三孩及以上生育计划的青年占比下降了1.87个百分点，但保持在4.2%~4.3%。生育计划不确定的青年占比提高了4.30个百分点，接近三成，其中，已生育二孩的青年生育计划不确定的占比提高最多，提高了4.39个百分点。确定不再生育的青年占比提高了7.18个百分点，已超半数，其中，已生育二孩的青年确定不再生育的占比提高最多，提高了7.22个百分点。总之，从再生育计划上看，青年群体的生育意愿整体下降，但考虑到再生育计划常常会因生育政策的调整而发生转变，相比于确定不再生育的青年（"肯定不要了"），生育计划不确定（"还没有想好""可能不要了"）的青年尤其是已生育二孩的青年将是影响"全面三孩"政策实施效果的关键人群，也是调整生育政策所要争取的目标人群。

表 2　青年群体的再生育计划

单位：%

类别		2015 年	2021 年
二孩生育计划		23.75	14.14
三孩及以上生育计划		6.08	4.21
生育计划不确定	已生育一孩	18.46	19.17
	已生育二孩	5.68	10.07
	已生育三孩及以上	1.51	0.71
确定不再生育	已生育一孩	14.31	12.85
	已生育二孩	25.09	32.31
	已生育三孩及以上	5.12	6.54

资料来源：CSS2015、CSS2021。

3. 与 2015 年相比，2021 年青年理想生育数量的平均水平没有显著差异，但理想生育数量为二孩的占比降低

从理想生育数量上看，与 2015 年相比，2021 年青年理想生育数量的平均水平出现了较小的波动，下降了 0.04 个单位，但仍保持在 1.90~2.00 个孩子，具有较高的稳定性。这表明，青年群体的生育文化具有一定稳定性。从理想生育孩次结构上看，青年理想生育二孩的占比在两年里均为最高且保持在 75% 以上，但与 2015 年相比，青年理想生育二孩的占比下降了 5.39 个百分点，而青年理想子女数其他孩次的占比均实现了上升。其中，理想子女数为一孩的青年占比提高最多，提高了 2.23 个百分点，理想子女数为三孩及以上和无孩的青年占比次之，分别提高了 1.59 个和 1.56 个百分点。这表明，虽然理想生育数量的平均水平相对稳定，但青年生育意愿的分布已经开始显露分化趋势。

在理想子女的性别偏好上，偏好男孩的青年占比略有下降，下降了 1.20 个百分点，偏好女孩的青年占比略有上升，上升了 4.10 个百分点，但持"男女无所谓"或儿女双全两种态度的青年占比两年内均保持在八成以上。这表明，随着两性地位的日益平等和"重男轻女"意识的淡化，青年的生育性别选择行为正在逐步弱化，这将有利于扭转出生人口性别比持续偏高的趋势，进一步促进人口结构的合理化。

五　总结与对策建议

(一)总结

当前社会中出现的婚姻问题、家庭问题和生育问题使人们更加重视当代青年的婚姻观、家庭观和生育观，准确测量生育政策调整以来城乡青年在婚姻家庭生育观方面的现状及其变化趋势，有助于实现对人口发展的正确认识和科学研判。本文利用CSS2015和CSS2021数据对我国城乡青年婚姻家庭生育观的现状和变化趋势进行了系统梳理，研究发现，当前我国城乡青年的婚姻家庭生育观中呈现多元化、现代性、差异化特征，具体情况如下。

在婚姻观方面，我国城乡青年婚姻观呈现多元化、现代性特征。从婚姻匹配来看，青年异质婚增多，但同质婚仍为主流，即青年群体偏向于选择家庭背景、受教育水平相似的配偶进入婚姻，且城市青年的择偶条件要优于农村青年。从婚姻形态来看，未婚青年比例增多，婚姻观呈现多元化特征。从婚姻模式来看，已婚青年及其配偶吃住与收支分离的比例有所提高，但占比仍较低，大多数青年在婚后仍然更倾向于遵循传统婚姻模式，将配偶与自己视为同一家庭整体，共同吃住与收支。

在家庭观方面，我国城乡青年家庭观念较为浓厚。从主观家庭规模来看，我国青年家庭以四口之家为主导，小型化趋势渐缓。从家庭与工作的平衡上看，城乡青年因家庭原因而选择不工作的比例逐渐上升，农村青年的这一比例要显著高于城市青年。此外，城乡青年中女性群体出于家庭原因不工作的比例要高于男性群体。从家庭满意度来看，我国青年家庭总体满意度较高，且满意度逐渐上升。

在生育观方面，我国青年的生育观呈现现代性的特点。从生育水平来看，青年群体的生育水平稍有上升，其中农村青年生育数量略高于城市青年。从再生育计划来看，青年群体的再生育意愿整体较低，二孩与三孩生育政策的效力还有待深化。从生育意愿来看，城乡青年的理想生育数量均较低，但城乡青年在生育意愿上"重男轻女"的性别偏好已在弱化。

（二）对策建议

综上所述，当前我国城乡青年的婚姻家庭生育观存在同质性婚姻匹配重回主流、未婚现象日益增多、生育意愿整体偏低等问题，为引导青年树立文明、健康、理性的婚姻家庭生育观，促进婚姻幸福，维护家庭稳定和提倡多生子女，助力青年健康成长和社会文明可持续发展，建议从以下三个方面综合施策。

第一，建构符合时代发展要求的婚恋政策。每个时代都有每个时代的社会氛围。当前青年在婚配关系和婚姻模式等方面表现出的婚姻图景，一方面体现了现代化转型的进步意义，凸显男女平等、追求个性解放等现代性价值，但另一方面也显露出自我性和传统性衰退的客观问题。因此，必须设计符合现代青年群体婚恋观的婚姻制度，优化青年婚恋政策，尊重青年群体内部的异质性，使婚姻制度在符合青年现代化价值取向的基础上，更好地融入中国本土传统文化，减少"未婚潮"对我国家庭、社会和人口发展的冲击，使婚姻制度更好地惠及青年群体。

第二，营造婚育环境友好型社会。建立健全生育支持政策体系，采取综合措施降低生育、养育、教育成本，持续推进教育公平和优质教育资源供给，强化税收、住房等支持政策，发展多种形式的普惠托育服务，形成政策合力，提振青年生育信心。此外，建议充分考虑两性在婚育上的需求和阻力，引导社会接受新型家庭观，明确家庭生育问题中母职与父职的同等责任，避免"母职惩罚"，切实保障女性就业的合法权益。同时，鼓励用人单位制定有利于职工平衡工作和家庭的相关措施，可适当借鉴北欧国家的生育政策，由立法保障实行全国统一的"父亲假"[①]，使夫妻双方共担育儿成本。这不仅有助于缓解用工单位对雇用女性的顾虑，还有利于促进青年形成健康积极的婚育态度，保持人口政策的良性发展。

第三，加强科学研究，提供准确的决策依据。青年的婚姻家庭生育观是

[①] 朴现玉：《青年婚育态度与生育政策的国际比较》，《青年探索》2022年第4期。

多维度、多向度的，婚姻观、家庭观和生育观的关系亟待厘清，建议加强相关评估和衡量指标的研发工作，进而确保指导引导工作有迹可循、有序可依。同时，要加强人口普查、大型抽样调查和大数据等对家庭、婚姻、生育状况的整体监测，科学、准确地利用权威数据，有效回应青年乃至全社会对婚育问题的关切，对错误的、不当的信息进行纠偏，引导青年理性地认识和看待家庭婚育的社会价值。

参考文献

肖武：《中国青年婚姻观调查》，《中国青年研究》2016年第6期。

陈卫民、李晓晴：《晚婚还是不婚：婚姻传统与个人选择》，《人口研究》2020年第5期。

《中长期青年发展规划（2016—2025年）》，http://www.gov.cn/zhengce/ 2017-04/13/content_5185555.htm#1。

王平一：《大陆和台湾地区青年婚恋观的比较研究》，《中国青年政治学院学报》2002年第4期。

吴鲁平：《当代中国青年婚恋、家庭与性观念的变动特点与未来趋势》，《青年研究》1999年第12期。

蔡翩飞、余秀兰：《工具理性和表达理性下家庭教育观念及其"窄化"问题的研究》，《当代教育论坛》2021年第6期。

韩永江：《生育观影响因素的经济分析》，《人口学刊》2005年第2期。

罗天莹：《改革开放30年与青年生育观念的变迁》，《中国青年研究》2008年第1期。

风笑天：《谁和谁结婚：大城市青年的婚配模式及其理论解释》，《广西民族大学学报》（哲学社会科学版）2014年第4期。

李银河：《Solo家庭与人际关系多元化》，《中国新闻周刊》2005年第41期。

朴现玉：《青年婚育态度与生育政策的国际比较》，《青年探索》2022年第4期。

B.13
中国老年人体育健身现状和发展趋势调查报告

王 欢 梁煜卿 *

摘　要： 本文基于2020年全民健身状况调查数据，分析了当前我国老年人健身状况特点和未来发展趋势。结果发现老年人参加健身的比例持续增加，参加形式不断升级；老年人的健身强度、时长、项目、场地具有老龄化特点；影响老年人健身参与水平的因素既与个体认知程度和经济收入相关，也受周围健身支持环境的影响。积极应对人口老龄化、发展老年人体育事业的策略应包括做好老年人体育在养老生活圈中的战略布局、加强老年健身支持环境建设和提升个体健身认知水平三个方面。

关键词： 老年人　体育健身　老年人体育　老年人健康

据国家统计局2021年人口数据，我国65岁以上人口占人口总数的14.2%，标志着我国已进入人口深度老龄化阶段。65岁以上老年人口年均增长速度从1982~1990年间的1.61%上升到2010~2020年间的4.29%，预示着我国的人口老龄化正在加快。2019年中共中央、国务院发布了《国家积极应对人口老龄化中长期规划》，将人口老龄化问题第一次上升到国家战略层面。2022年10月党的二十大报告提出"实施积极应对人口老龄化国家战略"，是

---

* 王欢，国家体育总局体育科学研究所研究员；梁煜卿，国家体育总局体育科学研究所硕士研究生。

党和政府研判我国人口老龄化新态势、深刻分析我国社会发展新形势后，做出的重大战略部署。

老年人口的体育健身活动是积极应对人口老龄化的便捷、经济、有效方式，也是老年人保持健康、延缓衰老的理想途径。[①] 提高老年人体育健身水平是丰富老年人精神文化生活、预防多种慢性疾病的发生、提升老年人健康和福祉的重要举措，亦是降低老龄化带来各类潜在风险的必要途径。2016年中共中央、国务院颁行的《"健康中国2030"规划纲要》和2019年国务院办公厅印发的《体育强国健身纲要》先后提出促进老年人等重点人群的体育活动的开展，制定并实施老年群体的体质健康干预计划。2022年国家体育总局发布了《关于进一步做好老年人体育工作的通知》[②]，就老年人体育高质量发展，指出了明确的工作方向。这一系列政策的出台有助于深刻认识老年人体育健身在应对老龄化进程中的战略性作用，推动积极应对人口老龄化国家战略的落实。

为充分了解新时期我国老年人体育健身的新动态、新需求，为促进老年人体育进一步发展提供决策依据，本报告根据国家体育总局国民体质监测中心2020年9~11月开展的"2020年全民健身状况调查"中的全国老年人健身数据[③]，分析当前我国老年人口健身状况，分析影响健身参与的因素，并提出促进老年人体育进一步发展的策略。

[①] 邓小军：《体育参与：提升老年人生活质量的有效途径》，《中国社会科学报》2020年10月28日。

[②] 国家体育总局：《体育总局关于进一步做好老年人体育工作的通知》，https://www.sport.gov.cn/n315/n20067006/c24218032/content.html。

[③] "2020年全民健身活动状况调查"总体人群为中国大陆31个省（区、市）的常住人口（当地居住满6个月以上），且2020年1月1日时，年满3周岁及以上的中国居民。调查采用多阶段分层、与规模成比例的概率抽样的方法，全国样本量为138996人，其中60岁及以上老年人口20988人。参见《国家国民体质监测中心发布〈2020年全民健身活动状况调查公报〉》，https://www.ciss.cn/tzgg/info/2021/32029.html。

一 全国老年人健身现状

(一) 老年人健身行为

1. 近一半老年人每周至少参与一次体育锻炼，约1/4老年人经常参加体育锻炼

调查数据显示，60岁及以上老年人每周至少参加1次体育锻炼且达到中等强度以上的比例是48.0%，其中男性为49.9%，女性为46.1%；城镇人口为51.2%，农村人口为43.5%。每周经常参加体育锻炼的人数比例为26.1%，其中男性为27.2%，女性为25.0%；城镇为30.7%，农村为19.7%。老年人经常参加体育锻炼的比例随年龄增大呈现下降的趋势（见图1）。

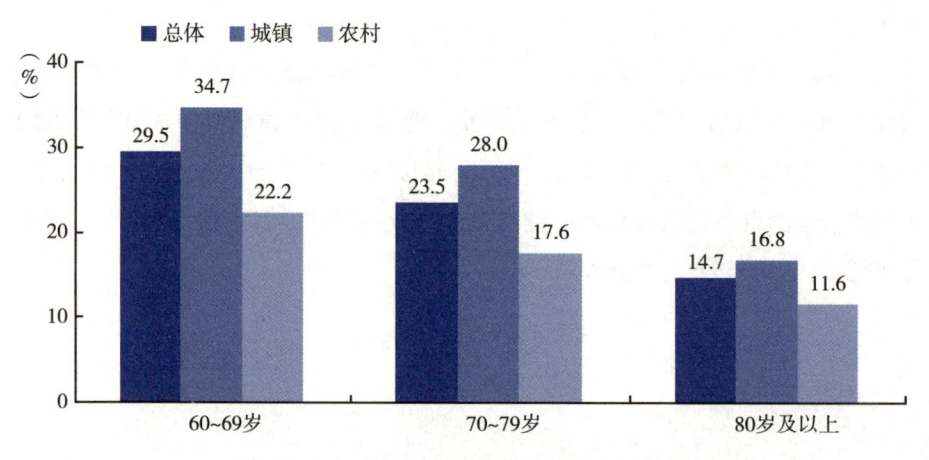

图1 老年人经常参加体育锻炼的人数比例

2. 老年人参加体育健身的强度以低强度和中强度为主，每次健身时长60分钟

在参加体育健身的老年人群中，健身强度以中等强度为主的占55.5%；其次是低强度的占35.7%；从事高强度运动的比例较少，仅为9.2%。每次体育健身的时长以30~60分钟为主的占36.9%；其次是20~29分钟的占25.5%；

60分钟以上的比例为23.01%。随着年龄的增长，老年人每周参与中等或高强度、每次时长超过30分钟健身的比例呈下降趋势。

3. 老年人最常参加的锻炼项目是步行和跑步，广场舞最受城镇老年女性喜爱

有锻炼习惯和经常参加锻炼的两类老年人参与的锻炼项目，占比从高到低的排序分别是：步行、跑步、骑自行车、乒乓球、羽毛球。其中，步行占比近四成，跑步近两成，其他三项均不足一成（见表1）。其中城镇老年男性的两类人群锻炼项目的排序与全国总体相同，参与步行的占比分别为37.2%和36.4%，参与跑步的占比分别为17.5%和16.6%，骑自行车、乒乓球和羽毛球的参与比例均低于6%。对于城镇老年女性，排在第一位的项目仍然是步行，但排第二位的锻炼项目则是广场舞，两类人群的参与率分别为17.1%和18.6%，跑步则排在第三位，两类人群的参与率分别为12.4%和10.8%，排第四和第五位的是健身操类和羽毛球，参与率均在7%以下。

对于农村老年男性，步行和跑步两类项目仍排前二，且参与率明显高于城镇老年男性；排在第三到第五位的分别是骑自行车、登山攀岩、乒乓球、篮球，参与率均低于6%。农村老年女性跑步的参与率略高于广场舞，排在第二位，健身操类、登山攀岩和骑自行车活动的参与率均低于5%。老年人进行力量锻炼的人数比例较小，除参加走跑、骑车、球类等有氧运动外，有7.1%的老年男性和3.1%的老年女性还参加了力量锻炼。

表1 有锻炼习惯和经常参加锻炼的两类老年人的锻炼项目

单位：%

	男			女		
	前五位项目	参与率Ⅰ	参与率Ⅱ	前五位项目	参与率Ⅰ	参与率Ⅱ
全国	步行	38.1	36.9	步行	40.6	37.3
	跑步	19.9	18.5	广场舞	16.2	18.6
	骑自行车	5.6	5.7	跑步	14.0	12.5
	乒乓球	4.7	5.3	健身操类	4.6	5.9
	羽毛球	4.3	4.8	羽毛球	3.5	3.6

续表

	男			女		
	前五位项目	参与率Ⅰ	参与率Ⅱ	前五位项目	参与率Ⅰ	参与率Ⅱ
城镇	步行	37.2	36.4	步行	39.8	36.7
	跑步	17.5	16.6	广场舞	17.1	18.6
	骑自行车	5.7	5.7	跑步	12.4	10.8
	乒乓球	5.3	5.8	健身操类	5.3	6.8
	羽毛球	5.0	5.3	羽毛球	3.7	3.9
农村	步行	39.8	38.1	步行	42.1	38.7
	跑步	24.1	22.7	跑步	17.1	18.6
	骑自行车	5.3	5.7	广场舞	14.6	16.2
	登山、攀岩	4.3	4.7	健身操类	3.4	4.0
	乒乓球	0.0	4.0	登山、攀岩	0.0	3.7
	篮球	3.8	0.0	骑自行车	3.2	0.0

注：参与率Ⅰ为有锻炼习惯老年人的参与项目比例；参与率Ⅱ为经常参加锻炼老年人的参与项目比例。

（二）老年人健身场地、组织活动、指导情况

1．"公共体育场馆"和"广场的空地或道路"是老年人利用最多的锻炼场所，前者是城镇老年人的首选，后者是农村老年人的首选

老年人体育锻炼利用最多的场所是"公共体育场馆"，其他依次是"广场的空地或道路""健身路径""公园内空地或道路""住宅社区空地或道路""公路街道边空地或道路"等。城乡之间比较，城镇老年人选择"公共体育场馆"和"公园内空地或道路"锻炼的比例分别为23.5%和14.1%，比农村高5.8个和9.0个百分点；而农村老年人选择"自家庭院或室内"和"公路街道边空地或道路"锻炼的比例均为14.2%，比城镇老年人高7.5个和6.3个百分点（见图2）。

2．全民健身场地与设施有效供给增加，"15分钟健身圈"初步形成

老年人中有70.4%的人表示周边15分钟步行范围内有锻炼场所。其中城镇老年人中的比例是77.8%，而农村老年人中的比例为60.3%，明显低于城市社区。城镇老年人选择的15分钟步行范围内的锻炼场所主要包括健身广场、

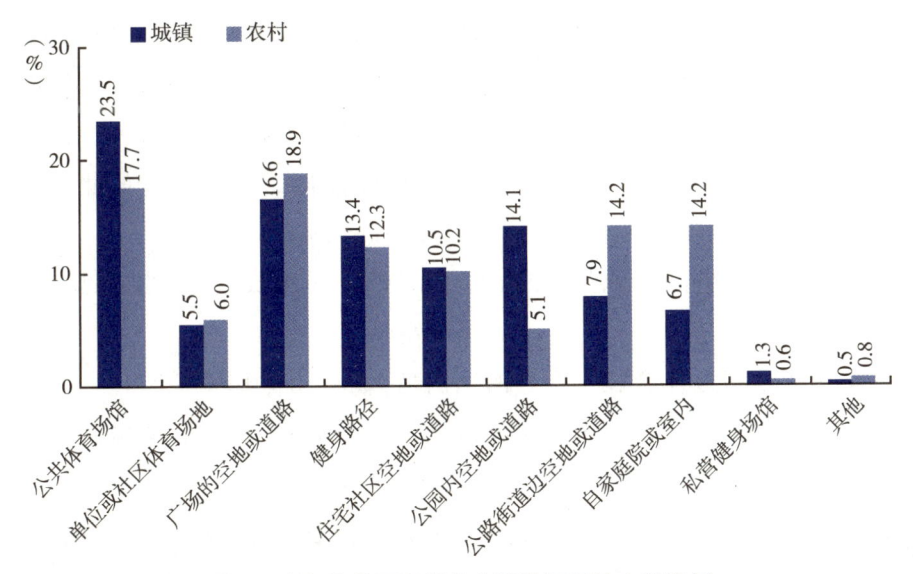

图2 老年人使用各类体育锻炼场所的人数比例

社区文体活动室、公园、篮球场和全民健身活动中心。农村老年人选择的锻炼场所主要是健身广场、社区文体活动室、篮球场、全民健身活动中心和乒乓球场。公园仍然是城镇老年人特有的锻炼场所。

3. 约1/5的老年人参加了体育社会组织，参与"社区健身团队"和"朋友熟人成立的健身组织"比例最高

老年人参加体育社会组织的比例为19.9%，其中城镇老年人参加的比例为23.3%，农村老年人为14.9%，前者比后者高出8.4个百分点。参加的体育社会组织中，以"社区健身团队"的占比最高，为26.9%，其后依次是"朋友熟人成立的健身组织"（21.5%）、"人群类体育协会"（17.8%）和"健身活动站点"（16.3%）。与农村老年人相比，城市老年人中参加"社区健身团队"和"朋友熟人成立的健身组织"的比例略高，而参加"人群类体育协会"和"健身活动站点"的比例略低。

4. 近1/5的老年人参加过群众体育赛事活动，参加体育组织和体育赛事活动的"身边化"特征凸显

老年人参加过群众体育赛事活动的比例为18.2%，其中城镇老年人中参

加的比例为21.9%，农村老年人该比例为12.9%，前者比后者高出9.0个百分点。老年人所参加的群众体育赛事活动中，以"社区/村举办的体育赛事活动"为主（31.4%），其次还有自发组织的体育赛事活动（20.2%）和街道/乡镇举办的体育赛事活动（14.2%）等。对于城镇老年人，单位组织的健身赛事活动也是他们主要参与的活动之一，比例达到15.7%。

5．超过四成的老年人获得过体育健身指导，其中获得专业指导的比例约占一成

老年人获得过体育健身指导的比例是44.5%，其中城镇老年人获得指导的比例较高，为50.2%，而农村老年人则为36.0%，二者相差14.2个百分点。在各类体育健身指导中，选择"同事、朋友相互指导"的占比最高，为19.3%，其次是"看健身指导资料"（14.1%），接受专业指导（包括"社会体育指导员指导""专业教练指导""其他受过专业训练的人指导"）的比例仅为11.1%。城镇老年人与农村老年人相比，得到"同事、朋友相互指导"的比例比后者高出6.4个百分点，接受专业指导的比例高出4.4个百分点。

6．"电视广播"是老年人获取体育资讯的主要渠道，城镇老年人对"书刊、报纸""互联网"渠道的利用率明显高于农村老年人

老年人关注过体育资讯的比例达84.7%，其中城镇老年人中关注体育资讯的比例明显高于农村老年人，前者为88.2%，后者为79.0%，相差9.2个百分点。在各种获取体育资讯的渠道中，"电视广播"排在第一位，占45.0%，其次是"书刊、报纸""互联网"等。"书刊、报纸""互联网"的渠道在城镇老年人中利用率相对较高，比农村老年人高出10.1个百分点。农村老年人更依赖于电视广播，比城镇老年人的电视广播利用率高4.3个百分点。

（三）老年人健身认知概况

1．我国老年人的健身知识了解度处于中等水平，城镇老年人了解度较高，农村老年女性了解度最低

用0~10的计分方式，60岁及以上老年人健身知识的平均得分为6.05分。城镇老年人的平均得分是6.25分，农村老年人的平均得分是5.78分。城镇老

年男性和老年女性的平均得分基本相同，在 6.25 分左右；而农村老年女性的平均得分为 5.61 分，低于农村老年男性的得分（5.94 分）。

2. 我国老年人对健身持赞同的态度，高龄老年人和农村老年女性对健身的赞同程度相对较低

用 1~5 的得分代表对于健身的赞同程度，60 岁及以上老年人的平均得分为 4.26 分，介于"比较赞同"和"非常赞同"之间。和其他年龄组的老年人相比，80 岁及以上的老年人得分偏低，为 4.18 分。城镇老年人的平均得分是 4.31 分，农村老年人的平均得分是 4.19 分。城镇老年男性和老年女性的健身态度没有统计上的显著差异，农村老年女性对于健身的赞同程度较低，为 4.15 分，低于农村老年男性的 4.23 分。

3. 城镇老年人健身的内部动机强于农村老年人，高龄老年人的内外健身动机均较弱

健身习惯的养成需要一定的驱动力，这种驱动力在心理学中叫作动机。健身的内部动机是指从健身活动本身获得生理上、心理上的满足或人格特征发展，而外部动机指来自对外界条件（如礼物、救济金、奖状）期盼或妥协于环境压力、避免惩罚的动机。本次调查的健身内部动机包含"享受体育锻炼带来的乐趣""体育锻炼有助于找到自我"等 8 项题目；外部动机包含"进行体育锻炼能获得奖励或者赞许""不锻炼，周围的人会不高兴"等 3 项题目。健身动机的分值为 1~5 分，分值越高代表健身动机越强。

数据分析发现，60 岁及以上老年人对于健身的内部动机的平均得分为 3.70 分，外部动机的平均得分为 3.03 分。城镇老年人比农村老年人的内部动机强，其中，农村老年女性的内部动机最弱，为 3.59 分，低于农村老年男性的 3.70 分，而城镇老年男性和老年女性的内部动机没有统计上的显著差异。在健身的外部动机上没有城乡或性别的差异。和其他年龄的老年人相比，80 岁及以上老年人对于健身的内部和外部动机均相对较弱。

4. "家务或工作忙""怕受伤"等原因成为妨碍老年人参加健身的主观因素

在老年人列举的妨碍体育锻炼的各种原因中，"家务或工作忙"占比

最高，为36.6%，这一比例在农村老年人中为41.2%，在城镇老年人中为33.2%，相差8.0个百分点。同时，老年女性中这一想法的占比比老年男性高出5.1个百分点。妨碍因素排在第二高的原因是"怕受伤"（17.6%），城镇老年人对此的担忧要多一些（18.8%），比农村老年人的16.0%高出2.8个百分点。依次排在第三至第五的原因为："没有健身场地"（7.6%）、"经济条件不允许"（5.9%）和"缺乏指导"（5.1%）。其中城镇老年人中"缺乏指导"的比例高于农村老年人，而农村老年人中"没有健身场地"或"经济条件不允许"的比例高于城镇老年人。

（四）老年人健身消费概况

老年人体育健身消费持续增长，消费结构以实物消费为主，消费总量和结构有待升级。2020年60岁及以上老年人有体育消费的比例为11.4%，其中男性为13.7%、女性为9.2%，城镇为14.3%、农村为7.1%。老年人年均体育消费金额为1092.2元，其中男性为1105.2元、女性为1073.8元，城镇为1189.6元、农村为807.4元。与2014年相比，2020年老年人年均体育消费水平增长588.2元。

从体育健身消费结构和消费类型方面看，2020年老年人购买服装、器材实物类消费在体育消费中占比最大，其次是租场地、体育旅游等参与型消费和观赏型消费。从具体体育消费项目看，2020年有10.9%的老年人购买过运动服装鞋帽、体育器材、体育图书以及订阅了体育报刊等，人均消费675.4元；2.2%老年人为参加体育锻炼支付过场地租金，人均消费87.0元；2.1%的老年人在体育旅游方面有消费，人均消费209.7元；1.4%的老年人购买过体育类视频产品，人均消费23.6元；1.3%的老年人购买过体育比赛门票，人均消费24.4元；0.8%的老年人在参加体育培训课程或聘请教练方面支付过费用，人均消费29.6元（见图3）。可以发现，2020年老年人体育消费持续增长，消费结构以实物型消费为主，参与型消费和观赏型消费占比较低，消费总量和结构均有待升级。

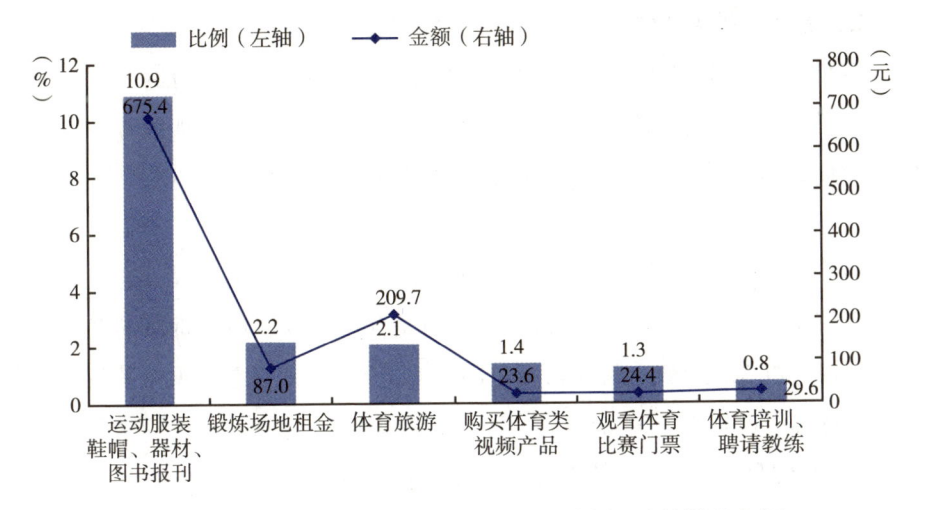

图3 2020年老年人各类体育消费项目比例和人均消费金额

二 影响老年人健身参与的相关因素

（一）健身认知

1. 健身知识的丰富有助于健身习惯的养成

从全国来看，有健身习惯的老年人在健身知识上的平均得分为6.41分，比没有健身习惯的老年人得分高0.69分；而经常参加锻炼的老年人在健身知识上的平均得分为6.47分，比不经常锻炼的老年人得分高0.57分。这种差异表现在城乡、性别和年龄组相同的老年人之间，其中农村老年人之间差异最大，有健身习惯的农村老年人比没有健身习惯的老年人的健身知识得分高出0.83分，经常参加锻炼的农村老年人比不经常参加锻炼的老年人的健身知识得分高出0.69分。

通过逻辑斯蒂回归分析，控制城乡、性别、年龄组、受教育程度和家庭收入的差异后发现，健身知识得分仍然与老年人的健身参与有统计上的显著关联。老年人的健身知识每多1分，有健身习惯的可能性是没有健身习惯可能性的1.13倍，经常参加锻炼的可能性是不经常参加锻炼可能性的1.10倍。

2. 老年人越关注体育资讯则越增加健身锻炼的可能性

有健身习惯的老年人中关注体育资讯的人占87.1%，没有健身习惯的老年人中这一比例为69.4%，二者相差17.7个百分点。经常参加锻炼的老年人中关注体育资讯的人占88.1%，而不经常锻炼的老年人中这一比例为74.3%，相差13.8个百分点。

城乡、性别和年龄组相同的老年人之间均存在这样的差异。通过逻辑斯蒂回归模型控制住城乡、性别和年龄组的差异后，关注体育资讯的老年人有健身习惯的可能性是没有健身习惯可能性的2.9倍，经常参加锻炼的可能性是不经常锻炼可能性的2.37倍。

3. 对健身的赞同态度影响老年人健身锻炼行为

老年人对于健身普遍持"比较赞同"或"非常赞同"的态度。有健身习惯的老年人赞同程度偏高，为4.35分，比没有健身习惯老年人的赞同程度高出0.18分；经常参加锻炼的老年人的赞同程度为4.43分，比不经常锻炼的老年人的赞同程度高出0.23分。这种差异在相同城乡、性别或年龄组的老年人中间普遍存在，并且大小相似。

通过逻辑斯蒂回归分析，控制住城乡、性别、年龄组、受教育程度和家庭收入的差异后，健身的赞同程度与老年人的健身参与也有显著的正向关联。对健身的赞同程度每高出一个级别，老年人有健身习惯的可能性是没有健身习惯可能性的1.25倍，经常参加锻炼的可能性是不经常参加锻炼可能性的1.38倍。

4. 老年人健身动机越强则健身锻炼行为越持续

老年人的健身动机整体强度一般，有健身习惯或经常参加锻炼的老年人内部动机和外部动机相对较强。有健身习惯的老年人健身内部动机的平均强度为3.78分，外部动机强度为3.07分；没有健身习惯的老年人内部和外部动机的强度分别为3.58分和2.96分。经常参加锻炼的老年人健身内部动机的平均强度为3.92分，外部动机强度为3.19分；不经常参加锻炼的老年人内部和外部动机的强度分别为3.60分和2.95分。这种差别也表现在相同城乡、性别或年龄组内部。

通过逻辑斯蒂回归分析，控制住城乡、性别、年龄组、受教育程度和家庭收入的差异后，健身的内部或外部动机均与老年人的健身参与正相关。健身内部动机的强度每高出一个级别，老年人有健身习惯的可能性是没有健身习惯可能性的1.29倍，经常参加锻炼的可能性是不经常参加锻炼可能性的1.61倍。健身外部动机的强度每高出一个级别，老年人有健身习惯的可能性是没有健身习惯可能性的1.14倍，经常参加锻炼的可能性是不经常参加锻炼可能性的1.36倍。

（二）健身环境

1．"15分钟健身圈"增加了老年人健身锻炼的机会

有健身习惯的老年人中有79.9%的人表示周边15分钟步行范围内有锻炼场所，没有健身习惯的老年人中这一比例为61.7%，和前者相差18.2个百分点。经常参加锻炼的老年人中有81.9%的人表示自己生活在"15分钟健身圈"内，而不经常锻炼的老年人中该比例只有66.4%，存在15.5个百分点的差距。

无论是在城镇还是在农村、是男性还是女性，或者在不同年龄组，有健身习惯或经常参加锻炼的老年人都表示自己可以在15分钟内走到某个健身场所。通过逻辑斯蒂回归分析，控制住城乡、性别和年龄组的差异后，生活在"15分钟健身圈"内的老年人有健身习惯的可能性是没有健身习惯可能性的2.27倍，经常参加锻炼的可能性是不经常锻炼可能性的2.02倍。

2．参加体育社会组织对老年人的健身锻炼有促进作用

有健身习惯的老年人中有20.3%的人参加了某种类型的体育社会组织，没有健身习惯的老年人中仅有8.9%的人参加，比前者少了11.4个百分点。经常参加锻炼的老年人中有21.4%的人参加了某个体育社会组织，而不经常锻炼的老年人中这一比例为11.9%，相差9.5个百分点。

这一差距存在于城乡、性别或年龄组相同的老年人内部，有健身习惯或经常参加锻炼的老年人参加体育社会组织的比例都相对较高。通过逻辑斯蒂回归分析，控制住城乡、性别和年龄组的差异后，参加体育社会组织的老年人有健身习惯的可能性是没有健身习惯可能性的2.37倍，经常参加锻炼的可

能性是不经常锻炼可能性的1.83倍。

3. 参加体育赛事活动有助于老年人的健身锻炼行为

有健身习惯的老年人中有18.6%的人参加过群众体育赛事活动，没有健身习惯的老年人中只有8.3%的人参加过，二者相差10.3个百分点。经常参加锻炼的老年人中有20.4%的人参加过群众体育赛事活动，而不经常锻炼的老年人中这一比例为10.7%，相差9.7个百分点。

城乡、性别和年龄组相同的老年人之间均存在这一差异。通过逻辑斯蒂回归分析，控制住城乡、性别和年龄组的差异后，参加过群众体育赛事活动的老年人有健身习惯的可能性是没有健身习惯可能性的2.23倍，经常参加锻炼的可能性是不经常锻炼可能性的1.90倍。

4. 获得体育健身指导强化了老年人健身锻炼的积极性

有健身习惯的老年人中有47.3%的人获得过体育健身指导，没有健身习惯的老年人中这一比例为26.0%，二者相差21.3个百分点。经常参加锻炼的老年人中有51.1%的人获得过体育健身指导，而不经常锻炼的老年人中这一比例为30.9%，相差20.2个百分点。

城乡、性别和年龄组相同的老年人之间均存在这样的差异。通过逻辑斯蒂回归模型控制住城乡、性别和年龄组的差异后，获得过体育健身指导的老年人有健身习惯的可能性是没有健身习惯可能性的2.46倍，经常参加锻炼的可能性是不经常锻炼可能性的2.10倍。

（三）经济收入

调查数据显示，收入与老年人参加体育锻炼的频率显著相关。家庭年收入2万元以下群体经常参与体育锻炼的比例为19.7%；家庭年收入2万~4万元的该比例为27.5%，4万~8万元为30.5%，8万元以上为38.1%。相比于8万元以上高收入人群，2万元以下的低收入对于不锻炼行为的影响大，低收入者不参加体育锻炼的可能性是高收入者不参加体育锻炼可能性的2.89倍。同时，收入对体育健身参与度的影响受到年龄和学历的影响，70岁以上老年人相比于60岁老年人不参加锻炼的可能性更大；低学历者（小学及以下）不参加锻炼的可能性是高学历者（大专及以上）不参加锻炼可能性的3.36倍。

收入不仅影响健身参与度，还影响老年人选择专业健身机构、参加健身组织/活动、是否居住在"15分钟健身圈"、健身指导获得性这几个影响健身行为的关键要素。调查数据显示，年收入低于2万元、2万~4万元、4万~8万元、8万元以上各群体，随着收入增加，去过专业健身机构健身的比例也相应增加，分别为5.1%、8.3%、8.7%和11%；参加体育健身组织的比例也同步增长，分别是9.7%、15.4%、17.8%和22.9%。同样，参加群体健身活动的比例也随收入递增，分别是8.5%、13.7%、17.1%和22.3%；其住所周边有"15分钟健身圈"的比例分别是59%、73.2%、81%和86%，获得体育健身指导的比例分别是22.6%、38%、43%和51.7%。由此可见，收入水平与老年人健身生活密切相关。关注和研究不同收入水平居民的健身生活，有助于避免收入不平等带来健身促健康收益的不平等，有助于全面提升我国老年人的健康水平。

三　老年人健身发展趋势

（一）老年人参加健身的比例将继续增加，参加形式不断升级

健身是老年人健康生活的重要组成部分，《全民健身计划（2021—2025年）》提出的发展方向是，到2025年，我国居民经常参加体育锻炼的人数比例达到38.5%。《健康中国行动（2019—2030年）》提出，到2030年城乡居民经常参加体育锻炼的人数比例达到40%以上。其中老年人作为健身队伍中的主力军，经常参加体育锻炼的人数比例增加幅度会更大。

除了对体育锻炼的参与程度加深外，老年人健身参加形式也将更加多样化，不仅有一块空地、一棵树的简易型健身，也会有花钱购买场地和服务的高端型健身。2020年调查数据显示，闲暇时间去专业健身机构健身的老年人占比8.7%，随着"60后""70后"迈入退休时期，新时代老年群体体育健身消费意识和能力进一步增强，花钱去专业机构健身的人数比例将持续增多，老年人将成为体育健身市场的重要人群。

（二）老年人健身迫切需求和服务供给的差距会有所缩小

目前老年人健身需求激增，而服务供给端较为缺乏，供需极不平衡。未来，随着老年人健身促健康意识进一步增强，政策力度加大，市场响应积极，科研支撑加强，供需差距将会逐步缩小。从公共政策层面看，近10年来国家发布了多项关于老年人体育的政策，如2022年国家体育总局出台了《关于进一步做好老年人体育工作的通知》，就什么是老年人体育工作高质量发展的问题，提出了5个方向——健全老年人体育政策、丰富老年人赛事活动、扩大老年人场地设施供给、健全老年人体育组织、加强老年人科学健身指导。《全民健身计划（2021—2025年）》（以下简称《计划》）提出到2025年将新建或改扩建2000个以上体育公园、全民健身中心、公共体育场馆等健身场地设施，补齐5000个以上乡镇（街道）全民健身场地器材。同时在场馆使用方面，《计划》提出要加大场馆向青少年、老年人、残疾人开放的绩效考核力度。从社会市场层面看，上海、江浙等经济发达地区，社区老年健身房开始兴起，探索通过构建老年人身边小而全的"健身康养之家"预防老年慢性病的发生、促进健康老龄化的推进。政策导致的公共财政的投入和社会供给的增加，都会更大限度地满足老年人群旺盛的健身锻炼需求。

（三）不同老年群体健身水平不平衡的现象仍会存在

2020年调查数据显示，虽然有2/3的老年人定期参与健身活动，但仍有两成老年人不参加健身，其中农村老年人占24.8%，比城镇老年人高出9.2个百分点。同时，相比于中高收入老年人，低收入老年人不参加体育健身的比例增加了2.89倍；相比于60~69岁人群，70岁及以上老年人不参加体育健身的比例增加了1.35倍；相比于健康无慢性病老年人，患病老年人不参加体育健身的比例增加了2.5倍。因此，生活在农村、低收入、高龄、病残人士更可能成为老年人体育健身的弱势群体。而健身运动对预防治疗疾病、延缓衰老、增强老年人日常生活能力的价值对于这些弱势群体应该更为突出，老年弱势群体的健身问题不能忽视。

四 应对人口老龄化的老年人体育健身发展策略

（一）在积极应对人口老龄化政策中，加强对老年人体育健身地位的认识和战略布局

相关部门仍需深化对老年人体育健身在积极应对人口老龄化中重要性的认识，除了出台相关政策文件外，还可以在构建社区"15分钟养老生活圈"中融入健身服务内容，构建老年人运动健康的评价体系，出台更具体、可操作的落实措施。在政策实施过程中，应特别注意因地制宜、因人施策推动老年人体育工作精准化，提升服务专业化水平。一方面要加快对老年人健身市场的引导培育，调动社会和市场力量积极响应那些有消费能力老年人的健身需求，提供高品质服务；另一方面要关注农村地区低收入的老年人群，这些老年人的健身水平较低，应加强对老年人尤其是农村老年人关于健身促进健康的教育宣传，以社区为单位定期组织活动，帮助老年人掌握一些健身常识，提供简便易用的健身设施，鼓励他们锻炼身体，从而增强身体素质、提高健康风险防范能力。

（二）加强老年人体育健身支持环境建设，提升健身服务水平

首先要加强专业化体育健身指导，建设社会体育服务体系。调查发现，老年人把不参与锻炼的原因主要归于家务或工作忙、怕受伤等个人因素。60岁及以上老年人虽然大多退出劳动力市场，但家务占据了多数时间，也有部分人仍然继续工作，这在很大程度上挤压了他们参与锻炼的时间。需要进一步的调查研究来了解老年人的家务负担包括哪些内容，而要减轻老年人的家务负担也需要相应的配套措施，并非单个政策所能解决。对于老年人怕受伤的心理，体育健身指导可以起到积极的调节作用。调查数据显示，城镇老年人接受过体育健身指导的大约占一半，而农村老年人则不足四成。而在各类指导中，主要是"同事、朋友相互指导"，或是自己"看健身指导资料"，接受过专业指导的比例仅为一成。因此，体育健身指导严重不足，目前不能有效减轻老年人怕受伤的顾虑。

老年人社会体育服务体系除了专业性健身方法指导服务外,还应包括健身设施使用服务和帮助老年人积极参与身边体育组织活动的服务。相关研究发现,老年人对于体育社会组织和群众体育赛事活动参与度较低,应鼓励体育健身指导员和督导员培育社区体育组织,并组织协调社区间的体育赛事活动,丰富老年人的体育社会生活。[1]

要加强农村地区"15分钟健身圈"建设,缩小体育健身硬件环境的城乡差距。全国60岁及以上老年人口达到2.67亿,而目前我国90%以上的老年人都居家或依托社区养老。"十四五"期间,国家将建设"15分钟养老服务圈",健全居家、社区、机构相协调的照护服务体系,其中一定包含健身服务。就近就便健身是老年人群最大的健身特点,相关因素分析发现,生活在"15分钟健身圈"的老年人更可能是有健身习惯或经常参加锻炼的人。调查数据分析显示,城镇老年人中有近八成居住在"15分钟健身圈"内,而农村老年人中仅有六成;城镇老年人首选的锻炼场所是公共体育场所,而农村老年人首选的是广场的空地或道路。有关研究也指出,农村地区的体育健身硬件环境明显落后于城市地区。[2]因此建议在乡村振兴战略的大背景下,加强农村地区"15分钟健身圈"建设,为老年人参与体育健身提供便利条件,缩小硬件环境上的差距。

(三)加强体育健身科普宣传,进一步提高老年人健身防衰老促健康意识

采用老年人喜闻乐见的宣传渠道,将互联网和电视广播传统途径相结合,加强健身知识的精准宣传。前述影响健康参与的相关因素分析证明,健身态度和健身动机对促进健身参与有显著作用。数据分析也表明,农村老年

---

[1] 马倩、朱二刚、孙俊:《老年人体育服务社会支持体系及优化策略研究》,《安阳师范学院学报》2021年第2期。
[2] 李显国、王清:《农村体育公共服务开展模式与对策研究——以小岗村为例》,《当代体育科技》2019年第9期。

人，特别是农村老年女性对于健身的益处认识不足，缺乏健身的动力。因此针对老年群体的体育健身社会宣传有必要瞄准这些人群，比如在制作宣传画或视频资料时以农村老年人为主要形象，这有助于强化他们对体育锻炼的认同。

健身安全知识的宣传有助于培养老年人安全健身的正确认知，缓解老年人怕受伤的心理。本次调查问卷中和健身安全相关的知识性题目有五个，老年人在有关锻炼最佳时间和跑步的场地要求方面存在较大比例的错误认知，对于急性病患者是否适宜参加体育锻炼以及游泳的注意事项存在一定比例的模糊认知，因此有必要加强普及老年人的健身安全知识。

此外，对于老年人健身参与重点关注的行为标准，比如经常参加锻炼和力量锻炼，应该通过宣传让老年人加深理解，并使其成为老年人健身的参照标准[1]，进一步提升老年人的健身效果和质量。

参考文献

《中共中央国务院印发〈国家积极应对人口老龄化中长期规划〉》，http://www.gov.cn/xinwen/201911/21/content_5454347.html。

邓小军：《体育参与：提升老年人生活质量的有效途径》，《中国社会科学报》2020年10月28日。

国家体育总局：《体育总局关于进一步做好老年人体育工作的通知》，https://www.sport.gov.cn/n315/n20067006/c24218032/content.html。

《国家国民体质监测中心发布〈2020年全民健身活动状况调查公报〉》，https://www.ciss.cn/tzgg/info/2021/32029.html。

马倩、朱二刚、孙俊：《老年人体育服务社会支持体系及优化策略研究》，《安阳师范学院学报》2021年第2期。

---

[1] 张荣华：《力量训练对老年男性健康体适能的影响研究》，《通化师范学院学报》2016年第2期。

李显国、王清:《农村体育公共服务开展模式与对策研究——以小岗村为例》,《当代体育科技》2019年第9期。

张荣华:《力量训练对老年男性健康体适能的影响研究》,《通化师范学院学报》2016年第2期。

B.14
中国居民消费投诉变动趋势调查报告

中国消费者协会"中国居民消费投诉变动趋势调查"课题组[*]

摘　要： 消费是最终需求，也是经济发展的重要引擎；消费投诉是社会矛盾在消费领域的集中体现。目前，中国保护消费者权益体系包括不同层次的四个方面，一是立法保护，二是司法保护，三是行政保护，四是社会保护，消协组织是消费维权社会保护的重要力量。对消费者投诉进行受理并开展调查、调解，是《中华人民共和国消费者权益保护法》赋予各级消费者协会组织的一项重要职责，也是自各级消协组织成立以来一直坚持开展的一项基本工作。本报告基于中国消费者协会2015年以来公布的全国消协组织受理投诉情况分析数据，针对近年来商品和服务消费投诉状况、数据变化趋势等加以梳理和研究，阐述当前消费趋势与消费维权形势、存在的问题，并从强化消费信心与预期、注重社会动员与参与、推动消费维权共治共建共享等方面提出对策建议。

关键词： 消费者　消费维权　消费投诉

消费是最终需求，也是经济发展的重要引擎。从"十三五"时期到"十四五"时期，消费市场规模持续扩张，消费拉动经济增长的动力作用持续显

---

[*] 课题组成员：彭新民，中国消费者协会秘书长；栗元广，中国消费者协会副秘书长；张德志，中国消费者协会消费监督部主任；陈剑，中国消费者协会投诉部主任；赵源，中国消费者协会消费监督部干部；汤哲，中国消费者协会消费监督部干部。本报告执笔人：汤哲。

现。商务部数据显示，2015年全国社会消费品零售总额为300931亿元，到2021年社会消费品零售总额增加至440823亿元，最终消费支出对GDP增长的贡献率连续多年超过50%，2018年全年最终消费支出对GDP增长的贡献率更是高达76.2%，与发达国家消费贡献率约80%的差距逐步缩小。面对复杂严峻的国际环境和艰巨繁重的改革发展稳定任务，我国经济发展基本面稳中向好，消费市场持续活跃。

在经济新常态下，消费需求有效倒逼供给升级，对推进供给侧结构性改革具有重要作用，成为经济增长的"稳定器"和"压舱石"。《中国统计年鉴2021》显示，我国居民人均消费支出从2014年的14491.4元增加至2020年的21209.9元，整体增长率约46%，年平均增长率为6.55%。随着消费观念的转变，消费者对商品质量安全、售后服务、购买便利化程度等的要求迅速提高，对于消费感知体验和消费环境建设更加敏感，也更愿意参与社会治理。保护消费者权益是社会主义市场经济的内在要求，也是扩大内需、推动经济发展的必然要求，更是推进民主法制建设、推动社会进步、加强社会主义精神文明的有效途径，对于保障基本人权、维护社会稳定，确保改革发展大局具有重要意义，充分体现和论证了新时期贯彻全心全意为人民服务的宗旨、实践"以人民为中心"的发展理念。因此，保护消费者权益不仅是一个经济问题、社会问题，更是一个政治问题，意义重大。

习近平总书记指出，要从构建新发展格局、推动高质量发展、促进共同富裕的战略高度出发，促进形成公平竞争的市场环境，更好地保护消费者权益。习近平总书记还强调，要发挥消费对经济循环的牵引带动作用。近年来，党中央、国务院印发一系列关于稳消费、促发展、促进消费体制机制建设的文件，为消费者权益保护事业整体谋篇布局，以提升人民群众在消费领域的满意度和获得感。"十四五"时期，我国将开启全面建设社会主义现代化国家、向第二个百年奋斗目标进军的新征程，这是我国进入消费新时代的战略机遇期，全面促进消费、拉动经济发展成为近年来经济社会建设的重要主线。消费增长和经济高质量发展的机遇和挑战并存，统筹发展与安全、效率与公平成为新发展阶段的时代主题，需要将着力营造安全放心的消费环境作为基本支撑，消费投诉是社会矛盾在消费领域的集中体现，搞好消费维权成为重要抓手和主要切入点。

目前，我国消费者权益保护体系包括不同层次的四个方面：一是立法保护，二是司法保护，三是行政保护，四是社会保护，消协组织是消费维权社会保护的重要力量。本报告以中国消费者协会近年来发布的全国消协组织受理投诉情况的数据为基础进行梳理和分析，阐述当前消费趋势与消费维权形势。

一 消费维权投诉统计数据概览

（一）消费维权形势概览：消费者投诉总量持续攀升

根据对投诉数量、解决数量、挽回经济损失、有欺诈的赔偿案件、加倍赔偿金额、来访和咨询接待量等关键性数据的统计，2015年至2022年前三季度全国消协组织受理投诉咨询情况如表1所示。

表1 2015年至2022年前三季度全国消协组织受理投诉咨询情况

受理情况	2015年	2016年	2017年	2018年	2019年	2020年	2021年	2022年前三季度
投诉数量（件）	639324	653505	726840	762247	821377	982249	1044861	835879
解决数量（件）	545724	529339	552398	556440	614246	749317	836072	687398
挽回经济损失（万元）	104669	38721.43	51639	98090	117722	156393	151592	107810
有欺诈的赔偿案件（件）	4962	2183	4898	2976	3160	5864	10675	13655
加倍赔偿金额（万元）	3299	864	825	1483	1607	825	1181	320
来访和咨询接待量（万人次）	95	107	121	92	140	125	131	112

资料来源：中国消费者协会官网，https://www.cca.org.cn/。

1. 消协组织受理投诉数量逐年攀升

2015年，全国消协组织受理投诉咨询案件约63.9万件，2021年投诉数量首次超过100万件，达到约104.5万件，历年增长率分别为2.22%、11.22%、4.87%、7.76%、19.59%、6.37%，其中增幅最大的是2020年。

2022年前三季度，全国消协组织受理投诉案件835879件，已经超过2019年全年的投诉总量。结合下半年线上线下消费活动和往年同期数据规模、趋势，按照6%的增速进行估算，预计2022年全年投诉量也将突破100万件，或将达到110万件。

2. 投诉解决数量呈上升趋势，但解决率存在波动

2015~2018年，全国消协组织每年解决投诉数量大致在52万~56万件，2019年整体解决量有所增加，为61.4万件。2020年、2021年投诉解决数量分别为74.9万件和83.6万件。

从投诉解决率来看，2015年至2022年前三季度的解决率均超过70%。其中，2015年、2016年、2021年和2022年前三季度的投诉解决率超过80%，2017~2020年四年的投诉解决率在80%以下，2018年投诉解决率为近年来最低，总体近似呈现"V"形走势。其中，2022年前三季度投诉解决率为近五年来最高水平（见图1）。

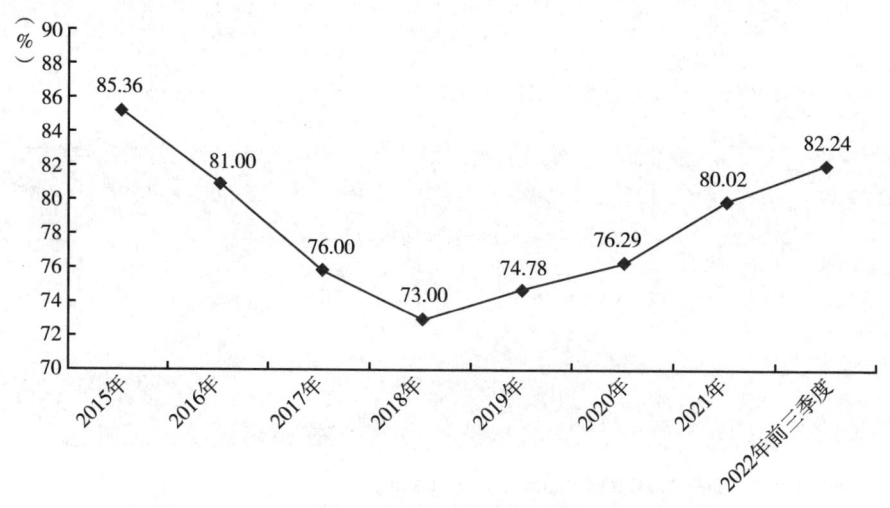

图1 2015年至2022年前三季度消费投诉解决率变化

从行政保护工作来看，对比 2015~2021 年同期全国工商和市场监管部门 12315 系统（平台）受理投诉举报咨询相关数据可以发现，消费者投诉、举报数据总量呈现较高增长态势（见表 2）。随着 2017 年 3 月 15 日全国 12315 互联网平台正式上线试运行，2018 年 4 月 10 日新组建的国家市场监督管理总局正式挂牌，将原有的国家工商行政管理总局、国家质量监督检验检疫总局、国家食品药品监督管理总局职责和国家发改委价格监督检查与反垄断执法职责、商务部经营者集中反垄断执法等职责加以整合，消费者投诉渠道更为制度化，其运作也更为高效，涉及市场监管和消费者权益保护的行政性受理咨询和投诉举报处理工作数据量大幅攀升。

表 2 2015~2021 年全国工商和市场监管部门 12315 系统（平台）工作数据概览

工作数据	2015年	2016年	2017年	2018年	2019年	2020年	2021年
总量（万件）	777.76	808.06	898.61	1124.96	前三季度即已超过 1211.78	1726.29	2381.2
增长率（%）	2.6	3.9	11.2	20.7			
挽回经济损失（万元）	186000	182400	356700	311700	—		555000
涉投诉总量（万件）	129.11	166.70	240.04	372.56	前三季度 339.97	693.00	911.00
受理举报总量（万件）	26.01	32.63	39.82	60.69	85.33	452.05	336.50
受理咨询总量（万件）	622.64	608.74	618.75	691.71	—		

注：根据国家市场监督管理总局公开披露信息整理，部分数据因统计、披露方式导致有缺失，http://www.samr.gov.cn/fw/wyc/。

此外，随着消费者维权意识和维权能力的持续提升，消费者可通过多种途径维权，人民网、澎湃新闻、新浪微博等一大批媒体平台也结合相关职能业务积极探索消费维权支持体系建设，为消费者提供多样化的维权选择。例如由新浪微博发起的"黑猫投诉"线上平台，自 2018 年 3 月 15 日正式上线运营，有效投诉量从 0 到 100 万件历时 679 天，而从 100 万到 200 万件用时

131天，截至2022年8月累计投诉量突破1000万件[1]，互联网技术平台基于数字化、信息化的属性展现出强大的传播效应和影响力。

（二）投诉类别变化：服务类投诉占比逐渐超过商品类投诉

从类别属性上看，大致可以将消费投诉划分为商品类投诉、服务类投诉和其他类投诉。其中，其他类投诉指的是不属于一般商品或服务消费投诉类别，或暂时无法对应当前投诉统计归口、不便于归类的一些情况。[2]

2015年至2022年前三季度全国消协组织受理投诉类别对比统计信息如表3所示。整体来看，特征变化如下。

表3 2015年至2022年前三季度全国消协组织商品、服务投诉类别对比

单位：件，%

时间	商品类 数量	商品类 占比	服务类 数量	服务类 占比	其他类 数量	其他类 占比
2015年	309091	48.34	187613	29.34	142620	22.32
2016年	377396	57.75	234829	35.93	41280	6.32
2017年	305463	42.03	382823	52.67	38554	5.30
2018年	365162	47.90	368274	48.31	28811	3.78
2019年	377892	46.01	415354	50.57	28131	3.42
2020年	439351	44.73	499491	50.85	43407	4.42
2021年	491040	47.00	517153	49.49	36668	3.51
2022年前三季度	423658	50.68	388145	46.44	24076	2.88

注：中国消费者协会官网，https://www.cca.org.cn。

第一，商品类投诉和服务类投诉数量和所占比例整体呈上升态势；其他类投诉整体占比较低且呈现下降态势，当然对于这部分暂时难以归类或不便

---

[1] 资料来源于"黑猫投诉"新浪微博主页，https://m.weibo.cn/status/4800191931093566。
[2] 根据中消协工作划分，此处"其他类投诉"主要是指农业生产技术服务、宠物及宠物用品、殡葬服务及用品和其他类别的投诉事项。

归类的消费投诉也不应忽视，消费者投诉和不满意的状况可能在这些较为小众的类别里更加突出。

第二，服务类消费投诉比例逐渐超过商品类消费投诉比例。2017年，服务类消费投诉比例首次超过商品类消费投诉，此后连续五年接近或超过50%。这也从侧面反映出我国消费结构中服务类消费比重的提升。

2022年前三季度商品类投诉占比为50.68%，超过服务类投诉比重4.24个百分点，与2019~2021年投诉类型相比，比重略有变化（见图2）。究其原因，可能是服务业供给整体受到疫情挤压，消费者对于实物商品的支出和投诉量有所上升。

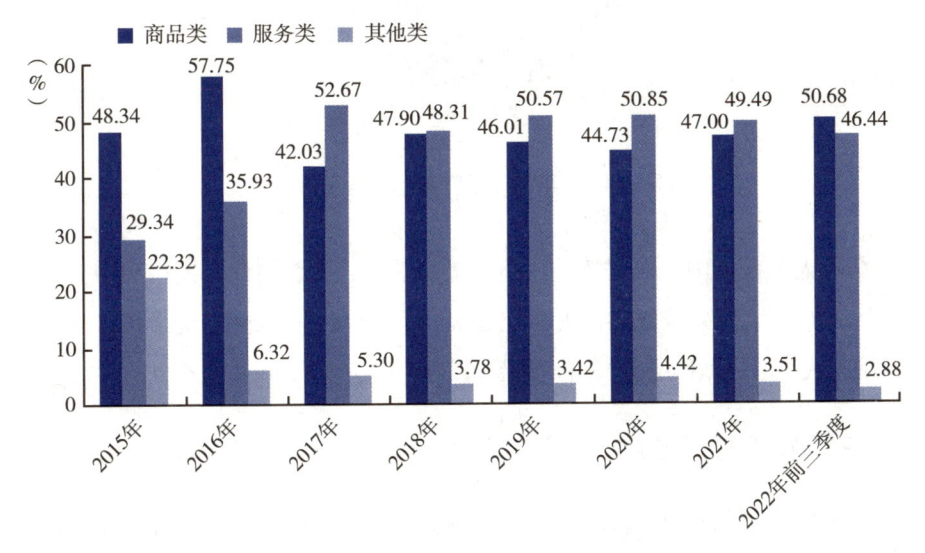

图2 2015年至2022年前三季度消费投诉类别整体占比

以下从2022年前三季度商品大类和服务大类更加具体的投诉比重来看。

商品大类投诉中，以家用电器、通信类电子设备等为代表的家用电子电器类，以家庭清洁用品、化妆品、儿童用品、五金交电及日用杂品为代表的日用商品类的投诉占比居前两位，且超过20%，分别为20.79%和20.17%。服装鞋帽类和食品类投诉占比分别为15.52%和15.44%，表明该部分投诉相对多发（见图3）。

社会蓝皮书

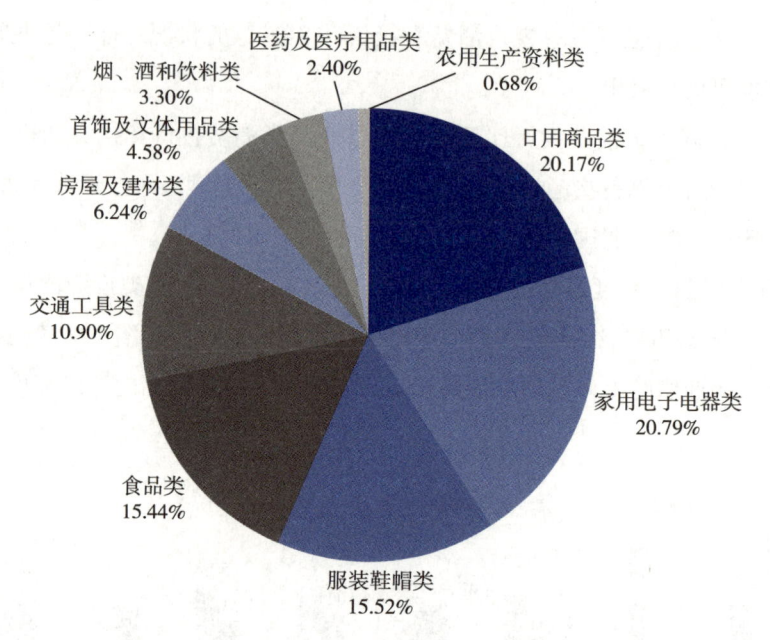

图3 2022年前三季度商品大类投诉占比

服务大类投诉中，以餐饮、住宿、美容美发、教育培训、销售和中介服务等为代表的生活社会服务类投诉占比最高，为28.45%；以网络宽带接入、网络游戏等为代表的互联网服务投诉占比超过20%，排在第二位（见图4）。

（三）投诉性质变化：售前、售中涉诉向售中、售后迁移

从消费投诉的性质来看，大致可以将消费者投诉划分为合同、质量、价格、虚假宣传、安全、假冒、售后服务、人格尊严、计量、其他等10个类别。

2022年前三季度投诉统计数据显示，排在前三位的投诉大类分别为售后服务、合同、质量，整体占比超过80%。其中，售后服务投诉量为279564件，占比为33.45%，排在各类投诉的首位，且为2015年以来同期的新高；合同类投诉量为228278件，整体占比27.31%，为近五年来同期最高；投诉占比排在第三位的是质量类投诉，共165057件，整体占比19.75%，为近五年来同期最低。

2022年前三季度，关于价格、虚假宣传、安全、假冒、人格尊严、计量和其他类的投诉占比均低于5%，合计占比约为20%，与往年基本持平，预计

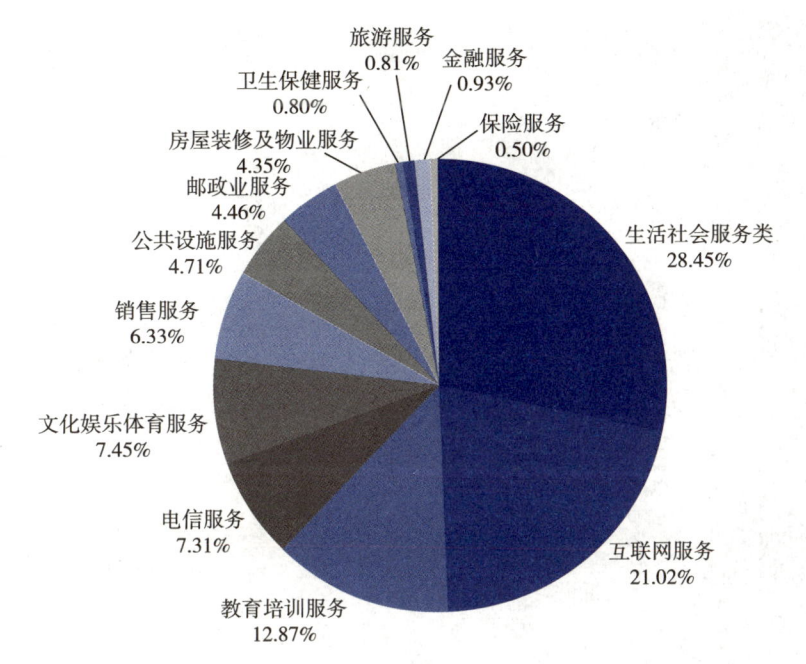

中国居民消费投诉变动趋势调查报告

图4 2022年前三季度服务大类投诉占比

- 旅游服务 0.81%
- 金融服务 0.93%
- 卫生保健服务 0.80%
- 保险服务 0.50%
- 房屋装修及物业服务 4.35%
- 邮政业服务 4.46%
- 公共设施服务 4.71%
- 销售服务 6.33%
- 文化娱乐体育服务 7.45%
- 电信服务 7.31%
- 教育培训服务 12.87%
- 互联网服务 21.02%
- 生活社会服务类 28.45%

2022年全年波动幅度不大。

从完整的消费体验流程和关键节点来看，大致可以将消费者投诉划分为四个模块，分别为：以价格、虚假宣传为主的售前问题，以质量、计量、假冒、合同为主的售中问题，以安全、人格尊严、售后服务为主的售后问题，以及其他问题。

梳理2015年以来不同类别投诉比重变化，消费者关于质量、价格等售前、售中的投诉逐渐向售后服务、安全乃至人格尊严等售后投诉进行迁移，消费者更加敢于向不公平格式条款、安全保障义务及服务态度、人格尊严等各类侵权行为发起质疑和挑战。以质量问题为例，消费者投诉比重从2015年的44.62%降低至2021年的20.0%，2022年前三季度进一步小幅收窄至19.75%（见表4）。在今后关于商品服务消费的政策倡议和实践中，应当及时关注供需两侧的结构性导向，注重从购买管理向使用管理的转变，从硬件条件优化向软性服务优化倾斜。

表4　2015年至2022年前三季度全国消协组织投诉性质数量及占比变化

单位：件，%

投诉性质	2015年 数量	2015年 比重	2016年 数量	2016年 比重	2017年 数量	2017年 比重	2018年 数量	2018年 比重	2019年 数量	2019年 比重	2020年 数量	2020年 比重	2021年 数量	2021年 比重	2022年前三季度 数量	2022年前三季度 比重
售后服务	135672	21.11	148529	22.73	206051	28.35	222845	29.24	238951	29.09	278652	28.37	329561	31.54	279564	33.45
合同	71013	11.05	79903	12.23	225829	31.07	156480	20.53	150380	18.31	246657	25.11	284361	27.22	228278	27.31
质量	285250	44.62	270990	41.47	158074	21.75	195802	25.69	206375	25.13	202799	20.65	208922	20.0	165057	19.75
价格	20423	3.18	34419	5.27	23106	3.18	30592	4.01	42160	5.13	76900	7.83	46209	4.42	35587	4.26
虚假宣传	9856	1.53	31370	4.80	42647	5.87	58909	7.73	58699	7.15	46899	4.77	46121	4.41	33749	4.04
安全	5170	0.80	20671	3.16	17228	2.37	24735	3.25	41849	5.09	30039	3.06	30575	2.93	22738	2.72
假冒	5242	0.82	18524	2.83	16970	2.33	24172	3.17	25151	3.06	12617	1.28	15742	1.51	10765	1.29
人格尊严	1562	0.24	1948	0.30	4108	0.57	8097	1.06	11739	1.43	9661	0.98	7527	0.72	7549	0.90
计量	3651	0.57	7552	1.16	6165	0.85	5406	0.71	6963	0.85	7033	0.72	7462	0.71	5730	0.69
其他	104731	16.30	39599	6.06	26662	3.67	35209	4.62	39110	4.76	70992	7.23	68381	6.54	46862	5.61

（四）消费投诉典型问题分析

1. 商品类投诉重点类别及问题

（1）食品安全监管仍待加强

"食品安全无小事"，事关千家万户和全体消费者的生命健康。从投诉统计分析数据来看，食品类投诉数量与比重始终位居细分品类前列，一些不法经营者唯利是图，罔顾食品生产、经营安全风险，损害消费者权益。消费者投诉的主要问题：一是经营者以次充好，掺杂掺假，甚至售卖过期、霉变食品及"三无"食品等；二是夸大宣传，比如宣称"无糖""低卡"的食品，实际远超标准要求等；三是夸大保健食品功能，比如宣传预防或者治疗疾病；四是食品质量不合格、卫生不达标，造成细菌感染、腹泻、中毒等人身伤害；五是一些社区团购出售低价食品，无检疫证明，进货渠道不明，存在安全风险。

以《中国统计年鉴2021》中关于我国居民人均消费支出构成的数据为例，2020年度人均消费支出占比排名居前三位的分别是食品烟酒、居住、交通通信。而全国消协组织2020年度投诉数量最大的商品细分种类正是食品（48319件），比2019年投诉量暴涨115.51%；通信类产品投诉量居第三位（30079件），比2019年增长49.02%。从消费频次和对应产生问题的概率来看，保持较高的一致性。

（2）家用电器、消费类电子产品等质量尚需提高

随着生活改善和移动互联网的普及，各类大小家电、智能电器受到消费者欢迎，但在产品质量和售后服务方面短板明显。消费者投诉的主要问题：一是部分智能家电功能与实际不符、故障频发、部件不予保修、维修成本高。二是迷你洗衣机、迷你烤炉、迷你冰箱等小家电质量参差不齐、维修困难、发生问题索赔难。三是一些"网红"小家电或电子产品以低价、新颖、"种草"特点吸引消费者，但质量差、3C认证缺失、故障频发。四是网购家电和电子产品送货上门后，商家常以包装已拆、封膜破损、已开机使用等理由设置退货退款门槛。五是家电售后上门检修不及时，未在承诺期限内修理完毕；

还有的免费安装设陷阱,维修收费混乱,质保期内不留维修记录。六是非品牌维修冒充品牌售后,高额收费。七是部分商家不落实延保服务承诺,推销"延保"时与"三包"混淆,"保修"并非免费"包修"。

(3)汽车类投诉保持高速增长

奔驰车主车顶维权、车主大闹上海车展特斯拉展台等事件近年引发舆情高度关注,也直接暴露出汽车消费者艰难维权的处境。2019年全年汽车及零部件类投诉34335件,同比增长25.1%;2021年全年汽车及零部件类投诉41624件,比2020年增长19.28%。随着新能源电动汽车政策驱动和逐步推广,新能源电动汽车普及率和保有量持续提升,相关投诉也逐渐增多。

全国消协组织受理的汽车类投诉涉及汽车销售中各个环节,消费者投诉的重点集中在以下几方面:一是产品质量问题多且以汽车关键零部件为主,如发动机、变速箱等主要部件屡现故障,新能源电动汽车电池质量故障、续航里程缩水等问题突出。二是购车合同争议大,经营者签订的合同明显有利于经营者,甚至是违反法律规定,排除消费者主要权利,部分格式条款对交易双方权利义务的约定不明确、不对等,违约后承担的赔偿责任不清。三是售后服务问题,如价格变动惹争议,故障不能一次性修好出现返修,多次维修却难以彻底解决问题,维修不出具明细等。四是检测举证维权难,车辆或零部件一旦出现质量问题,特别是新能源电动汽车续航里程缩水或自燃、自动驾驶系统失灵等重大安全问题,消费者举证难、鉴定难、求偿难。五是捆绑销售和诱导频发,如指定购买车辆保险或办理贷款,让消费者承担不合理的成本或造成其他损失隐患,严重侵犯消费者知情权、选择权、公平交易权。六是二手车交易信息不实,经营者不履行真实告知义务涉嫌欺瞒,甚至私改里程、隐瞒车辆真实情况等。

(4)卫生防疫用品投诉集中爆发

自2020年新冠肺炎疫情突发以来,卫生防疫用品成为投诉热点。2020年度医疗器械产品投诉量为20051件,相比于2019年度的1082件出现爆炸性增长。

消费者投诉主要问题:一是产品质量不合格,部分经营者以次充好,销售的口罩、消毒液、酒精等为假冒或"三无"产品。二是部分经营者哄抬物价、非法牟取暴利，造成口罩、酒精、测温仪等防疫用品价格上涨。三是网购防疫用品发货不及时、等候时间长，甚至频频被"砍单"。四是通过QQ、微信、闲鱼等带有社交属性的软件售卖防疫用品，进货渠道、产品质量和交易安全缺乏保障。五是一些经营者混淆普通口罩、一次性医用口罩、医用外科口罩、医用防护口罩等口罩功效和使用场景，涉嫌欺骗消费者。

此外，房屋及装修建材、家具、交通工具类投诉同样应当引起重视，表明消费者在一次性大额消费和中高端消费领域呈现较高的敏感度。

2. 服务类投诉重点类别及问题

（1）充值办卡等预付式消费模式已成为投诉顽疾

当前，"先交费后消费"的预付式消费模式已经渗透到生活消费的方方面面，从最初的办卡、买券，到如今的各类付费会员、充值满减等，各行各业以各种名目拓展预付式消费应用场景。此类消费模式一定程度上可以为消费者降低成本，但提前支付费用也增加了未来消费的风险系数，一旦商家倒闭、跑路，消费者的损失在所难免。

投诉主要问题：一是办卡前未告知重要条款，实际消费限制多；二是设置不公平格式条款，前期交费容易，后期退款难；三是商品或服务质量与承诺不符；四是商家转让、倒闭，对债权债务不做妥善处理，引发群体投诉；五是部分商家以低价优惠为诱饵，实为诈骗钱财，卷款跑路使消费者遭受重大损失。

（2）网络购物、直播带货等新兴商业模式引发维权新挑战

2022年1~10月，全国社会消费品零售总额360575亿元，同比增长0.6%；其中网上零售额109542亿元，同比增长4.9%；2021年全国网上零售额13.1万亿元，10年间增长9倍，基本生活消费、网上销售对消费的支撑作用持续显现。近年来，"种草"经济、跨境电商、直播带货等持续火热，特别是直播带货因其互动性、体验式、全天候等特点成为网络购物的重要方式，因主播进入门槛低，直播带货形式多样，侵害消费者权益行为时有发生。

投诉主要问题：一是商品货不对板，以假充真，以次充好，"三无"产品摇身一变成"网红""爆款"。二是虚假宣传。有的主播肆意夸大产品功效，有的用夸张的演技宣称"跳楼价""只有100组"，实际上这些优惠价格、数量都是主播虚构的；还有的主播编造虚假剧情卖惨带货，利用社会公众的同情心和善意售卖低质商品。三是售后服务难保障。退换货难，拒不承担售后责任。四是最优价格有水分。比如，主播宣称其销售的商品是全网最低价，但是被消费者发现承诺的价格并非最低价。五是部分玉石黄金等贵重物品价格低质量更低，甚至利用虚假的产品鉴定证书欺骗消费者。六是一些主播使用低俗语言，甚至辱骂消费者。七是部分直播营销平台怠于管理甚至放任直播间运营者、直播营销人员的侵权行为，采取的惩戒力度小，未能帮助消费者维权，致使消费者维权受阻。

（3）快递服务亟待改进

网络购物规模持续发展壮大和物流、交通运输等基础设施建设日益完善带动了快递业务的迅猛发展，但其安全性、时效性、规范性与消费者需求还有较大差距，"最后一公里"的服务成为投诉维权的重点难点。

投诉主要问题：一是快递员未经同意擅自将快递放入快递柜或者小区门口；二是消费者拒收后，快递公司伪造消费者签收；三是快递寄出后多日未送达，发生损毁得不到及时处理；四是保价条款不公平、保价理赔不合理、夸大宣传保价金额，贵重物品未提醒保价；五是网购退货时，锂电池等易燃易爆商品无法通过快递寄回，权益保障难落地；六是部分快递品牌或地区快递收费不明，到货后加价才能收件或派件；七是快递面单广告泛滥，以所谓"福利优惠""免单福利"诱导消费者参与，实为套取个人信息，且福利微薄；八是快递"保价"服务形同虚设，理赔服务难以生效；九是发生纠纷后，快递员态度蛮横粗暴，部分甚至言语威胁，造成消费者身心伤害。

（4）校外教育培训退款难

"双减"政策减轻了消费者家庭负担，纠正了教育培训行业的乱象，但政策转型期也给校外培训行业转型带来阵痛。消费者投诉主要问题：一是非法办学机构被查处，培训机构没有及时退还费用。二是受政策影响，学科类培训机构转为素质发展类培训机构,但师资配备跟不上,课程设计不合理,宣传承诺履行不到位。三是部分非学科类机构本已存在经营不善问题,却假借"双减"政策关门停业、拒不退款。四是部分机构存在虚假宣传、保证性承诺等违法事实,如虚构师资力量、夸大教学效果、编造用户评价。五是部分机构经营场所不合规,培训教师无证上岗,服务质量参差不齐,承诺不兑现,单方变更服务强制消费者接受。六是部分培训机构隐瞒贷款风险,诱导学员办理"培训贷",财务风险、信用隐患极大。七是对不符合职业资格考试条件的参训人员,伪造报名资质、承诺保过,事后又以各种借口拒不担责。八是直播培训存在风险,一些直播培训打出"零基础入门""包教包会"等诱人广告,通过不签协议、私下转账等方式,收到学费后卷款跑路。

(5)文旅、娱乐等安全引发关注

受疫情影响,消费者文化和旅游等大规模、长距离、聚集性活动受限,露营、密室逃脱、剧本杀、网络游戏、网络视频等成为消费者休闲的选择。消费者投诉的主要问题:一是部分网络游戏、网络直播等经营者引诱未成年人打赏、充值,消费者退款困难;二是有的网络游戏运营商对装备被盗问题置之不理,对账号数据异常处置粗暴,影响关联账号下视频、音乐等付费功能使用;三是有些密室逃脱、剧本杀等新型休闲娱乐存在规则告知不清、内容惊悚、安全隐患等情况;四是一些网络文娱票务平台拖延供票、擅自提价或取消订单、出售无法使用或限制使用的门票;五是涉黄涉暴力等低俗网络视听节目影响青少年健康成长;六是发生纠纷时,有些经营者拒不履行"退改签"承诺或擅自添加售后服务限制条件,有些不提供人工客服,增加消费者维权难度。

以居民人均消费支出数据为例,2020年度人均消费支出中教育文化旅游部分占比约为10%;而2020年服务大类投诉中教育培训服务与文化娱乐体育服务居服务类投诉前五位,占比分别为5.72%和3.92%。二者具有较为显著的正相关性。

此外,餐饮服务、交通运输、居住服务、保养和修理服务等类别投诉同样易发、频发,消费者关注度高、舆情反响强烈,值得关注。

3. 部分典型消费维权舆情回顾

从近年来中国消费者协会发布的典型消费维权舆情热点事件来看（见表5），消费诉求和舆情发酵会随着消费趋势变化而变化，总体呈现以下几个特点：一是服务类消费舆情相比商品类舆情较为多发，涉及质量安全、消费安全等的感知相对集中，这也符合商品消费和服务消费融合发展的趋势，消费者越发注重服务体验和服务感知；二是互联网服务类相关的诉求和舆情事件相对较多，网络经济、信息、信用等新型消费持续壮大，近8年来的舆情热点问题中互联网消费问题占比总体超过六成；三是部分行业性、群体性诉求表达和维权舆情多发，移动互联网的普及和社交媒体的快速发展，为消费者自主表达意见、主动寻求支持的维权行动提供了便利；四是部分维权舆情热点的爆发具有偶然性和必然性双重属性，一些互联网经济发展模式和消费品牌如P2P、长租公寓等发展潜藏风险，偶然性的危机不断积聚最终导致必然性的"爆雷"溃败，受伤害最大的还是普通消费者。

表5 2015年至2022年上半年部分典型消费维权舆情热点问题

时间	消费维权舆情热点
2015年	跨国跨境购物投诉成为新热点新难点，预付卡消费欺诈已成顽疾
2016年	电信诈骗问题频发；餐饮外卖平台乱象；"一元夺宝""P2P"理财爆雷等问题多发
2017年	ofo单车等共享出行类群体性投诉问题严重，"互联网+"共享经济创业发展模式面临质疑；金钱豹等知名餐饮品牌倒闭引发预付式消费纠纷
2018年	个人信息侵权与保护机制缺失，"大数据杀熟"问题频现
2019年	"双11"复杂规则暗藏消费陷阱，直播带货消费问题多发
2020年	酒店、旅游、出行退订纠纷多；长租公寓接连"爆雷"跑路；在线培训服务乱象频现；快递代签、送货不上门；快手主播辛巴燕窝售假事件等
2021年	教培机构破产倒闭引发消费维权连锁反应；视频平台VIP会员服务和"超前点播"机制引发吐槽；阿里巴巴集团被罚款182.28亿元；淘宝平台"双11"喵糖活动，斐乐、欧莱雅等存在价差、虚假发货等导致不满；特斯拉车主维权事件引发消费者对新能源汽车安全、智能、数据归属等问题的关注
2022年上半年	预制菜成为餐饮新风口；物业服务隐性侵权时现；宠物消费多样化、精细化和拟人化等特点带来维权新难点；医美安全问题频发、制造容貌焦虑引发吐槽；商品房领域投诉增多，"断供""保供"压力大

二 新时期消费维权工作面临的主要问题

消费对经济发展的基础性作用不断凸显，消费中的一系列问题也不应被忽视。消费者之变、消费市场之变、投诉数据之变，必然要求维权工作之变。新的消费领域、新的消费模式、新的消费热点不断涌现，导致消费需求的个性化、多样化发展更加分化，一些历史遗留问题和新出现的问题交错混杂，一些老的消费套路和新的消费方式相融合，各种消费纠纷和潜在的消费问题进一步积累爆发，对消费环境建设和消费维权工作提出了新的更高要求。

（一）加强消费环境建设与消费维权公共服务具有重要意义

加强消费环境建设与消费维权公共服务是推动服务型政府建设的必然要求。出于自身的职能划分、专业化程度、成本与效率等方面原因，政府部门公共服务供给能力有时难以完全满足公众需求。在有限的公共资源条件下，需要多元化的公共服务提供机制，由专业化组织和人员提供服务，有利于提供高质量的公共服务产品。在服务型政府的定位之下，开展消费纠纷调处和风险化解也是一项重要的公共服务项目，服务对象除了普通消费者和商家经营者双方外，还包括各级政府及相关部门。这意味着必须不断加大消费维权工作力度、持续彰显消费者维权服务温度，让消费维权公共服务更好地满足各层面的需求。

加强消费环境建设与消费维权公共服务是实现社会监督广泛覆盖、广泛受益的客观需要。《中华人民共和国消费者权益保护法》规定：消费者享有对商品和服务以及保护消费者权益工作进行监督的权利。无论是从生产消费和生活消费的角度，还是从已有消费经历和潜在消费群体的角度来看，社会监督都有助于人们获得更多、更全面的消费信息，增进消费理解、增强消费理性，同时能对经营者和相关职能部门履行消费者权益保护义务起到监督、敦促的作用。目前，法治化、市场化的任务仍然繁重，消费者权益保护仍然存在较大缺口，迫切需要有关方面重视并大力改革创新，消除本位主义和地方保护主义意识，统筹好各方消费维权服务力量，形成更加科学、系统的整体动能、势能与效能。

加强消费环境建设与消费维权公共服务是充分整合消费维权服务渠道和资源的重要途径。目前，一方面，我国消费维权服务专业力量不足、支持力量不足，消费者不得不借助社会舆论、媒体或自媒体进行诉求表达或曝光披露，人员少与任务重的矛盾将长期存在，无论是数量还是质量都难以满足日益增长的消费维权需求。另一方面，社会上的监督和诉求表达渠道与方式日趋多元化，相关资源和支持力量比较丰富，消费者自我觉察能力提升且自主行动、互助方式更加灵活，可有效弥补消费维权力量的不足，当然，这一方面需要相关职能部门和社会组织力量眼睛向内，通过提高相关工作人员服务能力和水平，结合信息化等技术辅助手段不断挖潜；另一方面，也迫切需要充分认知、对照外部力量，整合运用好社会服务和优势资源。

加强消费环境建设与消费维权公共服务是全面改善消费环境、提升消费信心的必然要求。近年来，各级相关部门始终着力营造安全放心的消费环境，取得良好成效，中国消费者协会连续5年开展的全国大中城市消费者满意度测评数据显示，"消费环境"满意度从2017年的72.9分提高到2021年的80.5分，2021年"消费信心"得分较2020年同期提升4.1分，目前达82.9分。同时，消费领域虚假宣传、支付风险、信息泄露等环境问题仍有发生，消费者的公平交易权、安全权、监督权等还得不到充分实现，在很大程度上影响着消费者满意度和消费信心，制约着消费的进一步扩容和潜力释放。

（二）"消费"与"维权"辩证关系存在事实博弈

从现有水平和层次来看，当前的消费环境和维权体系与党和政府提出的"实现消费者自由选择、自主消费、安全消费"要求还有一定的差距，"诚信、公平、法治"依然是消费者最基本的期盼，特别是在网络消费、服务消费、信息消费等新兴消费领域，配套法规和标准还较为滞后，经营者与经营者之间的竞争倾轧、以消费者为筹码资源开展经营和博弈，经营者与消费者之间的信息不对称、权利义务不对等，使得广大消费者心存顾虑，还远远称不上愿消费、敢消费。打造市场化、法治化、国际化营商环境，加快建设全国统一大市场，推动构建双循环新发展格局任重道远。

从消费者体验视角和行动路径来看，完整的消费行为逻辑覆盖了售前、售中、售后的全过程，这也是消费者与经营者互动的过程。但大多数时候，经营者对于售前、售中环节更为关注，对于售后环节有所关注但往往容易虎头蛇尾或顾此失彼，而售中、售后环节正是消费者更容易遭遇问题、导致纠纷出现、需要更多关注的关键所在。另外，随着服务消费增多、中高端消费持续发力等消费需求侧的变化，部分供给侧经营者跟进不力引发消费者不满。在当前各类"促消费"的社会行动中，"消费"被置于更加优先且迫切的位置，"维权"的权重相对较小、地位靠后，维权供给服务规划缺失、供给不足，导致消费者在维权意愿、维权路径选择、结果认可度方面遭遇困境，这反过来会抑制消费行为选择。

从内外部条件来看，疫情、产业结构转型、人口迁移等诸多不确定性因素都会影响消费者参与的活跃度和消费信心。一是城乡商业服务业发展和促消费压力大，文旅、餐饮、生活服务类部分接触性、聚集性消费存续面临持续冲击，变相导致消费者选择受限、预付式消费投诉增多；二是面临疫情防控、进出口贸易和就业波动等因素影响，城乡居民就业、收入、支出承压，消费信心和消费活跃度降低，消费耐受度和维权诉求有所攀升；三是受疫情防控和户籍、教育、医疗等公共服务因素影响，跨地域求职、务工、旅游群体等流动性降低，对相关产业的拉动效应减弱。更好地适应人民群众个性化、多样化、不断升级的消费需求，更好地满足广大消费者对商品和服务的质量、信誉保障以及权益保护工作的更高要求需要出实招、新招。

（三）新时期消费维权面临的主要问题和挑战

作为一部维护消费者权益的专门法律文件，2013年新修订的《消费者权益保护法》针对消费领域的诸多新老问题作出了相应规定；近年来，《电子商务法》《个人信息保护法》等一系列与消费者密切相关的法律法规不断出台，消费者权益保护的制度体系和行动网络更加完善。与此同时，相关法律的全面贯彻实施仍然存在一些问题，消费者的合法权益和维权实践仍然面临诸多

挑战和不确定性因素。

一是相关法律规定的条款内容还没有真正实现"落地"。《消费者权益保护法》规定的消费者有权对经营者开展监督、依法获得赔偿的权利，以及公益性诉讼、惩罚性赔偿制度等为保护消费者权益提供了有力依据，但在实践中仍面临诸多困难；网购刷单"黑灰产"、个人信息泄露、电信诈骗等事件仍时有发生，尽管法律已经对部分问题加以规制，但消费者个体权益受损后，举证难、程序多、成本高等困扰始终存在。

二是相关新兴消费领域发展迅猛但问题多发，缺乏有效规制。分析数据显示，网络消费、预付卡消费等行业领域争议多发、投诉增长较快，侵犯消费者合法权益的违法违规行为较为突出。在以互联网技术为主导的新兴消费领域，阶段性、群体性问题较为集中，部分侵权问题变得更加隐蔽，例如"盲盒"经济、会员经济等在成为新体验、新潮流的同时也带来新问题，一些互联网经营品牌"关门失联""卷款跑路"使得群体性事件爆发，消费者普遍难以维权。

三是消费维权渠道需要进一步理顺。从目前各地群众诉求响应和受理渠道来看，12345（市民服务）、12315（市场监管）、12300（工信）、12301（旅游）、12305（邮政）等热线并行，为投诉维权提供多样化选择。与此同时，由于热线电话号码众多、职能属性和分工各有不同，各部门和相关热线、平台之间的互联互通仍有欠缺，使得群众投诉不知所措，加上平台接线人员政策法律知识和专业水平不一，一些跨领域、跨部门的诉求难以获得答复，导致消费投诉被"踢皮球"、转办效率低下甚至无果，引起消费者不满情绪二次发酵。

四是维权力量仍需强化，消协组织的作用发挥不够。《消费者权益保护法》对于消协的组织性质予以界定，明确其公益性，赋予其新职责，并规定各级政府应当予以必要的经费等支持。但是，越到基层，消协组织的登记管理、编制经费等问题越突出，机构、队伍和维权服务效能受到不同程度影响，并不适应新修订的消保法所赋予的公益性职责要求。再加上机构改革和市场监管行政职能、人员队伍的整合推进中各地做法和进度不一，造成新的职能交叉和权责不对称问题，使得消费维权公共服务资源要么响应不及时，要么被少数群体占用、过度索权，诉求匹配度不高。

三 对策与建议

随着我国经济由高速增长阶段转向高质量发展阶段，消费对经济增长的贡献率越来越高，成为拉动经济增长的主要动力。党的二十大报告鲜明地指出，"必须坚持在发展中保障和改善民生"，不断完善社会治理体系，健全共建共治共享的社会治理制度，提升社会治理效能，畅通和规范群众诉求表达、利益协调、权益保障通道，建设人人有责、人人尽责、人人享有的社会治理共同体。

消费投诉维权行动是消费者不满意的诉求在日常生活中的集中体现，是"以人民为中心"的生动体现，能否解决好、如何更好地解决，事关人民群众对美好生活的感知度和获得感，也是社会治理精细化、精准化亟待解决的关键问题。无论是从基层社会治理实践着眼，还是从宏观政策审慎考虑，可以说消费投诉与维权调解，既是牵动矛盾纠纷化解和国家治理的"关键小事"，也事关人民群众感知公共服务力度、效度与温度的"神经末梢"。因此，必须密切关注各种消费模式和趋势，推动消费结构提质扩容，理顺消费维权工作细枝末节，不断推动群众安全感、满意度持续提升。

（一）强化消费信心与预期，推动消费维权事业高质量发展

随着疫情防控趋于常态化，国内消费活力得到一定释放，但受疫情多点散发、经济增速放缓、居民收入不及预期等因素的影响，消费预期萎缩和消费潜力放量的压力仍然很大；同时，随着消费需求快速升级，消费者对于商品与服务供给、制度建设与保障方面的敏感性不断提升，更加敢于表达诉求和付诸维权，对经营者和监管方均提出更高要求。首先，要科学把握"稳"与"进"、"快"与"慢"的辩证关系，统筹消费供给和消费需求、潜力增长和预期差异之间的关系，坚持稳字当头、稳中求进，不断优化营商环境，降

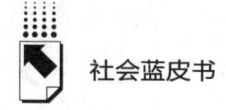

低供给主体制度性成本，在守住供给侧基本盘、激发供给侧活力的前提下推动消费高质量发展，降低生产经营系统性风险。其次，要加大市场秩序规范整顿力度，努力构建更加公平互信、安全放心的消费环境，严厉打击虚假宣传、消费欺诈、信息犯罪等各类违法违规行为，建立健全消费领域信用评价监管机制和风险评估机制，抓早抓小也要适度容错纠错，不断推进消费规则完善。再次，要着力提高城乡居民消费能力与消费信心，通过稳生产、稳就业来稳定消费信心，通过提高居民收入、构建居民收入占更大比例的国民收入分配格局来巩固消费能力，通过强化消费维权效能和获得感来保障消费预期。最后，要切实保障人民基本生活与消费，提升全社会理性消费认知，促进科学决策，提升消费素养，有效降低买房租房、医疗、教育等一次性大额消费对居民消费的挤出效应，稳定物价，扩充大众消费支出的选择区间，提振消费预期，强化消费信心。

（二）树立消费者优先原则，让社会公众平等享受发展福祉

放心消费，关键在人。每个人都是消费者，尊重消费者感受、保护消费者合法权益，也是尊重和保护每一位公民的重要体现。面向新时期、新发展阶段，牢固树立"消费者优先"原则，"让消费者更加满意"应当成为广大经营者的更高标准和不懈追求。在全社会推动放心消费环境建设的出发点和落脚点，是以全体消费者为基础的人民大众。无论是行政执法还是企业经营，无论是讲诚信、反欺诈还是各种售前、售中、售后的承诺，其出发点和落脚点都是让全体消费者更加满意。首先，各有关市场主体要始终重视消费者感受体验，保持与消费者的同理共情，消费关系并不是在支付完成后就终结，而应当在服务消费者的事前、事中、事后全过程不断提升消费者的舒适度、便利度和认同度。其次，要让全体消费者享有均等的机会和平等的身份参与各类消费活动，不断完善生产生活基础设施规划建设，鼓励和扶持数字化更新革新，特别是要加强农村基础设施建设和促进流通网络通畅，在不断满足基本公共服务消费需求的基础上跟上时代步伐，让更多消费者共享发展成果，实现更大范围、更深层次和更可持续的消费公平。最后，要倡导和坚持消费

者优先原则，积极回应并妥善处理消费者相关诉求，注重消费风险调处和研判，特别是要防范消费问题从小众个案向群体性问题演变，或是从消费领域向其他领域转移，也要预防风险从单个领域、单个城市向其他领域、其他地域扩散。

（三）注重社会动员与参与，强化消协等社会组织作用的发挥

《消费者权益保护法》赋予了消费者协会八项公益性职责，这意味着各级消协组织作为依法成立的服务消费维权的中坚力量，要不断强化依法履职效能，推动工作创新，主动作为、率先引领，积极动员社会参与消费维权服务共治。一是始终当好消费者权益的"代言人"，通过参与各项与消费者权益相关的法律、法规、标准制修订工作为消费者建言发声，努力推动各有关方面将涉及消费维权的工作事项统筹考虑、协调推进，进一步整合社会维权资源，多多想、好好说、快快办。二是坚定当好消费者权益的"守门人"，立足公益性、贯彻服务性、保持权威性，倡导和支持建设更加多元高效的投诉受理和反馈诉求的渠道，积极推动多元纠纷化解，简化消费纠纷处理机制和程序，不断优化新老消费问题应对，进一步提升公共服务、准公共服务和各类社会服务效率，降低维权成本，增强维权信心和社会信任感。三是主动当好消费者合法权益的"吹哨人"，借助"互联网+"拓宽消费维权阵地，将"网上用心"与"网下用力"相结合，完善线上线下消费者诉求反馈、社会监督与网络舆情收集等联动工具手段，更好地督促企业诚信守法、公平竞争。四是全心全意当好全体消费者的"娘家人"，强化消费咨询、维权服务、消费指导与教育等职能属性，突出关键性、兜底性维权的"撑腰"作用，不断培育和增强消费者依法维权、合理维权的意识和能力，树立和践行更加科学、理性、文明、健康的消费理念和生活方式。

（四）增强互联互通互信，促进消费维权共治共建共享

"消费"的主体覆盖从婴幼儿到老年人的全年龄段人群，内容及形式涉及衣食住行用和生老病残死等方方面面，高频次的市场交易和消费活动很难做

到"零投诉",更难以做到"零风险"。因此,消费维权工作没有旁观者,消费环境建设和优化绝不只是某一政府部门或某一行业领域、哪一家企业自己的事情,而是与全社会密切相关、需要各主体共同参与的重要议题,增进互联、互通和互信具有现实意义,推动消费维权共治、共建与成果共享成为必然选择。从强化消费者权益保护工作协作体制机制角度而言,要加强相关行政部门在消费环境建设和消费维权工作上的主导与协作,不断畅通消费者诉求表达渠道,强化部门协调配合、上下互通联动,鼓励区域性协作和行业性协作,建立健全高效便捷的快速反应和应急响应机制;要建立健全消费和维权信息共建共享相关体制机制,促进行政力量与社会力量以及消费者自主行动更加有序、有力并努力形成共治合力,逐步减少和消除各种壁垒隔阂阻碍;要以持续改善民生为重点,强化政策理论研究、落地实践和经验总结交流,在对内、对外的双向互动中不断增强效能、提升优势、补足短板。最后,还要不断培育传递善意和诚意,综合考量事关生活消费和权益维护的法、理、情,让供、需、管各方增强互信与共赢意识,更加立足长远、包容审慎,不断提升社会各方的参与度和获得感,一同构建更加安全放心、更具责任感和更可持续的消费生态。

参考文献

《中共中央 国务院关于完善促进消费体制机制 进一步激发居民消费潜力的若干意见》(中发〔2018〕32号)。

《国务院关于印发"十四五"市场监管现代化规划的通知》(国发〔2021〕30号)。

中国消费者协会:《2015年至2022年前三季度全国消协组织受理投诉情况分析报告》,https://www.cca.org.cn/。

中国消费者协会:《2021年100个城市消费者满意度测评报告》,https://www.cca.org.cn/zxsd/detail/30366.html。

国家统计局:《中国统计年鉴 2021》,中国统计出版社,2021。

李培林、陈光金、王春光主编《2022 年中国社会形势分析与预测》,社会科学文献出版社,2021。

谢伏瞻主编《2022 年中国经济形势分析与预测》,社会科学文献出版社,2021。

专题篇

Reports on Special Subjects

B.15 2022年中国互联网舆情分析报告

祝华新　潘宇峰　廖灿亮*

摘　要： 2022年面对宏观环境的巨大不确定性，中国舆论场杂音纷呈。党的二十大胜利召开，全面部署中国式现代化，为中国未来发展和舆论场奠定了压舱石。国际议题的国内舆论投射日渐显著，中国网民的"世界意识"不断增强，对国际事务的关注度进一步提升。我国综合国力与日俱增，潜移默化地影响着国民对国际议题的日常认知，制度自信、文化自信不断增强和外化。新冠肺炎疫情反弹，如何统筹防控和经济民生引发全社会的关切，需要以人民利益为导向，在法治轨道上探索政府治理和社会调节、居民自治良性互动。

---

* 祝华新，中国经济体制改革研究会常务理事、互联网与新经济专业委员会主任；潘宇峰、廖灿亮，资深舆情分析师。

关键词： 简中舆论场　舆情事件　舆情压力

面对宏观环境的巨大不确定性，2022年舆论场杂音纷呈。中共二十大胜利召开，全面部署中国式现代化和高质量发展目标，号召全党全国各族人民在党的旗帜下团结成"一块坚硬的钢铁"，躁动的舆论场有了压舱石。

年初，北京和张家口成功举办冬奥会和冬残奥会，中国在冰雪运动上取得历史性突破，激发了全国人民的爱国热情与民族自豪感，民族精神再一次被凝聚。在互联网上，活泼憨厚的"冰墩墩"、喜庆祥和的"雪容融"，成为逗人喜爱的IP，实体玩具一款难求。社会主义中国非凡的组织动员能力，坚实的经济实力、科技实力、综合国力，让世界刮目相看。

2月，俄乌冲突爆发，中国网民因复杂的历史经纬而产生意见分歧。美国国会众议长佩洛西窜访台湾，严重损害中国主权和领土完整，刺激民族尊严，在中国互联网上引发强烈抗议。网民支持中国政府严正立场，谴责窜访行径，表示"绝不容忍"美国纵容"台独"，交汇成近年来爱国主义的最强音。

在抗击疫情方面，中国坚持"外防输入、内防反弹"总策略和"动态清零"总方针，最大限度保护了人民生命安全和身体健康，顶住了一轮又一轮病毒的冲击，没有出现全国性的疫情失控局面。与此同时，疫情多点散发和经济下行叠加影响，社会心态疲弱，市场信心不振。政府及时出台稳经济一揽子政策，舆论场期盼平衡疫情防控和经济社会发展，稳就业保民生。社区成为疫情防控第一道防线。作为群众自治性组织的居委会被赋予应急管理职能，彰显了中国群防群治的优势，同时也出现了依法行政、规范执法、人文关怀等方面的新问题。疫情防控本是为了人民的健康、护佑每一个生命，舆论希望不要因为疫情防控导致更严重的次生灾害。

一　2022年舆情分类及对比往年的变化

本报告沿用往年的量化方法，将2021年11月1日至2022年10月31日

作为统计时段，梳理其间发生的热点舆情事件，统计各个事件在报刊、网络新闻、论坛/博客、微博、微信、新闻客户端等渠道的相关文章量，并由此计算舆情事件热度。各渠道权重通过层次分析法获得，分别为0.2181、0.1806、0.0399、0.1342、0.2079、0.2193。以每月热度排名前50的全年600个热点舆情事件为研究样本，从事件类型、所属地域、所涉政府部门等维度对各事件进行编码统计，进一步综合事件热度与舆论正负面情绪占比，得到相关领域、地域、部门等承受的舆情压力指数。从2022年热度最高的20件热点事件可以看出，各地疫情、北京冬奥、党的二十大、俄乌冲突和佩洛西窜台舆论热度最高，成为全年网络舆情的主线。

表1 2022年网络舆情热点TOP 20

单位：千篇

热度排名	事件	报刊	网络新闻	论坛/博客	微博	微信	新闻客户端	热度
1	上海疫情防控	136.1	5207.1	573.9	17807.0	4284.9	5560.6	97.68
2	北京冬奥会和冬残奥会	171.0	3456.3	231.3	130951.3	2307.2	3848.6	97.64
3	党的二十大	457.8	4736.1	94.3	4994.7	10613.7	5878.2	97.24
4	俄乌冲突	65.5	3139.0	369.9	5956.8	1873.0	3731.3	94.64
5	北京疫情防控	49.2	1487.5	80.8	2247.5	1161.3	1496.7	91.43
6	佩洛西窜访台湾	12.8	313.5	17.0	1902.2	204.2	382.1	82.15
7	3·21东航客机事故	8.7	194.5	14.0	17091.8	167.6	304.3	81.99
8	香港回归祖国25周年	14.7	198.7	4.8	9294.1	189.5	162.1	81.27
9	全国多地持续极端高温天气	11.4	386.5	33.1	282.1	263.1	332.6	81.27
10	四川泸定地震	7.6	250.4	8.7	6414.9	114.8	241.0	80.23
11	河北唐山烧烤店打人事件	2.1	100.5	13.7	6654.2	112.6	159.2	76.09
12	重庆多地发生山火	1.6	71.5	5.3	1718	56.4	80.8	72.01
13	日本前首相安倍晋三遭枪击	2.4	49.3	6.1	348.7	46.1	74.4	70.83
14	英女王伊丽莎白二世去世	1.4	53.8	3.9	369.5	32.5	67.2	69.00
15	人教版教材插画争议	0.8	41.1	4.1	497.3	50.2	64.7	68.39
16	丰县生育八孩女子事件	0.7	16.4	3.2	10798.4	53.8	28.6	68.31

续表

热度排名	事件	报刊	网络新闻	论坛/博客	微博	微信	新闻客户端	热度
17	河南村镇银行暴雷事件	0.3	27.5	4.6	956.1	23.0	29.6	64.93
18	"二舅"视频引热议	0.3	28.0	8.1	282.0	33.1	31.2	64.43
19	贵州三荔高速客车侧翻事故	0.2	7.1	0.9	711.6	8.4	11.0	58.07
20	南京玄奘寺供奉日本战犯牌位	0.1	11.9	0.8	272.6	13.1	16.0	57.07

* 人民网主任数据分析师叶德恒对此项数据分析做出贡献。

为研究负面舆情事件给各政府部门和地方政府造成的舆论压力，本报告继续采用舆论压力指数模型[①]进行量化测算。可以看出，公安应急和医疗卫生仍然是舆论承压最大的部门，军事外交和财税经贸部门的舆论压力年内增长最高，比上一年度增长约150%，此外，教育类负面舆情年内也有所反弹。

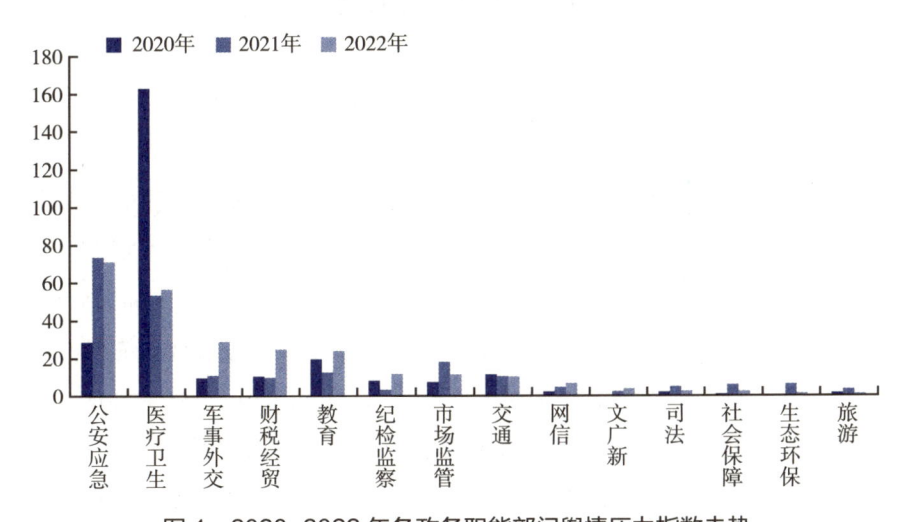

图1　2020~2022年各政务职能部门舆情压力指数走势

---

① 本报告通过专家打分法对每一热点事件的舆论倾向性做了量化处理。我们将事件中针对官方的正负面舆论倾向对应到集合 {1，2，3，4，5} 中，具体含义为：1—极端负面，2—较为负面，3—中性，4—较为正面，5—极端正面。综合计算事件的热度和舆论倾向性，得到最终的舆情压力指数。

319

2022年主流媒体进一步迈入移动互联网，占领舆论主阵地。党报在"两微两端"①入驻率均接近90%，下载量百万级以上党报客户端总计达到70个。②《人民日报》、新华社、中央广播电视总台在所属官网、新闻客户端开设"我为党的二十大建言献策"专栏，各平台征求意见页面总阅读量6.6亿次，共收到各类意见建议留言854.2万条，97%为实名留言。人民群众对执政党寄予深切期待。政务新媒体凭借权威发布、社会评论、直播连麦、短视频等方式频频"出圈"。如深圳卫健委微信公众号以诙谐幽默又温暖的形式进行政务发布，"圈粉"无数，粉丝数已突破1800万。国家网信办部署开展2022年"清朗"专项行动，打击网络直播、短视频乱象，清理涉政治经济、文化历史、民生科普谣言，整治算法歧视、网络水军，互联网治理越来越精细化，汇集向上向善力量，共建清朗网络空间。

二　社区管控和依法行政

鉴于新冠病毒传播速度加快、隐匿性增强，中国把防治关口从医疗机构前置到社区，采取公共卫生的强力干涉措施。社区设卡，检查过往人员和车辆，组织全员核酸检测。必要时实行小区封闭式管理，对核酸检测阳性和"密接"人员实行转运集中隔离或就地居家隔离，还可帮助居民解除健康码"弹窗"。有的地方尝试推出"十户长"，敲门入户核查督促邻居做核酸、戴口罩等。中国疫情防控取得举世瞩目的成就，基层防疫工作者三年来的辛劳功不可没。对于这些身穿防护服的一线防疫人员，网民喜欢称呼他们"大白"。在武汉封城时，"大白"以医护人员为主，作为勇敢的逆行者，受到全社会的礼赞。在疫情防控常态化后，社区"大白"更多的是社区工作者、志愿者等。过去社区主要负责门卫、小区环境卫生等工作，很少介入居民日常生活；新冠肺炎疫情出现以来，社区增添了某些强制管理职能，"大白"成为执法者。通过分析网民讨论"大白"时使用的热词和情绪，发现相较于2020

---

① 微博、微信、聚合新闻客户端、聚合视频客户端。
② 人民网研究院：《2022年全国党报融合传播指数报告》。

年武汉在疫情防控期间以正面评价为主，2022年在上海疫情防控中对"大白"的评价处于两年多来的低谷，"强行转运""破门而入"等负面词语开始出现，体现出舆论对于社区防控态度的变化。

图2 武汉疫情防控期间（左）与上海疫情防控期间（右）网民讨论"大白"热词云图

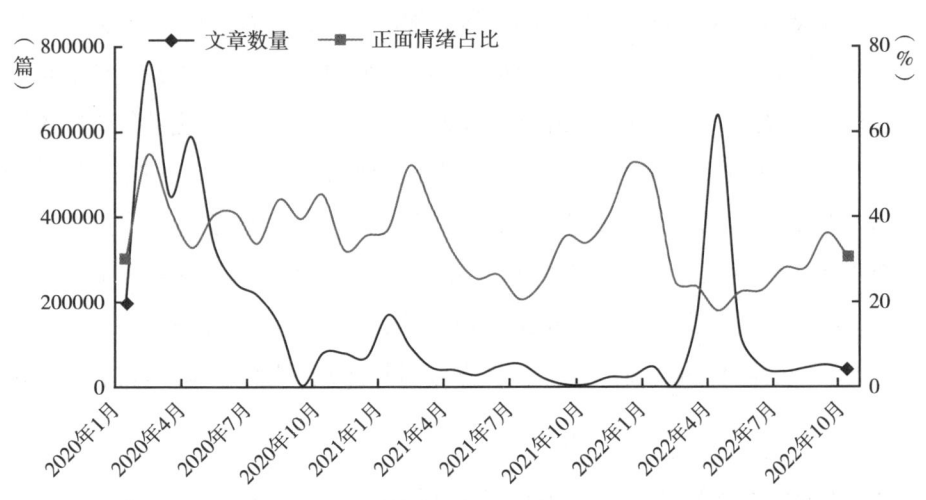

图3 2020年1月至2022年10月舆论针对"大白"讨论的文章数量及情感走势

社会主义市场经济需要劳动力等生产要素自由流动，推动人们从计划经济时期的"单位人"变成"社会人"。社会学者李汉林等较早研究"单位现象"。单位包括政府机关、事业单位和公有制企业单位，几乎所有社会资源，包括收入、住房等物质性资源和奖励、晋级、升职等精神性资源，都由国家通过单位来配置。①改革后在现代企业制度下，企业对职工的劳动生产行为负责，公民有了单位以外的私生活和社会生活独立空间。疫情防控让"社会人"变成"社区人"。"社区人"强化了家园共同体意识，训练和提升了基层社会自治能力。例如上海封城时居民自发组织的社区团购是生活必需品的重要补充。约有13万个保供型"团长"（蔬果肉蛋、米面粮油），有超过65万个改善型"团长"，为居民带来更加多样化的物资。②应急管理状态下，社区对人员流动、物资配置有裁量权，在保障社区卫生安全的同时，也挤压了居民个人生活空间。个别社区干部缺乏法治素养，出现不文明执法或违法行政。因为担忧上级对疫情扩散问责，基层管控层层加码、动作变形，网民抱怨到了"魔怔"的地步。

按照现行体制，街道办事处是政府派出机关；居民委员会作为基层群众自治性组织，协助街道办事处履行公共管理职能；居民委员会决定设立社区服务站，为居民提供专业服务。在新冠肺炎疫情防控中，政府管理职能下沉到社区，居委会和社区服务站冲到管控一线，按照《传染病防治法》《突发事件应对法》，隔离传染源、封闭危险场所、对病人进行隔离治疗、组织检疫和应急接种时，"法无授权不可为"，需明定和坚守应急状态下非常措施的法治底线。

习近平总书记在中央全面依法治国委员会第三次会议上强调："疫情防控越是到最吃劲的时候，越要坚持依法防控，在法治轨道上统筹推进各项防控工作，保障疫情防控工作顺利开展。"有专家认为，有些地方政府临时出台的应急方案对具体防控措施的实施主体、标准、流程等核心内容尚不明确，导致基层防控执法宽严不一，许多临时性执法手段背离防疫初衷、偏离

---

① 李汉林、李路路、王奋宇：《中国单位现象研究资料集》，中央文献出版社，1995。
② 新媒体公司Shanghai WOW发布的《上海团长白皮书》。

法治化轨道。①需要权衡公共利益和公民、法人利益，尽量采取对行政相对人权益损害最小的方式，讲求权力的合理行使和责任的合理分担。把握好应急状态下社会动员和社会常态运行的关系、政府配置资源与市场配置资源的关系，努力降低过度管控措施引发的经济紊乱、心理创伤等次生灾害。鄂尔多斯政法委发布公告称：无论任何时刻坚持生命至上，救人为先，如遭遇危及生命安全的紧急情况时，您有权采取措施自救，或及时紧急避险。网民对此好评如潮。

新冠肺炎疫情带来了一场宏大的社会实验，需要以人民利益为导向，在法治轨道上，探索政府治理和社会调节、居民自治良性互动。

三　提振市场主体信心

中国经济面临需求收缩、供给冲击、预期转弱三重压力，加上俄乌冲突、疫情反弹等超预期因素冲击，市场主体压力巨大。由于城市运行时有停摆，经济末梢呈恶化的趋势，一些互联网"大厂"也纷纷裁员，相关舆论关注度持续处于高位（见图4）。央行提出建立金融服务小微企业"敢贷愿贷能贷会贷"长效机制，这从一个侧面反映出社会投资出现萎缩，企业"惧贷""惜贷"现象严重。房地产开发商因资金链断裂引发烂尾风险，出现业主强制断贷潮，甚至围堵地方银保监会。一些地方村镇银行暴雷，引出金融维稳问题。

中央各部委反垄断和反对资本无序扩张，打击借资本市场监管漏洞非法积累财富、借经济金融化违规掏空实体经济的行为。与此同时，出现了执法过程中的"合成谬误"，即政府各部门把分兵把守变成只顾自己不及其余，局部合理政策叠加后造成负面效应。②4月和7月中央政治局会议两次承诺，尽

---

① 陈兵（南开大学法学院教授）:《"刚性防控"引发的"次生灾害"及其治理》，澎湃新闻网。
② 中央财经委员会办公室副主任韩文秀2021年12月在"2021~2022中国经济年会"上的发言。

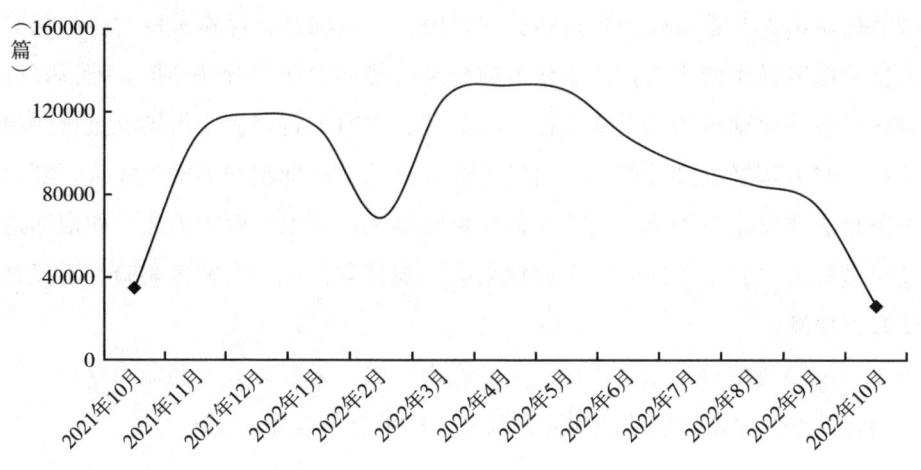

图4 2021年10月至2022年10月舆论针对"大厂"裁员讨论的文章数量

快完成平台经济专项整治，实施常态化监管。

11月初，腾讯与中国联通、阿里与中国电信、京东与中国移动几乎在同一天签署合作协议。引入非公资本参与国企混合所有制改革，属于市场化改革深化的表现。几家互联网企业是在边缘计算、智慧家庭、乡村振兴等细分赛道与国企合作，并不涉及总公司股权层面的变更，却被渲染为"国资大举进入民营互联网平台"。还有供销社"重出江湖"的议论，被解读为"国家正在回归计划经济老路"。其实，2022年中央一号文件要求供销社侧重在农业基础性领域，比如种子化肥等农用物资方面，发挥保供应、抑物价作用，并不是在日常商品领域与民营企业争利。

中央多次重申市场经济和民营经济政策没有变、不会变，为什么企业家群体仍然心存疑虑？一是政府有关部门对监管政策宣传贯彻不到位，或者监管政策本身程序不够透明、监管边界不够明晰，在业界引发寒蝉效应。二是在自媒体舆论场上，经常出现"非经济人士"设置和引导议程，对市场经济和资本抱有敌意，鼓动"公私合营"，主张与西方科技、经济全面脱钩。一些左翼和民粹"大V"利用经济话题吸引眼球，做流量生意，用计划经济时期的某些政治术语，曲解党的经济政策，损害市场预期，恶化营商环境。中国经济体制改革研究会会长彭森指出：中国最大的制度优势在哪里呢？不能简单理解为举国体制,而是社会主义制度与市场经济相结合。这已经被确定为中国的基本经济制度,是我们的安身立命之本。社会上还总是有去市场化的动向,我们还要时刻为捍卫之而斗争。[①]

2022年7月28日中央政治局会议提出:营造好的政策和制度环境,让国企敢干、民企敢闯、外企敢投。保市场主体是保就业、保增长的关键。中国改革开放40多年来,经济的持续快速发展,取决于经济界与政府、社会舆论的同频共振。近年来舆论环境是营商环境的短板,亟待修复和提振企业家、工商户和股民对中国经济宏观环境的信心。政府需要加强对经济政策的宣传解读,提升政策的透明度和可预期性,积极出台和落实稳企纾困措施;市场主体与政府消除隔阂,相向而行。

国家网信办规范商业网站和自媒体上财经类信息传播,整治靠唱衰金融市场、敲诈勒索而非法牟利的财经"黑嘴"。也要注意管控某些否定市场经济和对外开放的左翼、民粹言论,避免其绑架民意,给政府经济工作施压。宣传网信口要注意与经济工作部门对表,共同守护政策预期的稳定和一致性。

四 年轻人"考编考公"和公务员群体心理建设

近年来高校毕业生的职业选择,从互联网大厂转向国企和公务员,求稳求编制。基层招录时,连街道办也不乏北京大学、清华大学毕业生。网民看重体制内单位在医疗、住房、养老、子女上学等方面的福利,没有末位淘汰和35岁失业风险。有些已经在市场化企业就业的年轻人选择"上岸",相信"宇宙的尽头是编制"。2022年高校毕业生1076万,面临"史上最难就业季",忽然传出文娱明星等考编的消息,引爆"小镇做题家"[②]话题。普通家庭的年轻人对于明星下场对有限的编制"截胡"感到慌乱。而江西国企员工"周公子"在微信朋友圈炫耀权贵家庭背景,成为阶层固化的自白书。"王侯将相就

[①] 彭森2022年10月29日在海口第88次中国改革国际论坛的主旨演讲。
[②] 源于豆瓣网,指在农村或小城镇埋头苦读,擅长考试,高考后进入一流高校,但缺乏一定视野和社会资源的贫寒学子。

是种乎"，"苟利国家生死以，家族传承吾辈责"，刺痛了网民对社会不公的敏感神经。媒体人秦朔分析：第一波考公热出现在2004年前后，"非典"过去不久，经济受到很大冲击；第二波在2008年金融危机后，国考报名人数首次超过百万，相比2005年翻了4倍；在2008年与当下之间，"双创"与移动互联网浪潮兴起，驱动年轻人投入创业、进入互联网公司，他们进入体制意愿低。经济社会发展越是具有一定的不确定性，"考公"越会成为热点，它是年轻人逆经济周期、追求稳定性的一种应对行为。①

机关事业单位的氛围也在改变。党的十八大以来从严治党、从严治吏，形成不敢腐、不能腐、不想腐的思想教育和制度震慑。各级领导干部铸牢理想信念，疫情防控中坚守岗位，舍小我顾大家。同时，"开不完的会议、填不完的表格、迎不完的检查"使基层干部疲于奔命、工作长期超负荷。随着移动互联网的发展，形式主义从"办公桌"走向"指尖"，变味的"工作群""政务App"让基层干部疲于回复。

令人欣慰的是，改革开放40多年来，公务员和党员干部阶层从总体上养成实事求是的思想气质，持中守正。在政府与市场关系、对外开放等问题上，能够识别和抵制自媒体舆论场左翼、民粹言论偏差，对于回归改革前老路的主张构成制衡。舆论期待干部干事担事，事不避难，义不逃责。关键是树立重实干、重实绩的用人观，营造能者上、庸者下的做事环境。同时，关注政府官员、国企领导的心理健康，改善基层干部工作生活条件。

五 舆论的多元化和凝聚共识

随着各单位全面落实意识形态工作责任制，政府加强互联网治理，一度左右舆论的"大V"活跃度持续下降，对舆论场的影响力逐渐减弱。我们在《2013年中国互联网舆情分析报告》中梳理过300名"意见人士"的社交媒体账号。据最新统计，近半年内，只有39%的账号还在正常发布或转发信息，

---

① 《考编考公，只是另一场人生修行》，（网易号）秦朔朋友圈。

30.8%的账号一年内没有发布或转发信息,30.2%的账号被注销而无法查看。在正常发布或转发信息的账号中,约48%的账号继续关注时政或意识形态话题,52%的账号仅发布日常生活或其本专业信息。总体而言,舆论场上反体制的违法言论清理得比较彻底,过去对政府指手画脚的"公知"群体基本退场;而某些对改革开放持否定态度的左翼"大V",在社交媒体上仍有呼风唤雨的能力,时有偏激惊人言论,经常挑起争议。

年轻的"Z世代"[①]网民开始进入网络舆论场,并逐渐成为热点事件舆论声量的主力之一。数据显示,截至2022年6月,10~29岁网民占中国网民的30.5%,规模为3.2亿。[②] 随着国力的强盛,他们有强烈的参与热情,民族自豪感在新时代成长起来的年轻群体中全面回归。

与此同时,热点事件舆论出现多元化现象,情绪压倒事实认知,反智情绪有所抬头。国家统计局新闻发言人提及一个学术词语"摩擦性失业"[③],引起群嘲。一些网民认为"在玩文字游戏"。网民表达出现情绪激化、政治泛化、泛道德化现象,一些加入全球产业链的民营企业易成为宣泄目标。海天酱油使用较多添加剂导致食品安全的担忧,有网民质疑海天酱油产品在海内外存在双重标准。中国食品工业协会表示,对海天酱油相关的质疑并不客观,食品安全监督应具备相应的专业知识与科学素养。网民需要提升专业素养,请专业人士出面科普,扭转舆论认知偏差,安抚社会不安情绪。

当前,网上正能量充沛、主旋律高昂,但提倡多样化的空间收缩,舆论对非主流"三观"日益严苛。综艺节目《乘风破浪的姐姐3》修改《星星点灯》歌词,"星星在文明的天空里再也看不见"唱成"总是看得见",引发原作者郑智化不满和舆论争议。有网友担忧只为迎合某种"政治正确"与窄化"正能量",会让舆论场"每一句话每一个词都变得很敏感"。针对文艺明星等公众人物私德失检,舆论进行严厉的道德审判,导致其"社会性死亡"[④]。苏

---

① 1995年后出生的年轻人,他们是互联网的"原住民"。
② 中国互联网络信息中心(CNNIC):第50次《中国互联网络发展状况统计报告》。
③ "摩擦性失业"指由季节性或技术性原因而引起的失业,即经济调整造成一些人需要从原工作转移至其他工作而产生的等待就业的失业现象。
④ "社会性死亡"指在大众面前出丑,没有办法再正常地进行社会交往。

州女孩因穿日本和服而被当地警方以涉嫌寻衅滋事带回派出所引发争议。一些法学家和律师发文讨论警权的边界，也有网民批评女孩应该"考虑民族情感"。网络讨论缺乏包容度，是一个国际性的现象。在英国，《哈利·波特》原作者J.K.罗琳因对跨性别者的意见表达，无法参加《哈利·波特》的20周年庆典。

网络暴力这个痼疾依然需要大力治理。河北邢台17岁学生刘学州两次被亲生父母抛弃，四岁时养父母身亡，网络暴力成为压垮他的最后稻草。1月24日子夜，他发布长微博"生来即轻，还时亦净"，在海边服药自尽。微博社区事后查处了对刘学州私信人身攻击的违规账号近百个，予以永久或限时禁言。

2022年，基层治理领域舆情呈高发态势，尤其是涉女性、农村的热点较多。江苏丰县生育八孩女子事件舆情发酵，基层政府回应陷入"塔西佗陷阱"[1]，先后发布4次通报，调查主体从县级到市级，再提升到省级，并问责多名公职人员后，风波才逐渐平息。舆论关切外地智障女子如何流落丰县、生育多胎被锁于小黑屋，折射出公众维护女性权益和保障弱势群体的意识进一步强化。河北唐山烧烤店打人事件引全国震怒，舆论质疑警察出警时间、涉案人员"保护伞"问题。在河南村镇银行储户、烂尾楼业主健康码被"赋红码"一事中，网民担忧健康码被滥用到非防疫场景，非法限制公民自由。网民对于基层良政善治的诉求强烈，但相应领域的社会建设水平和基层治理能力仍有不足，导致舆论漩涡频繁出现。

某些极端主义思潮在网上唱高调，刻意迎合基层社会仇富、排外等民粹心态，影响中国社会的战略判断和舆论定力。一个有趣的现象是，近年来简体中文自媒体舆论场（俗称"简中舆论场"），在涉外话题中经常出现信息失真和意见偏执，各种阴谋论大行其道。国内国际报道不充分，网民信息源单一，缺少国际知识背景，用主观意愿和猜测弥补事实供给的不足。例如2020年美国大选，特朗普的中文粉丝比美国共和党选民更坚信特朗普的"胜选"

---

[1] 出自古罗马历史学家塔西佗。当政府失去公信力时，无论是说真话还是假话、做好事还是坏事，都会被认为说假话、做坏事。

被民主党"偷走"。在俄乌冲突中，热衷于分享符合自己期待的假新闻，缺少"事实核查"（fact check）意识。在同一微信群和朋友圈，往往是单一价值维度的信息投喂，按价值观站队，导致"信息茧房"[①]效应。"简中舆论场"的认知缺陷，提示信息开放和独立思考的重要性。

一些网民夸大经济社会生活中的消极现象，鼓吹民众"润"（run，移民）。需要推进就业、教育、医疗、托育、养老、住房等民生领域改革，畅通向上流动通道，形成人人参与的发展环境，避免"内卷""躺平"，用改革的获得感来凝聚民心，完善共建共治共享的社会治理制度，釜底抽薪化解社会压力。

六 对2023年舆论生态的展望

（一）短视频成为舆论场强劲源头

微博、微信朋友圈仍是舆论的重要信源，但抖音等短视频平台逐渐成为传播与讨论社会热点的主阵地，占据公众注意力与时间。数据显示，截至2022年6月，我国短视频的用户规模达9.62亿，占网民整体的91.5%，在主要互联网应用用户中增长率最高，且每天都会看相关内容的深度用户占比达54.8%。[②]2022年，河北唐山烧烤店打人事件、江苏丰县生育八孩女子事件、《二舅治好了我的精神内耗》等视频属性话题舆论热度超过一般文字、图片话题。在疫情防控中，隔离小区居民集体唱歌、喊楼的视频也经常引发热议。

2023年，短视频平台将逐渐超越娱乐、直播与电商功能，呈现哈贝马斯所谓"公共领域"特征，将深刻改变网络舆论格局。更多网民会通过短视频爆料信息，公众也开始转向短视频平台探讨公共事务，行使话语权，从而降低了民众社会参与门槛，还容易产生社会动员作用。但短视频容易被断章取义，甚至也能"伪造现场"，以感性搅动情绪，在舆论场带节奏。

[①] 在互联网信息传播中，人们关注的领域习惯性地被自己的兴趣牵引，不太会主动搜索其他信息，长此以往，个人接触信息的广度和深度越来越局限，将自己桎梏于像蚕茧一样的封闭空间。

[②] 中国互联网络信息中心（CNNIC）：第50次《中国互联网络发展状况统计报告》。

（二）舆论继续聚焦疫情、就业等民生议题

2023年舆情将更多围绕与普通大众切身利益攸关的民生话题展开。疫情话题关注广、燃点低、爆点多、传播快，舆论重心从严格管控日益转向减少对民生与城市运行的影响，期盼日常生活回归正常，考验各地社会精细化治理水平。预计随着新冠病毒的演变，疫情管控措施将逐步放宽，要警惕松绑后出现大量感染者，特别是威胁老年群体健康，届时舆论可能出现反转。需为防控策略调整做好技术、物质和舆论准备，加强对新冠肺炎疫情的科普，避免再出现郑州富士康员工逃离厂区那样的心理恐慌。

另外，社会各阶层稳定感、安全感诉求日益强烈，就业、公共安全等民生老话题或将在新热点助推下再次被舆论锁定。党的二十大报告指出，实施就业优先战略。根据国家统计局数据，2022年7月16~24岁城镇青年人失业率一度升高至19.9%[①]，2023年25~59岁人口失业率会引起更大关注，后者担负养家糊口的重任。失业问题可能引起社会不稳定。企业裁员减岗等话题或将持续激起反响。

（三）化解女性安全感焦虑，警惕性别炒作

数据显示，截至2022年6月，我国网民男女比例为51.7∶48.3。女性在豆瓣、微博等主要社交媒体有相当大的舆论声量。2022年，唐山烧烤店打人事件、丰县生育八孩女子事件迅速成为全国热点。2023年女性话题或将更加受到关注。需要及时化解一些女性网民的安全感焦虑，提高相应领域的社会建设水平和治理能力。同时警惕部分极端女权主义者扭曲平等观与婚育观，助推性别对立情绪。

（四）国际事务关注度进一步提升，"大国风范"需要多元表达

当前，国际议题的国内舆论投射日渐显著，中国网民的"世界意识"不

[①] 《国家统计局新闻发言人就2022年7月份国民经济运行情况答记者问》，国家统计局网站，2022年8月15日。

断增强，对国际事务关注度进一步提升。我国综合国力与日俱增，潜移默化地影响着国民对国际议题的日常认知，制度自信、文化自信不断增强和外化。与此同时，境内外舆论相互叠加、相互影响将成为 2023 年舆情一大特征。在俄乌冲突中，西方一些国家驻华使领馆在国内社交媒体账号发声，进行观点灌输与博弈，试图影响中国公共舆论，需要进一步落实社交平台信息内容管理主体责任。

建议在国际传播中，发挥高校、科研单位、智库机构和知名专家学者的作用，以其专业领域的知识素养和影响力发表意见，展示中国人民尊重和弘扬和平、发展、公平、正义、民主、自由的全人类共同价值。商贸活动也是国际传播的重要途径，应以实际行动冲破美国"脱钩断链"企图。2022 年 5 月 2 日世界经济论坛年会在瑞士达沃斯召开，我国派出气候变化事务特使解振华出席。CNN 造谣说乌克兰总统泽连斯基视频连线年会演讲时，中国代表团未起立鼓掌并离场。新华社发稿澄清解振华当时另有会见不在场，财新网考证当时在场并离场的东方面孔是越南代表团。中国主流媒体与市场化媒体联手还原真相的努力，迫使 CNN 公开向解振华道歉。在影响国际资本市场方面，中国市场化媒体可能更胜一筹。

参考文献

周葆华、梁海主编《大数据时代的计算舆论学：理论、方法与案例》，复旦大学出版社，2022。

B.16
2022年中国食品药品安全形势分析

田明 冯军[*]

摘 要： 我国食品药品整体安全状况持续稳定向好，但潜在风险隐患不容忽视。食品产业环境复杂，链条长、主体多、消费量大，区域发展不均衡，食品安全需求端和供给端无法有效匹配的矛盾亟须解决；药品产业链上部分企业主体责任意识、合法合规意识仍然淡薄，网络药品销售安全问题仍然存在，医药新产品、新技术带来新挑战，加之疫情影响，不确定风险增加。保障食品药品安全、促进食品药品高质量发展任务艰巨。本文基于食品药品监管部门发布的相关监管数据，对我国当前食品药品安全状况和存在的问题进行分析，就进一步保障人民群众身体健康和生命安全提出针对性政策建议。

关键词： 食品安全 药品安全 食品药品安全监管

党的十八大以来，习近平总书记就食品药品安全作出系列重要指示批示和论述，明确保障食品安全是重大政治任务，要坚持以人民为中心、坚持"党政同责"，强调药品安全责任重于泰山，要切实加强食品药品安全监管，用最严谨的标准、最严格的监管、最严厉的处罚、最严肃的问责加快建立科学完善的食品药品安全治理体系，坚持产管并重，切实保障百姓的生命健康权益，为做好食品药品安全工作指明了前进方向、提供了根本遵循。全国上

---

[*] 田明，国家市场监督管理总局发展研究中心副研究员，博士，研究方向为食品安全监管；冯军，国家市场监督管理总局发展研究中心副主任，研究方向为食品安全监管。

下积极推进、落实落细，在体制机制、法律法规、监督管理、产业规划等方面采取了一系列重大举措，食品药品安全工作取得积极进展。

一 我国食品安全形势分析

（一）我国食品安全现状

1. 持续深化机构改革，体制机制更加健全

我国食品安全工作体制在改革中优化，在发展中创新。2018年组建市场监管总局，推动市场准入、监管执法、计量标准、认证认可，以及信用监管、网络监管、广告监管等各方职能有机融合，为食品安全监管提供了体制保障。国务院食品安全委员会加强统筹协调，完善信息通报、形势会商、应急处置、联合督查、评议考核等工作机制，增设公安部、农业农村部、卫生健康委、海关总署为国务院食品安全办副主任单位，增加交通运输部、供销合作总社为成员单位，及时研究部署食品安全工作。同时，从中央到地方均设立市场监管机构，在乡镇、街道设立派出机构，中央、省、市、县设立四级食品安全委员会及办公室，国家、省、市、县、乡"五级贯通"的食品安全监督管理格局更加顺畅，纵向到底、横向到边的"监管+协调"模式逐步完善，食品安全工作"全国一盘棋"进一步巩固。[1]

2. 政策法规体系不断完善，制度保障持续强化

深入贯彻落实中共中央、国务院印发的《关于深化改革加强食品安全工作的意见》，以及中办、国办印发的《地方党政领导干部食品安全责任制规定》等重要文件，从体制机制、战略规划、政策措施上，奠定了食品安全治理的制度基础。《食品安全法》及其实施条例修订出台，新修订《农产品质量安全法》，配套80余部法规规章，以《食品安全法》为主体，以《农产品质量安全法》《产品质量法》《标准化法》为补充，以《消费者权益保护法》《广告法》《反不正当竞争法》等为保障的食品安全制度体系更加系统完备。食品

---

[1] 胡颖廉：《改革开放40年中国食品安全监管体制和机构演进》，《中国食品药品监管》2018年第10期。

安全国家标准达到1300余项①，较2015年增加近90%；农药兽药残留限量及检测方法标准总数超过1.2万项，是2015年的近2倍。随着政策法规体系不断完善，政府依法监管、企业依法经营、消费者依法维权的水平不断提升。

3. 整治力度进一步加大，突出问题得到有效遏制

针对群众反映强烈、突破道德底线的违法犯罪问题，先后开展"整治食品安全问题联合行动"，以及"铁拳""昆仑""国门守护"等专项行动，始终保持严惩重处的高压态势。2021年，市场监管总局在开展民生领域案件查办"铁拳"行动中，共查办违法案件9.44万件，移送公安机关1935件。从案件情况看，食品安全类违法案件5.22万件，约占55%，"山寨"酒水饮料、节令食品相关案件2.59万件，约占27%。②2021年，公安机关共查获食品安全犯罪案件1.1万件，抓获犯罪嫌疑人1.3万名，公安部挂牌督办的103起重大案件全部告破，有力地维护了市场环境，形成了有力震慑。③

4. 食品产业健康有序发展，食品安全基础更加稳固

随着"放管服"改革持续深化和监管力度不断加大，企业主体责任意识明显增强，产品质量、市场秩序和消费环境持续好转，带动农业增效、农民增收，助力实施乡村振兴战略。近年来，大宗食品合格率持续保持高位，粮食加工品、食用油合格率保持在98%以上，肉制品合格率保持在97%以上。④食品生产企业和小作坊合规率达到93.5%。⑤国产婴幼儿配方乳粉生产企业全部实施GMP等质量管理制度，市场占有率逐年上升，已由2015年的40%上升到2021年的68%。截至2021年4月，我国食品生产经营主体约1500万家，获证食品生产企业约17.2万家；2021年全国规模以上食品工业企业实现利润

---

① 《新形势下的我国食品安全标准体系为进口食品安全保驾护航》，http://www.customs.gov.cn/customs/ztzl86/302414/302415/sjcx_shygxdpzc/jckspaqdjt/3745251/index.html。

② 《市场监管总局召开"2022民生领域案件查办'铁拳'行动"发布会》，http://www.scio.gov.cn/xwfbh/gbwxwfbh/xwfbh/38173/Document/1722983/1722983.htm。

③ 《公安部：2021年破获食品安全犯罪案件1.1万起》，《中国食品报》2022年3月31日，http://paper.cfsn.cn/content/2022-03/31/content_117724.htm。

④ 《肩挑责任 接续奋斗——国务院食品安全办推进落实"两个责任"工作机制综述》，https://baijiahao.baidu.com/s?id=1747767059700547471&wfr=spider&for=pc。

⑤ 《国新办举行"激发市场活力 规范市场秩序 助力全面建成小康社会"发布会图文实录》，http://www.scio.gov.cn/xwfbh/xwbfbh/wqfbh/44687/46728/wz46730/Document/1711893/1711893.htm。

总额6187.1亿元，同比增长5.5%。[①] 严格监管有效地促进了食品产业高质量发展，企业良性发展也为食品安全夯实了产业基础。

（二）我国食品安全存在的风险和挑战

2021年，全国市场监督管理部门坚持以问题为导向，完成34大类食品共计695万余批次抽检，覆盖不同环节、区域、渠道，总体不合格率较2020年上升0.38个百分点，为2.69%。

抽检数据显示，民众日常大量消费的粮食加工品、食用油和油脂及其制品、肉制品、蛋制品、乳制品等5大类食品，监督抽检不合格率分别为0.84%、1.35%、1.26%、0.24%、0.13%，均低于总体抽检不合格率。与上年相比，茶叶及相关制品、蜂产品等21大类食品抽检不合格率有所降低，但餐饮食品、食用农产品等10大类食品抽检不合格率有所上升。现阶段，农药残留超标、微生物污染是全国食品抽检不合格的主要原因。其中，农药残留超标占不合格样品总量的比例为26.38%；微生物污染超标占不合格样品总量的22.40%；超范围、超限量使用食品添加剂占不合格样品总量的比例呈下降趋势，但仍达12.24%。[②] 针对这些问题，各地市场监管部门及时向社会公布监督抽检结果，督促有关生产经营企业下架、召回抽检不合格批次产品，严格控制食品安全风险，按有关规定进行核查处置并公布信息。

从发展阶段来看，我国食品安全工作起步较晚、基础偏弱，监管能力水平与市场规模、产业发展不相适应，与人民群众对美好生活的期待相比，与党中央、国务院的要求相比仍有差距。从实际国情来看，我国是人口大国、食品生产和消费大国，产业链条长、市场主体多、饮食结构多元、各地发展不均衡，受资源禀赋限制的矛盾突出，基层监管力量和技术手段跟不上，加之受疫情影响，不确定性风险增加，保障食品安全仍面临不少挑战。

---

① 《2021年1—12月食品行业效益情况》，https://www.miit.gov.cn/gxsj/tjfx/xfpgy/sp/art/2022/art_4c88f6e1d88d454ab0561ff9afe98208.html。
② 《市场监管总局关于2021年市场监管部门食品安全监督抽检情况的通告》，https://gkml.samr.gov.cn/nsjg/spcjs/202205/t20220506_344700.html。

1. 食品产业总体大而不强

一是产业集中度不高。我国人均耕地面积不足1.4亩，推行标准化、规范化农业生产难度较大。生猪屠宰行业分散度高，五强企业市场占比不到15%，而美、德等国均在65%以上。[①] 二是产业融合不充分。我国农产品加工收入与发达国家存在较大差距，2021年，我国农产品加工业产值与农业总产值之比为2.5∶1，低于发达国家的3∶1至4∶1，农产品加工转化率约70%，低于发达国家85%的水平。[②] 三是质量体系认证起步较晚。我国实施危害分析与关键控制点体系（HACCP）、良好生产规范（GMP）、良好农业规范（GAP）认证时间比发达国家晚20年左右，获得认证的企业占比依然较少，地区分布仍不均衡。四是品牌建设相对滞后，入选"国家品牌计划"的食品品牌约占35%，但以白酒品牌为主，中国质量奖无食品相关品牌入选，品牌的引领带动作用还不明显。

2. 食用农产品和粮食质量安全风险不容忽视

一是农药兽药残留问题仍然突出。农药兽药相关生产、经营、使用监测网络不健全，基层力量薄弱，对规范用药缺少有效监管。监督抽检数据显示，2018~2021年，农药兽药残留超标是最主要的不合格因素，分别占比15.4%、16.7%和35.3%、26.38%。[③] 二是畜禽养殖、屠宰环节仍待规范。注药注水肉、非法使用瘦肉精等老问题仍多点"冒头"，且呈现地域化、组织化、网络化趋势。三是个别地区粮食重金属超标问题较为严重，治理难度大、周期长，有的省份粮食霉变问题较为突出。作为食品源头，农产品质量安全对食品安全具有根本性、结构性的影响，产业欠发达和产品风险较高很大程度上制约食品安全整体水平。

3. 治理能力水平存在短板

一是标准体系不完善。部分安全标准仍有缺失，如食品添加剂有2600多

[①] 中商产业研究院：《2022年中国生猪屠宰行业市场规模及行业竞争分析》。
[②] 《人民日报：加快建设农业强国》，https://baijiahao.baidu.com/s?id=1748369391319278563&wfr=spider&for=pc。
[③] 相关数据由作者根据监管部门权威数据整理所得。

个品种，但只有591种有标准。我国现有农药残留限量指标7000余项，仅为美国的1/7、日本的1/8、欧盟的1/23。①此外，安全标准与质量指标仍有交叉，质量标准体系仍不健全。二是食品检测能力不强。产业规模较小，多数机构仅在本地区开展服务，大型食品检测机构较少。部分市县无法开展食品检测工作，需要将样本送至省会城市，影响监管执法效率。三是基层事多人少的矛盾较为突出。我国每万人配备食品安全监管人员约为0.7人（美国为3.6人），很多基层所仅有3~5名工作人员，人均监管几百家甚至上千家主体，人手严重不足。四是监管主业受到冲击。部分地区将市场监管所划归街道管理，监管人员承担了市场监管之外的大量工作；有的地区成立行政审批局、综合执法局，造成审批与监管、监管与执法"两分离"，影响监管工作效果。五是监管效能有待提升。随着主体数量不断增加，线上经济蓬勃发展，传统"人盯人""上门查"等方式已难以适应监管需要，亟须加快构建与超大规模市场和互联网时代相适应的智慧监管体系，提升监管效能。

4. 不确定性风险增加

从国内看，受新冠肺炎疫情影响，食品行业受到较大冲击，特别是餐饮业。2021年以来，尽管消费市场逐渐回暖，但零星散发病例和局部地区聚集性疫情时有发生，食品行业仍面临挑战。从国外看，美国、巴西、印度等食品出口国疫情形势严峻，病毒输入性风险依然存在，对部分企业造成较大影响。在内外因素共同作用下，食品企业仍将面临成本增加、利润收窄、经营困难等压力，安全与发展的矛盾突出，给食品安全工作带来更多不确定性。

（三）食品安全相关政策建议

食品安全是民生工程，也是民心工程。必须坚持党政同责、产管齐抓、点面结合、德法并举，以制度体系建设为基础，以风险管理为突破，以社会共治为抓手，以高质量发展为支撑，全面推动食品安全治理体系和治理能力现代化，坚决守护好人民群众"舌尖上的安全"。

---

① 相关数据由作者根据监管部门权威数据整理计算所得。

一是进一步统筹德治与法治，德法并举建设食品安全良好环境。保障食品安全要以法律为准绳，以道德为标杆，营造尚德守法的社会环境。法治方面，严格执行《食品安全法》等相关法律法规，推动形成"党政同责、一岗双责，权责一致、齐抓共管，失职追责、尽职免责"的食品安全工作格局。建立健全"食品安全属地责任""食品安全主体责任"工作机制，研究制定监管急需的食品安全标准和检验方法，将潜在风险纳入监管视野。德治方面，强化企业责任意识，提高其遵纪守法的自觉性。加强宣传引导，推动形成"共建共治共享"的食品安全文化。企业打造诚信品牌，监管部门主动发布权威信息，主流媒体客观准确报道，行业组织推动科普宣传。通过加强信用体系建设，真正让尚德守法者得到褒奖，既有名又有利；让失德枉法者受到惩戒，一处失信、寸步难行。

二是进一步统筹发展与安全，产管并重以提升食品安全保障水平。发展与安全相辅相成、互为助力，发展是安全的基础，不发展是最大的不安全；安全是发展的保障，不安全会对发展造成极大冲击。注重从经济社会发展大局出发思考食品安全监管工作，避免就安全论安全、就发展论发展，在管安全的基础上谋发展。运用好行政、市场、法律、金融等多种手段，综合施策推动市场主体提升管理水平，从根本上夯实食品安全的产业基础，实现发展和安全相互支持、相互促进。

三是进一步统筹政府与市场，以放活管好助力食品产业高质量发展。高质量发展必须匹配高水平监管，高水平监管必将促进高质量发展。政府把管理重心转移至"统筹调控"上，关键是制定好食品标准、守好安全底线，用政策引导市场预期，用法治规范市场行为。深化"放管服"改革，凡市场能解决的问题、配置的资源，政府将松绑支持、不再干预；凡属市场不能解决的问题、失效的配置，政府将果断出手、主动补位。充分发挥市场在资源配置中的决定性作用，更好地发挥政府的作用，改革审批许可事项，激发各类市场主体活力，着力营造更加公平有序的市场环境和竞争秩序，助力食品产业高质量发展。

四是食品安全监管方式由"传统"向"智慧"转变。食品安全工作具有鲜明的地域特点，城市农村、南方北方、东中西部情况不一，群众关心担心的问题也各不相同。同时，随着"互联网+"等食品新业态的出现，"面对面、人盯人、手把手"的传统监管模式已不能满足监管新要求。只有统筹事前事中事后监管，充分发挥新科技在市场监管中的作用，依托互联网、大数据技术打造市场监管大数据平台，推行"互联网+监管"的智慧监管模式，才能提高食品安全监管效能。

五是食品安全监管重点由"本端"向"末端"转变。食品产业点多、线长、面广，任何一个环节出现问题，都可能带来食品安全风险。目前，我国有2亿多农户、1700万家获证食品生产经营者[1]，还有数量众多的小作坊、小餐饮、小摊贩，多、小、散问题较为突出，监管力量难以全覆盖，尤其是种植养殖环节风险仍然较高。因此，保障食品安全既要发挥本领域作用，又要立足全产业链，推动整体质量安全水平提升。要在源头治理、产管并重基础上，进一步严格市场准入，加大供应链末端监管力度，向产业链上游层层传导压力，倒逼全产业链质量安全水平整体提升，促进食品安全在消费和餐饮终端见效。

六是食品安全评价导向由"单一"向"综合"转变。食品安全是一个具有多重属性的综合概念，影响其安全性的领域众多、外在风险不计其数，不限于产品本身的质量安全和食品产业自身的发展。结合国际经验和我国实际情况，应采取全国总体评价与地方比较评价相结合、百姓主观评价与客观评价相结合、年度常规评价与短期动态评价相结合的方式，构建食品安全综合评价指标体系。

七是食品安全工作理念由"注重监管"向"系统思维"转变。食品安全既是科学工作，也是群众工作，多方参与是保障食品安全不可或缺的关键一环。市场、政府、社会各自发挥作用，协同建立市场主体责任、政府监管责任、社会监督责任相促进，法治监管、信用监管、智慧监管相协同，食品安全、权益保护、产业发展相统一的系统性共治格局。食品企业要坚持源头严

---

[1] 《国家市场监管总局：推动食品企业风险分级与信用风险衔接，严重违规企业将受信用惩戒》，https://baijiahao.baidu.com/s?id=1724804968279805677&wfr=spider&for=pc。

防、过程严管、风险严控,切实履行食品安全主体责任。食品行业相关组织要切实建立行规行约和奖惩机制,强化食品行业自律。各类专家、学者要采取多种形式开展食品安全科普、讲解和宣传,引导公众理性认知、积极传递正能量。各类新闻媒体要准确客观报道,有序开展舆论监督,曝光食品安全违法违规典型案例。广大消费者要进一步加强科学知识学习,拿起法律武器,积极投身社会监督,维护自身合法权益。

二 我国药品安全形势分析

(一)我国药品安全现状

2021年我国药品审评审批制度改革持续深入,药品监管能力不断提升,切实保障人民群众用药安全有效,药品安全形势稳中向好。

1. 药品审评审批加速,为人民健康保驾护航

2021年,国家药审中心审评通过47个创新药,再创历史新高。临床急需境外新药持续加快上市,优先审评效率大幅提高。截至2021年底,加速推动4个新冠病毒疫苗附条件批准上市,5条技术路线的27个疫苗品种获批开展临床试验,其中9个进入Ⅲ期临床试验,新冠病毒疫苗审批取得重大突破;累计批准了55个品种新冠病毒治疗药物IND,包括中药2个、小分子抗病毒药物10个、中和抗体30个、其他类药物13个;应急批准清肺排毒颗粒、化湿败毒颗粒、宣肺败毒颗粒注册上市,新冠肺炎疫情防控中药"三药三方"成果转化全部完成;批准新冠病毒检测试剂68个,有效满足疫情防控需要。①

2. 药品监管法律法规不断完善,为依法监管提供保障

《药品管理法实施条例》修订进展顺利,发布《药品检查管理办法(试行)》《药品上市后变更管理办法(试行)》《执业药师注册管理办法》等规范性文件,配套规章和规范性文件、技术指南制修订不断加快,完成2020年版

---

① 国家药品监督管理局药品审评中心:《2021年度药品审评报告》,https://www.cde.org.cn/main/news/viewInfoCommon/f92b7bdf775bbf4c4dc3a762f343cdc8。

《中国药典》（英文版）编制，为药品安全监管奠定了基石。

3. 医药产业强劲增长，逐步迈向高质量发展

我国医药产业持续保持高速发展，我国成为全球第二大医药市场。截至2021年底，全国共有"药品经营许可证"持证企业60.97万家，批发企业1.34万家；零售连锁总部6596家，下辖门店33.74万家，零售单体药店25.23万家。2021年，我国医药商品销售总额持续增长，全国7大类医药商品销售总额26064亿元，较2020年增长8.5%；医药商品销售总额增速较2020年上升6.1个百分点，与2019年基本保持一致，增速恢复至新冠肺炎疫情发生前水平。[①]同时，近6年，国家药审中心承办受理号数量显著攀升，截至2021年12月31日，审评中心共受理11569个受理号，药品注册蓬勃发展展示出企业强大的研发实力。

（二）我国药品抽检情况[②]

从抽检品种来看，2021年国家药品抽检共抽取制剂产品与中药饮片品种139个，具体分类情况如图1所示。

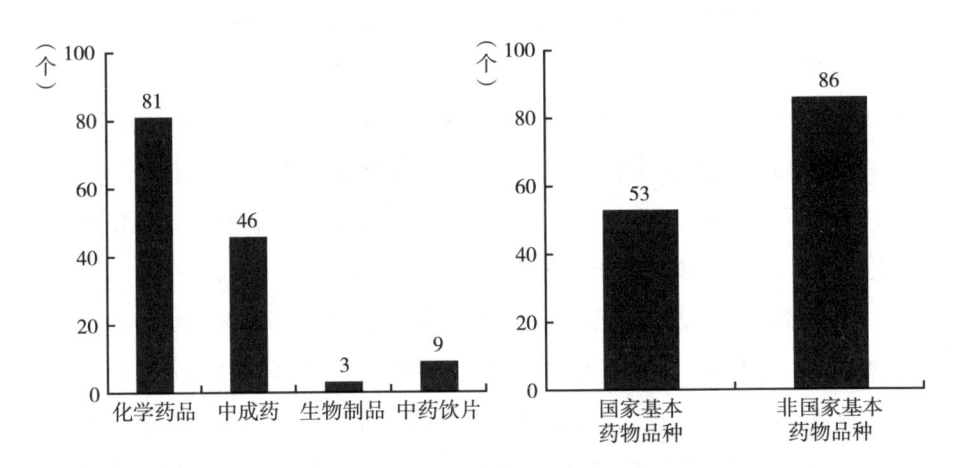

图1 2021年药品抽检品种分布情况

[①] 中华人民共和国商务部：《2021年药品流通行业运行统计分析报告》。
[②] 中国食品药品检定研究院：《国家药品抽检年报（2021）》，https://www.nifdc.org.cn/nifdc/bshff/gjchj/gjchjtzgg/20220318150022287 92.html。

从抽检数量来看，制剂产品与中药饮片全年共完成抽样17856批次，环节分布及企业、单位覆盖情况如图2所示。

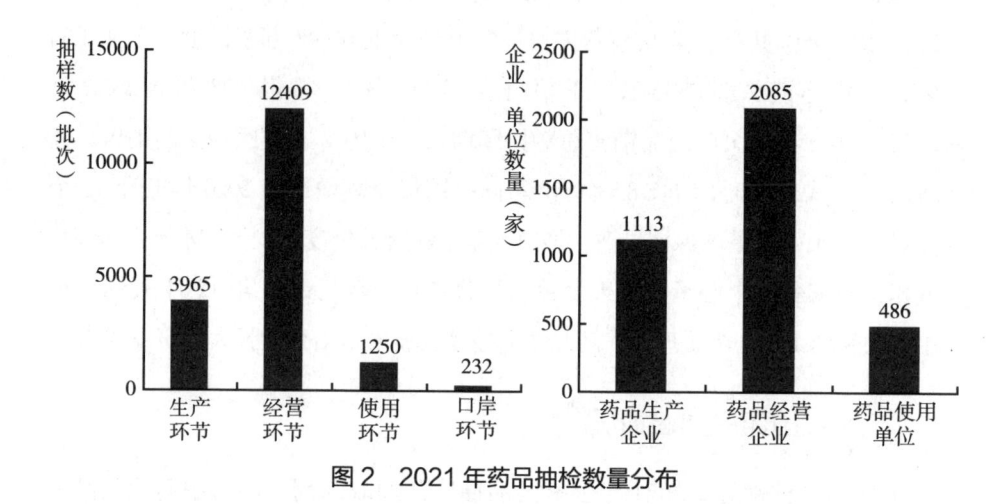

图2 2021年药品抽检数量分布

从药品制剂抽检数据来看，2021年国家药品抽检共抽检制剂产品15899批次130个品种。其中，符合规定的为15861批次，制剂产品合格率为99.8%。抽检的130个品种中，108个样品符合规定；其中，化学药品70个品种、中成药35个品种、生物制品3个品种，总体质量处于较高水平。

2021年药品抽检情况显示，我国药品质量仍处于较高水平，整体安全形势平稳可控，主要体现在以下几方面。

一是化学药品。2021年国家药品抽检共抽检化学药品81个品种9455批次，涉及16个剂型，在药品生产、经营、使用、口岸环节各抽样品1769批次、6577批次、877批次、232批次。经检验，符合规定9437批次，不符合规定18批次，分别在生产、经营、使用、口岸环节检出不符合规定产品2批次、16批次、0批次和0批次，分别占对应环节全部样品的0.1%、0.2%、0.0%和0.0%。

二是中成药。2021年国家药品抽检共抽检中成药46个品种6380批次。经检验，符合规定6360批次，不符合规定20批次。生产、经营、使用环节分别抽取中成药1417批次、4914批次、49批次，在生产与经营环节各检出不符合规定产品2批次和18批次，分别占对应环节全部样品的0.1%和0.4%。

三是生物制品。2021年国家药品抽检共抽检生物制品3个品种64批次，其中生产、经营、使用环节分别抽取43批次、20批次、1批次，涉及治疗类品种2个、预防类品种1个，检验合格率为100%。

四是基本药物。2021年国家药品抽检共抽检国家基本药物（不含中药饮片）6186批次，符合规定6180批次，合格率99.9%。其中，分别抽检生产、经营、使用环节1193批次、4562批次、431批次，不符合规定6批次，分别在生产与经营环节检出不符合规定产品1批次和5批次。

五是进口药品（不含进口中药材）。2021年，国家药品抽检共抽检进口药品590批次，涉及4个剂型，其中口岸环节232批次、生产环节14批次、经营环节288批次、使用环节56批次。经检验，所检项目均符合规定，合格率为100%。

六是中药饮片专项。2021年国家药品抽检共抽检9个品种的中药饮片，共计1957批次，相关情况如图3所示。

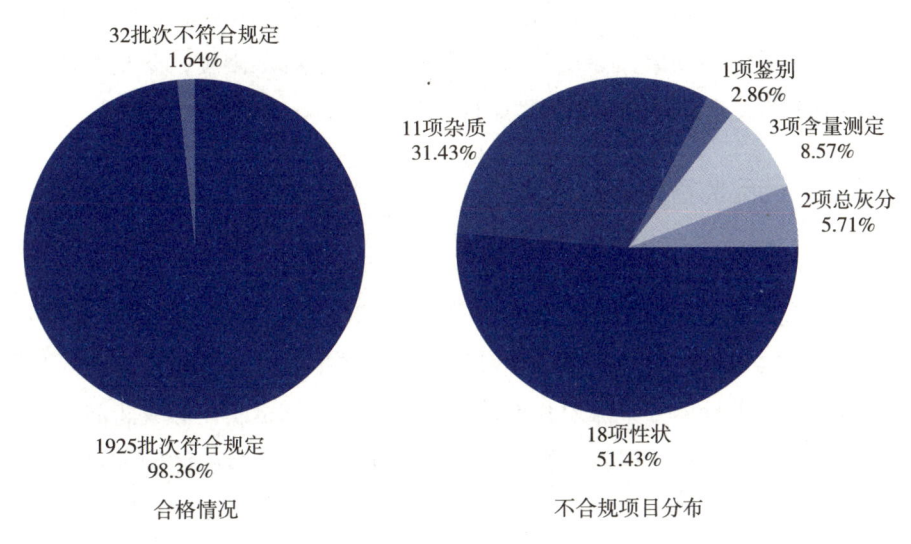

图3 2021年中药饮片达标情况和不合规项目分布状况

（三）我国药品安全问题分析[①]

化学药品方面的抽检数据显示，生产环节、经营环节相比使用环节和口岸环节出现不符合规定情况的比例更高。生产企业应严格原料入厂检验，提高生产工艺稳定性、优化关键质量参数控制，重点关注乳膏剂、口服溶液剂等剂型品种，对检查项目及检验指标反映的问题予以深入研究。经营企业应加强药品储存、运输过程管理，完善温湿度监控体系，重点关注需要阴凉、冷藏储存等特殊条件保存的药品。监管部门需严格审查企业生产记录，核查原辅料投料量，推动质量标准提升。

中成药方面的抽检数据显示，问题主要集中在散剂与贴膏剂。企业应加强相关剂型生产人员培训，规范生产流程管理与质量控制。

中药饮片方面的抽检数据反映的问题包括：一是混伪品代用、掺杂问题，如藏柴胡冒充柴胡、关苍术及杂交苍术掺伪冒充苍术、苋菜子掺伪青葙子等；二是外源性有害物质残留超限问题，部分原料存在真菌毒素污染、农药残留污染、重金属及有害元素超标等隐患，如个别批次苍术、木香重金属残留，个别北沙参检出植物生长调节剂；三是采收与加工炮制不规范问题，如苍术因产地泥土去除不完全，导致个别样品总灰分超过标准限度，柴胡饮片加工过程中地上茎过多导致非药用部位杂质超标。

（四）药品监管相关政策建议

一是完善药品监管体系。药品监管体系是药品安全目标、原则、环境、制度等相关要素的系统安排。建议加快相关法律规章修订，加强协同监管，构建更加系统完备的药品监管法规制度体系。要把监管科学研究放在药品监管工作全局中进行思考、谋划和推动，建立风险会商机制，形成药品监管全国一盘棋格局。同时，创新监管方式方法，建立科学高效的监管模式，完善信息化追溯体系，把创新监管工具、标准和方法作为首要研究任务。结合全

[①] 中国食品药品检定研究院：《国家药品抽检年报（2021）》，https://www.nifdc.org.cn/nifdc/bshff/gjchj/gjchjtzgg/20220318150022287 92.html。

面推进和重点突破，发挥追溯数据在风险防控、产品召回、应急处置中的作用，推动药品监管模式向纵深发展。

二是加强监管队伍能力建设。当前药品监管人才队伍与发展需求不匹配，监管人员专业素养低、经验能力不足等问题突出。药品监管部门应当与高校、科研院所展开深度合作，有计划地重点培养高层次审评员、检查员，实现核心监管人才数量、质量"双提升"。同时也要充实基层监管队伍，完善管理机制，建立检查员统一指挥调派机制，提高基层工作人员积极性。药品安全没有零风险，因此，必须把应急管理思维贯穿于药品监管各个链条和环节。建立应急预案，加强应急演练，提高应对突发重特大公共卫生事件的能力，切实把药品安全事件化解在萌芽状态。

三是落实企业主体责任。药品研发、生产、经营质量安全的主体责任是企业，必须强化企业主体责任意识，将主体责任分解落实到每一位药企员工，形成药品安全生产、经营的合力。此外，要加强质量管理体系建设，确保产品研发、生产每一个环节安全可控，每一个操作有据可依、有据可查，产品质量稳定可靠。企业还应积极采用新技术、新手段发现和解决生产销售过程中的新问题。

四是充分发挥行业协会的桥梁纽带作用。行业协会的重要功能是做好国家政策的上传下达，在监管部门引导下不断健全行业公约等制度，将监管部门提供的信息和需求及时传递给企业，并做好企业相关意见建议的搜集反馈工作。依托行业协会资源组建各类专业智库，通过不定期组织风险交流会议等形式分析研判风险信号，提出行业问题解决方案。此外，药品监管不仅要强化监管能力和监管机制，还要注重宣传工作，行业协会应集中力量营造良好的舆论氛围，及时向行业和社会传递最新进展和成果信息，凝聚社会共识，更好地服务产业发展和公众需求。

B.17
2022年中国生态环境保护形势、现状与新议题

周恋彤 刘汝琪 赵晓艺[*]

摘　要： 2022年我国继续深入巩固拓展蓝天、碧水、净土三大保卫战成果，以实现减污降碳协同增效为总抓手，统筹污染治理、生态保护、应对气候变化三大重点任务，推动绿色低碳高质量发展。空气更加清新、水体更加清澈、土壤更加安全、生态更加优美，突出的生态环境问题得到集中解决，"冬奥蓝""北京蓝"得到国际国内社会一致好评。但与此同时，全球生态环境赤字持续扩大，温室气体浓度、海平面上升、海洋热量和海洋酸化这四项气候变化关键指标都创下新纪录，解决全球可持续发展问题变得越来越紧迫和具有挑战性。在国内经济面临供给冲击、需求疲软、预期转弱的三重压力下，我国生态环境保护面临如何将绿色低碳高质量发展与稳定、安全目标相结合的迫切挑战。

关键词： 生态环境　污染治理　气候变化　生物多样性　绿色低碳

2022年是党的二十大胜利召开之年，又恰逢联合国第一次人类环境会议召开50周年之际，第27届联合国气候变化大会（COP27）、《生物多样性公约》第15次缔约方大会（COP15）分别于11月和12月集中

---

[*] 周恋彤，生态环境部宣传教育中心新媒体室负责人，工程师；刘汝琪，生态环境部宣传教育中心新媒体室项目主管，工程师；赵晓艺，生态环境部宣传教育中心新媒体室项目主管，工程师。

举办，无论是对中国还是世界来说都是集中讨论生态环境问题的"环境大年"。

一 2022年中国生态环境保护总体形势

（一）绿色成为美丽中国的成色

《2021中国生态环境状况公报》[①]和《2021年中国海洋生态环境状况公报》[②]数据显示，2021年，国民经济和社会发展计划中生态环境领域八项约束性指标顺利达成，污染物排放持续下降，生态环境质量持续改善，生态环境保护实现"十四五"良好开局。在大气环境质量方面，2021年全国339个地级及以上城市优良天数比例达到87.5%，比2020年上升0.5个百分点。在水环境质量方面，全国地表水优良（Ⅰ~Ⅲ类）水体比例由2020年的83.4%提高到2021年的84.9%，丧失使用功能（劣Ⅴ类）的水体比例为1.2%，地级及以上城市监测的876个在用集中式生活饮用水水源水质达标率为94.2%。在海洋生态环境质量方面，海水环境质量整体持续向好，符合第一类海水水质标准的海域面积占管理海域面积的97.7%，比2020年上升0.9个百分点，典型海洋生态系统均处于健康或亚健康状态。在土壤环境质量方面，全国土壤环境风险得到基本管控，土壤污染加重趋势得到初步遏制，全国受污染耕地安全利用率稳定在90%以上。

1. 空气更加清新

2021年，全国空气质量达标城市数量、优良天数比例持续上升，主要污染物浓度全面下降。339个地级及以上城市中218个城市环境空气质量达标，占64.3%，同比上升3.5个百分点；优良天数比例为87.5%，同比上升0.5个百分点。六项污染物$PM_{2.5}$、PM_{10}、O_3、SO_2、NO_2和CO浓度分别

---

① 《2021中国生态环境状况公报》，https://www.mee.gov.cn/hjzl/sthjzk/zghjzkgb/202205/P020220608338202870777.pdf。
② 《2021年中国海洋生态环境状况公报》，https://www.mee.gov.cn/hjzl/sthjzk/jagb/202205/P020220527579939593049.pdf。

为30微克/米³、54微克/米³、137微克/米³、9微克/米³、23微克/米³和1.1毫克/米³，与2020年相比均有下降。$PM_{2.5}$、O_3、PM_{10}、NO_2和CO超标天数比例分别为5.2%、4.4%、2.3%、0.2%和不足0.1%，未出现SO_2超标情况。大气空气质量六项指标年均浓度同比首次全部下降（见图1），其中，$PM_{2.5}$为30微克/米³，同比下降9.1%，"十三五"以来实现"六连降"，历史性达到世界卫生组织提出的第一阶段过渡值。京津冀及周边地区、长三角地区、汾渭平原等重点区域空气质量明显改善。我国成为全球空气质量改善最快的国家。

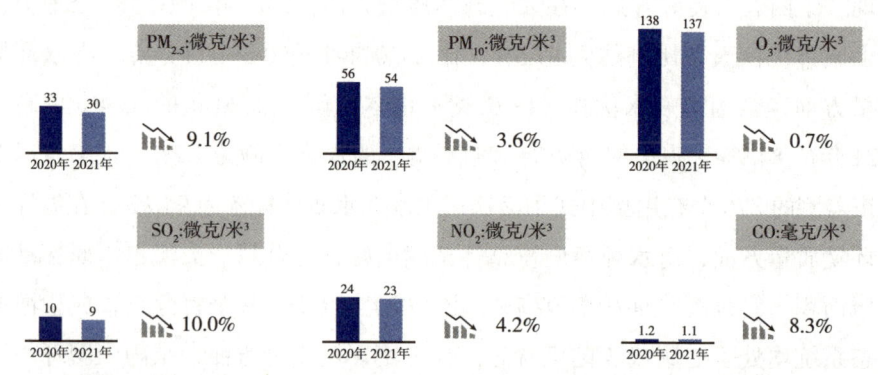

图1 2021年全国339个地级及以上城市六项污染物浓度及年际比较

资料来源：《2021中国生态环境状况公报》，https://www.mee.gov.cn/hjzl/sthjzk/zghjzkgb/202205/P020220608338202870777.pdf。

2022年前三季度，全国339个地级及以上城市平均空气质量优良天数比例为85.7%，同比下降1.1个百分点；$PM_{2.5}$平均浓度为27微克/米³，同比下降3.6%；PM_{10}平均浓度为48微克/米³，同比下降5.9%；O_3平均浓度为149微克/米³，同比上升4.9%；SO_2平均浓度为8微克/米³，同比下降11.1%；NO_2平均浓度为19微克/米³，同比下降9.5%；CO平均浓度为1.0毫克/米³，同比下降9.1%（见图2）。

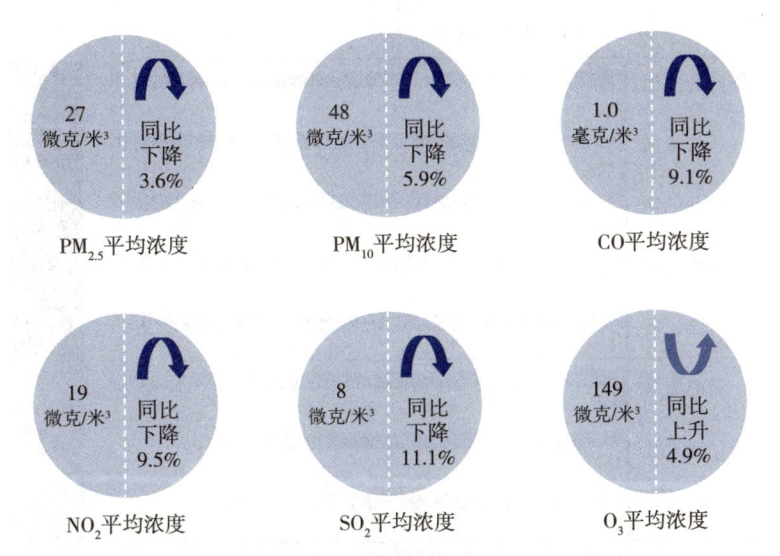

图 2 2022 年前三季度全国 339 个地级及以上城市六项指标浓度及同比变化

资料来源：生态环境部官网，https://www.mee.gov.cn/ywdt/xwfb/202210/t20221020_997141.shtml。

2. 水体更加清澈

2021 年，全国地表水监测的 3632 个国考断面中，水质优良（Ⅰ～Ⅲ类）断面比例为 84.9%，同比上升 1.5 个百分点，"十三五"以来实现"六连升"，已接近或达到中等发达国家水平。重点流域水质持续改善，长江流域水质优良的国控断面比例为 97.1%，同比上升 1.2 个百分点，长江干流水质 2020 年第一次全线年均值达到Ⅱ类，连续保持了两年；黄河干流全线达到Ⅲ类水质，黄河流域干线 90% 以上断面达到Ⅱ类以上水质，水质得到显著改善。

2022 年前三季度，3641 个国家地表水考核断面中，水质优良（Ⅰ～Ⅲ类）断面比例为 86.3%，同比上升 4.5 个百分点；劣Ⅴ类断面比例为 0.9%，同比下降 0.3 个百分点。长江、黄河、珠江、松花江、淮河、海河、辽河等七大流域及西北诸河、西南诸河和浙闽片河流水质优良（Ⅰ～Ⅲ类）断面比例为 88.5%，同比上升 4.8 个百分点；劣Ⅴ类断面比例为 0.7%，同比下降 0.3 个百分点（见图 3）。

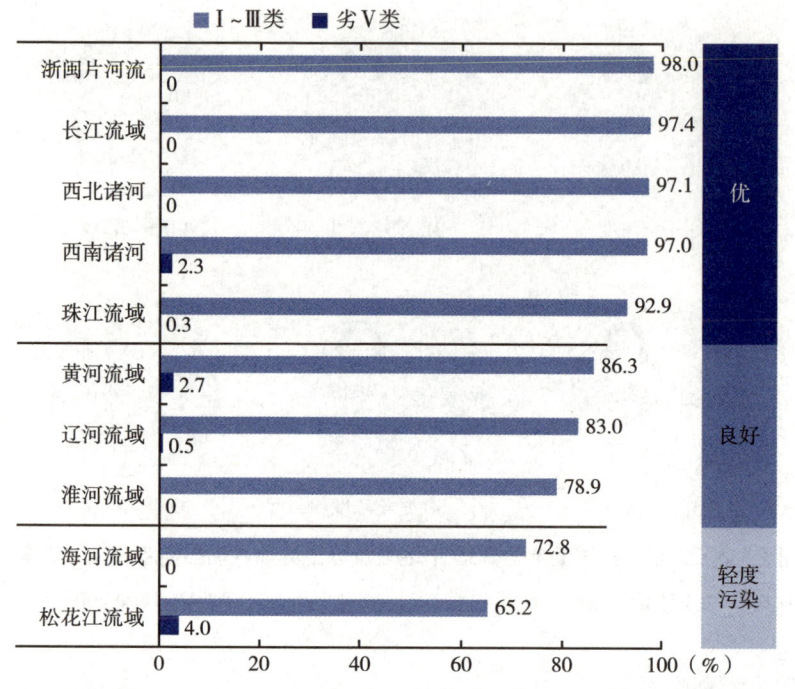

图3　2022年前三季度七大流域和西南、西北诸河及浙闽片河流水质类别比例

资料来源：生态环境部官网，https://www.mee.gov.cn/ywdt/xwfb/202210/t20221024_997602.shtml。

3. 土壤等更加安全

土壤污染加重趋势得到初步遏制，全国受污染耕地安全利用率稳定在90%以上，重点建设用地安全利用得到有效保障，农用地土壤环境状况总体稳定。全国城市声环境质量总体向好，324个地级及以上城市各类功能区昼间达标率为95.4%，同比上升0.8个百分点；夜间为82.9%，同比上升2.8个百分点。辐射环境质量和重点设施周围辐射环境水平总体良好。单位国内生产总值二氧化碳排放量下降达到"十四五"序时进度。

4. 生态更加优美

全国生态质量指数（EQI）值为59.77，生态质量综合评价为"二类"，表明我国生物多样性较丰富、自然生态系统覆盖比例较高、生态结构较完整、功能较完善。其中，生态质量为一类的县域面积占国土面积的27.7%，主要分布在东北大小兴安岭和长白山、青藏高原东南部等地区；二类的县域面积占32.1%，主要分布在三江平原、内蒙古高原、黄土高原、昆仑山、四川盆地、珠江三角洲和长江中下游平原。一类、二类合计约占60%。

（二）绿色成为高质量发展的底色

党的二十大报告再次明确，要积极稳妥推进碳达峰碳中和。2021年以来，中国积极落实《巴黎协定》，进一步提高国家自主贡献力度，围绕碳达峰碳中和目标，有力有序有效推进各项重点工作，取得显著成效。我国构建"1+N"政策体系，扎实推进碳达峰碳中和。2021年10月，《中共中央 国务院关于完整准确全面贯彻新发展理念做好碳达峰碳中和工作的意见》《2030年前碳达峰行动方案》相继发布，为实现"双碳"目标作出顶层设计，明确了时间表、路线图、施工图。此后，"1+N"政策体系中的"N"也陆续出台，包括能源、工业、城乡建设、交通运输等重点领域实施方案，煤炭、石油天然气、钢铁等重点行业实施方案，科技支撑、财政支持、统计核算等支撑保障方案。同时，31个省区市碳达峰实施方案陆续制定施行，我国减污降碳协同治理正进入实质性推进阶段。

新时代10年来，在保障经济社会发展的同时，我国能源结构加快转型，绿色发展的底色更加鲜明，单位GDP能耗10年累计下降26.4%，以能源消费年均3%的增长支撑了国民经济年均6.6%的增长。经初步核算，2021年，单位GDP二氧化碳排放量比2020年降低3.8%，比2005年累计下降50.8%，非化石能源占一次能源消费比重达到16.6%，风电、太阳能发电总装机容量达到6.35亿千瓦，单位GDP煤炭消耗显著降低，森林覆盖率和蓄积量连续30年实现"双增长"。2022年，单位GDP二氧化碳排放量下降达到"十四五"序时进度。

千亿规模资金投向污染治理、生态修复和国土空间绿化、能源资源节约利用、绿色交通和清洁能源等领域。全国碳排放权交易市场是实现中国碳达峰碳中和目标的重要政策工具。2021年7月，全国碳排放权交易市场正式启动上线交易。截至2022年10月21日，碳排放配额累计成交量1.96亿

吨，累计成交额85.8亿元，市场运行总体平稳有序，有效发挥了推动能源结构调整、节能和提高能效、生态保护补偿等作用。2021年12月，生态环境部等部门联合印发了《关于开展气候投融资试点工作的通知》，正式启动气候投融资试点工作，旨在引导和促进更多社会资金投向应对气候变化减缓和适应领域，首批有23个地方入选气候投融资试点。ESG（环境保护、社会责任和公司治理）投资、负责任投资等理念加快推广，金融机构和企业更加关注自身在促进经济可持续发展、履行社会责任等方面的贡献，年轻一代及女性个人投资者也越发追求可持续投资和可持续消费。在践行ESG理念的关键领域如新能源汽车行业，小鹏汽车2021年发布首份ESG报告并获得优先级别较高的AA级，甚至超过了特斯拉、丰田等头部车企，这与其社会贡献密切相关，包括成立了小鹏公益基金会，致力于低碳环保理念教育和传播事业。

与此同时，绿色低碳发展每年创造数百万个绿色就业机会。2021年3月，中国增列"碳排放管理员"作为国家职业分类大典第四大类新职业。2022年9月，"碳管理工程技术人员"成为国家职业分类大典第二大类新职业。现已启动"碳排放管理员"相关职业技能标准和培训教材编制工作，为高效开发碳排放管理员培训教材奠定了良好基础。

（三）绿色成为社会生活的亮色

近年来，我国主办的多个国际环境多边协议会议让很多专业性生态环境话题走入公众生活，成为社会生活主流议题。2021年召开的《生物多样性公约》第15次缔约方大会（COP15）让生物多样性对很多人来说不再是遥远和抽象的学术名词。2021年10月，COP15第一阶段会议在云南昆明开幕，国家主席习近平以视频方式出席领导人峰会并发表主旨讲话，宣布出资15亿元成立昆明生物多样性基金、正式设立第一批国家公园等一系列务实而有力度的东道国举措，会议还通过了《昆明宣言》。2022年12月，中国将作为主席国领导COP15第二阶段会议的各项议程，推动达成兼具雄心和务实平衡的"2020年后全球生物多样性框架"，为推进全球生物多样性进程、构建地球生命共同体贡献力量。2022年11月,《湿地公约》第14届缔约方大会（COP14）在湖北武汉开幕，国家主席习近平以视频方式出席开幕式并发表致辞，指出中国将建设人与自然和谐共生的现代化，推进湿地保护事业高质量发展。中国制定了《国家公园空间布局方案》，将陆续设立一批国家公园，把约1100万公顷湿地纳入国家公园体系，实施全国湿地保护规划和湿地保护重大工程。

野生动植物开始"回归"，甚至走进城市与公众和谐相处。东北虎、东北豹、亚洲象、朱鹮等物种数量明显增加，曾经野外消失的麋鹿总数已突破8000只，112种我国特有珍稀濒危野生植物实现野外回归。通过实施长江十年禁渔，被民众唤作"微笑天使"的长江江豚等珍稀水生生物物种得到初步恢复，洞庭湖2021年监测到的水生生物物种比2018年增加了30种。通过保护海洋生态系统，海洋生物多样性得到显著提高，全国近30%的近岸海域和37%的大陆岸线均已纳入生态保护红线管控范围，海洋生物与人类和谐共处的报道也越来越多，如厦门湾的中华白海豚、深圳湾和涠洲岛的布氏鲸、辽东湾的斑海豹，以及鸭绿江口、黄河口、长江口、闽江口、珠江口等众多滨海湿地的候鸟天堂等。

在技术创新和数字治理的推动下，公众已熟悉在数字化平台上践行绿色低碳生活方式。多个地方政府、电商平台或网络公司积极依靠数字技术和平台经济，创新开发出"碳账本"等绿色数字治理方式，助力民众参与规模更大的减碳行动，如"广东碳普惠""碳惠天府""低碳星球"等。绿色商品和服务的交易比例稳步上升，尤其在年轻消费者中凸显出强大增长潜力。2022年8月8日，阿里巴巴正式发布"88碳账户"，成为国内第一个多场景、覆盖超10亿人的消费者碳账户体系。该碳账户汇集了用户在饿了么、菜鸟、闲鱼、天猫等平台上产生的减碳量，鼓励用户践行低碳生活方式，如点餐时不选用一次性餐具、在菜鸟驿站回收快递纸箱等，打造了荣誉激励体系，用户可积累碳积分，解锁拟人化数字勋章。

二 2022年中国生态环境保护面临的困难和挑战

（一）生态环境质量稳中向好的基础不稳固

保障公众健康，给民众带来最普惠的获得感和幸福感是生态环境保护的根本目标。尽管近年来我国生态环境质量持续向好，改善幅度有目共睹，但生态环境质量稳中向好的基础还不稳固，由量变到质变的拐点尚未出现，某些区域、某些时段、某些指标仍存在较大幅度波动和变差的可能。

在空气质量方面，2021年全国$PM_{2.5}$平均浓度为30微克/米^3，历史性实现了空气质量达标，达到世卫组织提出的第一阶段过渡值。但是，尚有29.8%的城市$PM_{2.5}$平均浓度超标，与达到甚至稳定达到欧盟国家普遍采用的世卫组织第二阶段标准仍有一定差距。城市环境空气质量提升仍然属于中低水平层次的提升，总体仍未摆脱"气象影响型"，臭氧污染问题仍比较突出。在淡水方面，全国仍有1.2%的地表水国控断面水质为劣Ⅴ类，少数地区消除劣Ⅴ类断面难度较大，部分重点湖泊蓝藻水华居高不下，全国地下水Ⅴ类占比达20.6%。2022年前三季度，17个劣Ⅴ类断面分布在云南、吉林、内蒙古、山西等8个省份，以云南省数量最多，有4个。在海洋方面，全国近岸海域劣四类海域面积占9.6%，渤海、长江口—杭州湾和珠江口三大重点邻近海域涉及国家重大发展战略的沿海"2+24"城市，仍处于污染排放和环境风险高峰期、海洋生态退化和灾害频发叠加期。个别地区生态破坏、局部区域生态退化还较为严重，生态系统质量和稳定性有待提升。

与此同时，隐藏在天蓝、地绿、水清等感官指标背后的是风险隐蔽、种类繁多、防控困难的新污染物，包括微塑料、内分泌干扰物、抗生素等，具有致癌、致畸、致突变等严重环境与健康风险，逐步成为当前制约大气、水、土壤环境质量持续改善的新难点，也是继雾霾、黑臭水体之后生态环境保护面临的"硬骨头"。我国作为化学品生产和使用大国，现有化学物质约4.5万余种，抗生素年使用量高达18万吨，2021年塑料制品总产量8004万吨，同比增长5.27%。近年研究发现，磺胺类、喹诺酮类等抗生素在我国河流、湖泊、海洋水体等均被证实存在，其中珠江流域抗生素排放密度最高，其次是海河、太湖。内分泌干扰物主要分布在沿海和中部地区。微塑料主要分布在东南沿海地区。全国新污染物浓度水平总体呈现南高北低、东高西低特征，且种类越来越丰富，给生态环境安全和公众身体健康造成风险隐患。

塑料制品在生产、加工、使用、消费和废弃处置全过程都可能存在进入空气、土壤、水体等环境成为新污染物的风险隐患。新冠肺炎疫情突发以来，防护服、口罩等用品和一次性塑料制品的使用进一步增加了塑料废弃物的产生量，带来困扰全球的微塑料（粒径小于5微米的塑料碎片）污染问题。2022年召开的第五届联合国环境大会第二阶段会议通过了关于《结束塑料污染：争取制定一个有法律约束力的国际文书》的决议，迈出了全球制定治理塑料污染多边环境公约的重要一步，但新公约出台能否为我国塑料污染治理和公众健康保护带来契机，又能否建立新的国际"贸易壁垒"和"技术壁垒"以影响国内相关行业发展，仍有待观察。

（二）气候变化风险可能向经济社会传递

2022年达沃斯世界经济论坛发布的《2022年全球风险报告》显示，全球未来5~10年的十大风险中一半与环境相关，包括气候行动失败、极端天气、生物多样性破坏、自然资源危机和人为环境破坏。[①] 受气候变化和持续性全球变暖影响，2021年我国乃至全球极端天气事件高发频发广发、气候异常现象显著，造成的负面影响全面而深远。2021年，全国平均气温10.7℃，较常年偏高1.0℃，创历史新高，同时极端冷暖事件频发；北方地区降水量697.9毫米，较常年偏多40.6%，为历史第二多。[②] 根据国家气候中心监测评估，2022年6~8月区域性高温事件综合强度达到1961年有完整气象观测记录以来最强，具有持续时间长、范围广、强度大、极端性强等特点。

---

① 《世界经济论坛发布2022年全球风险报告》，http://ch.mofcom.gov.cn/article/jmxw/202201/20220103237266.shtml。
② 《中国气象局发布〈中国气候变化蓝皮书（2022）〉》，http://www.gov.cn/xinwen/2022-08-10/content_5704792.htm。

我国是全球气候变化的敏感区和影响显著区，极端天气、气候事件将成为常态，给农业与粮食安全、健康与公共卫生、基础设施与重大工程、城市与人居环境以及第二第三产业等都带来重大挑战。气候变化使得京津冀地区降水量减少、温度升高、气象灾害频繁发生，并导致大气层结构更加稳定，工业污染物不易扩散从而形成雾霾；致使粤港澳大湾区城市热岛效应明显，暴雨洪涝、枯水期威胁水资源安全；导致长三角地区海平面上升，极端高温事件频率、强度和持续时间增加。[1]2021年"7·20"河南郑州特大暴雨最大的小时降雨量达到201.9毫米，突破历史极值，共造成河南省150个县（市、区）1478.6万人受灾，因灾死亡失踪398人，直接经济损失1200.6亿元，其中郑州市409亿元，占全省的34.1%。[2]

气候变化可能导致多方面负面影响。公众健康方面，65岁以上老年人是气候健康风险的脆弱人群[3]，气候变化可能对个体生理和心理造成不利影响。农业、渔业、水产养殖业、金融、能源、旅游、交通等对气候变化敏感的第二第三产业可能面临气候变化相关损失。IPCC报告《气候变化2022：影响、适应与脆弱性》评估了气候变化对我国农业可能带来的损失，预计在减排不利情况下，小麦产量会下降11%，玉米产量下降8%，水稻产量下降7%；2023~2050年，中国鱼类产量将比2010~2030年下降40%，对热带气旋最为敏感的贝类产量甚至将下降67%。[4]同时，气候变化对国际供应链、市场、基础设施等造成的影响可能间接导致中国商品供应链、价格体系和金融市场不安全。

---

[1] 《关于印发〈国家适应气候变化战略2035〉的通知》（环气候〔2022〕41号），http://www.gov.cn/zhengce/zhengceku/2022-06/14/content_5695555.htm。

[2] 《河南郑州"7·20"特大暴雨灾害调查报告公布》，http://www.gov.cn/xinwen/2022-01/21/content_5669723.htm。

[3] 《2022柳叶刀人群健康与气候变化倒计时报告》（The 2022 Report of the Lancet Countdown on Health and Climate Change: Health at the Mercy of Fossil Fuels），https://www.lancetcountdown.org/event/2022-launch-registration/。

[4] IPCC第六次评估周期第二工作组报告《气候变化2022：影响、适应与脆弱性》（Climate Change 2022: Impacts, Adaptation and Vulnerability），https://www.ipcc.ch/report/sixth-assessment-report-working-group-ii/。

（三）绿色低碳转型带来行业短期冲击

新冠肺炎疫情对全球经济社会产生全方位影响，联合国经济和社会事务部（UNDESA）发布的《2021年世界经济形势与展望报告》称，2020年全球经济萎缩4.3%，萎缩幅度是2009年全球金融危机期间的2.5倍以上。[①] 与此同时，国际能源危机蔓延、新地缘竞争激化、全球通胀压力持续等因素交织叠加，给中国绿色低碳转型发展带来重重挑战。虽然碳达峰在传统发展模式下也能实现，但碳中和意味着发展范式的转变，需要生产方式和生活方式的深刻转变，并在特定阶段对特定人群的生产与生活产生不同程度影响，这种短期冲击不可避免。我国产业结构偏重、能源构成偏煤，工业碳排放总量占全社会碳排放总量的70%以上（其中约40%为工业电力排放），能源消费占全社会消费总量的60%以上，工业领域的电力、钢铁、建材、有色金属、石油和化工是六大高耗能行业，很多产业可能会由于减碳成本升高、技术创新跟不上以及贸易协定约束而失去竞争优势，面临转型甚至被淘汰。尤其是化石能源行业，属于碳密集型和人员密集型行业，部分化石能源密集的地区、行业、群体可能会受到冲击，转型处置不当可能引发资产状况恶化、亏损和员工失业等问题。

根据中国煤炭工业协会《2021年煤炭行业企业社会责任报告》，2020年煤炭全行业从业人员接近285万人。从业人员数量众多，整体人员年龄偏大、技术水平偏低，40岁以上人员占比56.8%，超过全行业平均水平；从业人员以中专生为主，高级技术人员短缺，再就业难度大。[②] 长期以来，我国西部的晋陕蒙甘宁新等煤炭主产区的经济发展高度依赖煤炭产业，形成了基于煤炭资源禀赋的经济结构、就业结构、财税收入等。以山西和内蒙古两个能源大省区为例，两省区的煤炭产量分别占全国的35.27%和30.71%。其中，山西

---

① 《2021年世界经济形势与展望报告》（*World Economic Situation and Prospects 2021*），https://shop.un.org/es/node/93191。
② 《树立系统思维和行动自觉 切实履行企业社会责任——2021年煤炭行业企业社会责任报告发布会在京举行》，《中国煤炭工业》2021年第6期。

省煤炭储量达507.25亿吨，占全国储量的1/3，是中国最大的煤炭省份，煤炭相关领域贡献了地方财政收入的30%以上。内蒙古用全国7.2%的碳排放量贡献了全国1.7%的经济总量，能源消耗占5.2%，是全国平均水平的3倍，人均碳排放水平是全国平均水平的近4倍。[1] 这些煤炭主产区面临的共性挑战不仅有能源转型问题，还有就业结构、产业基础（包括全产业链）、地方财政、社会保障等全方面的连锁性问题。

与此同时，除了"破"的挑战，"立"也面临挑战。我国绿色低碳技术和产业创新投入不足，绿色投资还没有形成市场化的途径和投资模式，专业技术与人才储备也十分缺乏。"双碳"目标对人才素养的要求全面，不仅需要具有能源、环境和碳减排等相关理工科专业知识，还要具备金融、法律等专业知识。目前，国内还没有独立设置的碳中和专业，不少高校正在摸索相关人才培养方式。2022年两会期间，致公党中央向全国政协十三届五次会议递交提案，就加强碳中和领域学科建设和人才培养提出建议。该提案指出，高校碳中和相关领域的学科结构单一，学科建设仍需建立完善的统筹体系；不同地区科教资源分布不均，科学研究投入力度仍需进一步加大；国内"双碳"达标人才供给不足，以问题和需求为导向的人才价值评估和利益分配体系不健全，科技创新型人才缺乏有效产学研引导等。

三 2023年中国生态环境保护发展态势和政策建议

在2023年及可预见的未来，风险、不确定性和冲击不断增加，最紧迫的挑战是将绿色低碳高质量发展与当前关注的稳定、安全目标相结合，统筹高质量发展和高水平保护、创造高品质生活，协同推进降碳、减污、扩绿、增长多重目标。

---

[1] 包思勤:《"双碳"背景下内蒙古产业结构战略性调整思路探讨》，《内蒙古社会科学》2021年第5期。

（一）以人为本，深化污染防治攻坚工作

近年，我国生态环境保护已从总量控制进入精细化污染防治阶段，污染防治攻坚战从"十三五"时期的"坚决打好"到"十四五"时期的"深入打好"，意味着环境治理中的矛盾问题层次更深、难度更大、范围更广，要求标准也更高。当下生态环境质量改善尽管幅度很大，但仍处于中低水平，与人民群众对美好生态环境的需要还有差距，还有很大的接续奋斗空间。当务之急是加速解决直接影响人民生命健康的生态环境短板问题，例如新污染物防治、臭氧层保护、电磁辐射防护、危险废物管控、噪声防控等。

战略层面，必须保持污染防治攻坚战的战略定力，坚持方向不变、力度不减。要把污染防治攻坚战各项工作放到经济社会发展大局中考量，坚持稳中求进，统筹好疫情防控、经济社会发展和生态环境保护各项工作，守牢生态环境安全底线。战术层面，坚持精准、依法、科学治污，遵循问题、时间、区域、对象、措施"五个精准"，坚持系统治理、源头治理、综合治理，统筹好降碳、减污、扩绿、增长协同增效，补齐农村面源污染、垃圾污水、黑臭水体等环境治理短板和弱项，在传统污染物治理基础上建立新化学物质风险防控体系。行动层面，我国已经围绕污染防治攻坚战谋划了八大标志性战役。其中，蓝天保卫战将聚焦基本消除重污染天气、臭氧治理和柴油货车治理三大攻坚战；碧水保卫战将围绕基本消除黑臭水体、重点海域治理以及长江黄河治理攻坚战展开；净土保卫战将聚焦农村黑臭水体和生活污水，开展农业农村污染治理攻坚战。

（二）维持生态系统稳定，协同气候变化应对与生物多样性保护

要化解气候变化和生物多样性丧失双重危机，必须将应对气候变化与保护生物多样性视为相辅相成的协同目标。一方面，气候变化会导致生物多样性丧失和生态系统退化；另一方面，生物多样性和生态系统健康对适应和减缓气候变化具有举足轻重的作用，二者通过一套复杂的反馈机制互相影响。研究表明，全球GDP一半以上高度依赖自然资源的贡献，其中主要包括生态

系统、物种和遗传基因的贡献，生物多样性丧失与气候变化类似，都可能构成系统性风险。

推进应对气候变化与保护生物多样性协同增效。一是制定协同治理的顶层政策制度框架，将应对气候变化和保护生物多样性纳入经济和社会发展全局，坚持山水林田湖草沙一体化保护和系统治理。二是构建多方参与合作共赢的治理体系，实现区域协同、数据信息协同、利益相关方协同，充分调动各类企业、科研机构、社会组织、普通公众等利益相关方的积极性。三是构建国土空间开发保护新格局，将国土空间用途和"双碳"、减缓和适应气候变化、保护生物多样性等目标融合，建立以国家公园为主体的自然保护地体系，构建低碳、韧性、可持续的城乡空间布局，为未来发展新能源、保护生物多样性、提高生态系统碳汇及适应能力创造更多生态空间。四是持续深入实施生物多样性保护重大工程，有序抢救性保护珍稀濒危野生动物，开展青藏高原生态屏障区、黄河重点生态区、长江重点生态区、东北森林带、北方防沙带、南方丘陵地带等各类生态保护修复工程，筑牢我国生态安全屏障。五是加快整合基于自然的解决方案，推进绿色基础设施建设，强化系统性、工程性灾害预防体系建设。六是提高公众对抵御气候变化风险和保护生物多样性的认识，借助新媒体、AI技术、在线数据库、平台经济等多元方式，促进公众意识提升并转化为行为实践，倡导绿色低碳、简约适度、文明健康的生活方式。

（三）推进城镇化低碳创新，打造集约、智能、绿色、低碳美好城市

当前，我国经济已进入一个增速放缓、结构转型的新阶段，随着发展整体步入工业化后期，城镇化将成为未来碳排放的主要来源。预计到2030年，我国常住人口城镇化率将由2021年末的64.7%上升到70%以上。要实现2030年前碳达峰、2060年前碳中和的目标，中国需要走一条不同于发达国家传统的工业化城镇化道路，与发达国家普遍人均国内生产总值高于2万美元后才实现碳排放碳达峰相比，中国必须以更低的人均产出、更高的碳生产率提早达到碳排放峰值。这就要求中国必须改变传统的城镇化高碳发展模式，改变传统的"摊大饼"和"大拆大建"的城市建设模式，避免城市单中心扩张形成超大规模城市导致的城市功能紊乱问题，运用低碳理念引领和推动城镇化，从城市规划、建设、运营、管理全过程推动低碳发展，加快培育简约适度、绿色低碳的生活方式和消费模式，这对中国乃至全球低碳发展转型具有重要意义。

2010年以来，我国先后开展了低碳城市、低碳工业园区、低碳社区等一系列低碳试点示范，从不同层面探索城镇化低碳发展创新路径，力求形成可借鉴、可复制的低碳城镇化经验。其中，低碳社区试点是中国城镇化低碳创新的重要探索，通过构建气候友好的自然环境、房屋建筑、基础设施、生活方式和管理模式，降低能源资源消耗，实现城乡社区低碳排放。①例如，上海市浦东新区编制了《浦东新区低碳社区创建工作方案（2022—2025年）》，梳理出《浦东新区低碳社区创建技术清单》，计划到2025年建成2个以上市级低碳社区和一批区级低碳社区。第一批17个社区已在节能减排、绿色低碳等方面打下较好工作基础，建设有透水路面、公共电动车停车棚和公共充电站、公共新能源汽车充电桩、太阳能LED地灯等低碳设施设备。位于深圳东隅的大梅沙社区作为"零碳社区样本"登上了2022年《联合国气候变化框架公约》第27次缔约方大会（COP27），展示了一套完整的近零碳社区建设综合方案，不仅包括节能减排、有机循环等技术手段，还包括在政府指导下协同联动社区中不同部门与社区民众共同参与近零碳社区建设。

未来，低碳社区试点将为中国城镇化创造更多符合国情、各具特色的低碳发展模式，成为实现中国未来低碳发展目标的重要途径，也将为广大发展中国家城镇化提供重要参考和借鉴。同时，低碳社区建设将推动形成履行社会责任的可持续商业模式，为企业提供重要的发展机遇和广阔的市场空间。

---

① 国家发展改革委：《低碳社区试点建设指南》，https://zfxxgk.ndrc.gov.cn/web/iteminfo.jsp?id=2137。

（四）继续探索人与自然和谐共存的绿色发展路径

"双碳"目标背景下，中国能源结构的绿色低碳转型已成既定趋势，这客观要求全社会大力发展生态产业、绿色经济、可再生能源和配套技术，控制并减少未来煤炭消费总量，推动煤炭由主体性能源逐步向基础性、保障性能源转型。要规避能源结构调整带来的经济和社会风险，许多工作要做到前面。例如煤电机组退役是减煤的主要方向，但是我国目前的煤电机组普遍服役年限较短，远未达到退役年龄，提前退役将产生巨额搁浅资产，易引发利益冲突和金融风险，如何处理必将考验地方政府和大型企业的智慧。新能源技术已成为全球能源转型的战略支撑，构建以新能源技术为核心的供应链将加速能源绿色转型进程。近中期，我国要立足以煤为主的基本国情，切实推动能源系统的绿色低碳转型，构建多元、清洁、高效的能源结构，展现足够的能源韧性，保证能源安全是绿色转型的基础。

第一，转型时期要保障重点领域安全与稳定。一是致力于绿色低碳经济复苏，保障能源安全、气候安全、粮食安全；二是稳住存量，严控增量，引导煤电分步有序退出，继续推进能源结构调整，大力发展风能、光能、水电、氢能、生物质能等新能源产业，在发电、输电等环节综合供需、科学分配、提高效率。

第二，运用绿色低碳产业和绿色技术为经济社会发展提供新动能。一是加强数字化与可持续发展转型，推动互联网、大数据、人工智能、第五代移动通信等新兴技术与绿色低碳产业深度融合，加快发展战略性新兴产业；二是发展低碳、零碳、负碳创新技术，包括新型电力系统、节能、氢能、储能、动力电池、二氧化碳捕集利用与封存等重点技术创新。

第三，为高质量发展打基础、利长远。一是推广基于自然的解决方案，提高社会共识，进而促进地方政府、企业等主体积极践行；二是政府引导与市场驱动双管齐下，加大可持续投融资，助力企业绿色发展；三是防控受冲击重点行业与地区的转型风险，相关部门逐步出台技能培训、再就业和地方税收调整等保障措施，确保转型的公正平稳。

B.18 中国城乡居民长期护理服务需求现状与政策评估

王晶 张立龙[*]

摘　要： 本报告利用2022年城乡居民长期护理服务专项调研数据，对城乡居民长期护理服务需求现状及长期护理保险实施效果进行了初步探讨。针对城乡居民的长期护理服务需求，报告基于家庭视角发现，一方面城乡老年人失能规模大，重度失能比例较高；另一方面，城乡失能老年人主要的照料者均为配偶，照料劳动给配偶身体健康和精神健康带来负面影响。关于长期护理服务保险的政策效果，本报告着重分析了长期护理保险对家庭照料压力及经济负担的影响，调研结果显示，试点地区与非试点地区存在显著差异。试点地区中，家属亲人参与照料的比例显著降低，而社会性照料使用比例显著提高。同时，试点地区失能家庭社会购买能力显著提高。基于研究发现，本报告认为，应尽快在全国层面建立统一的长期护理保险，同时基于地区差异，实施差别化待遇支付政策，构建社区护理团队，提高家庭、社会整体照料能力。

关键词： 长期护理保险　家庭照料　社会照料　社区护理团队

---

[*] 王晶，中国社会科学院社会学研究所副研究员，研究方向为社会政策、养老服务；张立龙，首都经贸大学劳动经济学院副教授，研究方向为人口结构、家庭政策。

2021年七普公报发布，根据七普数据，我国人口老龄化呈现新的特征。一是高龄化趋势明显。根据普查结果，2020年中国60岁及以上人口为26402万人，占总人口的18.70%，其中，65岁及以上人口为19064万人，占总人口的13.50%。80岁及以上人口占总人口的比重为2.54%，占60岁及以上老年人口的比重为13.56%。老龄化的同时伴随高龄化，表明中国老年人口内部结构也在快速变化，长期护理服务需求将因为人口高龄化而快速增长。

二是中国老龄化速度和程度存在城乡差异。2000~2010年，城市的老龄化速度高于中国整体的老龄化速度；而2010~2020年，城市的老龄化速度反而低于中国整体的老龄化速度。到2020年，城市老龄化率为10.78%，比全国老龄化率低2.72个百分点，相对应的，农村的老龄化速度高于全国老龄化水平，这个结果与发达国家老龄化结构有所不同。在城市化过程中，大量中青年在城市买房，或者转移到大城市打工，一定程度上中和了城市的老年人口结构，相对应，农村的老龄化趋势却进一步加重。

三是人口结构与经济发展水平密切相关，过去20年中，中国经济发展水平存在着巨大的区域不平衡，对人口结构也造成了重要影响。从统计数据结果看，2000年，各个地区的老龄化水平基本一致；而到2020年，不同区域的老龄化水平产生巨大差距，东北地区的老龄化水平最高，2020年达到14.86%；西部地区的老龄化水平最低，仅为9.46%；东部和中部地区老龄化水平居中。东北地区在过去20年中经济发展停滞，2021年东北三省GDP为5.57万亿元，占全国GDP的比例仅为4.9%，不到广东省的一半。经济发展低迷造成东北青年人口大量流失，导致其老龄化速度快于全国大部分省份。

在人口老龄化、高龄化背景下，全社会老年人口的照料负担也将持续加重，根据学者预测，以日常活动能力受限（ADL）为基础测量的老年人失能率未来将保持在9.25%~11.15%，失能老年人规模将由2020年的2485.2万人增加至2050年的5472.3万人，平均每年增加100万人。[1]受传统家庭养老观念的影响，家庭照护在老年人照护中一直居于主导地位。然而，随着城镇化

---

[1] 廖少宏、王广州：《中国老年人口失能状况与变动趋势》，《中国人口科学》2021年第1期。

的推进、家庭形态的变化，失能老年人尤其是农村失能老年人的家庭照料功能逐步减弱。子女流动总体上提升其对老年人的经济支持，但也使得不同代际家庭成员同村居住、相守的格局被打破，老年人从家庭成员处可得的生活照料和精神慰藉逐渐减少。① 同时，生育子女数量减少和人们预期寿命延长，导致家庭世代数增多，而横向扩展萎缩，造成家庭养老人力资源不足，赡养和照料成本增加。② 这些均表明传统的家庭照料已经难以为继，如何将长期护理服务体系扩展至城乡居民已经成为摆在政策制定者面前的重要议题。

发达国家在20世纪90年代开始建立长期护理服务体系，长期护理服务体系区别于传统的养老保障模式，具有独立筹资、专业化准入、满足老人自主权等多种优势。③ 以德国为例，德国1995年实施长期护理保险制度之后，老年长期照护保险作为独立险种单独筹资，根据老年人的偏好，采取实物给付或现金给付形式，极大地提高了社会化老年照护能力。北欧国家长期护理服务保险试点最早可追溯至20世纪60年代，以荷兰为代表，长期护理服务保险的实施，推动了机构和居家功能的分化，推动了社会整体长期照料体系的发展（见表1）④。

表1 发达国家长期护理服务特征

国家	开始年份	资格人群	筹资范围	服务形式
德国	1995	符合评估标准的失能老人，无年龄限制	所有工作年龄和退休人口按工资缴费，雇主需按比例缴费	固定实物给付或现金支付，约80%的护理费用可以报销
卢森堡	1999	符合评估标准的失能老人，无年龄限制	所有工作年龄和退休人口按工资缴费	实物给付或现金给付，取决于个人偏好

---

① 石人炳、宋涛：《应对农村老年照料危机——从"家庭支持"到"支持家庭"》，《湖北大学学报》（哲学社会科学版）2013年第4期。
② 张丽萍、王广州：《中国家庭结构变化及存在问题研究》，《社会发展研究》2022年第2期。
③ Launois, R., "Pooling Public and Private Funds in the Patient's Interest: The Case for Long-term Care Insurance," *Soc. Sci. Med.*, 1996, 43 (5).
④ Wei, Y., etc., "An Initial Analysis of the Effects of a Long-Term Care Insurance on Equity and Efficiency: A Case Study of Qingdao City in China," *Research on Aging*, 2020 (8).

续表

国家	开始年份	资格人群	筹资范围	服务形式
荷兰	1968	符合评估标准的失能老人，无年龄限制	所有工作年龄和退休人口按工资缴费	机构护理采取实物给付，居家护理采取现金给付
日本	2000	符合评估标准的65岁以上失能老人或40岁以上失能残疾人	40岁及以上人口按工资缴费	实物给付，约90%的护理费用可以报销
韩国	2008	符合评估标准的65岁以上失能老人或残疾人	所有工作年龄人员按工资缴纳健康保险计划	实物给付或现金给付，取决于个人需求

中国从2016年在全国范围内正式开启长期护理保险试点。[1]2016年6月，人力资源和社会保障部办公厅下发《关于开展长期护理保险制度试点的指导意见》，批准第一批15个城市开展试点；2020年9月，国家医疗保障局会同财政部印发《关于扩大长期护理保险制度试点的指导意见》，新增天津、晋城、乌鲁木齐等14个地区扩大试点。2021年11月，中共中央、国务院印发的《关于加强新时代老龄工作的意见》中提出，进一步加大探索力度，逐步探索建立适合我国国情的长期护理保险制度。2022年10月，习近平总书记在中国共产党第二十次全国代表大会上的报告提出，社会保障体系是人民生活的安全网和社会运行的稳定器。促进多层次医疗保障有序衔接，完善大病保险和医疗救助制度，落实异地就医结算，建立长期护理保险制度，积极发展商业医疗保险。

在《2022年中国社会形势分析与预测》分报告中[2]，课题组系统梳理了两轮长期护理保险试点地区在筹资安排、给付政策、管理办法等方面的差异性，整体来看，第二批试点地区长期护理保险的试点方案要比第一批试点地区有所改进，长护险的覆盖对象越来越广泛，明确将灵活就业人员、退休人员纳入保障体系；长护险给付的护理服务提供方式也越来越多元化，将居家自主

---

[1] 部分地方试点实际实施时间更早，青岛自2012年就开始了长期护理服务试点。
[2] 张立龙、王晶:《2021年中国养老照护研究报告》，载李培林、陈光金、王春光主编《2022年中国社会形势分析与预测》，社会科学文献出版社，2021。

护理服务纳入给付范围成为新趋势；长护险给付水平有所提高，各地区给付水平差异在缩小；部分试点地区将中度失能老人纳入保障对象，也有试点地区强调失能预防。

上述判断主要基于地方试点政策文本的分析，本报告将使用 2022 年中国社会科学院公共政策研究中心课题组对城乡居民长期护理服务专项调研数据进行具体分析。该调查的目标旨在深入了解城乡老年人的潜在和实际护理需求，以及长期护理服务提供的能力和潜力。本次调查选择重庆市、成都市、福州市、苏州市、青岛市、南通市、潍坊市、湘潭市 8 个长期护理保险试点地区作为调查对象。其中，苏州市、青岛市、南通市和成都市的长期护理保险已覆盖至城乡居民，重庆市、潍坊市、湘潭市和福州市未覆盖全部城乡居民。调查过程中，在 8 个试点地区各选择 2 个县（市、区），每个县（市、区）各选择 5 个乡镇（街道），每个乡镇（街道）根据实际情况确定村（社区）个数。入户调查的对象为参加城乡居民医疗保险的参保人口，在村（社区）选择 60 岁及以上的老年人及不限年龄的失能人员作为调查对象，调研共获取 4145 份问卷，其中覆盖居民试点市回收问卷 1988 份，未覆盖居民试点市回收问卷 2157 份。

一 城乡老年居民失能情况分析

（一）失能总量规模大，重度失能比例高

根据七普数据，全国总体失能率为 2.34%，城乡总体失能老年人数约 598 万，其中农村失能老年人口约 302 万。

本次调查 8 个试点市，根据居民自评自理程度，轻度失能比例为 7.68%，中度失能比例为 12.83%，重度失能比例为 14.16%。调查同时运用客观 ADL 量表评估老人失能情况，存在 1 项需要照料的比例为 5.81%，2 项为 2.63%，3 项为 2.67%，4 项为 3.83%，5 项为 7.64%，6 项为 18.33%（见表 2）。本次调查偏重于失能人口，总体失能率比七普失能率指标偏高。

表2　城乡老年居民日常生活需要协助的项目数及比例

单位：%

ADL帮助项目	总体	城镇	农村
0项	59.08	53.34	62.05
1项	5.81	5.31	6.25
2项	2.63	2.85	2.61
3项	2.67	2.62	2.80
4项	3.83	3.59	3.94
5项	7.64	7.76	7.73
6项	18.33	24.53	14.62
合计	100	100	100

（二）老年人失能总量存在城乡差异

全国不分城乡的老年人口重度失能率在1.6%~4.6%。根据六普数据计算的失能率，城镇为2.35%，农村为3.32%[1]；七普数据显示，2020年60岁及以上老年人健康和基本健康的比例为87.25%；而不健康的比例为12.75%，其中，不健康但能自理的比例约为10.41%，不能自理的比例为2.34%。分城乡看，城市60岁及以上老人健康和基本健康的比例相对较高，为91.64%；其次为乡镇，比例为87.64%，农村老人最低（为83.90%）；60岁及以上老人不健康和不能自理的比例在城乡也存在显著差异，其中城市、乡镇、农村老人中不能自理的比例分别为2.07%、2.32%、2.55%。分性别看，女性老年人不健康和不能自理的比例高于男性，以不能自理为例，60岁及以上男性老年人不能自理的比例为2.12%，而女性为2.55%。从变化趋势看，与2010年相比，2020年60岁及以上老年人的健康水平有所提升，健康和基本健康的比例由2010年的83.15%提升至2020年的87.25%，提高了4.1个百分点；而不健康和不能自理的比例有所降低，其中不能自理的比例由2010年的2.95%下降至2020年的2.34%。

但基于中国微观调查数据的研究表明，农村老年人的失能风险显著低于城镇地区。学者们对这一现象有着不同解释：Zeng等人的解释为相对于农

---

[1] 陈习琼:《中国老年人口失能现状及地区差异》,《中国老年学杂志》2022年第5期。

村，城镇的空气质量明显要比农村差，进而会提高城镇老人呼吸性疾病的患病率。[1]Clarke 等认为独特的建筑环境，土地利用的多样性，成为生命后期老人失能风险降低的主要因素；与城镇老人相比，中国农村老人有更多的机会行走、做户外运动、进行农耕活动，也有更多的可能性从事体力劳动，因此有着更低的失能率。[2]

本次调研结果与上述数据结果略有差异，城镇居民中度和重度失能比例高于农村地区。其中中度失能比例比农村高 4.64 个百分点，重度失能比例比农村高 6.67 个百分点（见表 3）。根据 ADL 结果，城镇地区重度失能、需要协助 5~6 项的比例高于农村地区；特别是 6 项全部要协助的失能老人，城镇地区为 24.53%，农村地区为 14.62%，城镇比农村高约 10 个百分点。

表3 城乡老年居民自理情况

单位：%

自理情况	总体	城镇	农村
完全自理	53.14	45.84	58.30
基本自理	12.19	12.06	12.27
轻度失能	7.68	8.47	7.12
中度失能	12.83	15.55	10.91
重度失能	14.16	18.07	11.40
合计	100	100	100

我们的数据结果与现有研究有所差异，可能存在以下几方面原因：一是客观抽样的偏差，每个抽中社区老年人中的失能人员与其他失能人员占总调查人数的比例不低于 40%。而农村社区抽样中，由于合村并镇等原因，现在的行政村人口规模非常大，所以实际抽中的健康老人比例偏高，这是城镇失能率高于农村的客观原因。二是主观判断的偏差，城镇老人与农村老人对"失能"的界定标准有所差异，城镇老人对失能判断门槛较低，而农村老年人

---

[1] Zeng Y., Gu D., Purser J., Hoenig H., Christakis N., "Associations of Environmental Factors with Elderly Health and Mortality in China," *Am. J. Public Health*, 2010,100 (2).

[2] Clarke, P., & Black, S. E., "Quality of Life Following Stroke: Negotiating Disability, Identity, and Resources," *Journal of Applied Gerontology*, 2005, 24 (4).

对失能的判断门槛较高，农村老人只要能干农活，大多不会自评为中度、重度失能，这也可能是农村老人失能比例偏低的一个主观原因。

（三）长期护理服务需求存在地区差异

本次调查覆盖了8个地市，其中包括4个扩展到居民的试点市——青岛、成都、苏州、南通；4个未扩展到居民的试点市——潍坊、重庆、福州、湘潭。8个地区的重度失能人口比例存在很大的差异，南通重度失能人口比例最高，为28.83%；其次为成都，为22.87%；重度失能水平最低的两个市为重庆和福州，分别为8.86%和5.26%（见图1）。各个地方失能结构不同，对于其长期护理保险的制度建构将产生很大影响。从全国层面看，未来建构统一的失能评估标准非常重要，但是在具体服务组织和服务模式上，由于地方失能老人数量和结构的差异，以及地方社会化服务供给能力的差异，是采取现金还是服务的给付模式需要结合地方的实际情况因地制宜。

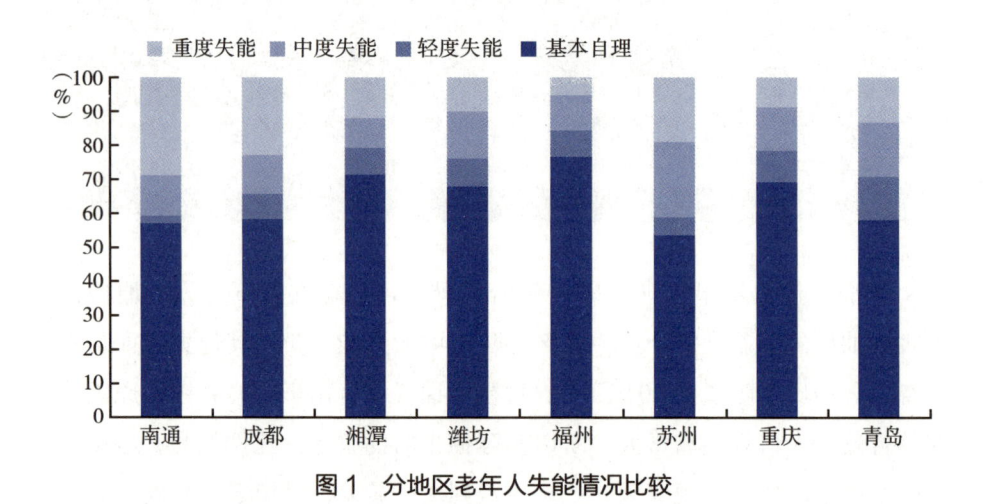

图1 分地区老年人失能情况比较

二 城乡失能家庭照料压力及可持续风险

（一）家庭照料者的基本特征

家庭在失能老年人照料中发挥着核心功能，我们以"失能老年人"为总体，来看家庭在失能照料中的功能和角色。在失能老年人家庭照料人排序中，配偶为主要照料人的比例为40%，儿子／儿媳承担主要照料责任的比例为34.81%，女儿／女婿承担主要照料责任的比例为16%。结合家庭结构特征，一般有配偶的家庭，配偶几乎都在承担主要照料者的角色。

首先，从年龄特征看，家庭照料者的平均年龄为62岁，由配偶照料的家庭，配偶的平均年龄在71岁。不同居住地、不同地区之间并不存在显著差异。

其次，家庭照料者的受教育程度相对较低。初中及以下照料者占比超过84%，高中及以上者仅占约16%；分不同户口性质看，农村户籍、城镇户籍的家庭照料者的受教育程度在初中及以下的比例分别为87.43%、67.89%；整体来看，农村家庭照料者的受教育程度更低。

最后，从职业特征看，家庭照料者的职业以"农民""退休人员""未就业者"为主，其中农村户籍的家庭照料者的职业主要是农民、退休人员，而城镇户籍的家庭照料者主要是退休人员、未就业者等（见表4）。

表4 作为主要照料者的家庭成员特征

单位：%

家庭照料者特征		农村	城镇	总体
受教育程度	文盲	14.97	8.26	13.91
	小学	38.21	20.18	35.36
	初中	34.25	39.45	35.07
	高中	10.50	22.02	12.32
	大专或本科	2.07	10.09	3.33
职业	国家与社会管理者	0.86	2.75	1.16
	企业管理人员	0.69	0.00	0.58
	私营企业主	0.34	0.92	0.43
	专业技术人员	0.52	1.83	0.72
	办事人员	1.20	1.83	1.30
	个体工商户	4.30	0.92	3.77
	商业服务人员	0.17	0.92	0.29
	工人	6.88	13.76	7.97
	农民	52.32	8.26	45.36
	失业人员	3.27	2.75	3.19
	半失业	1.55	2.75	1.74
	未就业	6.37	13.76	7.54
	退休人员	17.73	43.12	21.74
	其他	3.79	6.42	4.20

（二）城乡家庭居住结构

从家庭规模看，城乡老年居民家庭规模均值为 2.9 人，其中城镇家庭规模均值为 2.80 人，农村家庭规模均值为 2.96 人。从家庭居住模式看，独居老人占总样本的 13.01%；与配偶单独居住的比例为 35.21%，两者合计 48.22%，这一数字也体现出越来越多的城乡老年人选择与子女分开居住。城乡居民与子女同住的平均比例为 42.04%，其中城镇老年人与子女同住的比例为 42.90%；农村老人为 41.44%，城镇略高于农村地区（见表 5）。

表 5 城乡老年人居住模式

单位：%

居住模式	总体	城镇	农村
独居老人	13.01	13.99	12.31
与配偶单独居住	35.21	34.32	35.83
与子女共同居住	42.04	42.90	41.44
其他	9.74	8.79	10.42
总计	100	100	100

受家庭居住模式的结构性影响，数据显示，超过一半的家庭照料者独自一人承担失能老年人的照料责任。从共同照料者情况看，50.29% 的家庭照料者没有共同照料者，31.30% 的家庭照料者有 1 个共同照料者，12.32% 的家庭照料者有 2 个共同照料者。

分城乡情况看，农村家庭独自一人照料比例高于城镇家庭；而城镇家庭有 2 个及以上辅助照料者的比例高于农村家庭，其中 2 人共同照料的比例比农村高 1.71 个百分点；3 人及以上共同照料的比例比农村高 1.49 个百分点（见表 6）。在城镇地区，随着经济水平的提高，城镇社会性照料资源更为丰富，城镇家庭雇用保姆、护工等比例有所提高，综合来看，城镇失能家庭照料资源比农村的选择性和替代性更高。

表6 家庭照料者的照料分担状况

单位：%

是否有共同照料人	农村	城镇	总体
0人	50.77	47.71	50.29
1人	31.33	31.19	31.30
2人	12.05	13.76	12.32
3人及以上	5.85	7.34	6.09
合计	100	100	100

（三）失能家庭照料者的健康情况

配偶为失能老人主要照料人的群体，98%的照料者每天都在承担照料工作，几乎没有喘息时间。从照料负担看，以5分值衡量，配偶的照料负担为1.81分，在三类人群中平均分最低，这意味着配偶的照料负担最重。从分类统计结果看，老年配偶因为承担照料责任感觉很累的比例为42.35%，感觉比较累的比例为35.94%，两者合计78.29%；从配偶的健康状况看，75.09%的配偶照料者患有慢性病，其中患2类及以上慢性病的比例达到38.08%。这样看来，在失能老人家庭中，近40%的配偶照料者也是深受2类及以上慢性病困扰的病人（见表7）。

表7 主要照料人的基本情况

单位：%

主要照料者	配偶	儿子/儿媳	女儿/女婿
每天都照料	98	93	92
照料负担均值得分*	1.81	2.09	1.94
照料负担比例			
很累	42.35	28.10	33.93
比较累	35.94	38.84	38.39
一般	20.28	29.75	26.79
比较轻松	1.42	2.89	0.89
很轻松		0.41	
合计	100	100	100

续表

主要照料者	配偶	儿子/儿媳	女儿/女婿
慢性病种数			
1 类慢性病	37.01	25.62	23.21
2 类慢性病	24.56	16.94	14.29
3 类及以上慢性病	13.52	11.16	8.93
无慢性病	24.91	46.28	53.57
合计	100	100	100

* 注：分值越低，照料负担越重。

同样，我们分城乡来看统计结果，农村、城镇户籍的家庭照料者认为自己提供照料活动感觉很累和比较累的比重分别为74.87%、67.88%，感觉比较轻松和很轻松的比重分别为2.24%、0.92%，整体来看，农村户籍家庭照料者感觉照料负担更重（见表8）。

表8 作为主要照料者的家庭成员照料负担状况

单位：%

对照料负担的感受	农村	城镇	总体
很累	36.32	33.94	35.94
比较累	38.55	33.94	37.83
一般	22.89	31.19	24.20
比较轻松	2.07	0.92	1.88
很轻松	0.17	0.00	0.14
合计	100	100	100

（四）失能家庭的就业情况

从对家庭照料者的就业影响看，69.71%的家庭照料者认为照料活动对自己的工作影响程度非常大和比较大，只有11.60%的家庭照料者认为照料活动对自己工作的影响比较小和没有影响。分城乡来看，农村、城镇户籍的家庭照料者认为照料活动对工作影响非常大和比较大的比例分别为70.91%、

63.31%，整体来看，照料活动对农村户籍的家庭照料者工作的影响更大（见表9）。

表9 提供照料对家庭成员工作的影响

单位：%

工作影响	农村	城镇	总体
非常大	41.82	36.70	41.01
比较大	29.09	26.61	28.70
一般	18.24	21.10	18.70
比较小	4.13	5.50	4.35
没有影响	6.71	10.09	7.25
合计	100	100	100

三 城乡居民对长期护理服务保险的知晓情况及支付意愿

（一）城乡居民对长护险的知晓情况

对于长护险覆盖城乡居民的地区，42%的老年人不了解长期护理保险。其中明确知道自己参加了长护险的居民占比为33%，明确知道自己未参加长护险的居民占比55%，而不清楚自己长护险参与情况的占比为12%。在已经申请过长护险待遇的居民中，有52%的失能老人自己参与了长护险，61.9%的失能老年人主要得到来自家人的帮助，29%的失能老人得到来自社区工作人员和经办机构的帮助。

（二）城乡居民参加长期护理保险缴费的意愿

问卷调查中针对未覆盖至居民的试点地区，询问了居民的参保意愿。统计结果显示，愿意参保的居民占76.99%，不愿意参保的居民占23.01%。

在城乡居民尚未覆盖的地区，居民愿意承担的价格水平如下：30元以下的比例为60.40%，30~60元的比例为15.10%，60~90元的为7.46%，90~120元的为8.81%，120元以上不足10%。总体来看，人们愿意承担的缴费额度集中在30元以下（见表10）。

表 10　城乡居民自愿缴费额度占家庭收入的比例

单位：%

愿意缴费额度	比例
30 元以下	60.40
30~60 元	15.10
60~90 元	7.46
90~120 元	8.81
120~150 元	3.64
150~180 元	1.62
180 元以上	2.97
合计	100

关于自愿缴费额度占家庭收入的比例，最小值为 0.6%，最大值为 7%，中位数为 0.18%，均值为 0.35%。实际上缴费额度占家庭收入比重并不大，目前影响居民参保意愿和额度的主要因素是对制度本身尚缺乏了解。在长护险已经覆盖到居民的地区，知道长护险的居民比例为 55.46%；在长护险尚未覆盖居民的地区，知道长护险的居民仅占 4.88%。

（三）城乡居民支付照护费用的能力

问卷中，我们设置了"你愿意支付多少照护费用"的问题。70.91% 的失能老年人愿意支付的照护费用在 200 元以下；90% 以上的老年人愿意支付的照护费用在 1000 元以下。对比上文中城乡居民愿意参与长护险缴费情况，城乡居民愿意直接支付照护费用的意愿高于城乡居民缴纳长护险的意愿。

这个对比结果，说明了一个有意义的问题，目前城乡居民具有一定的自主支付能力。城乡家庭目前具备的支付能力集中在 100 元以下，比例为 55.04%；支付能力在 100~200 元的比例为 15.87%；支付能力在 1000 元以上的家庭比例为 9.09%（见表 11）。长期护理服务保险的现金或服务给付对高收入家庭是一个补充性功能，而对中低收入家庭可能是很重要的替代性功能。

表 11　失能老年人直接支付照护费用的意愿及能力

单位：%

照护费用	未覆盖	覆盖	农村	城镇	总体
小于 100 元	49.54	59.58	54.91	55.8	55.04
100~200 元	17.73	14.33	17.3	7.73	15.87
200~500 元	10.42	9.05	10.2	6.63	9.67
500~800 元	3.84	4.22	3.79	5.52	4.05
800~1000 元	7.86	4.98	5.73	9.39	6.28
1000~3000 元	7.5	4.98	5.64	8.84	6.12
3000~5000 元	2.74	2.41	2.14	4.97	2.56
大于 5000 元	0.37	0.45	0.29	1.1	0.41
合计	100	100	100	100	100

四　城乡居民长期护理保险执行效果

（一）社会性照料资源的替代效应

当下，城乡老年人口中，照料缺口非常普遍。重度失能老人中，无人照料的比例达到 23.87%，城乡差异不大；中度失能老人中，无人照料的比例为 35.44%，城市略高于农村；轻度失能老人中，无人照料的比例更高，约一半无人照料，这类老人虽然具备一定的生活自理能力，但因缺乏基本的照料资源，极易陷入中度、重度失能风险。这些老人都迫切需要社会性照料资源的有效供给（见表 12）。

表 12　城乡失能老年人照料缺口

单位：%

失能情况	总体 无人	总体 有人	城镇 无人	城镇 有人	农村 无人	农村 有人
重度失能	23.87	76.13	23.66	76.34	24.10	75.90
中度失能	35.44	64.56	36.50	63.50	34.36	65.64
轻度失能	48.18	51.82	49.14	50.86	47.33	52.67

在社会性照料资源供给上，试点地区与非试点地区存在明显差异。对比扩展至居民的试点和未扩展至居民的试点：扩展到居民的试点中，家属亲人参与照料的比例降低了约6个百分点；乡村护理员参与照料的比例大幅度提高，比未扩展到居民的试点高了约25个百分点；护士/护工参与照料的比例也大幅度提高，比未扩展到居民的试点高了约9个百分点（见表13）。长期护理保险作为一个杠杆，有效减轻了家庭照料的负担，扩大了社会性照料资源供给，特别是乡村护理员队伍在长护险制度覆盖下生长起来，对农村照料资源短缺起到很大的缓解作用。

表13 试点与非试点社会性照料资源供给差异

单位：%

照料资源	扩展至居民的试点（中度以上失能样本 N=838）		未扩展至居民的试点（中度以上失能样本 N=671）	
	参与照料	没有参与	参与照料	没有参与
家属亲人	38.42	61.58	44.56	55.44
乡村护理员	26.37	73.63	0.89	99.11
乡村医生	1.07	98.93	1.49	98.51
保姆/小时工	4.02	95.98	2.98	97.02
护士/护工	13.48	86.52	4.47	95.53

（二）失能家庭经济负担有所减轻

我们对比8个试点地区长护险覆盖至居民及未覆盖至居民的地区，发现如下特征。

在长护险未覆盖至居民的地区，每月负担为1000元以下的占比为23%，1000~3000元的占比35%，3000元以上的占比42%（见表14）。对于有照护费用支出的老年人，其中82%的老人的个人收入不足以覆盖照护费用，有48%的家庭收入也不够支付照护费用，需要子女或亲人的支持；对于能支付得起的老年人来说，照护费用占其个人收入的约59%，占其家庭收入的约51%。

中国城乡居民长期护理服务需求现状与政策评估

表14 失能老年人照护支出

单位：%

照护支出	总体	覆盖居民	未覆盖居民
1000元以下	55	64	23
1000~3000元	27	26	35
3000元以上	18	10	42
合计	100	100	100

在长护险覆盖至居民的地区，每月负担为1000元以下的占比为64%，1000~3000元的占比26%，3000元以上的占比10%。对于有照护费用支出的老年人，有54%的老人的个人收入不足以覆盖照护费用，有30%的家庭收入也不够支付照护费用，需要子女或亲人的支持；对于能支付得起的老年人来说，照护费用占其个人收入的约45%，占其家庭收入的约39%。

比较高支出端和低支出端，在低支出端，覆盖至居民的地区，每月负担为1000元以下的占比为64%，比未覆盖居民地区提高了41个百分点；而在高支出端，覆盖居民地区比未覆盖地区降低了32个百分点（见表15）。从支出赤字看，覆盖居民地区发生照护支出赤字的比例也远低于未覆盖地区发生照护支出赤字的比例。结合上述两个指标，目前长期护理保险显著降低了失能人员及其家庭的经济负担。

表15 覆盖居民与未覆盖居民地区照料负担对比

单位：%

类目	总体	覆盖居民	未覆盖居民
照料负担			
1000元以下	55	64	23
1000~3000元	27	26	35
3000元以上	18	10	42
合计	100	100	100
支出赤字			
个人收入不够覆盖照护费用	67	54	82
家庭收入不够支付照护费用	33	30	48

五 总结与讨论

本报告利用2022年城乡居民长期护理服务专项调研数据对城乡居民长期护理服务需求现状及长期护理保险实施效果进行了初步探讨。针对城乡居民的长期护理服务需求，我们基于家庭视角，从老年自身失能程度判断城乡居民现在的失能规模，根据本研究数据，目前城乡老年人失能规模大，重度失能比例较高。我们重点分析了家庭照料者的困难和需求，统计分析数据显示，城乡失能老年人主要的照料者均为配偶，配偶为主要照料人的比例高达40%。在配偶为主要照料者时，98%的照料者每天都在承担照料工作，没有喘息时间。也因此，配偶身体健康和精神健康水平均较低，很多配偶还是长期的慢性病患者。

2022年城乡居民长期护理服务专项调研数据涵盖了4个覆盖城乡居民的试点及4个未覆盖城乡居民的试点，我们以比较视角来分析试点覆盖地区与未覆盖地区城乡居民照料压力及照料负担的差异。通过统计分析，有以下几方面的发现：在社会性照料资源供给上，试点地区与非试点地区存在显著差异，试点地区中，家属亲人参与照料的比例显著降低，而社会性照料资源使用率显著提高。这一发现与现有研究一致。朱铭来、何敏利用2011~2018年CHARLS数据，以长期护理保险制度试点为准自然实验，运用双重差分法、三重差分法研究发现，长期护理保险对家庭照护有挤出效应，并且，针对重度失能、接受子女及孙辈照护服务的老年人的家庭照护挤出效果更明显。[1]这说明，长期护理保险的实施确实在一定程度上降低了家庭照料者的负担，提高了社会性照料服务供给的能力。

值得注意的是，问卷中针对乡村照料资源的匮乏，设计了"乡村护理员"[2]选项，统计发现，试点地区乡村护理员参与照料的比例大幅提高，比没

---

[1] 朱铭来、何敏：《长期护理保险会挤出家庭照护吗？——基于2011—2018年CHARLS数据的实证分析》，《保险研究》2021年第12期。

[2] 乡村护理员指乡村内部的照料资源，通过长护险向乡村闲置劳动力、乡村医生等购买长期护理服务。

有试点的地区高约 25 个百分点。在农村地区，由于居住空间分散，正式照料资源供给成本非常高昂，因此农村社会化照料服务体系难以发展。即便在发达国家也是如此，比如日本，长期护理保险实施了 20 余年，农村的社会化照料服务体系还是发展不起来，长期护理保险即便赋予农村失能人口同等购买能力，也很难购买到合适的照料服务。试点地区目前将长期护理保险制度向城乡居民延伸，在一些地区，地方政府契合地方实际开发拓展了一批半职业的乡村护理人员，通过一定的培训课程，购买在地的社区人力资源作为提供长期护理服务的主体人群，研究显示，这样的策略是积极有效的，一方面扩大了乡村长期护理服务人员队伍，另一方面也提高了失能人员获得长期护理服务的可及性。

长期护理保险也在很大程度上缓解了家庭照料的经济负担。目前长期护理服务保险在一些地区采取现金+服务混合给付方式，即针对社会服务供给不足的地区，通过现金给付的方式提供给符合资格的照料者，提高照料者的照料激励，同时降低家庭购买社会服务的负担。数据显示，在 1000 元以下低支出端，试点地区比非试点地区购买服务的比例提高了 41 个百分点；在 3000 元以上高支出端，试点地区比非试点地区购买服务比例降低了 32 个百分点。同时，试点地区照护支出赤字发生率也显著低于非试点地区。基于上述研究结论，得出如下政策启示。

第一，实施差别化待遇支付政策。城乡照料资源存在差异，城乡长期护理服务保险待遇给付方式应该因地制宜。针对城镇社会服务供给充足地区，应以现金给付为主、服务给付为辅。照料者家庭通常对照料者需求最为熟悉，现有的服务给付方式虽然一定程度上可缓解家庭照料者的负担，但仍然不能替代家庭照料者的照料工作。因此，通过现金给付方式，一方面在一定程度上承认照料者的社会化劳动，给予照料者一定的社会认可；另一方面，现金给付方式也可以提高家庭的购买能力，部分地区将现金给付用于聘用保姆等的支出，也可以最大化利用长期护理服务的资金，提高家庭资源供需匹配能力。

第二，针对照料资源匮乏的乡镇、农村地区，重点建立照护者支持社区护理团队。长期护理制度能否长久实施，受服务供给能力和水平的影响。现

阶段，乡镇和农村地区照料资源严重匮乏。因此，可以通过引入专业的服务培训机构，孵化培育乡村护理员队伍。一方面，农村有大量的女性劳动力从事兼业劳动，通过系统化培训，可以为她们提供新的就业机会，也可有效扩充乡村护理员队伍；另一方面，农村失能家庭护理知识不足，增大了老人失能风险。专业的护理员团队包括乡村医生可以通过入村入户方式，向农村老年家庭普及老年失能预防、健康护理相关知识，提高农村整体健康服务供给能力。

第三，尽快在全国层面建立长期护理保险。目前8个试点地区长期护理服务的评估标准和给付方式还存在很大差异，城乡居民享受长期护理保险的待遇水平也存在较大差距。除了试点地区以外，大部分地区长期护理保险主要针对城镇职工群体，并没有拓展到城乡居民。城乡居民社会保险水平偏低，在面临失能风险时，家庭很难应对照料压力和经济负担，因此，应该加快推进试点，总结试点经验，尽快在全国层面铺开长期护理保险。

参考文献

陈习琼：《中国老年人口失能现状及地区差异》，《中国老年学杂志》2022年第5期。

廖少宏、王广州：《中国老年人口失能状况与变动趋势》，《中国人口科学》2021年第1期。

石人炳、宋涛：《应对农村老年照料危机——从"家庭支持"到"支持家庭"》，《湖北大学学报》（哲学社会科学版）2013年第4期。

张立龙、王晶：《2021年中国养老照护研究报告》，载李培林、陈光金、王春光主编《2022年中国社会形势分析与预测》，社会科学文献出版社，2021。

张丽萍、王广州：《中国家庭结构变化及存在问题研究》，《社会发展研究》2022年第2期。

朱铭来、何敏：《长期护理保险会挤出家庭照护吗？——基于2011—2018年

CHARLS 数据的实证分析》,《保险研究》2021 年第 12 期。

Clarke, P., & Black, S. E., "Quality of Life Following Stroke: Negotiating Disability, Identity, and Resources," *Journal of Applied Gerontology*, 2005, 24 (4).

Launois, R., "Pooling Public and Private Funds in the Patient's Interest: The Case for Long-term Care Insurance," *Soc. Sci. Med.*, 1996, 43 (5).

Wei,Y., etc., "An Initial Analysis of the Effects of a Long-Term Care Insurance on Equity and Efficiency: A Case Study of Qingdao City in China," *Research on Aging*, 2020 (8).

Zeng Y., Gu D., Purser J., Hoenig H., Christakis N., "Associations of Environmental Factors with Elderly Health and Mortality in China," *Am. J. Public Health*, 2010,100 (2).

B.19
2022年中国乡村振兴推进报告

吴惠芳 王惠 罗钦涛[*]

摘 要: 2022年是《乡村振兴战略规划(2018—2022年)》的收官之年,乡村振兴工作取得了可喜成就。粮食生产和重要农产品供给进一步抓牢,农业生产现代化水平稳步提升,乡村产业逐步兴旺。农村基础设施、基本公共服务、人居环境获得持续改善,数字乡村建设获得大力推进。党对乡村治理工作的全面领导得到强化,乡村治理能力稳定提升。与此同时,乡村振兴仍面临发展不均衡、农民主体性弱、老龄化严重、乡村建设水平有限等问题。因此,应通过完善体制机制、重建农民主体性、激发老年人活力、吸引青年人返乡等,构建多元主体协同参与乡村振兴的大格局,统筹推进乡村振兴。

关键词: 乡村振兴 产业兴旺 乡村建设 乡村治理

自党的十九大报告首次提出乡村振兴战略以来,《中共中央 国务院关于实施乡村振兴战略的意见》《乡村振兴战略规划(2018—2022年)》《中华人民共和国乡村振兴促进法》等政策法规陆续出台,关于乡村振兴战略相关的政策制度持续完善,工作机制逐步建立健全,工作力度不断加大,乡村振兴整体工作扎实有序推进。

---

[*] 吴惠芳,中国农业大学人文与发展学院教授;王惠,中国农业大学人文与发展学院博士研究生;罗钦涛,中国农业大学人文与发展学院博士研究生。

2022年是乡村振兴战略实施以来的第五个年头，是进入全面建设社会主义现代化国家、向第二个百年奋斗目标进军的重要一年，是中国乡村振兴事业推进的关键一年，也是《乡村振兴战略规划（2018—2022年）》的收官之年。五年来，党和政府持续推进乡村振兴相关工作，并始终坚持"把实施乡村振兴战略摆在优先位置"，不断推进农业农村现代化。面对百年变局和世纪疫情，中共中央、国务院将2022年的中央一号文件定位为《关于做好2022年全面推进乡村振兴重点工作的意见》，坚持把解决好"三农"问题作为全党工作的重中之重，坚持农业农村优先发展，在喜迎二十大之际，提出了"推动乡村振兴取得新进展、农业农村现代化迈出新步伐"的要求。2022年的乡村振兴工作全面贯彻党的十九大和十九届历次全会精神，坚持稳中求进、重点突出，在新发展阶段，贯彻新发展理念，确立新发展目标，坚持发展高质量乡村振兴，促进共同富裕，扎实有序推进乡村产业、乡村建设、乡村治理等重点工作，开创了全面推进乡村振兴的新局面。

一 政策保障和体制机制持续完善、不断健全

全面推进乡村振兴战略，意味着乡村振兴各项事业的进一步细化，同时也意味着具体工作的深度、广度和难度都将有所增加。2022年，乡村振兴相关的政策制度和体制机制不断完善，各级政府自上而下尝试建设更有力、更全面、更细化的政策保障和更有效、更丰富、更明确的体制机制。

（一）乡村振兴的政策体系不断完善

2021年10月至2022年10月，中共中央、国务院及各部门至少出台了52项与乡村振兴战略相关的政策文件，表1列举了其中较关键的30项。从政策主题来看，既有全局性统筹规划、规范约束，例如中共中央、国务院《关于做好2022年全面推进乡村振兴重点工作的意见》，农业农村部《关于落实党中央国务院2022年全面推进乡村振兴重点工作部署的实施意见》；也有具体的产业发展、人居环境、乡村人才培育、文化建设等各项工作的行动方案，

如中共中央办公厅、国务院办公厅印发的《农村人居环境整治提升五年行动方案（2021—2025年）》，农业农村部印发的《关于促进农业产业化龙头企业做大做强的意见》，民政部和国家乡村振兴局发布的《关于动员引导社会组织参与乡村振兴工作的通知》。显然，各部门已关注到乡村振兴事业，并努力推动乡村振兴相关事业有序运转。

表1 2021年10月至2022年10月部分乡村振兴相关政策文件梳理

序号	时间	文件名称	发布机关
1	2021年10月	《关于促进农业产业化龙头企业做大做强的意见》	农业农村部
2	2021年11月	《"十四五"支持革命老区巩固拓展脱贫攻坚成果衔接推进乡村振兴实施方案》	国家发展改革委、农业农村部、国家乡村振兴局、教育部、科技部、工业和信息化部、财政部、住房和城乡建设部、水利部、商务部、文化和旅游部、国家卫生健康委、中国人民银行、国家粮食和物资储备局、国家能源局
3	2021年11月	《乡村"法律明白人"培养工作规范（试行）》	中央宣传部、司法部、民政部、农业农村部、国家乡村振兴局、全国普法办公室
4	2021年11月	《关于加强国家乡村振兴重点帮扶县人力资源社会保障帮扶工作的意见》	人力资源社会保障部、国家乡村振兴局
5	2021年11月	《关于拓展农业多种功能 促进乡村产业高质量发展的指导意见》	农业农村部
6	2021年11月	《衔接推进乡村振兴补助资金绩效评价及考核办法》	财政部、国家乡村振兴局、国家发展改革委、国家民委、农业农村部、国家林草局
7	2021年12月	《农村人居环境整治提升五年行动方案（2021—2025年）》	中共中央办公厅、国务院办公厅
8	2021年12月	《关于持续推动非遗工坊建设助力乡村振兴的通知》	文化和旅游部办公厅、人力资源和社会保障部办公厅、国家乡村振兴局综合司
9	2021年12月	《"万企兴万村"行动倾斜支持国家乡村振兴重点帮扶县专项工作方案》	国家乡村振兴局、中华全国工商业联合会
10	2021年12月	《加快农村能源转型发展助力乡村振兴的实施意见》	国家能源局、农业农村部、国家乡村振兴局

续表

序号	时间	文件名称	发布机关
11	2021年12月	《国家通用语言文字普及提升工程和推普助力乡村振兴计划实施方案》	教育部、国家乡村振兴局、国家语委
12	2022年1月	《"十四五"农业农村人才队伍建设发展规划》	农业农村部
13	2022年1月	《农业农村污染治理攻坚战行动方案（2021—2025年）》	生态环境部、农业农村部、住房和城乡建设部、水利部、国家乡村振兴局
14	2022年1月	《"十四五"巩固拓展水利扶贫成果同乡村振兴水利保障有效衔接规划》	水利部
15	2022年1月	《关于落实党中央国务院2022年全面推进乡村振兴重点工作部署的实施意见》	农业农村部
16	2022年2月	《关于加强中央财政衔接推进乡村振兴补助资金使用管理的指导意见》	财政部、农业农村部、国家乡村振兴局、国家发展改革委、国家民委、国家林草局
17	2022年2月	《"十四五"推进农业农村现代化规划》	国务院
18	2022年2月	《关于做好2022年全面推进乡村振兴重点工作的意见》	中共中央、国务院
29	2022年3月	《关于动员引导社会组织参与乡村振兴工作的通知》	民政部、国家乡村振兴局
20	2022年3月	《关于做好2022年金融支持全面推进乡村振兴重点工作的意见》	中国人民银行
21	2022年3月	《乡村产业振兴带头人培育"头雁"项目实施方案》	农业农村部、财政部
22	2022年3月	《2022年水利乡村振兴工作要点》	水利部
23	2022年4月	《2022年数字乡村发展工作要点》	中央网信办、农业农村部、国家发展改革委、工业和信息化部、国家乡村振兴局
24	2022年4月	《关于推动文化产业赋能乡村振兴的意见》	文化和旅游部、教育部、自然资源部、农业农村部、国家乡村振兴局、国家开发银行

续表

序号	时间	文件名称	发布机关
25	2022年4月	《关于2022年银行业保险业服务全面推进乡村振兴重点工作的通知》	银保监会办公厅
26	2022年5月	《乡村建设行动实施方案》	中共中央办公厅、国务院办公厅
27	2022年5月	《社会组织助力乡村振兴专项行动方案》	国家乡村振兴局、民政部
28	2022年5月	《社会资本投资农业农村指引（2022年）》	农业农村部、国家乡村振兴局
29	2022年6月	《关于推进"十四五"农民体育高质量发展的指导意见》	农业农村部、国家体育总局、国家乡村振兴局
30	2022年7月	《关于开展2022年"百县千乡万村"乡村振兴示范创建的通知》	农业农村部、国家乡村振兴局

资料来源：中国政府网。

（二）资金投入力度加大，金融服务水平提升

2022年，中央财政按照只增不减的原则，安排衔接推进乡村振兴补助资金1650亿元，同口径较2021年增加84.76亿元，增长5.4%。可见，财政支持政策在过渡期保持总体稳定的基础上，还进一步加大了乡村振兴补助资金投入力度。[1]另外，资金管理方案也更明确、更具有规划性，因为乡村振兴事业不仅要有钱，也要用好钱。为督促指导各地切实用好管好衔接资金，2022年2月，财政部同相关部门在深入调研、总结过渡期第一年工作的基础上，与农业农村部、国家乡村振兴局、国家发展改革委、国家民委、国家林草局联合发布了《关于加强中央财政衔接推进乡村振兴补助资金使用管理的指导

---

[1] 《【权威发布】财政部印发〈关于加强中央财政衔接推进乡村振兴补助资金使用管理的指导意见〉》，河南驻马店经济开发区管委会办公室网站，https://www.zmdkfq.gov.cn/index.php?m=touch&v=info&classid=3479&id=3479，2022年3月25日。

意见》，重点对乡村振兴补助资金使用管理给出了指导性建议，明确指出"进一步优化资金使用结构，突出资金支持重点，创新资金使用方式，强化资金项目管理，切实提升资金使用效益"，这可以有效指导乡村振兴补助资金的使用管理，保障资金使用稳定有序、重点突出、责任明确，实现管好钱、用对钱的目标。

乡村振兴的金融服务水平不断提升，金融服务的"最后一公里"逐步打通。首先，我国银行网点乡镇覆盖率进一步提高。中国人民银行发布的《中国普惠金融指标分析报告（2020年）》指出，截至2020年末，全国银行网点乡镇覆盖率达97.13%，较上年稳步增加，平均每万人拥有银行网点1.59个。[①]其次，村镇银行的监管也更加严格和完善。2021年，中国银保监会办公厅发布了《关于进一步推动村镇银行化解风险改革重组有关事项的通知》，指出"推动村镇银行改革重组，加快村镇银行补充资本，强化风险处置，实现持续健康发展，更好地服务乡村振兴战略"。最后，在金融服务向农村地区下沉的同时，金融支农的力度也逐渐加大。截至2022年3月，以银行卡助农取款服务为主体的致富服务中村级行政区覆盖率达到99.62%，所有农村基本实现了农民足不出村便可以享受基础支付服务。[②]

（三）乡村振兴人才队伍建设持续创新

全国返乡创业人员数量逐年增多。据监测，到2021年底，全国返乡入乡创业人员数量累计（自2012年起）达到1120万人。其中，70%是返乡创业农民工，创办项目80%以上是一二三产融合发展项目，平均每个创业创新主体能带动6.5个农民就业，拓宽了农民就业渠道，提高了农民就业率。[③]另外，返乡青年的创业形式更加多元化、信息化、网络化。2021年，抖音发布首份三农数据报告，三农创作者的年龄多在31~40岁，返乡创业青年占比54%，

---

① 《中国普惠金融指标分析报告（2020年）》，中国人民银行金融消费权益保护局，2020。
② 《乡村振兴战略规划实施报告（2018—2022年）》，规划实施协调推进机制办公室，2022年9月。
③ 《对十三届全国人大五次会议第0566号建议的答复》，中华人民共和国农业农村部官网，http://www.moa.gov.cn/govpublic/XZQYJ/202208/t20220810_6406697.htm，2022年8月10日。

其中城市白领返乡创业比例最高,达到21%,其次为农民工,达到17%(见图1)。[1]借助互联网平台,农村人才队伍就业渠道获得创新性拓展。

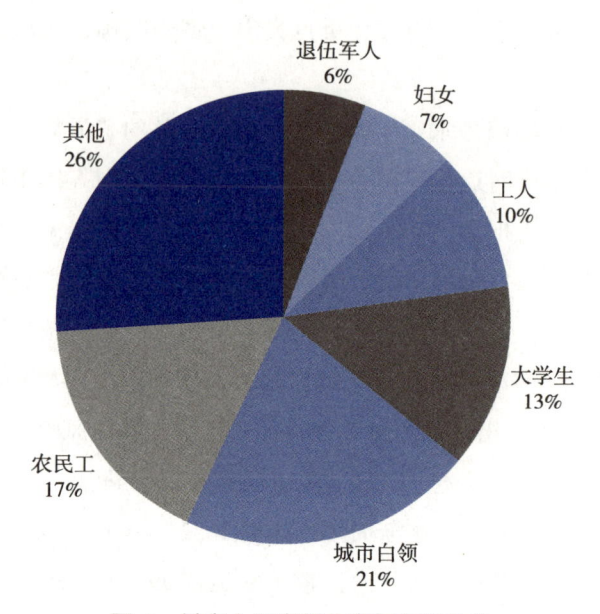

图1 抖音上返乡创业青年来源分布

资料来源:抖音三农数据报告。

这一年,党和政府格外关注乡村振兴人才队伍培育问题,启动实施了乡村产业振兴带头人培育——"头雁"项目。计划原则上每年为每个县培育10名"头雁",全国每年培育约2万名带头人,力争在5年内培育一支10万人规模的乡村产业振兴"头雁"队伍。[2]发展"头雁"队伍的同时,党和政府也注重培育高素质农民。其中,重点面向从事适度规模经营的农民,就能力提升、种养技能、返乡创业、乡村治理等方面对农村发展带头人或乡村发展实用人才展开培训。加快培养懂技术、善经营、会管理的高素质农民。2021年,

---

[1] 《抖音发布首份三农数据报告:农村视频创作者收入同比增15倍》,界面新闻,https://www.jiemian.com/article/6276441_toutiao.html,2021年6月27日。
[2] 《农业农村部:用5年时间培育一支乡村产业振兴带头人"头雁"队伍》,澎湃新闻,https://m.thepaper.cn/baijiahao_17435426,2022年4月2日。

已培训高素质农民超 70 万人。①

另外，党和政府为激发返乡创业人员的活力，连续举办五届农村创业创新项目创意大赛，积极为返乡创业人才提供比拼、交流的平台和渠道。2021年 12 月 28 日至 29 日，"涪陵榨菜杯"第五届全国农村创业创新项目创意大赛决赛成功举办，全国各地共 60 名农村创业选手在分赛场通过线上渠道参加比赛。这为农村创业创新项目提供一个互动交流平台，激发了农村创新创业的活力，营造了"农村大有作为"的创新创业氛围。

（四）坚持并不断加强党对"三农"工作的全面领导

《关于做好 2022 年全面推进乡村振兴重点工作的意见》是 21 世纪以来中共中央、国务院连续发布的第 19 个指导"三农"工作的一号文件。全面推进乡村振兴重点工作实际上也要求加强党对"三农"重点工作的全面领导。从 2022 年中央一号文件来看，首先，党领导工作的关键一步是压实全面推进乡村振兴责任，制定乡村振兴责任制实施办法，明确同级各部门以及不同级别部门之间在推进乡村振兴进程中的责任，强化五级书记抓乡村振兴责任。其次，建强党的农村工作机构，推进各级党委农村工作领导小组工作流程规范化、制度化建设，建立健全重点任务分工落实机制，同时要为各级党委农村工作领导小组办公室建设活动场地。最后，在工作方法上，各级党组织的相关负责人应该明确重点，以重点主题为抓手，通过抓点带面推进乡村振兴有序全面展开。总之，全面推进乡村振兴也意味着党对"三农"工作全面领导的强化。

各地方政府随之出台的相关政策文件也明确并加强了党对"三农"工作的全面领导。例如浙江省委、省政府《关于 2022 年高质量推进乡村全面振兴的实施意见》指出，要"落实乡村振兴责任制实施办法，制定落实五级书记抓乡村振兴责任清单"，"建立市县党政领导班子和领导干部推进乡村振兴战略实绩考核制度，考核结果纳入党政领导班子和领导干部综合考核评价、省政府督查激励和年度目标责任制考核内容"，"按规定建立乡村振兴表彰激励

---

① 《对十三届全国人大五次会议第 3352 号建议的答复》，中华人民共和国农业农村部官网，http://www.moa.gov.cn/govpublic/XZQYJ/202208/t20220823_6407538.htm，2022 年 8 月 10 日。

制度""建立乡村振兴改革创新最佳案例评选制度""加强集中换届后各级党政领导干部特别是分管'三农'工作的领导干部培训"等。这些规定往往更具有操作性，可以明确党在"三农"工作中的具体任务和具体责任。

在具体实践中，基层党组织也始终坚持全面领导乡村振兴工作。例如双江自治县勐勐镇大荒田村坚持党建引领，全力打造了"八寨共建、五园同创"的产旅融合田园综合体，建设宜居宜业的文明乡村。① 重庆涪陵区制定了农村"党员联系群众、群众评价党员"积分管理制度，破解了"群众难发动、队伍难组建、事务难管理"等农村基层治理困境，激发了农村党员的活力。② 山东省烟台市农村党支部将政策允许范围内的集体资金作为集体股份入股合作社，并动员农民以资金、劳动力等形式自愿入股合作社，重新组成了资产共同体和经营共同体，有效盘活了农村闲置资产资源，实现了农村集体的致富增收，创新实践了党支部领办合作社这一盘活村集体经济之策。③

二 乡村产业发展持续推进

产业兴旺是乡村振兴的物质基础，是乡村振兴可持续发展的物质保障。2021年8月，习近平总书记在河北承德考察时指出："产业振兴是乡村振兴的重中之重，要坚持精准发力，立足特色资源，关注市场需求，发展优势产业，促进一二三产业融合发展，更多更好地惠及农村农民。"④ 这一重要论述，为全面推进乡村振兴重点工作指明了方向和路径。

---

① 《双江自治县大荒田村：绿美建设让村庄美起来》，双江自治县人民政府网站，http://www.shuangjiang.gov.cn/info/1028/8030.htm，2022年11月4日。
② 《重庆涪陵：稻谷飘香好"丰"光》，https://tougao.12371.cn/gaojian.php?tid=4754797，2022年8月18日。
③ 《山东烟台：党支部领办合作社助力村强民富》，中华全国供销合作总社网站，http://www.chinacoop.gov.cn/news.html?aid=1745508，2022年4月26日。
④ 《产业振兴是乡村振兴的重中之重》，中华人民共和国农业农村部官网，http://www.moa.gov.cn/xw/qg/202109/t20210903_6375598.htm，2021年9月3日。

（一）粮食生产和重要农产品供给进一步抓牢

粮食安全问题有两项重要评价指标，分别是主要农作物产量及主要农作物种植面积。国家统计局资料显示（见图2、图3），中国粮食生产总量和粮食种植面积近十年均较为稳定。其中，2019~2021年，粮食生产总量和粮食种植面积稳步增长。2019~2021年的粮食产量分别是66384万吨、66949万吨、68285万吨，粮食种植面积分别是116064千公顷、116768千公顷、117631千公顷。具体来看，稻谷、小麦、玉米、豆类、棉花、薯类、油料、糖料、蔬菜、水果等产量和种植面积也较为稳定，整体呈现有序增长趋势。尤其是蔬菜产量，近十年来连续增长且增长幅度较大，每年增长量超过1000万吨。自2012年起，蔬菜年产量均超过60000万吨，2018年后年产量超过70000万吨。水果产量也实现连续十年持续增长。这不仅反映了中国农产品结构的变化，也从侧面反映了我国城乡居民饮食结构的变革，呈现蔬菜水果等食物占比越来越高的趋势。

图2　2011~2021年全国主要农作物产量年度变化情况

资料来源：国家统计局。

社会蓝皮书

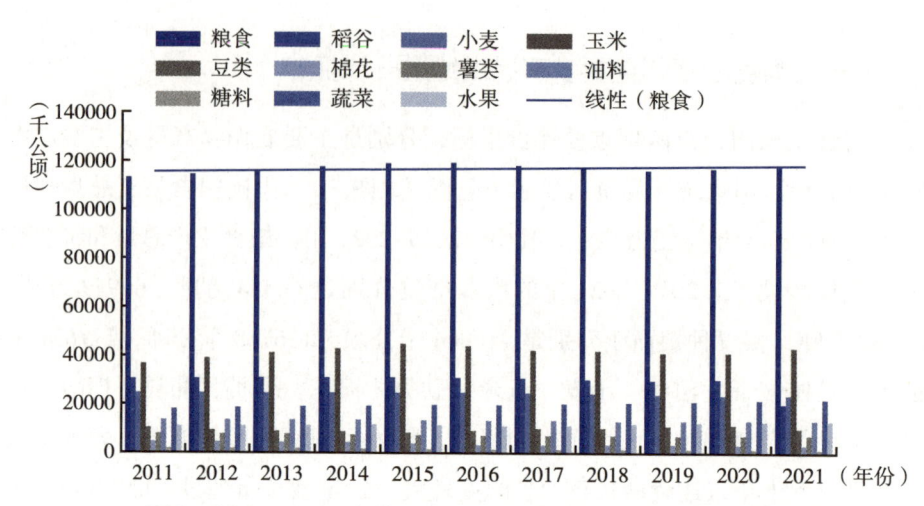

图3 2011~2021年全国主要农作物种植面积年度变化情况

资料来源：国家统计局。

除农作物外，畜产品也是我国食物供给中的关键一类。总体来看，中国主要畜产品产量较为稳定。2019年，非洲猪瘟等影响导致猪肉产量出现大幅下降，肉类总量也大幅降低。不过，经过两年恢复期，2021年肉类总产量8990万吨，已达到近十年肉类的最高产量（见图4）。在国家与市场的有效调控下，即便面临世纪疫情危机，中国肉类生产安全也紧紧掌握在中国人自己手里。

图4 2011~2021年全国主要畜产品产量年度变化情况

资料来源：国家统计局。

（二）农业生产机械化、绿色化、数字化水平稳步提升

2022年6月27日，在中宣部举行的"中国这十年"系列主题新闻发布会上，农业农村部副部长邓小刚表示，这十年，农业生产技术装备条件显著改善，农业现代化建设迎来了发展新阶段。其中机械化水平逐年提升，目前农作物耕种收综合机械化率超过72%。尤其是小麦的综合机械化率超过97%，基本实现了机耕、机收、机播的全程机械化。[①] 具体从农业农村部农业机械化管理司公布的数据来看，全国农作物耕种收综合机械化率逐年稳定提升，自2019年起超过70%，2019~2021年连续三年分别是70.02%、71.25%、72.03%。机耕率、机播率、机收率也在稳步增长，其中，机耕率自2015年起超过80%，2015~2021年的机耕率分别是80.4%、81.4%、83.00%、84.00%、85.22%、85.49%、86.42%；机播率在2021年也超过60%，达到60.22%；机收率自2018年起超过60%，2018~2021年的机收率分别是61.40%、62.46%、64.56%、64.66%（见图5）。

图5 2013~2021年全国农机作业水平年度变化情况

资料来源：农业农村部农业机械化管理司。

[①] 《中国这十年，乡村发生了哪些变化？》，澎湃新闻，https://m.thepaper.cn/baijiahao_18764625，2022年6月27日。

中国推动农业生产机械化的同时也关注绿色生产，国家统计局数据显示，全国农用化肥使用量和农药施用量总体呈现下降趋势，尤其是2016~2021年下降幅度更大，例如2016~2020年，农用化肥使用量连续五年减少量都超过100万吨，分别为5984.4万吨、5859.4万吨、5653.4万吨、5403.6万吨、5250.7万吨（见图6）。这意味着中国农业生产既积极推动农业的高效发展，也关注农业的绿色、有机、生态等可持续发展。

图6 2011~2021年全国农业生产资料生产及使用量年度变化情况

资料来源：国家统计局。

农业农村数字化顺应大数据时代的发展要求，是实现农业农村现代化的迫切需求。2018年中央一号文件首次提出大力发展数字农业，实施数字乡村战略。2018年以来，党中央、国务院印发了《数字乡村发展战略纲要》，农业农村部同中央网络安全和信息化委员会办公室编制印发了《数字农业农村发展规划（2019—2025年）》。2019年，农业农村部信息中心组织开展了首次全国县域数字农业农村发展水平评价工作。评价结果显示：2019年全国农业生产数字化水平为23.8%。分区域看，东部地区、中部地区、西部地区农业生产数字化水平分别为25.5%、25.5%和18.5%。分行业来看，设施栽培、畜禽养殖、种植业和水产养殖的信息化水平分别为41.0%、32.8%、17.4%和16.4%。从农业管理的信息化来看，以通过接入自建或公共农产品质量安全追溯平台为例，实现质量安全追溯的农产品占比17.2%。分区域看，东部地区、中部地区、西部地区县域农产品质量安全追溯信息化水平分别为26.4%、14.6%和12.4%。分行业看，设施栽培、畜禽养殖、水产养殖和种植业农产品质量安全追溯信息化水平分别为27.8%、21.7%、18.5%和13.1%。[1] 总体来看，我国农业生产数字化和管理数字化水平还处于发展初期，还有较大的发展空间。头豹研究院发布的《2022年中国农业数字化发展趋势报告：数字化推动乡村振兴战略》显示：2017~2021年，中国农业数字经济渗透率实现稳步增长，由2017年的6.5%上升至2021年的9.7%。[2] 由此可见，数字技术嵌入农业生产，正在不断促进农业经济发展。

（三）脱贫地区特色产业持续增收，县域富民产业被重视

脱贫地区特色产业发展是巩固脱贫攻坚成果的重要举措。乡村振兴阶段是对脱贫攻坚时期已挖掘的特色产业进行升级、提升的阶段，实现特色产业"从有到优"的品牌打造。自2021年农业农村部、财政部、国家乡村振兴局等10部门印发《关于推动脱贫地区特色产业可持续发展的指导意见》后，各省市县积极推出因地制宜的发展举措。安徽省农业农村厅办公室专门出台了《2022年脱贫地区农业特色产业帮扶工作要点》，重点指出针对脱贫地区的特色产业相关的帮扶政策、要素投入、指导服务等要进一步加强，在特色产业发展的原有水平上提档升级。[3] 贵州省雷山县从实践出发，将分散的各项产业进行整合，规划建设了"茶麻菇稻"农文旅融合的现代农业产业园。按照"一园四区"的规划思路，分区域建设了茶叶、天麻、食用菌菇、稻作和米酒

---

[1] 农业农村信息化专家咨询委员会：《中国数字乡村发展报告（2020）》，2020年11月。
[2] 《2022年中国农业数字化发展趋势报告：数字化推动乡村振兴战略》，头豹研究院，2022年。
[3] 《安徽省农业农村厅关于印发2022年脱贫地区农业特色产业帮扶工作绩效评价指标体系的通知》，安徽省农业农村厅网站，http://nync.ah.gov.cn/snzx/tzgg/56472111.html，2022年10月9日。

文化等4个分园区，园区内有规模化种植基地2.22万亩，可用配套性建设用地面积462亩，辐射带动全县16.38万亩茶叶、2.88万亩天麻、380万棒食用菌菇、10万余亩水稻的发展。①

脱贫地区特色产业有望成为当地县域的富民产业。2022年中央一号文件首次提及"县域富民产业"的概念。各县抓住机遇，多措并举大力发展县域产业。发展县域产业的有效方式之一是延长产业链条，向精深加工方向延伸。以黑龙江省海伦市大豆产业为例，当地黑土肥沃、天然富硒，产出的大豆高油高蛋白，但如果仅仅销售大豆，很难获得较高的收益。为此，海伦市依托高品质原材料——大豆，建立海伦市大豆产业园区，吸引了各类大豆加工类工厂。截至2022年8月，海伦市大豆加工能力1000万公斤以上企业有9家，大豆产业总产值达到20.07亿元，几乎是2012年5.6亿元的4倍。这十年内，全市城镇居民人均可支配收入增长了2.4倍，农村居民人均可支配收入增长了2.7倍。②

（四）一二三产业融合发展水平得到提升

为加快推进农村一二三产业融合发展，国家主要围绕农业内部融合、产业链延伸、功能拓展、新技术渗透、产城融合、多业态复合等6种类型，有针对性地创建、评估农村产业融合发展示范园。截至2022年11月，共发展了3批316个国家农村产业融合发展示范园，2019~2021年分别确定了100个、100个、116个国家农村产业融合发展示范园。

近年来，各地政府充分利用农业和农村的多功能性，大力发展乡村休闲旅游活动。2010~2022年，累计推介1442个中国美丽休闲乡村，其中2018~2022年近五年分别推介了150个、260个、246个、254个、256个中国美丽休闲乡村。同时开展乡村旅游重点村镇名录建设工作，自2019年起，累

---

① 《雷山县加速推进"茶麻菇稻"现代农业产业园建设》，雷山县人民政府网站，http://www.leishan.gov.cn/xwzx/zwyw/202211/t20221107_77034852.html，2022年11月7日。
② 《多措并举发展富民产业（走进县城看发展）》，上观新闻，https://www.jfdaily.com.cn/news/detail?id=520077，2022年8月27日。

计推出 1199 个全国乡村旅游重点村，2021 年又遴选出首批 100 个全国乡村旅游重点镇（乡）。

除乡村旅游外，政府重点支持提升农村电子商务发展水平，大力培育农村电商带头人，农村电子商务的持续推进，也促进了农村一二三产业融合发展。2022 年 3 月 1 日，在国新办新闻发布会上，商务部相关负责人表示，2021 年，我国新建或改造县级综合商贸服务中心 834 个，乡镇商贸中心 1858 个，村级便民商店 3.69 万个。农村网商、网店有 1632.5 万家，农村网络零售额达到了 2.05 万亿元，较上年增长 11.3%。[①] 农村电商销售、电商直播等的迅速发展推动了农村一二三产业的融合发展，农民登上了农村电商发展的顺风车。

三　扎实推进生态宜居的美丽乡村建设

2003 年 6 月，浙江启动"千村示范、万村整治"工程，开启了以改善农村生态环境、提高农民生活质量为核心的村庄整治建设大行动。在这场行动中，改善农村人居环境、改变农村脏乱差的落后面貌是外在表现；完善农村基本公共服务、提高农民生活质量是内在追求。延续"千万工程"的核心理念，《乡村振兴战略规划（2018—2022 年）》提出要"坚持遵循乡村发展规律，扎实推进生态宜居的美丽乡村建设"；《农村人居环境整治提升五年行动方案（2021—2025 年）》提出巩固已有成果，再提升农村人居环境质量。新时期乡村建设行动久久为功，农村人居环境整治行动扎实推进，农村人居环境显著改善；农村基础设施供给短板不断补齐，助力农民收入持续增长；城乡融合发展体制机制初步建立，农村基本公共服务水平进一步提升；把握数字技术创新发展新机遇，大力推进数字乡村建设。

（一）农村人居环境整治行动扎实推进

2018 年 2 月，中共中央办公厅、国务院办公厅印发《农村人居环境整治

---

① 《商务部：2021 年全国农村网商网店数量超过 1632 万家》，央视网-三农频道，http://sannong.cctv.com/2022/03/02/ARTILyDGtUuvM7hTOB4dQTNR220302.shtml，2022 年 3 月 2 日。

三年行动方案》，部署了2018~2020年三年内的农村环境整治目标。为巩固拓展农村人居环境整治三年行动成果，2021年12月中办、国办印发《农村人居环境整治提升五年行动方案（2021—2025年）》，目标是到2025年农村人居环境显著改善，生态宜居美丽乡村建设取得新进步。农村人居环境整治工作将"由'清脏'向'治乱'拓展，由村庄面上清洁向屋内庭院、村庄周边拓展，引导农民逐步养成良好卫生习惯"。其中农村厕所革命、生活污水和垃圾治理、村容村貌提升是重中之重。

国家统计局数据显示，2018年以来累计改造农村户厕4000多万户。2021年，农村居民使用卫生厕所的户比重为82.6%，相比2013年提高47.0个百分点；使用水冲式卫生厕所的户比重为67.1%，相比2013年提高44.9个百分点；使用本户独用厕所的户比重为96.8%，相比2013年提高4.2个百分点。[①]

农村污水治理也是农村人居环境整治行动的重要内容之一，其中包括统筹厕所粪污和生活污水治理等重要工作。农村污水治理是一项系统工程，从污水处理基础设施建设方面看，乡村振兴战略实施以来我国农村污水处理厂数量快速增长，规模持续扩大，截至2020年底，我国共有农村污水处理厂13714座，其中建制镇污水处理厂11374座，乡污水处理厂2170座，镇乡级区域污水处理厂170座。从污水处理能力方面看，我国农村污水厂日污水处理能力达2877万立方米，其中建制镇、乡日污水处理能力分别从2015年的1424万立方米、19万立方米增长至2740万立方米、105万立方米。[②]

《农村人居环境整治提升五年行动方案（2021—2025年）》中提出要健全农村生活垃圾收运体系，推动分类减量与资源化利用。截至2021年底，全国进行生活垃圾收运处理的自然村比例稳定在90%以上。实施乡村振兴战略以来，我国农村垃圾处理量不断攀升，截至2021年底，我国农村垃圾处理量达到4.32亿吨。在国家各部门政策协同推动下，我国农村垃圾处理率（垃圾处

---

① 《居民收入水平较快增长 生活质量取得显著提高——党的十八大以来经济社会发展成就系列报告之十九》，国家统计局网站，https://www.stats.gov.cn/xxgk/jd/sjjd2020/202210/t20221011_1889192.html，2022年10月11日。

② 前瞻产业研究院：《预见2021：〈2021年中国农村污水处理行业全景图谱〉》，https://www.qianzhan.com/analyst/detail/220/220224-f6455f0a.html，2021年。

理量/垃圾产生量）也始终保持增长态势，从2017年的62.80%增长至2021年的76.92%（见图7）。

图7 2017~2021年我国农村垃圾处理量及处理率走势

资料来源：观研报告网，《中国农村垃圾处理行业发展现状分析与投资前景研究报告（2022—2029年）》。

推动村容村貌整体提升是农村人居环境整治行动的另一重点。一是通过清理私搭乱建，整治残垣断壁，通过集约利用村庄内部闲置土地房屋等方式扩大村庄公共空间。例如江苏省如东县通过对农村集体资产资源的治理，既扩大村庄公共空间又拓宽村集体经营性收入途径。截至2022年7月底，全县25个试点村排查新增村集体房屋18277平方米，收回9740平方米；排查村集体土地面积6935亩，收回3605亩；摸排非法住宅621宗，宅基地面积193.28亩。清理收回的资产资源全部进入农村产权交易市场，村经营性收入新增到账451万元。① 二是推进乡村绿化美化。2022年10月25日国家林业和草原局、农业农村部、自然资源部、国家乡村振兴局联合印发《"十四五"乡村绿化美化行动方案》，目标是到2025年全国平均村庄绿化覆盖率达到32%，乡村"四旁"植树15亿株以上，建设一批具有地方特色的森林乡村、

---

① 《江苏如东：以公共空间治理助推美丽乡村建设》，中国江苏网，http://jsnews.jschina.com.cn/zt2022/jlxkshfdxczx/sszxl/yw/202210/t20221028_3101746.shtml，2022年10月28日。

绿美乡村。① 三是加强乡村风貌引导。立足现有基础编制村庄规划和村容村貌提升导则。县级人民政府应当组织编制县域村庄分类和布局规划，指导乡镇人民政府编制村庄规划。乡镇人民政府在编制村庄规划时，应当顺应村民生活和发展需求，发挥村民主体作用，优化村域国土空间布局。截至2022年11月，河南、福建、宁夏等省份已分别发布村庄规划编制和实施办法②③，河南省已有1.58万个村庄完成了实用性村庄规划编制④，福建省已按"多规合一"要求编制村庄规划4660个⑤。

（二）农村基础设施建设有序开展

首先，加强农村基础设施建设，是扩大有效投资、稳住经济大盘的重点任务，有利于增加农村居民收入、畅通城乡经济循环，具有长远的重要性和现实的紧迫性。农村基础设施不断完善首先体现在交通方面。党的十八大以来，中央在农村公路领域累计投入车购税资金7433亿元，其中用于贫困地区的投资就达5068亿元，累计新建改建农村公路约253万公里，解决了1040个乡镇、10.5万个建制村通硬化路的难题。农村公路的总里程从2017年底的400.93万公里增加到2020年底的438.23万公里，净增约40万公里（见图8）。建立了覆盖县、乡、村三级的"路长制"，覆盖率达95.2%。截至2021年底，具备条件的建制村已实现100%通客车，新增了5万多个建制村通客车。⑥2022年8月，交通运输部等6部门印发的《农村公路扩投资稳就业更好服务乡村

---

① 《四部门制定〈"十四五"乡村绿化美化行动方案〉》，国家林业和草原局网站，http://www.forestry.gov.cn/main/586/20221101/100225501199962.html，2022年11月1日。
② 《河南省村庄规划编制和实施规定》，河南省人民政府网站，https://www.henan.gov.cn/2022/08-15/2561288.html，2022年10月1日。
③ 《关于印发〈宁夏回族自治区村庄规划编制管理暂行规定〉的通知》，宁夏回族自治区自然资源厅网站，https://zrzyt.nx.gov.cn/gk/fdzdgknr/tzgg/202112/t20211220_3236101.html，2021年12月20日。
④ 《河南日报聚焦我省村庄规划新实践》，河南省自然资源厅网站，https://dnr.henan.gov.cn/2022/07-15/2487980.html，2022年7月15日。
⑤ 《我省已编制四千六百六十个村庄规划》，福建省人民政府门户网站，http://www.fujian.gov.cn/xwdt/fjyw/202112/t20211230_5804353.htm，2021年12月30日。
⑥ 《十年来我国农村公路总里程已达446.6万公里"路长制"覆盖率95.2%》，中国网，http://news.china.com.cn/2022-07-29/content_78347177.html，2022年7月29日。

振兴实施方案》提出新目标，在力争提前完成农村公路原定年度任务目标基础上，新增完成新改建农村公路3万公里、实施农村公路安全生命防护工程3万公里、改造农村公路危桥3000座，力争新增完成投资约1000亿元，带动约200万人次就地就近就业增收。①

图8 2016~2020年中国农村公路里程及增长情况

资料来源：根据中华人民共和国交通运输部2016~2020年《交通运输行业发展统计公报》汇总。

其次是做好农村供水保障工作，大力推进解决农村饮水安全问题。2021年8月，水利部等9个部门就农村用水问题印发了《关于做好农村供水保障工作的指导意见》（以下简称《意见》），《意见》中明确指出稳步推进农村饮水安全向农村供水保障转变，并提出2025年农村自来水的普及率达到88%，2035年时基本实现农村供水现代化。②党的十八大以来，我国累计完成农村供水工程投资4667亿元，解决了2.8亿农村居民的饮水安全问题，巩固提升了3.4亿农村人口的供水保障水平。2017~2021年，全国集中供水的行政村比例从71.95%增加至83.64%，农村用水人口增加约4161万人，2021年供水普

---

① 《农村公路扩投资稳就业更好服务乡村振兴实施方案》，中华人民共和国交通运输部网站，https://xxgk.mot.gov.cn/2020/jigou/glj/202208/t20220815_3665612.html，2022年8月15日。
② 《关于做好农村供水保障工作的指导意见》，中国政府网，http://www.gov.cn/gongbao/content/2021/content_5651737.htm，2021年8月10日。

及率达到85.33%（见表2）。2021年，农村地区有80.4%的户所在自然村饮用水经过集中净化处理，相比2013年提高34.8个百分点。农村居民有安全饮用水的户比重为97.0%，比2013年提高22.3个百分点。[1]截至2022年7月底，当年度全国各地完成农村供水工程建设投资466亿元，是2021年同期的2倍多。[2]

表2　2017~2021年农村集中供水和用水情况

年份	集中供水的行政村 个数（个）	集中供水的行政村 比例（%）	用水人口（万人）	供水普及率（%）
2017	383526	71.95	50983.49	75.51
2018	366685	75.24	53609.27	77.69
2019	370971	78.29	55582.26	80.98
2020	370423	82.48	56302.75	83.37
2021	366460	83.64	55144.10	85.33

资料来源：根据中华人民共和国住房和城乡建设部2017~2021年《城乡建设统计年鉴》汇总。

再次是加速农村水利设施建设，持续扩大水利投资。水利部数据显示，2021年农村水利水电累计下达投资770.60亿元（其中中央投资168.36亿元，地方投资602.24亿元）。中央投资按照资金来源分，中央预算内投资75.36亿元，水利发展资金93.00亿元。2018~2021年农村水利水电累计下达投资每年皆保持在400亿元以上（见图9、图10）。2022年大中型灌区新建和改造项目拟投资规模达388亿元，已完成投资178亿元。6处新建大型灌区已开工3处，大中型灌区建设、改造项目开工455处。[3]在建设提速的同时，各地充分发挥市场

---

[1]《居民收入水平较快增长 生活质量取得显著提高——党的十八大以来经济社会发展成就系列报告之十九》，国家统计局网站，http://www.stats.gov.cn/xxgk/jd/sjjd2020/202210/t20221011_1889192.html，2022年10月11日。

[2]《农民日报：十年来解决了2.8亿农村居民饮水安全问题》，中华人民共和国水利部网站，http://www.mwr.gov.cn/xw/mtzs/qtmt/202210/t20221028_1602247.html，2022年10月28日。

[3]《完成农村供水工程建设投资466亿元 农村水利建设再提速》，光明网，https://m.gmw.cn/baijia/2022-08/11/35946105.html，2022年8月11日。

和社会资本在弥补资金短缺、节约运营维护成本方面的作用,通过财政资金、地方政府专项债券、银行贷款、社会资本等多路资金加快"输血"。

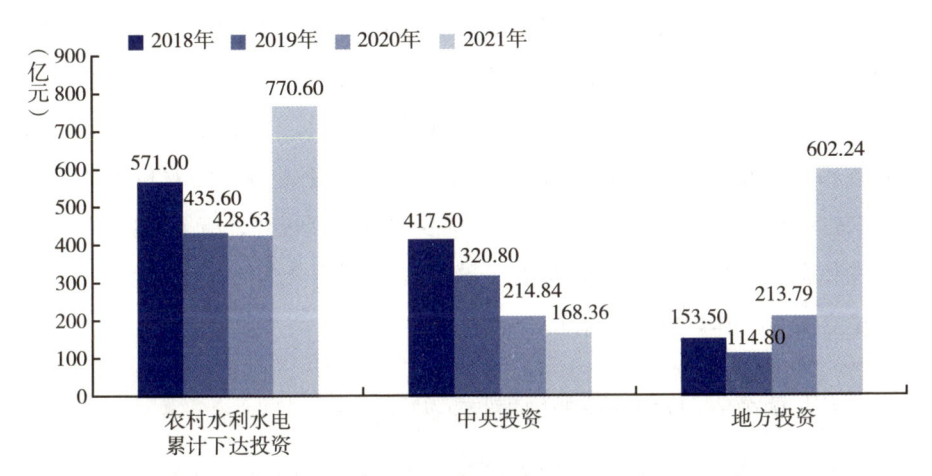

图9 2018~2021年中国农村水利水电累计下达投资额

资料来源:根据中华人民共和国水利部2018~2021年《农村水利水电工作年度报告》汇总。

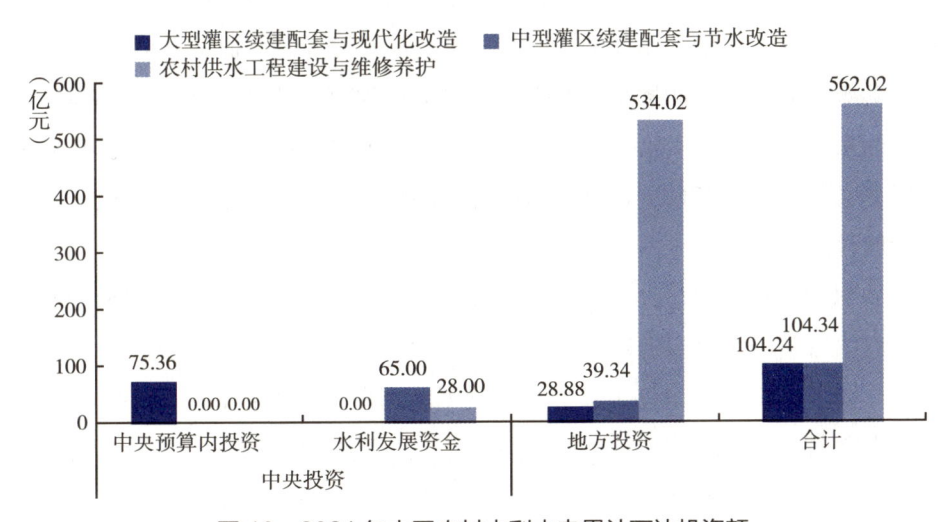

图10 2021年中国农村水利水电累计下达投资额

资料来源:中华人民共和国水利部《2021年农村水利水电工作年度报告》。

最后是加快推进农村能源转型发展，建立城乡一体化能源体系。当前农村经济社会持续稳定发展，对于能源消费的需求量不断增加；农村生产生活方式的变化，加速能源消费转型。因此，农村能源转型和绿色发展是乡村振兴战略中的题中应有之义。2022年，国家能源局、农业农村部、国家乡村振兴局共同印发《加快农村能源转型发展助力乡村振兴的实施意见》，提出到2025年，建成一批农村能源绿色低碳的试点，风能、太阳能、生物质能、地热能等占农村能源的比重持续提升。加快形成绿色、多元的农村能源体系，实现农村能源绿色转型。[①]同时要立足城乡融合发展视角，统筹考虑城乡能源的共性特征，以实现资源均衡配置、城乡经济社会全面协调可持续发展为目标，建立城乡一体化能源体系。

（三）基本公共服务县域统筹持续加强

2022年中央一号文件就"加强基本公共服务县域统筹"进行了专门论述，提出加快推进以县域为重要载体的城镇化建设，加强普惠性、基础性、兜底性民生建设，推动基本公共服务供给由注重机构行政区域覆盖向注重常住人口服务覆盖转变。县域具有农业人口集聚、政策实施便利、产业基础良好等特征，以县域为重要载体推进县、乡、村功能衔接互补，促进县域基础设施和公共服务向乡村延伸覆盖，增强县域对乡村的辐射带动能力，为实现更高水平的农村公共服务供给打下坚实基础。乡村振兴战略实施以来，在基本公共服务县域统筹的背景下农村学前教育、医疗卫生、养老服务等三方面工作持续加强。

农村学前教育规模稳步扩大，财政投入持续增加，长期制约学前教育改革发展的瓶颈问题得到突破。2017年全国农村地区有幼儿园90182所，2020年这一数字增长至101447所；教学条件不断改善，年新增校舍面积在460万平方米以上，幼儿园教职工规模稳步扩大；农村学前教育普惠水平大幅提升，公益普惠服务体系初步形成（见图11）。2021年安排中央预算内投资21.87

[①]《关于印发〈加快农村能源转型发展助力乡村振兴的实施意见〉的通知》，中国政府网，http://www.gov.cn/zhengce/zhengceku/2022-01/07/content_5666809.htm，2022年1月7日。

亿元支持包括民族地区在内的欠发达地区公办幼儿园建设。2022年中央财政安排支持学前教育发展资金230亿元，重点向中西部农村地区、欠发达地区倾斜。除此之外为促进教育公平，教育部推动县域内教育资源轮流轮岗，完善乡村中小学教师队伍建设，支持城乡学校共同体建设，帮助提升乡村薄弱学校办学水平，为乡村振兴提供人力支持和智力支撑。

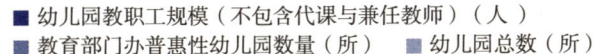

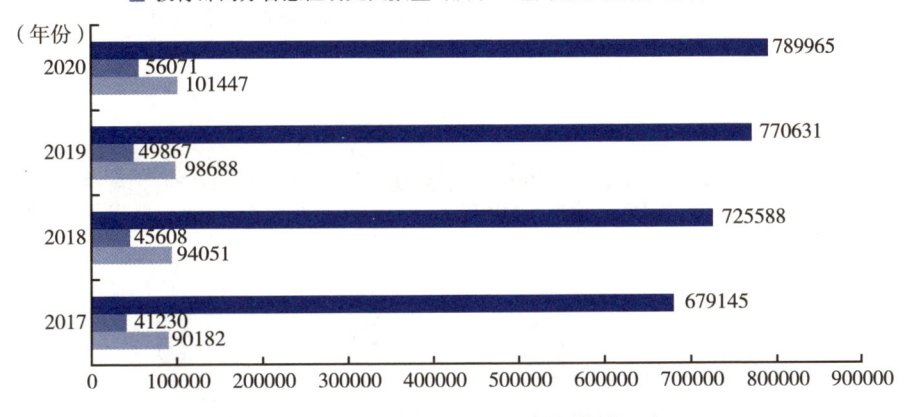

■ 幼儿园教职工规模（不包含代课与兼任教师）（人）
■ 教育部门办普惠性幼儿园数量（所）　■ 幼儿园总数（所）

年份	幼儿园教职工规模	教育部门办普惠性幼儿园数量	幼儿园总数
2020	789965	56071	101447
2019	770631	49867	98688
2018	725588	45608	94051
2017	679145	41230	90182

图11　2017~2020年农村学前教育发展概况

资料来源：根据中华人民共和国教育部2017~2020年教育统计数据汇总。

农村医疗卫生事业得到大发展，覆盖城乡的社区服务网络基本健全，农村医疗卫生健康服务内涵和水平进一步丰富和提高。截至2021年底，全国有基层医疗卫生机构97万个，其中社区卫生服务中心9800个，社区卫生服务站2.55万个，乡镇卫生院3.58万个，村卫生室60.8万个，基本实现了城乡基层社区的全面覆盖。[①] 基层卫生人员队伍进一步壮大，结构持续优化。到2021年底，全国基层卫生人员由2012年的343.7万人增长至443.2万人，其中执业医师和助理执业医师数量从100.9万人增加到161.5万人。2017~2020年，农村每万人拥有卫生技术人员数从43人增加到52人（见图12）。乡镇卫

---

① 《"十四五"期间推动城乡社区医疗卫生服务体系高质量发展》，中国政府网，http://www.gov.cn/xinwen/2022-02/09/content_5672796.htm，2022年2月9日。

院的执业医师人员中大学本科以上学历从2012年的10%提高到2021年的32%。①基层医疗服务量不断增加，医疗资源和医疗服务能力不断提升。2021年，基层医疗卫生机构诊疗服务42.5亿人次，占全国医疗卫生机构总诊疗量的50.2%。农村医疗卫生机构床位数、农村每万人医疗机构床位数、每万农业人口乡镇卫生院床位数全部实现稳步增加（见图13）。人均基本公共卫生服务经费补助标准由2012年的25元提高到2021年的84元，基层机构开展的项目从10类扩展到12类，每年为高血压、糖尿病、肺结核等重点疾病的患者和0~6岁儿童、孕产妇、65岁及以上老年人等重点人群提供10多亿人次的健康管理服务。②

图12 2017~2020年中国每万人拥有卫生技术人员统计

资料来源：国家统计局。

---

① 《国家卫生健康委员会2022年7月14日新闻发布会文字实录》，中华人民共和国国家卫生健康委员会宣传司网站，http://www.nhc.gov.cn/xcs/s3574/202207/9687bf08193d41b5a5755bb5df1e61e3.shtml，2022年7月14日。

② 《中共中央宣传部2022年9月7日新闻发布会文字实录》，中华人民共和国国家卫生健康委员会宣传司网站，http://www.nhc.gov.cn/xcs/s3574/202209/6c791e71279a4eefadbf048cc1c869c8.shtml，2022年9月7日。

图例	
■ 农村医疗卫生机构床位数（万张）	■ 农村每万人医疗机构床位数（张）
■ 每万农业人口乡镇卫生院床位数（张）	

年份	农村医疗卫生机构床位数（万张）	农村每万人医疗机构床位数（张）	每万农业人口乡镇卫生院床位数（张）
2017	401.82	41.87	13.46
2018	426.27	45.60	14.30
2019	445.54	48.09	14.80
2020	459.82	49.50	15.00

图 13　2017~2020 年农村社区养老照料机构和设施及互助型养老服务设施发展概况

资料来源：根据中华人民共和国民政部 2018~2021 年《民政事业发展统计公报》汇总。

推进农村养老事业发展，是实施乡村振兴战略的基础环节。乡村振兴战略实施以来，我国推进城乡养老服务统筹发展，基本形成了以家庭养老为基本方式，以特殊困难老年人为服务保障重点，以互助养老服务为创新方向，面向全体农村老年人不断拓展服务的发展格局。作为农村养老重要载体的农村社区养老服务机构和设施快速发展。民政部数据显示，截至 2021 年底，全国农村地区共有社区养老服务机构和设施 21.9 万个；2020 年，互助型养老服务设施 13.3 万个（2021 年数据暂无）（见图 14），农村社区养老服务能力得到大幅提升。在此基础之上，街道（乡镇）、城乡社区两级养老服务网络依托农村内生村治组织，嵌入外部社会组织，整合城乡资源，协同政府、市场、社会力量，构建农村社区养老共同体。为实现全体老年人享有基本养老服务的远景目标奠定坚实基础。

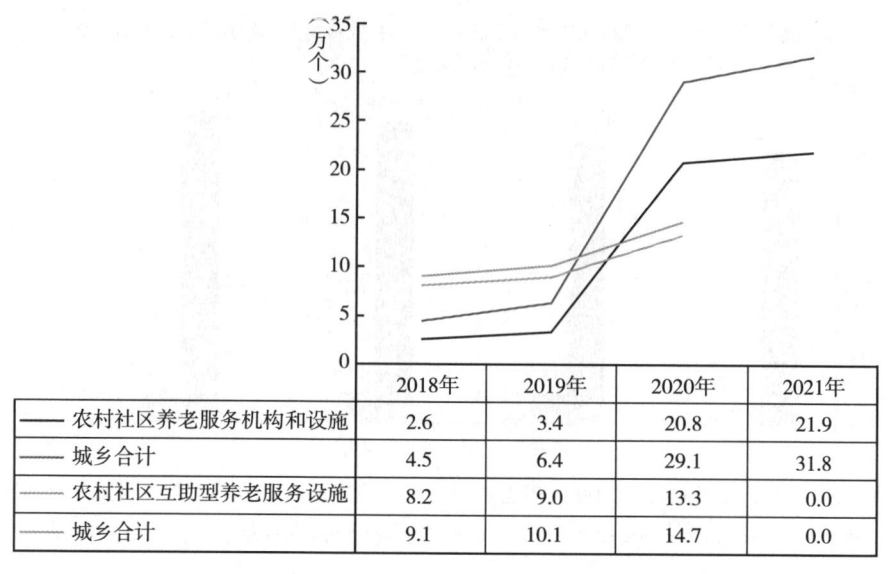

	2018年	2019年	2020年	2021年
农村社区养老服务机构和设施	2.6	3.4	20.8	21.9
城乡合计	4.5	6.4	29.1	31.8
农村社区互助型养老服务设施	8.2	9.0	13.3	0.0
城乡合计	9.1	10.1	14.7	0.0

图 14　2018~2021 年农村每万人拥有医疗床位数统计

资料来源：国家统计局。

（四）数字乡村建设大力推进

数字乡村建设既是乡村振兴的战略方向，也是建设数字中国的重要内容。党的十九大以来，中共中央、国务院陆续出台了一系列重大政策措施，加快农业农村现代化，互联网、物联网、大数据、人工智能、区块链等现代信息技术与农业农村建设融合，数字乡村建设得以大力推进。

电信基础设施全面升级，截至 2020 年 12 月，我国农村地区互联网普及率为 55.9%，较 2020 年 3 月提升 9.7 个百分点，城乡地区互联网普及率差异较 2020 年 3 月缩小 6.4 个百分点（见图 15）。截至 2021 年底，全国农村宽带用户总数达 1.58 亿户，全年净增 1581 万户，比上年末增长 11%，增速较城镇宽带用户高出 0.4 个百分点（见图 16）。全国行政村通光纤率和 4G 覆盖率均超过 98%，人工智能、5G、大数据等新一代互联网技术创新应用，乡村广播电视网络基本实现全覆盖。①

---

① 《中国数字乡村发展报告（2020 年）》，中华人民共和国农业农村部网站，http://www.moa.gov.cn/xw/zwdt/202011/t20201128_6357205.htm，2020 年 11 月 28 日。

图 15　2016 年 12 月至 2020 年 12 月城乡地区互联网普及率

资料来源：第 47 次《中国互联网络发展状况统计报告》，2021 年。

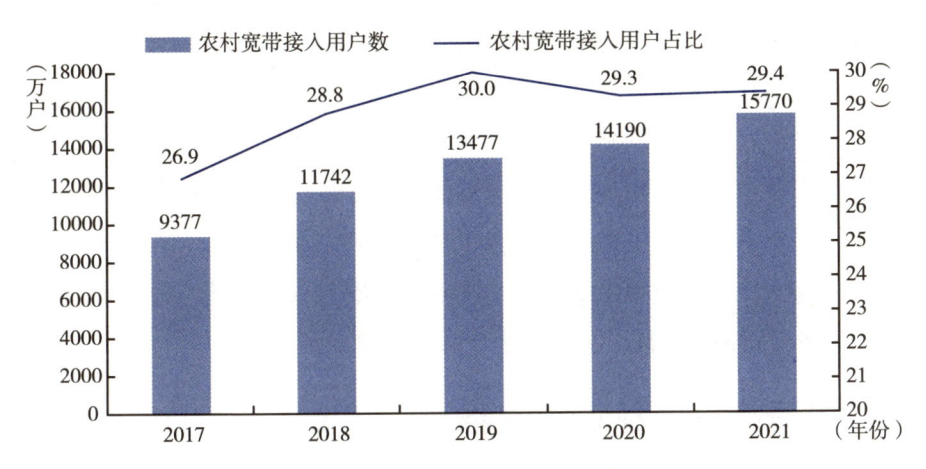

图 16　2017~2021 年农村宽带接入用户及占比情况

资料来源：《2021 年通信业统计公报》。

乡村数字经济新业态蓬勃发展。农业农村部会同相关部门组织实施"互联网+"农产品出村进城工程，在 110 个县（市）开展试点，建立完善适应农产品网络销售的供应链体系、运营服务体系和支撑保障体系，2021 年中国农产品网络零售额达 4221 亿元，2022 年预计达 5293 亿元。①

---

① 艾媒咨询：《2022 年中国乡村数字经济发展专题研究报告》，https://report.iimedia.cn/repo1-0/43183.html，2022 年 5 月 9 日。

四 乡村治理能力稳步提升

乡村作为社会治理体系中最基本的单元，是服务群众的"最后一公里"，乡村治理体系的完善是国家治理体系现代化的重要基石。党的十九大提出的乡村振兴战略强调要健全自治、法治、德治"三治结合"的乡村治理体系，推动政府、社会组织、农民等多个主体发挥治理功能，激发乡村活力。十九届四中全会将"坚持和完善中国特色社会主义制度、推进国家治理体系和治理能力现代化"作为中心议题。推进乡村治理体系进一步完善成为实现国家治理能力现代化、巩固党在农村执政基础、满足农民群众美好生活需要的必然要求。2019年，中央农办等六部门联合发文组织开展全国乡村治理体系建设试点示范（以下简称"试点"）工作，并确定海淀区等115个县（市、区）为全国乡村治理体系建设首批试点单位，承担试点任务，为走中国特色社会主义乡村善治之路探索新路子、创造新模式。试点工作启动3年来，各地将试点示范工作作为乡村治理体系建设的重要抓手，在强化党对农村治理工作的领导、创新乡村治理手段、运用系统性思维等方面探索出一系列务实有效的改革发展举措。有力地推动现代治理模式向农村稳健延伸，为走中国特色社会主义乡村善治之路探索了新路子、指明了新方向。

（一）党对农村治理工作的全面领导得到强化

强化党对农村工作的全面领导是做好农业农村工作、全面推进乡村振兴的根本保证。只有坚持党的领导核心地位，乡村治理才会有坚实的领导力量。要构建乡村治理体系，必须强化党对农村治理工作的领导。乡村振兴战略实施以来，农村党组织建设不断加强，各级党组织的组织力得到增强，不断将党的政治优势和组织优势转化为治理效能。乡村振兴各项任务最终要靠农村基层党组织来落实，选优配强乡镇领导班子和村"两委"班子特别是村党组织书记队伍，加强乡村振兴实绩考核，建设一支政治过硬、本领过硬、作风过硬的干部队伍是必然要求。山西长子县在试点过程中推进直派党组织书记选派工作，从县直机关事业单位选派优秀年轻党员干部到农村担任党支部书记，任职时间为两年，要求吃住在村，负责该村全面工作。

强化村级小微权力监督，进一步健全纪委监委监督机制。村级小微权力虽然看起来微不足道，却和农村群众紧密联系，是村民对于党和国家形象的直接认识。特别是村"两委"干部一肩挑后村级权力相对集中，若由其任性必然损害群众利益，导致农村基层"微腐败"。因此，近年来各级纪检监察组织持续加大对村级小微权力的监督、治理力度，创新监督方式。一是加强廉洁教育，牢固树立廉洁履职、秉公用权意识。福建省晋江市挖掘提炼非遗文化中的清廉元素，加强农村清廉教育，营造清廉村居建设氛围。[1]二是探索完善村社权力规范运行的有效监督机制。浙江省建德市围绕"一肩挑"后村级权力运行特点，以及村社干部行权的弱点盲点等方面进行分析研判，探索以"提级监督"推动村社权力规范运行的有效监督机制。组建由市纪委监委分管领导任组长，派驻纪检监察组和相关责任科室等为成员的8个提级督导组开展提级监督。[2]三是实施村级小微权力清单化，规范村社干部权力范围。浙江省宁海县在长期实践中探索形成了"村级小微权力清单36条"，内容涉及财务管理、事项审批、村务公开、人员任用等11个方面。村级权力运行规范化水平得到明显提升，村级事务办理效率也得到大幅提高。2022年以宁海村级小微权力清单36条为基础的《村务管理》三项国家标准正式发布，为全国规范村级小微权力提供了参考和依据。[3]

党建引领的"三治结合"实践路径不断拓宽。《中共中央关于党的百年奋斗重大成就和历史经验的决议》指出，健全党组织领导的自治、法治、德治相结合的城乡基层治理体系，推动社会治理重心向基层下移，建设共建共治共享的社会治理制度，建设人人有责、人人尽责、人人享有的社会治理共

---

[1] 《晋江：传承发扬非遗文化里的"孝廉"元素》，中共晋江市纪律检查委员会网站，http://www.jjcdi.gov.cn/content/2020-01/09/content_6051183.htm，2020年1月9日。

[2] 《建德市全面推进清廉乡村建设》，杭州市农业农村局网站，http://agri.hangzhou.gov.cn/art/2021/8/30/art_1692133_58924070.html，2021年8月30日。

[3] 《宁海起草的"村务管理"三项国家标准正式发布》，宁海县人民政府网站，http://www.ninghai.gov.cn/art/2022/3/28/art_1229092499_59058667.html，2022年3月28日。

同体。乡村善治离不开党组织，党建引领就是要在乡村治理中充分发挥基层党组织的战斗堡垒作用，提升基层党建工作水平；自治、法治、德治单独运用往往难以达到最理想的治理效果，只有综合运用、协同发力才能发挥最优效果，湖北省秭归县突出基层党组织对基层群众自治的领导，实行"村党组织—村落党小组—党员""村委会—村落理事会—农户"两个三级架构融合运行。全县2035个村落共组建党小组1643个，实现了党小组在村落内的全覆盖。以村落群众共同关注的热点难点问题为突破口，以增强村党组织服务功能、维护社会稳定、促进农村发展、提高村民幸福指数为落脚点，发挥了党员和农村能人带动作用，吸引群众有序参与，带领群众开展"幸福村落"建设。[1] 贵州省福泉市以矛盾纠纷多元化解"112"模式为抓手强化法治保障，以司法确认为切入点，依托覆盖乡村多元调解中心和第三方调解组织实现诉调工作无缝对接，将各类矛盾纠纷调解引入法治轨道。[2] 乡村德治载体不断丰富，中央精神文明建设指导委员会印发《关于深化拓展新时代文明实践中心建设试点工作的实施方案》，确定500个试点县（市、区）建设新时代文明实践所（站、点），充分发挥文明实践中心统筹整合、指挥调度的作用，整合基层公共设施和服务资源，激发广大群众参与乡村德治的积极性；同时加强志愿服务队伍建设和网上工作平台建设，培育优秀志愿服务项目。

（二）乡村治理手段不断创新

习近平总书记指出："要加强和创新乡村治理，建立健全党委领导、政府负责、社会协同、公众参与、法治保障的现代乡村社会治理体制。"全国乡村治理体系建设试点实施3年多来，各地不断结合自身实际情况创新乡村治理手段，广泛运用大数据、云计算、区块链等先进的科技手段，将技术优势和制度优势结合起来，实现乡村社会治理主体多元化、治理机制科学化、治理

---

[1] 《第一批全国乡村治理典型案例丨秭归县：深化村民自治实践 建设"幸福村落"》，宜昌市乡村振兴局网站，http://fpb.yichang.gov.cn/content-41348-972916-1.html，2021年8月11日。

[2] 《福泉："112"模式有效推动矛盾纠纷多元化解》，福泉市人民政府网站，https://www.gzfuquan.gov.cn/zfbm/ssfj_5752171/gzdt/202009/t20200911_63094426.html，2020年8月18日。

手段精细化。其主要包括以下几方面：一是农村"互联网＋政务服务"加快向农村延伸。《乡村振兴战略规划（2018—2022年）》中指出要推动乡镇政务服务事项一窗式办理、部门信息系统一平台整合、社会服务管理大数据一口径汇集，把"互联网＋政务服务"平台加快延伸至乡镇，同时不断推进"政务系统"服务平台终端延伸至村一级。江苏省常熟市不断优化"数字乡镇一网统管平台"建设，增设信息采集、便民服务、隐患排查等功能。[①] 二是运用大数据等技术不断完善农村"三资"监管平台。试点推广"三资"监管平台全覆盖，实现对农村"三资"高效、科学管理，实现农村集体资产资源优化配置和交易过程阳光透明、公开、公平、公正。三是加快推进农村党建网格信息化建设，"互联网＋基层党建"全面铺开。浙江省温岭市委组织部打造了一套党建网格数字化管理体系，通过数字化赋能，实现网格治理信息透明、管理闭环。群众在小程序提交问题后，对于网格内能够处理的问题由党建网格团队就地处理，对网格和村社难以解决的复杂事项由专职网格员转入镇街"基层治理四平台"进行协调处置，实现"事事有落实、件件有回音"。[②]

（三）系统思维在乡村治理中得到进一步运用

乡村社会治理是一项复杂的系统工程，为了进一步提升乡村治理效能就要运用系统思维，设计乡村治理顶层架构。其主要表现在以下几方面：一是乡村治理不仅是社会治理，还包括产业发展、环境治理等方方面面，要整体考虑、统筹谋划。乡村振兴战略实施以来，党和政府在顶层设计层面对乡村治理体制机制进行系统性重塑，不断推进乡村治理体系和治理能力现代化。二是充分发挥系统思维，建立乡村治理体系协同推进机制。加强乡村治理体系建设涉及党委和政府很多部门，需要密切配合，党委农村工作部门要发挥牵头抓总作用，强化统筹协调、具体指导和督促落实。其他相关部门要按照

---

① 《市政府办公室关于印发〈常熟市推进数字政府"一网统管"建设工作方案（2021—2023年）〉的通知》，常熟市人民政府网站，http://www.changshu.gov.cn/zgcs/c108192/202109/7d72683d73bf4077a6ee13063145164e.shtml，2021年9月18日。

② 《以数字赋能 有效链接互联网和网格化治理 我市探索基层"智"理新体系》，《温岭日报》2021年3月25日，http://paper.wlxww.com/html/2021-03/25/content_3008031.html。

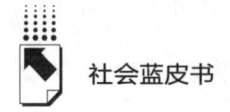

各自职责，强化政策、资源和力量配备，加强工作指导，做好协同配合，形成工作合力。三是牢固树立法治、德治、自治一体化推进的系统思维。乡村振兴必须在治理有效上实现振兴，治理有效的关键在于提升治理能力。构建法治、德治、自治"三治"的融合治理和综合治理新格局，有效实现系统治理、综合治理和健全治理。四是充分调动社会多元主体参与乡村治理，预防化解基层治理矛盾，巩固农村长治久安的局面。发端于浙江省桐乡市的"枫桥经验"作为广泛利用社会资源参与治理过程的典型案例，通过培育新乡贤、社会组织、法律顾问等新兴治理主体，实现了农村基层治理主体的多元化。

五 乡村振兴工作面临的挑战及建议

党的二十大提出了中国式现代化的发展道路，农业农村现代化是中国式现代化的关键部分，在接下来的二十大开局之年，乡村振兴事业将会面临农村生活条件现代化改造、农业强国建设、多方人才支持等新机遇和新挑战，未来的乡村振兴工作将会进入更高标准、更高要求、更高目标的新发展阶段。2022年是《乡村振兴战略规划（2018—2022年）》收官之年。五年来，在党和政府的领导下，各项重点任务稳定有序推进，取得了一定的成就，但同时遭遇了一些挑战。为了实现中国式农业农村现代化，应该及时总结目前乡村振兴工作面临的挑战，提出可行的改善措施，未雨绸缪，积极应对。

（一）乡村振兴工作面临的挑战

1. 协调推进的体制机制尚不健全，各地乡村振兴发展不均衡

各地乡村振兴发展的基础不一致，尤其是东西部地区贫富差距较大。因此，在发展乡村振兴时，投入的资金、技术、人才等方面的质与量存在明显差异。首先，企业资本和社会资本投资农业农村发展的意愿不强，各地乡村振兴的资金投入多依赖财政专项资金，而发达地区本地财政收入高于欠发达地区，更有余力投入乡村振兴建设，这便造成东西部地区在资金投入上的差异。其次，愿意主动投身农业农村发展的专业性、技术性人才相对较少，尤其愿意投身偏远地区农业农村建设的人才更是少之又少，并且激励、引导各类人才服务乡村振兴的政策保障、体制机制仍不健全，缺乏吸引青年人才服务乡村的条件。最后，各部门推动乡村振兴的政策措施较为分散，并且各部门之间的工作存在一定的重合，统筹规划性工作还不够明确，需要加强各部门之间的协调，对于同类工作进行整合。

2. 农民主体性普遍较低，农村遭遇去组织化、去合作化

《中共中央 国务院关于实施乡村振兴战略的意见》（2018 年中央一号文件）将"坚持农民主体地位"作为实施乡村振兴战略的基本原则之一，但在推进乡村振兴战略具体实施中，农民表现的主体性普遍较低。实际上，自家庭联产承包责任制实施以来，农村遭遇去组织化、去合作化。而原子化、独立化的农民个体很难发挥主体作用。一方面，农民组织难。村民出现分化，例如按照生计方式，农民的生计方式可以划分为外出务工、半工半农、农业为主等，按照留居在村的家庭成员不同，可以划分为全家进城的农户、部分家人留守的农户、全家在村的农户等。总之，农民群体之间的情况各异，很难用一个共同的目标将他们组织在一起。另一方面，农民合作难。这主要因为分化后的农民个体之间利益多元化，很难找到共同利益点开展合作活动。

3. 农村人口年龄结构失衡，老龄化严重

《中国乡村振兴综合调查研究报告（2021）》显示，在调研的 10 个省（自治区）308 个行政村的全体人口中 60 岁及以上人口的比重达到了 20.04%，65 岁及以上人口的比重达到了 13.82%，已经达到了"老龄化社会"的标准，和全国老龄化数据相比（2019 年我国 60 周岁及以上人口占总人口的比例为 18.1%，65 周岁及以上人口占总人口的比例为 12.6%），农村地区的老龄化程度远超全国平均水平。[①] 而老龄化将会引发一系列社会问题。首先，老年人有巨大的照料需求，这给农村养老问题、医疗保障带来了巨大的挑战。其次，人口老龄化将会带来明显的农村劳动力短缺问题，农业产业可能会陷入"谁来种地"的困境，同时也给我国的粮食安全带来极大的挑战。最后，老年人

---

① 《社科院报告：中国农村人口老龄化严峻，60 岁及以上人口比重超 20%》，中国新闻网，2022 年 5 月 6 日。

收入有限，在一定程度上将会限制农村居民收入水平提升。

4. 乡村建设水平有待进一步提升

目前，乡村建设高度依赖国家自上而下投入的各类"项目"，缺少自下而上的主观能动性。农村税费改革后，"项目制"成为将国家从中央到基层的各层级关系以及社会各领域资源整合起来的治理和互动模式，是国家财政转移支付的管理体制。①政府通过项目的形式投入了大量的人力、物力建设乡村，这不仅使农民产生了靠政府的想法，而且政府自上而下开展的社会建设是否符合农民的需求还有待进一步考察，并且仅依靠项目开展乡村建设很难发挥地方的主体性，乡村建设水平很难有质的提升。

（二）全面推进乡村振兴战略实施的建议

1. 进一步完善体制机制，协调推进乡村振兴

首先，国家要从顶层设计层面出台相关的政策文件，明确各级部门、同级不同部门之间的责任分工，保障各部门协调推进乡村振兴各项工作，同时要积极引导各部门切实参与支持各项乡村振兴事业。其次，要创造乡村振兴资金支持来源的多样性，保障投入乡村振兴事业的资金可持续。例如引导金融部门参与支持"三农"项目的贷款扶持，鼓励社会资金有效投入"三农"项目，培育村"两委"积极争取外部资金的能力等。最后，应该多措并举，吸引各类社会人才参与乡村振兴建设行动，积极打造一支多元主体协同参与的乡村振兴人才队伍体系。

2. 寻找农民的共同利益，重建农民主体性

共同利益是将农民组织起来的关键，而组织起来的农民可以发挥更强的主体性。因此，可以尝试从经济、政治、文化等方面寻找农民的共同利益，将农民组织起来。例如在经济方面，村集体经济、合作社经济是农民的共同经济利益，大力发展村集体经济、合作社经济将有助于从经济方面把农民组织起来；广场舞等集体性文娱活动是农民喜闻乐见的共同文化利益，组织集

---

① 渠敬东：《项目制：一种新的国家治理体制》，《中国社会科学》2012年第5期。

体性的文娱活动将有助于把农民从文化娱乐方面组织起来；建设环境优美、干净整洁的农村环境将是农民共同的生态宜居利益等。总之，找到农民的共同利益后，更容易将其组织起来，进而发挥更强的主体作用。

3. 激发老年人活力，多措并举吸引青年人返乡

目前，农村地区普遍存在老龄化、空心化等特征。缓解农村人口的年龄结构困境应该从激发老年人活力和吸引青年人返乡两个方面同时进行。一方面，应该充分发现、挖掘老人的价值、资源，让老年人在农村也可以大有作为。利用积分制、经济补贴等多种方式鼓励老年人参与乡村振兴事业。例如参与环境保护、纾解家庭矛盾、组织公共活动等志愿服务。另一方面，应该通过积极改善农村居住条件，提升社会服务水平、医疗教育水平等吸引青年返乡，最重要的是营造良好的就业创业氛围，使青年在农村也可以体面工作、生活。

4. 构建多元主体协同参与乡村振兴的大格局

面对乡村振兴战略发展不平衡，乡村治理能力不足，乡村建设水平有待进一步提升，也要意识到农业农村发展是一项长期性、整体性、复杂性工作，需要多元主体协同参与。一方面，政府应出台相关政策鼓励多元主体参与乡村振兴建设，同时应为多元主体参与乡村振兴行动创造条件和空间；另一方面，各主体也应有主动参与乡村振兴事业的自觉，积极与其他主体沟通协调，协同、有序推进乡村振兴事业。

附录　中国社会发展统计概览（2022）

李建栋[*]

一　经济发展

2021年全年国内生产总值（GDP）为114.4万亿元，较2020年的101.4万亿元，名义增长12.8%[①]。按不变价格计算，增长8.1%，增速创十年来新高。中国继续保持世界第二大经济体的地位。人均GDP达到8.1万元，较2020年的7.2万元，增长12.5%。按不变价格计算，增长8.0%。2021年是中国遭遇新冠肺炎疫情的第二年，中国超强的社会管理能力、疫情防控能力让中国最及时地将疫情对社会和经济的影响降到最低，经济增速在世界主要经济体中领先。2021年是"十四五"开局之年，也是中国共产党成立一百周年，经济总量和人均水平均实现新突破，意义非凡。

对国内生产总值进行产业分解，2021年第一产业增加值、第二产业增加值、第三产业增加值分别为8.3万亿元、45.1万亿元和61.0万亿元，占国内生产总值的比重分别为7.3%、39.4%和53.3%。按不变价格计算，三个产业的增长率分别为7.1%、8.2%和8.2%。对生产总值增速的贡献，第一产业、第二产业和第三产业分别拉动0.5%、3.1%和4.5%（见图1）。

---

[*] 李建栋，中央财经大学文化与传媒学院助理教授。
[①] 按照我国国内生产总值（GDP）数据修订制度和国际通行做法，本文2021年GDP、人均GDP数据等皆为修订后的数字。

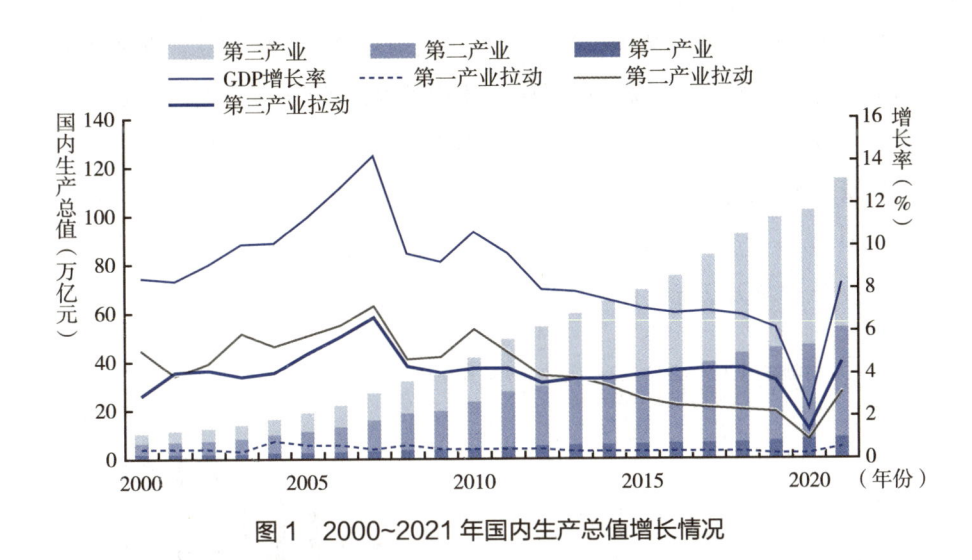

附录　中国社会发展统计概览（2022）

图1　2000~2021年国内生产总值增长情况

对国内生产总值进行支出法分析，全年最终消费支出、资本形成总额、货物和服务净出口三项数值分别为62.1万亿元、49.0万亿元、3.0万亿元，比重分别为54.5%、43.0%和2.6%，分别拉动国内生产总值增长5.3%、1.1%和1.7%。

社会消费品零售总额是指企业（单位）通过交易售给个人、社会集团非生产、非经营用的实物商品金额，以及提供餐饮服务所取得的收入金额。2021年社会消费品零售总额为44.1万亿元，较上年增长12.5%（见图2）。

图2　2000~2021年社会消费品零售总额情况

网络经济的发展继续保持稳步增长，成为稳增长、保就业、促消费的重要力量，为推动构建新发展格局做出了积极贡献。2021年全国网上零售额达到13.1万亿元，比上年增长14.1%。其中实物商品网上零售额为10.8万亿元，比上年增长12.0%。

2021年全社会固定资产投资55.3万亿元，比上年增长4.9%。其中房地产开发投资14.7万亿元，比上年增长4.4%（见图3）。

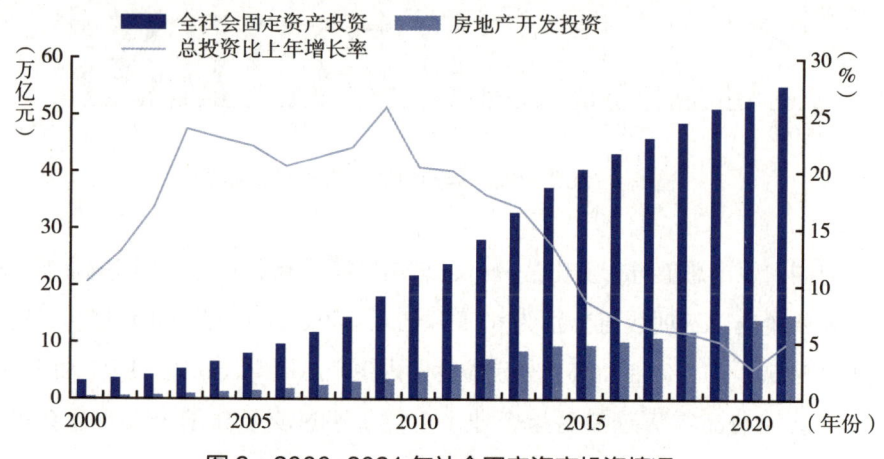

图3 2000~2021年社会固定资产投资情况

按照行业区分，固定资产投资较大的四个行业是制造业，房地产业，水利、环境和公共设施管理业，交通运输、仓储和邮政业（见图4）。与上年相比，固定资产投资增长速度较大的行业包括卫生和社会工作（19.5%）、科学研究和技术服务业（14.5%）、租赁和商务服务业（13.6%）、制造业（13.5%）、教育（11.7%）、采矿业（10.9%）。固定资产投资减少显著的行业包括：公共管理、社会保障和社会组织（-38.2%），信息传输、软件和信息技术服务业（-12.1%），居民服务、修理和其他服务业（-10.3%），批发和零售业（-5.9%）。

2021年全年货物进出口总额39.1万亿元，比上年增长21.4%。其中，出口21.7万亿元，增长21.2%；进口17.4万亿元，增长21.5%（见图5）。货物贸易顺差4.3万亿元，比上年增加7344亿元。

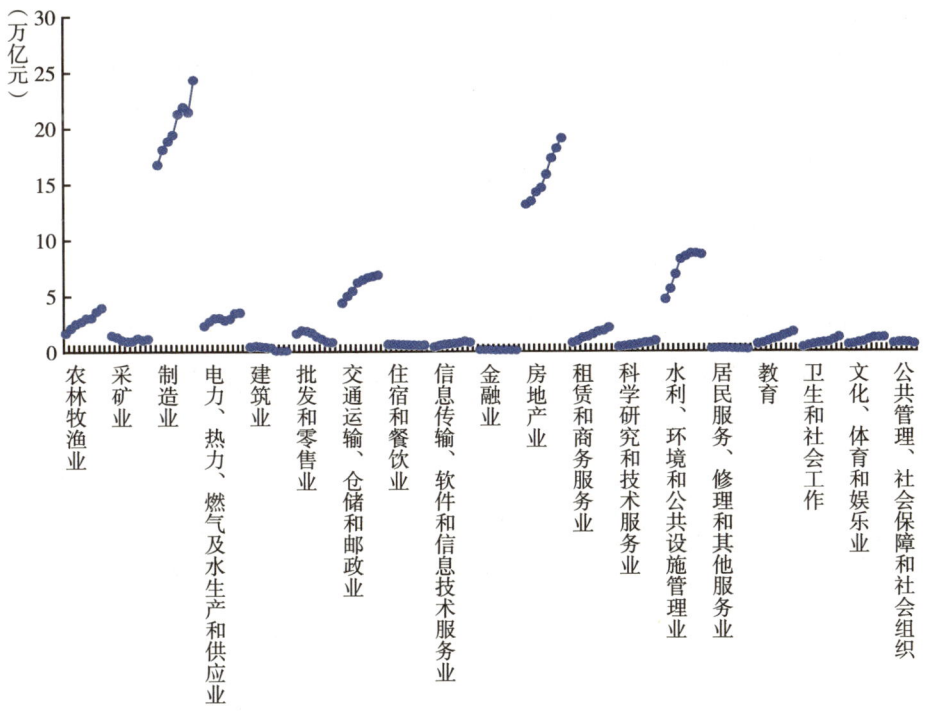

附录　中国社会发展统计概览（2022）

图4　2014~2021年分行业社会固定资产投资情况

图5　2000~2021年对外货物贸易情况

在商品出口方面，金额较大的有：自动数据处理设备及其零部件（1.6万亿元），服装及衣着附件（1.1万亿元），集成电路（1.0万亿元），手机（0.9

423

万亿元），纺织纱线、织物及制品（0.9万亿元）。在商品进口方面，金额较大的有：集成电路（2.8万亿元），原油（1.7万亿元），铁矿砂及其精矿（1.2万亿元）。

服务进出口包括运输、旅行、建筑、保险服务、金融服务、电信、计算机和信息服务、知识产权使用费、个人文化和娱乐服务、维护和维修服务、加工服务、其他商业服务、政府服务等。2021年服务进出口总额5.3万亿元（约合7735亿美元），比上年增长16.1%（见图6）。其中，服务出口2.5万亿元，增长31.4%；服务进口2.8万亿元，增长4.8%。服务进出口逆差2113亿元（约合308亿美元）。

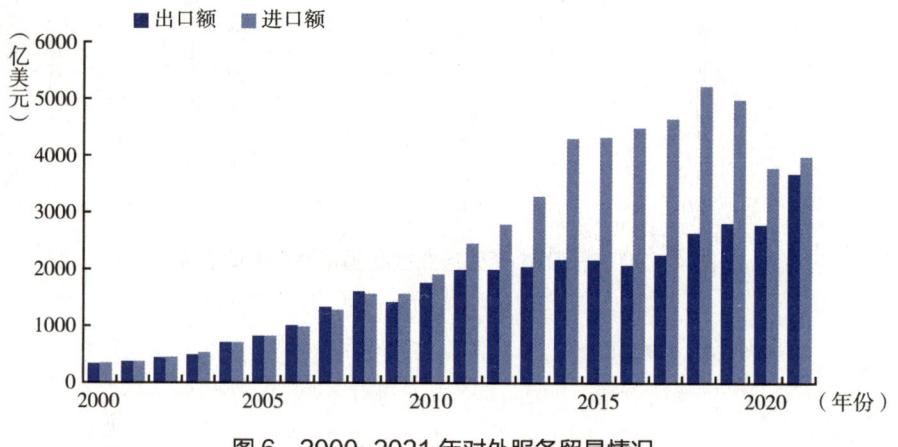

图6 2000~2021年对外服务贸易情况

2021年末国家外汇储备32502亿美元，比上年末增加336亿美元。黄金储备为6264万盎司，与2020年持平，为历史最高点（见图7）。2021年全年人民币平均汇率为1美元兑6.4515元人民币，比2020年升值6.9%。

2021年末广义货币供应量（M_2）余额238.3万亿元，比上年末增长9.0%；狭义货币供应量（M_1）余额64.7万亿元，增长3.5%；流通中货币（M_0）余额9.1万亿元，增长7.7%（见图8）。

2021年以来，稳健的货币政策灵活精准、合理适度，货币信贷和社会融资规模合理增长，信贷结构不断优化，社会综合融资成本稳中有降。2021年

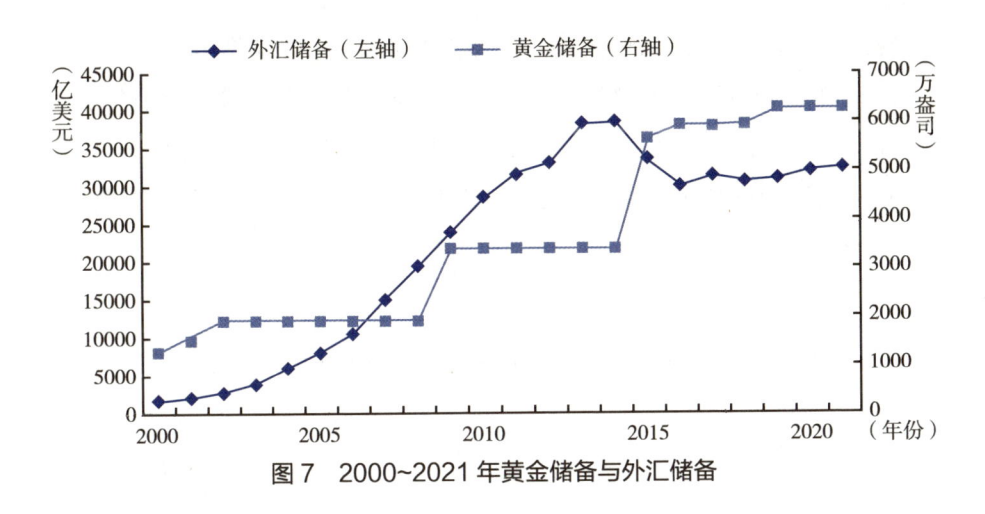

图7 2000~2021年黄金储备与外汇储备

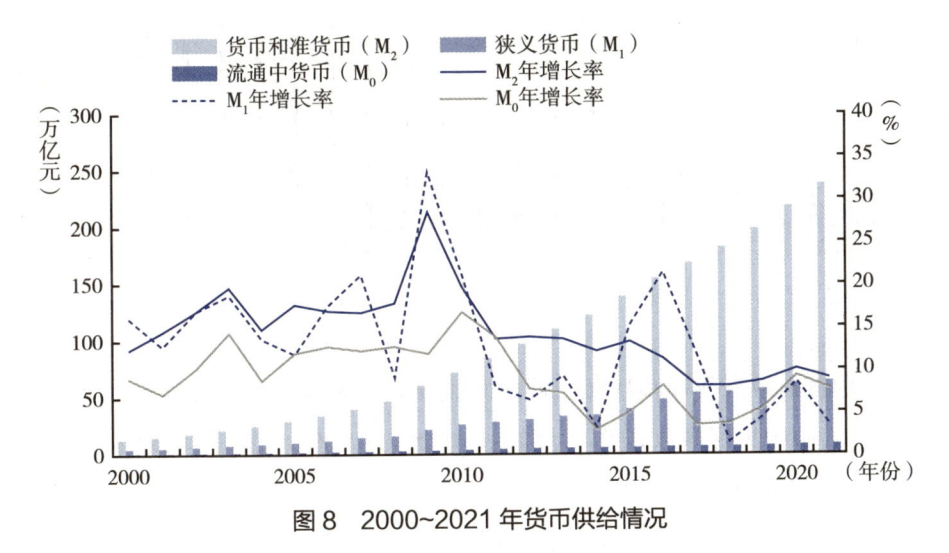

图8 2000~2021年货币供给情况

全年企业贷款利率为4.61%，比2020年下降0.1个百分点，是改革开放40多年来最低水平。2021年末1年期基准存款利率1.50%，1年期基准贷款利率4.35%。这是自2015年10月以来一直保持的基准利率，说明我国经济处于相对稳定运行状态，货币政策未做激烈变化。

社会融资规模增量指一定时期内实体经济从金融体系获得的资金总额。其主要包括：人民币贷款、外币贷款（折合人民币）、委托贷款、信托贷款、未贴现的银行承兑汇票、企业债券、非金融企业境内股票融资等。

2021年社会融资规模增量31.4万亿元，按可比口径计算，比上年少3.4万亿元。其中人民币贷款20.0万亿元，企业债券融资额为3.3万亿元，非金融企业境内股票融资为1.2万亿元（见图9）。2021年末社会融资规模存量314.1万亿元，按可比口径计算，比上年末增长10.3%。

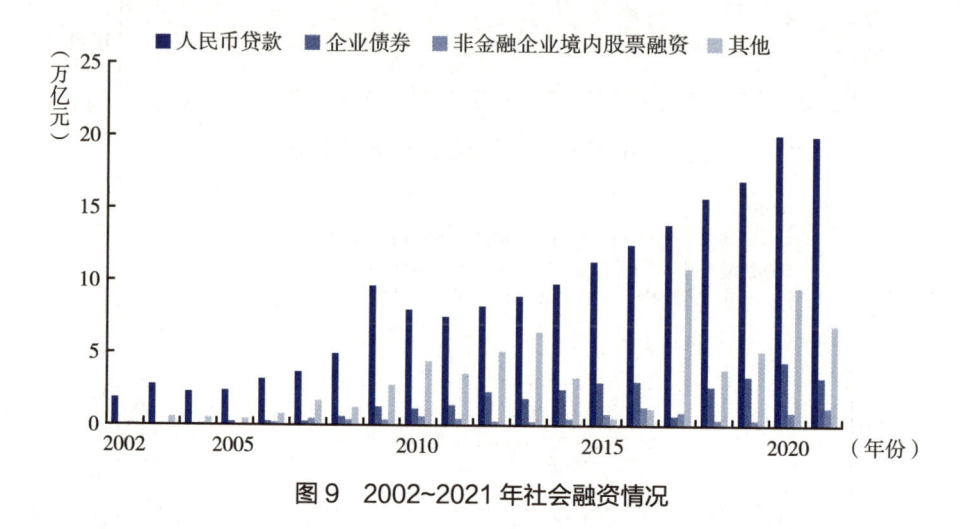

图9 2002~2021年社会融资情况

在国家财政方面，2021年一般公共预算收入为20.3万亿元，比上年增长10.7%，其中中央财政收入9.2万亿元，占比为45.3%，地方财政收入为11.1万亿元，占比为54.7%。

2021年一般公共预算支出为24.6万亿元，比上年增长0.3%。其中中央部分为3.5万亿元，占比14.2%，地方部分为21.1万亿元，占比85.8%（见图10）。

2021年，国家总体上实施积极的财政政策，统筹兼顾疫情防控和经济社会发展，保持了财政政策的连续性和稳定性。2021年赤字规模为3.6万亿元，新增地方政府专项债券安排3.7万亿元。优化和落实减税降费政策，全年减税降费约1.1万亿元。

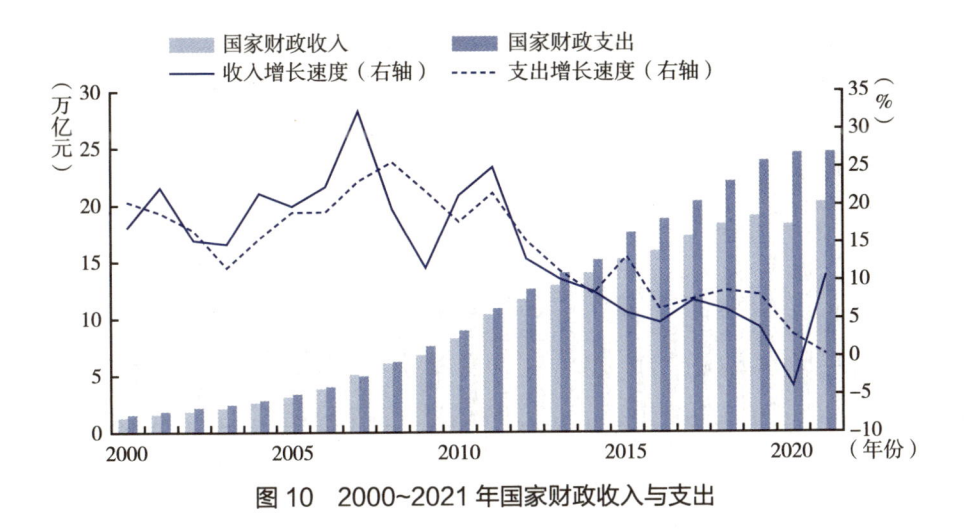

图10 2000~2021年国家财政收入与支出

二 人口与就业

2021年出生人口1062万人，持续减少。其中一孩出生数量为468.3万人，二孩出生数量为439.7万人，三孩及以上出生数量为154万人。人口出生率为7.52‰，人口自然增长率为0.34‰（见图11）。2021年国家卫生健康委调查显示，育龄妇女生育意愿继续走低，平均打算生育子女数为1.64个，低于2017年的1.76个和2019年的1.73个，作为生育主体的"90后""00后"该数据仅为1.54个和1.48个。经济负担重、子女无人照料和女性对职业发展的担忧等因素已经成为制约生育的主要障碍。

人口的城乡结构变化沿袭过去态势，2021年底总人口为141260万人，仅比2020年增加48万人。其中城镇人口比重上升到64.7%，为91425万人；乡村人口比重降至35.3%，为49835万人。以性别区分，男性占51.19%，女性占48.81%。

除人口数量和城乡结构的变化外，人口年龄结构也处于变化之中。2021年比2020年人口数增加48万人。这个增量当中，少儿人口数量较上年减少556万人，15~64岁劳动年龄人口数量减少390万人，65岁及以上老年人口

社会蓝皮书

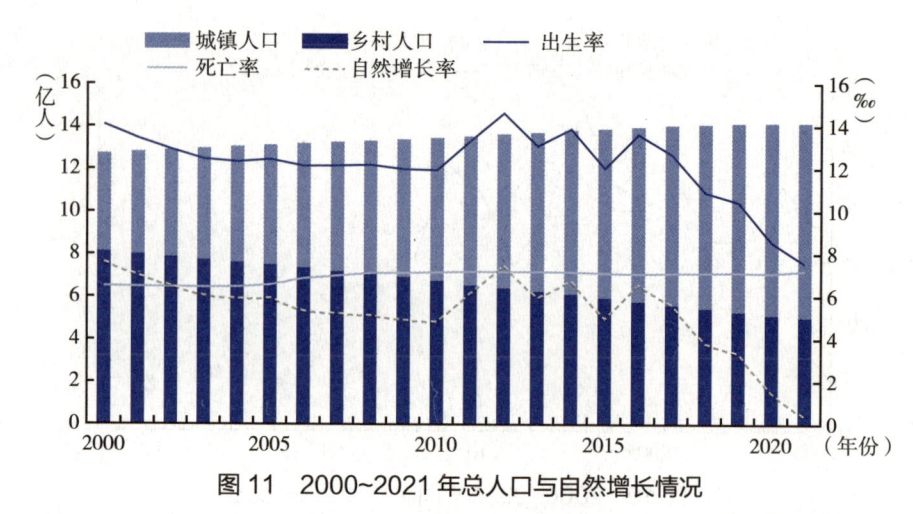

图 11　2000~2021年总人口与自然增长情况

注：2000年、2010年、2020年数据为当年人口普查数据推算数，其余年份数据为年度人口抽样调查推算数据。

数量增加约995万人。我国老龄化程度加深。人口抚养比相应地发生改变，2021年总抚养比继续上升，为46.4%，少儿抚养比降低为25.6%，老年抚养比提高到20.8%（见图12）。

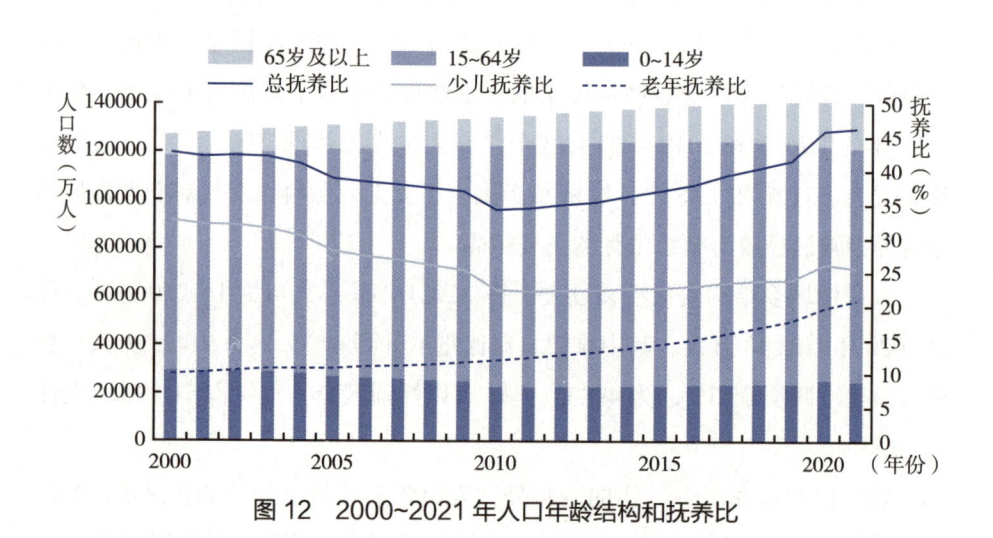

图 12　2000~2021年人口年龄结构和抚养比

428

2021年劳动力7.92亿人,仍居世界各国和地区首位。年末全国就业人员74652万人,比2020年下降412万人。全国就业人员从产业结构来看,第一产业就业人员占22.9%,第二产业就业人员占29.1%,第三产业就业人员占48.0%(见图13)。从城乡二分角度看,城镇就业人员占62.7%,乡村就业人员占37.3%。

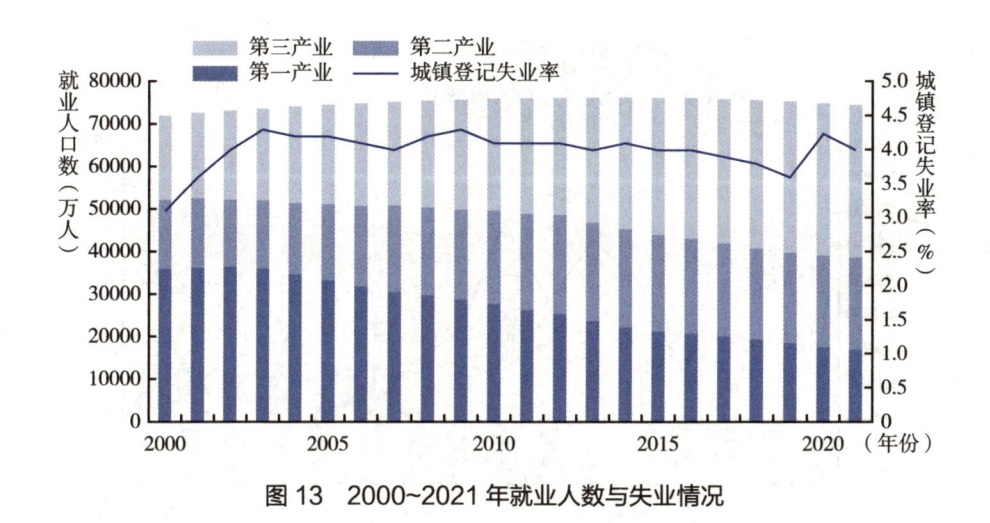

图13 2000~2021年就业人数与失业情况

2021年全国农民工总量29251万人,比上年增加691万人,增长2.4%。其中,本地农民工12079万人,增长4.1%;外出农民工17172万人,增长1.3%。

我国就业市场供求总体保持平衡,就业形势保持基本稳定。2021年城镇登记失业人数1040万人,比2020年数字下降120万人。全年全国城镇调查失业率平均值为5.1%。年末城镇登记失业率为4.0%。

三 城乡居民生活

城乡居民收入保持增长,全国居民人均可支配收入35128元,比上年增

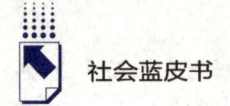

长 9.1%，扣除价格因素，实际增长 8.1%。

按常住地分，城镇居民人均可支配收入 47412 元，比上年增长 8.2%，扣除价格因素，实际增长 7.1%。农村居民人均纯收入 18931 元，比上年增长 10.5%，扣除价格因素，实际增长 9.7%（见图 14）。城乡居民人均可支配收入比值为 2.50，比上年缩小 0.06。

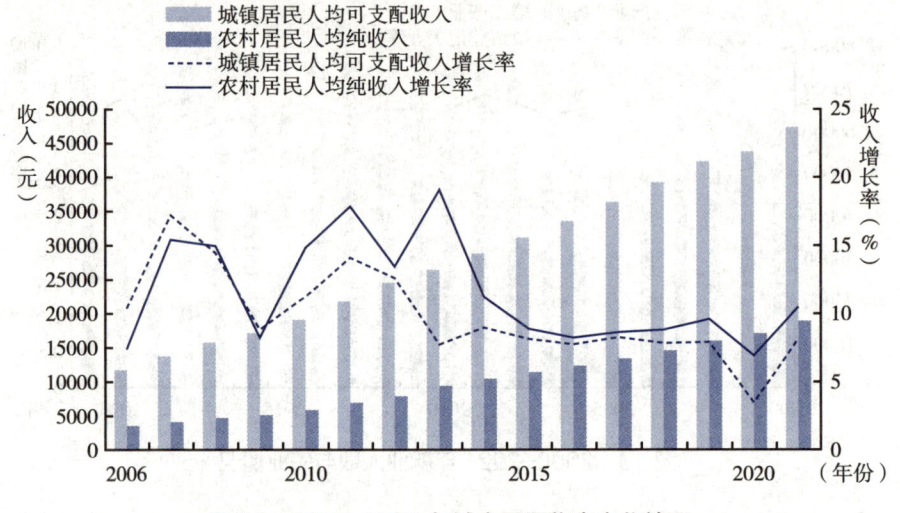

图 14　2006~2021 年城乡居民收支变化情况

如果不以城镇、农村为分类标准，而是考察全国居民按收入五等份分组的人均可支配收入，则可发现低收入组人均可支配收入 8333 元，中间偏下组人均可支配收入 18445 元，中间收入组人均可支配收入 29053 元，中间偏上组人均可支配收入 44949 元，高收入组人均可支配收入 85836 元（见图 15）。收入阶层差距保持着原来的态势。

在 2021 年居民收入中，工资性收入、经营净收入、财产净收入、转移净收入四项所占比例分别为 55.9%、16.8%、8.8%、18.6%（见图 16）。

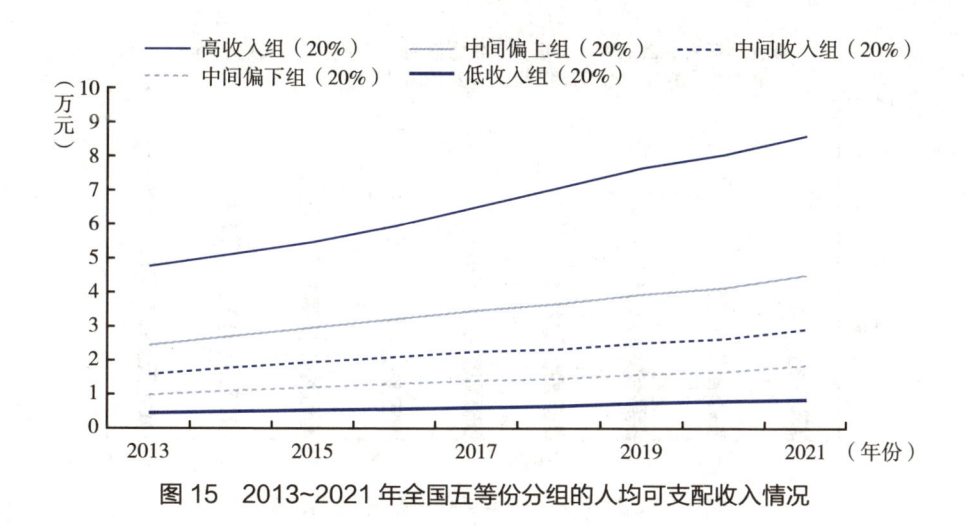

图 15　2013~2021 年全国五等份分组的人均可支配收入情况

图 16　2013~2021 年居民人均可支配收入情况

居民消费支出也呈增长趋势，2021 年人均居民消费支出为 24100 元，比上年增长 13.6%，扣除价格因素，实际增长 12.6%。其中，食品烟酒类支出占比最高，占比为 29.8%，其次是居住类占 23.4%，再次为交通通信，所占比例为 13.1%（见图 17）。

图 17　2013~2021年居民人均消费支出情况

四　科技、教育、卫生、文化与社会保障

2021年，全国共投入研究与试验发展（R&D）经费27864亿元，比上年增长14.2%。其中全国基础研究经费为1696亿元。研究与试验发展（R&D）经费投入强度（与国内生产总值之比）为2.4%（见图18）。全年共签订技术合同67万项，技术合同成交金额37294亿元，比上年增长32.0%。

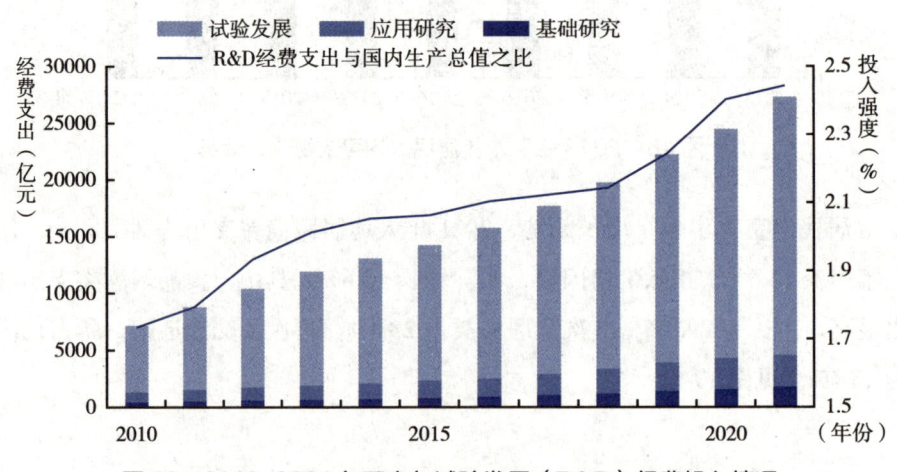

图 18　2010~2021年研究与试验发展（R&D）经费投入情况

附录　中国社会发展统计概览（2022）

教师人数稳步增加。2021年我国拥有普通高等学校专任教师187万人，中等职业教育专任教师70万人，普通高中专任教师203万人，初中专任教师397万人，小学专任教师660万人，学前教育专任教师319万人（见图19），特殊教育专任教师7万人。

图19　2000~2021年全国专任教师人数

卫生总费用稳步增加。2021年全国卫生总费用约7.6万亿元。其中，政府卫生支出2.1万亿元（占27.6%），社会卫生支出3.4万亿元（占44.7%），个人卫生支出2.1万亿元（占27.6%）。卫生总费用占GDP的比重为6.5%（见图20）。

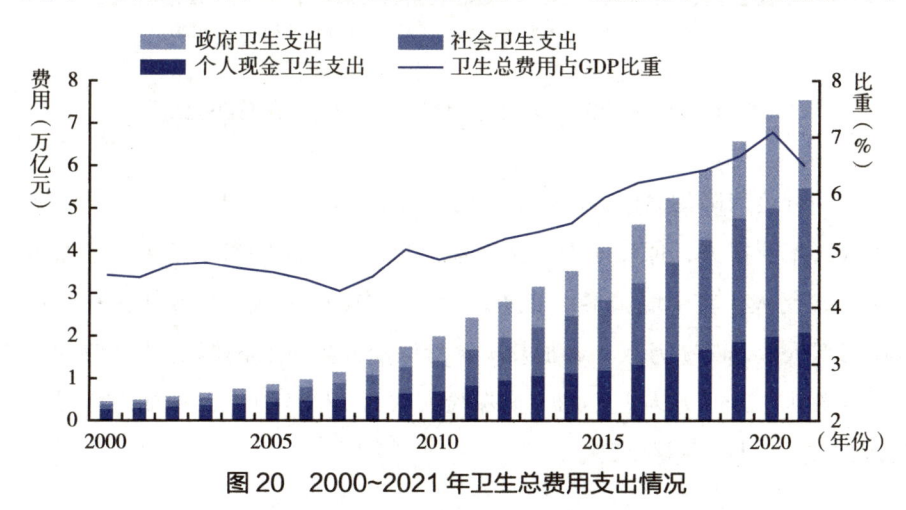

图20　2000~2021年卫生总费用支出情况

433

文化及相关产业增加值是指一个国家所有常驻单位一定时期内进行文化及相关产业生产活动而创造的新增价值。2020年全国文化及相关产业增加值为44945亿元，占GDP的比重约为4.5%。其中，文化核心领域（包括新闻信息服务、内容创作生产、创意设计服务、文化传播渠道、文化投资运营、文化娱乐休闲服务）增加值为31565亿元，占比70.2%；文化相关领域（包括文化辅助生产和中介服务、文化装备生产、文化消费终端生产）增加值为13380亿元，占比为29.8%。统计显示，2021年全国规模以上文化及相关产业企业营业收入119064亿元，按可比口径计算，比上年增长16.0%。由此增长幅度估算，2021年全国文化产业增加值约为52136亿元，占GDP的比重为4.56%（见图21）。

图21 2012~2021年我国文化产业增加值及占GDP比重

随着社会保障体系建设的推进，劳动者的各项保险制度逐步建立和完善，覆盖人群不断扩大，保障能力不断增强。2021年，全国参加基本养老保险人数为10.3亿人，其中城镇参加养老保险人数48075万人，城乡居民社会养老保险参保人数54797万人；参加基本医疗保险人数为136424万人；参加失业保险人数为22958万人；参加工伤保险人数为28284万人；参加生育保险人数为23851万人（见图22）。

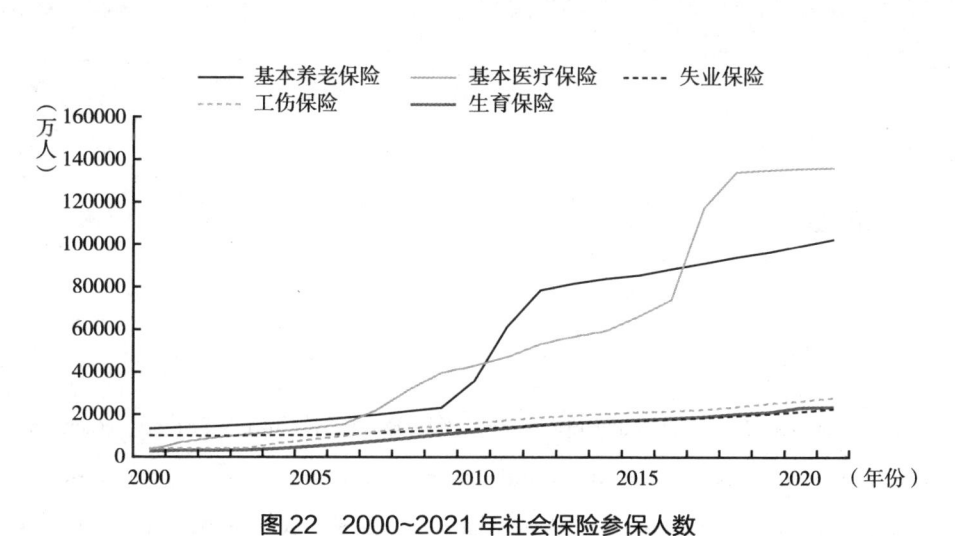

图22 2000~2021年社会保险参保人数

参考文献

中华人民共和国国家统计局:《中国统计年鉴2022》,中国统计出版社,2022。

中华人民共和国国家统计局:《中国统计摘要2022》,中国统计出版社,2022。

中华人民共和国国家统计局:《中华人民共和国2021年国民经济和社会发展统计公报》。

中华人民共和国国家统计局网站,http://www.stats.gov.cn。

中华人民共和国人力资源和社会保障部网站,http://www.mohrss.gov.cn/。

中华人民共和国财政部网站,http://www.mof.gov.cn/zyyjsgkpt/。

Abstract

This is the 2022 Annual Report (the Blue Book of China's Society) from the Research Group on "The Analysis and Forecast of China's Social Development", issued by Chinese Academy of Social Sciences (CASS). Researchers and scholars from various research institutions, universities and government departments report on statistical data released by the government or social science surveys. This project is organized by the Institute of Sociology at Chinese Academy of Social Sciences.

According to this report, after a decade of development in the new era, the 20th National Congress of the CPC in 2022 marks a new stage in the development of Chinese path to modernization. In the ten years of the new era, China has made great achievements in the field of social development and achieved great changes in all aspects, closely focusing on the goal of building a moderately prosperous society in all respects. In 2022, China will step up efforts to implement various measures to stabilize the economy, stabilize employment condition, and ensure the people's livelihood. The national economy has continued to recover, and the overall situation of economic and social development has remained stable, while people's well-being has steadily improved.

This report points out that in 2022, under the strong leadership of the CPC Central Committee, the national economic and social development has experienced complex situations, and met with multiple challenges from unexpected factors. The national economy has increased steadily, and the social condition are stable in general.

Abstract

The labor market is recovering, and employment policies and services are continuously promoted. The income of urban and rural residents kept growing, and the quality of people's life continued to improve. The rural revitalization has been steadily promoted, and the achievements of poverty alleviation have been consolidated. The social security system continued to develop steadily, and the quality of medical and health services has been greatly improved.

The report also emphasizes that in 2022, China's economic and social development has been affected by both international economic situation and domestic pressure. The pressure of "demand reduction, supply discontinuity, and weakening expectation" has triple effect on the economic growth rate, the employment market, residents' income growth, social mentality, and social governance capacity. The COVID-19 has repeatedly spread in many places, and the labor market has undergone major changes. The growth rate of urban and rural residents' income has significantly reduced, with low growth rate of domestic consumption. The number of labor disputes has increased, and the number of social conflicts and disputes has remained high, where risks of public security have increased.

In 2023, it is important to comprehensively implement the spirit of the 20th National Congress of the Communist Party of China, and steadily improve people's well-being in accordance with the essential requirements of Chinese path to modernization. We should accelerate the recovery of national economic growth with joint efforts for high-quality development. We should also promote high-quality employment and expand domestic consumption. At the same time, we should promote the recovery of residents' income growth and accelerate the construction of the basic income distribution system. We should also promote innovation in grass-roots social governance and further develop and strengthen social organizations. It is also crucial to strengthen the construction of harmonious and stable labor relations and prevent social risks.

Based on the topics above, this book, on the one hand, builds the foundation of discussion on reliable survey data and statistics; and on the other hand, offers insightful opinions on various topics. There are four parts of this book. The general report and 18 individual reports provide discussion on the comprehensive analysis of China's social and economic development in 2022 with forecast of future development. The general report analyzes the great achievements of social development in the decade of the new era, discusses the major achievements and problems of China's economic and social development in 2022, and points out some significant problems and challenges ahead. The second part includes 6 reports on various issues, which examine problems such as the residents' income and consumption, employment situation, education reform, social security, public medical and health system, and public security. The third part includes 7 survey reports, which provide data on housing condition, population of relative poverty, urban low-carbon consumption, employment of college students, the changing trend of marriage and fertility among youth, and the physical fitness of the elderly. The fourth part of this book has 5 reports on special topics, which include the internet-based public opinion, food and drug safety, environmental protection, current situation and policy of long-term care service demand of urban and rural residents, and the development of rural revitalization. In general, each chapter of this book gives both insightful research and detailed policy recommendation.

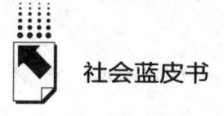

Contents

I General Report

B.1 Comprehensive Improvement of People's Wellbeing in the New Stage of Chinese Modernization

—*Analysis and Forecast of China's Social Development, 2022-2023*

Research Group on "the Analysis and Forecast of Social Development",

Institute of Sociology, CASS

Chen Guangjin / 001

Abstract: After a decade of development from the 18th National Congress of the Communist Party of China to the 19th National Congress of the Communist Party of China, China's economy and society will enter a new stage of Chinese path to modernization in 2022. In the new era, China has made great achievements in social development and achieved great changes in all aspects, closely focusing on the goal of building a moderately prosperous society in all respects. In 2022, China will step up efforts to implement various measures to stabilize the economy, stabilize employment, and ensure the people's livelihood. Meanwhile, the national economy has generally continued to recover. The overall situation of economic and social development will remain stable, and people's well-being will be steadily improved. The great achievements of social development in the new decade will be promoted.

However, it also faces many problems and challenges. The international economic situation is complex, and the COVID-19 has repeatedly broken out and spread in many places. The labor market has undergone major changes, and the growth rate of urban and rural residents' income has significantly slowed down, while the growth of domestic consumption is slowing down. The number of labor disputes has increased, and the number of social conflicts has remained high. The risk on public security has increased. In 2023, we will comprehensively implement the spirit of the 20th National Congress of the Communist Party of China, and steadily improve people's well-being in accordance with the essential requirements of Chinese path to modernization.

Keywords: Ten Years in the New Era, Chinese Modernization, High Quality Development, People's Well-being

Ⅱ Reports on Social Development

B.2 2022: Income and Consumption Report of Urban and Rural Residents in China

Cui Yan / 024

Abstract: Since the beginning of this year, under the influence of the complex and severe domestic and international situation and multiple factors exceeding expectations, a series of economic and social policies have been intensively introduced, and the national economy has gradually stabilized and rebounded. China's economy continues the trend of high-quality development and demonstrates the strong resilience. The income of urban and rural residents continued to grow steadily, and the income structure was further optimized. The consumption level of urban and rural residents continues to grow, and new consumption momentum is gradually initiated. At the same time, the pattern of national income distribution is becoming more and more reasonable, and the consumption rate of residents has shown a steady upward trend.

However, the constraints affecting household income and consumption have yet to be solved. Therefore, we should further realize the integration of epidemic prevention and control and economic and social development, introduce more targeted and precise policies, accelerate economic and social recovery, and restore normal production and life order as soon as possible.

Keywords: Resident Income, Resident Consumption, New Momentum of Consumption, National Income Distribution

B.3 2022: Employment Situation and Future Prospect

Chen Yun / 046

Abstract: In 2022, China's economic development and employment situation have been greatly impacted by multiple unexpected factors, and faced an extremely complex and severe situation. Throughout the year, the employment situation remained basically stable in the great uncertainty of the macro environment, but the main indicators fluctuated significantly. Employment grew slowly with weak momentum. The level of unemployment has fallen after the gradual rise, but it is still at a relatively high level. The demand of labor market is weak, and the recruitment activities of enterprises are reduced. The employment of enterprises is basically stable, but the pressure of employment is increasing. Key unemployment groups are under great pressure, and unemployment among youth is highlighted. The pressure of large cities increases with the risk of expansion. Advantaged industries and traditional industries suffered simultaneously, and the risk scale is expanding. The employment quality is declined with weak employment expectations. In the next step, China's employment situation still has favorable conditions to maintain overall stability. At the same time, it is also faced with the uncertain external environment, the long-term impact of the epidemic, the imbalance of recovery and development, and the lagging impact of economic slowdown. Enterprise expectations are lower with slow labor market recovery. Frictional and cyclical factors have a structural and long-term trend, and various unemployment risks have accumulated. In the face of the complex and severe macroeconomic and employment situation, we should implement the spirit of the 20th National Congress of the Communist Party of China, adhere to the basic livelihood orientation of employment, implement the employment priority strategy, strengthen the employment priority policy, balance the macro policy objectives, strengthen policy support, and stabilize expectations and strengthen confidence. We will coordinate the urban and rural employment policy, and precisely implement policies to help enterprises. We will also improve the diversified employment and entrepreneurship promotion mechanism to promote employment. It is also important to strengthen unemployment monitoring and warning system, and improve the unemployment risk response mechanism

Keywords: Employment Situation, Unemployment Rate, Labour Market, Employment Priority

B.4 2022: The Development of China's Social Security System

Hui Dashuai, Ma Jin and Hu Zijian / 061

Abstract: In 2022, China's social security still makes positive progress in the face of many difficulties, such as the impact of COVID-19, the intensification of population aging, and the pressure of economic downturn. Social insurance, social preferential policies, social assistance, employment security, and the protection of the rights and interests of special groups reach a new level. The report of the 20th National Congress of the Communist Party of China proposed to improve the multi-level social security system that covers the whole people, integrate social security in urban and rural areas, and establish fair and unified system with standardized and sustainable mechanism. And it also provided specific arrangements for reform and policies regarding income distribution, employment support, expansion of medical resources, elderly care services, birth support, and education resource allocation. Under the guidance of Xi Jinping's ideology of socialism with Chinese characteristics in the new era and the spirit of the Twentieth National Congress of the Communist Party of China, China's social security undertakings in the future will assure a more important historical mission in the process of serving China's economic and social construction, promoting the common prosperity of all people, and realizing the great rejuvenation of the Chinese nation.

Keywords: Social Security, Old-age Security, Medical Security, Employment Security

B.5 2022: The Report of China's Education Reform and Development
Li Tao, Wang Zhaoxin / 080

Abstract: 2022 is the year of the 20th National Congress of the Communist Party of China, and it is a year of special significance for China to enter a new era and a new journey. Despite the overlapping of centennial changes and the widespread of epidemics, China's education reform has still achieved substantial development around the consolidation and improvement of reform effects, deepening the implementation of policies, and innovation and breakthrough of new measures. And the popularization of education at all levels has reached or exceeded the average level of high-income countries. The new strategic task of China's education reform at present and in the future is to build a high-quality education system, promote high-quality preschool education, enhance the high-quality and balanced development of compulsory education, accelerate the diversified development of ordinary high schools, and develop vocational education with innovative policies that meet the needs of new technology and industrial reform to support the national strategy. We will comprehensively promote the revitalization of rural education and the work of education in rural areas.

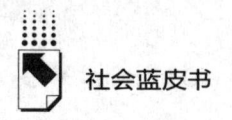

Keywords: Education Reform, Education Development, Education Equity, Key Education Policies

B.6 2022: Report on the Situation of Public Order and Public Safety in China

Liu Wei / 112

Abstract: In 2022, the internal conditions and external environment for China are undergoing profound and complex changes. In general, the overall social situation has remained stable for a long time, the political security has been strengthened, the anti-terrorism situation has been stable and controllable, social conflicts and disputes have been effectively resolved, criminal cases have continued to decline, public security system has continued to be improved, and cyber crime has been curbed. At the same time, the social security situation has become increasingly complex, risk factors of political security have increased significantly, social conflicts and disputes have increased, public security risks have also increased significantly, and new types of cyber crimes still show a high incidence trend. Therefore, we should make advance judgments, reserve countermeasures, improve the political security risk prevention and control system, prevent and resolve social conflicts, enable digital intelligence with "Feng Qiao Experience" in the new era, comprehensively realize the advance warning and prevention system for public security, strengthen the awareness of cyberspace situation, and safeguard the development in the journey of comprehensively promoting the rejuvenation of China with Chinese model of modernization.

Keywords: Social Security, Chinese Model of Modernization, New Security Pattern, New Development Pattern

B.7 2022: China's Public Health and Medical Service Development Report
—*Analysis on the Development of China's Local Medical and Health Service System After the Outbreak of the Epidemic*

Yuan Beibei / 127

Abstract: The COVID-19 has had a huge impact on all levels of medical and health service institutions. During the period, the level of financial compensation at the grassroots level has maintained a steady growth trend, and the medical service income has experienced a rapid growth and recovery. The expenditure level of personnel in local health service institutions has been steadily improved, and the growth of the number of personnel and the improvement of their professional qualifications have not been adversely affected. After the epidemic, the outpatient service volume at the grassroots level began to recover after a short fall, but the inpatient service volume continued to decline. Grassroots medical and health institutions undertake basic public health service and epidemic prevention and control task, and the proportion of public health expenditure has increased significantly. The economic condition of grass-roots institutions is generally in a state of negative surplus. The strengthening of the grass-roots medical and health system after the epidemic requires the multi-level reform of the health system to drive the improvement of the medical service capacity of grass-roots institutions, and establish a long-term mechanism of financial subsidies. The recovery of the economic condition of grassroots medical and health institutions also needs to support and encourage grassroots medical and health service institutions to innovate and upgrade service and broaden their financing channels, while strengthening the ability of cost control and promoting the coordinated use of financial and medical insurance funds to improve the efficiency of fund use.

Keywords: Grassroots Level Health, Public Medical and Health System, Medical and Health Service, Medicare Funding

III Reports on Social Survey

B.8 Survey Report on the Housing Conditions of Chinese Residents

Li Wei, Mi Lan / 150

Abstract: This report analyzes the housing conditions of urban and rural residents in China according to the data of the 2021 Chinese Social Survey. The research shows that the ownership rate of urban and rural households in China has risen steadily. The household property in China is mainly rural private housing and commercial housing in cities, which still has the characteristics of urban-rural dual system. However, with the continuous acceleration of China's urbanization process, the way that urban and rural residents obtain houses, the trend of housing mobility, and the family housing assets have all undergone great changes. In general, the degree of marketization of housing in China is deepening, and the inequality of housing assets between urban and rural areas is significant, showing a trend of urbanization at the county level as the core.

Keywords: Households Housing Property, Housing Use Status, Housing Marketization, Housing Value Status, Real Estate Market

B.9 Survey Report on Living Conditions of Families from Relatively Poverty in China

Ren Liying, Hou Zhongyang / 173

Abstract: In 2020, China won a comprehensive victory in the campaign against poverty, and China ended absolute poverty historically. In the new journey of building a socialist modern country in an all-round way, the governance of relative poverty has become a new focus. By analyzing the data of the 2021 Chinese Social Survey (CSS) and combining the data of the past three rounds of surveys, it is found that the scale of households of relative poverty in China is relatively large at this stage, which is mainly distributed in the rural areas and the urban fringe areas. These families are highly dependent on agricultural income and transfer income, the consumption structure is not conducive to the development of human capital, and there is a certain degree of social deprivation and relatively negative social mentality among family members. On this basis, suggestions are put forward to reduce the proportion of agricultural employment in the rural revitalization strategy, improve the ability of employment and cultivate human capital, promote the equalization of social security and basic public services between urban and rural areas, and strengthen the social, political and cultural construction at grass-roots communities.

Keywords: Relative Poverty, Living Conditions, Social Participation, Social Mentality

B.10 Survey Report on Low Carbon Consumption in Chinese Cities

Zhu Di, Gao Wenjun, Cui Yan, Gong Shun,

Hu Wenbo, Ma Molin and Wu Huiyu / 203

Abstract: The change of people's lifestyle is the key to mitigating climate change. This report focuses on the low carbon consumption of urban residents. Based on the questionnaire data, survey experimental data and big data, it analyzes the current situation, existing problems and impact mechanism of low carbon consumption. In terms of attitude, urban residents generally have a positive attitude towards low-carbon consumption, strong recognition of low-carbon culture, and strong sense of individual responsibility. However, they are also concerned that low-carbon consumption will affect their quality of life, and also worried that low carbon economy will affect employment and income. In terms of behavior, low carbon purchase is more common, while the proportion of low carbon use and disposal is lower. Two key areas of low carbon consumption, i.e., second-hand consumption and traffic consumption, are also investigated. The analysis of consumption behavior in different fields all points to the important role of the external material and cultural environment in promoting low-carbon consumption. The improvement of the market supply system, the standardization of the market, the diversified consumption structure, and the green accessibility of daily consumption are the key factors for residents to practice low-carbon consumption. The analysis also points out that we should pay attention to middle-income groups and young people, who play an important role in shaping social and cultural environment. Based on empirical analysis, this report proposes measures and suggestions to promote low-carbon lifestyle from the framework of social governance, social innovation and social culture.

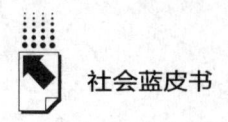

Keywords: Low Carbon Lifestyle, Consumption Behavior, Consumption Attitude, Social Culture, Second-hand Consumption

B.11 Survey Report on Employment Mentality and Employment Situation of Chinese College Students

Liu Baozhong, Zang Xiaosen, Guo Yaping and Ni Chenxu / 230

Abstract: In recent years, the total number of college graduates in China has constantly created the historical record and the growth rate has significantly accelerated. In addition, under the impact of the COVID-19, the global economic growth is sluggish and the domestic economy has obviously experienced downward pressure, which has led to unprecedented challenges for college students' employment. In order to actively respond to the "difficult employment" of college students, this report uses survey data to make a longitudinal comparative analysis of the new features, new trends and the impact of the epidemic on college students' employment ideology and employment status in 2018-2021. The research finds that: (1) College students' job selection reflects strong preference within the system, and this preference shows a trend of strengthening year by year. The proportion of college students who choose to work in small and medium-sized cities, small counties, villages and rural areas is also increasing; (2) The employment mentality of college students is generally optimistic, and their employment confidence is sufficient. Although the confidence has been weakened after the COVID-19, the confidence level rebounds very quickly; (3) The employment rate of 2018-2021 college graduates has not changed much in general. After the epidemic, there has been a small decline, but the overall situation is stable. The employment of college graduates showed obvious changes, and the proportion continuing education among higher vocational schools and prominent colleges increased significantly after the epidemic. (4) The income of 2018-2021 college graduates showed an overall growth trend, but the growth rate decreased after the epidemic. After the epidemic, college students' job satisfaction decreased significantly; (5) The continuous impact of the epidemic, combined with the impact of the external environment, reduced the employment stability of the 2018-2021 college graduates, and the concern about unemployment spread very quickly . In order to improve the employment quality of college students, this report puts forward corresponding countermeasures and suggestions, such as promoting policy support, improving students service, enhancing positive mentality, designing detailed measures, and strengthening social security.

Keywords: College Students, Employment Mentality, Employment Situation

B.12 Survey Report on the Conception of Marriage, Family and Reproduction of Youth in Urban and Rural China

Zou Yuchun, Wang Hanfei and Liang Yinlan / 251

Abstract: Youth is the future of the country and the nation. It is of great significance for the future of youth and the sustainable social development to understand the current situation of young people's concept of marriage, family and fertility, and guide them to establish a healthy and rational concept of marriage, family and fertility. For this reason, this report uses the data of 2021 Chinese Social Survey to analyze the current situation of the marriage, family and fertility of young people in urban and rural areas in China, and compares it with data in 2015. The research shows that: ① In terms of marriage, the spouse selection standard of urban youth in China is higher than that of rural youth, but the proportion of rural youth in their first marriage is higher than that of urban youth; The proportion of heterogeneous marriage among urban and rural youth in China is increasing, while the proportion of unmarried population is also increasing, and the trend of marriage diversification is strengthening. ② In terms of family, rural youth has a relatively larger subjective family size than urban youth. Both urban and rural youth have higher family satisfaction, but rural youth are slightly lower than urban youth. The trend of smaller families is gradually slowing down, and family satisfaction is rising. ③ In terms of fertility, rural youth have more children than urban youth, but their fertility plans are both negative; The number of two-child families of urban and rural youth has increased, but the family planning for two children has declined. Finally, this report summarizes the problems existing in the concept of marriage, family and fertility of young people in urban and rural areas in China, and puts forward corresponding suggestions.

Keywords: Urban and Rural Youth, Understanding of Marriage, Understanding of Family, Understanding of Fertility

B.13 Survey Report on the Current Situation and Development Trend of Physical Fitness for the Elderly in China

Wang Huan, Liang Yuqing / 272

Abstract: This article is based on the survey data in 2020, and analyzes the current characteristics and future development trend of the elderly's fitness in China. The results showed that the proportion of elderly people participating in fitness continued to increase, and the form of participation continued to upgrade. The intensity, duration, projects and venues of the elderly's fitness had unique characteristics. The factors affecting the elderly's fitness participation level were related to individual cognition and economic income level, and were also affected by the surrounding support environment. The strategy of actively coping with the aging of the population and developing sports for the elderly should include the strategic planning of sports for the elderly, strengthening the construction of the elderly fitness support environment and improving the individual fitness awareness level.

Keywords: Old Age Population, Physical Activity Participation, Sports for the Elderly, Health of the Elderly

B.14 Report on the Trend of Consumer Complaints in China

Research Group of Trend of Consumer Complaints of China Consumers Association / 291

Abstract: Consumption is the final demand and an important engine of economic development. Consumer complaints are the focus of social conflicts in the field of consumption. At present, China's consumer protection system has established from four aspects at different levels: legislative protection, judicial protection, administrative protection and social protection. China Consumers Association is an important force in the social protection of consumer rights. Investigating and mediating consumer complaints is an important responsibility entrusted to China Consumers Association at all levels by the Law of the People's Republic of China on the Protection of Consumers' Rights and Interests, and is also a basic work that consumers associations at all levels have been implemented. This report is based on the analysis data of complaints received by the China Consumers Association since 2015, and analyzes the trend of changes. This report describes the current consumption trend, the trend of consumer rights protection, and points out existing problems. This report also focuses on social mobilization and general participation of the public to strengthen consumer confidence and positive expectations. This report also puts forward suggestions on promoting social governance with multiple levels of social participation.

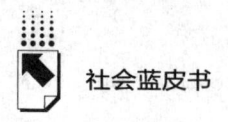

Keywords: Consumers, Consumers Rights Protection, Consumers Complaints

Ⅳ Reports on Special Subjects

B.15 Analysis Report of China's Internet Public Opinion Field in 2022
Zhu Huaxin, Pan Yufeng and Liao Canliang / 316

Abstract: In the face of the uncertainty of the macro environment in 2022, the public opinion field in China is full of different voice. The 20th CPC National Congress and the comprehensive deployment of Chinese path to modernization have established foundation for China's future development and public opinion. The projection of domestic public opinion on international issues has become increasingly prominent, the "world awareness" of Chinese netizens has been growing, and their attention to international affairs has been further enhanced. China's comprehensive national strength is growing day by day, which exerts a subtle influence on the people's daily cognition of international issues, and the confidence of the system and culture is constantly enhanced. The COVID-19 has rebounded. How to coordinate prevention and control of COVID with economy and people's livelihood has aroused the concern of the whole society. It needs to be guided by the interests of the people and explore the positive interaction between government governance, social regulation and residents' autonomy on the rule of law.

Keywords: Chinese Public Opinion Field, Public Opinion Events, Public Opinion Pressure

B.16 Analysis on the Situation of Food and Drug Safety in China in 2022

Tian Ming, Feng Jun / 332

Abstract: The overall safety situation of food and drugs in China has been steadily improving, but the potential risks cannot be ignored. The food industry has a complex production chain with many subjects and large consumption. Also, the uneven regional development and the contradiction between the demand side and the supply side of food safety that cannot be effectively matched require urgent solutions. The awareness of responsibility and legal compliance of some enterprises in the pharmaceutical industry is still weak. The safety problems of online drug sales still exist. New medical products and new technologies bring new challenges. In addition to the impact of the epidemic, the risk of uncertainty increases. It is an important task to ensure food and drug safety and promote high-quality development of food and drugs industry. Based on the relevant regulatory data released by the food and drug regulatory authorities, this paper analyzes the current situation and problems of food and drug safety in China, and puts forward policy recommendations to further protect people's health and life safety.

Keywords: Food Safety, Drug Safety, Safety Regulation

B.17 Report on China's Environmental Protection: Condition, Problems and New Agenda

Zhou Liantong, Liu Ruqi and Zhao Xiaoyi / 346

Abstract: In 2022, China continues to consolidate and expand the achievements of the three major campaigns of air pollution, water and land pollution. China also takes the task of pollution reduction and carbon reduction as the starting point, and coordinates the three major tasks of pollution control, ecological protection and coping with climate change. Meanwhile, China strongly promotes green, low-carbon and high-quality development. The air is fresher, the water is clearer, the soil is safer, and the ecology is more beautiful. The ecological and environmental problems have been solved in an efficient way. The "Winter Olympic Blue" and "Beijing Blue" have been praised by the international and domestic society. At the same time, however, the global ecological environment deficit has continued to expand, and the four key indicators of climate change, namely greenhouse gas concentration, sea level rise, ocean heat and ocean acid level, have all set new records. The problem of global sustainable development has become more and more urgent and challenging. Under the pressure of the domestic economy, China's ecological environment protection faces the urgent challenge of how to combine green, low-carbon and high-quality development with the goals of stability and security of social and economic development.

Keywords: Ecological Environment, Pollution Control, Climate Change, Biodiversity, Green and Low-carbon

B.18 Report on Current Situation and Policy Evaluation of Long-term Care Service Demand of Urban and Rural Residents in China

Wang Jing, Zhang Lilong / 363

Abstract: Based on the survey data of long-term care service for urban and rural residents in 2022, this report discusses the current situation of long-term care service demand of urban and rural residents and the implementation of long-term care insurance. The report is based on the family perspective to study the long-term care service needs of urban and rural residents. On the one hand, the scale of disability of urban and rural elderly is large, and the proportion of severe disability is high. On the other hand, the main caregivers of the disabled elderly in urban and rural areas are their spouses, and care work has a negative impact on their spouses' physical and mental health. As for the policy effect of long-term care service insurance, the report focuses on the impact of long-term care insurance on family care pressure and economic burden. The results show that there are significant differences between pilot areas and non pilot areas. In the pilot areas, the proportion of family members and relatives participating in care has decreased significantly, while the use of social care has increased significantly. At the same time, the social purchasing power of disabled families in pilot areas has been significantly improved. Based on the research findings, this paper believes that a unified long-term care insurance should be established at the national level as soon as possible. At the same time, based on regional differences, differential treatment payment policies should be implemented, community nursing teams should be established, and the overall care ability of families and society should be improved.

Keywords: Long-term Care Insurance, Family Care, Social Care, Community Care Team

B.19 Report on the Promotion of Rural Revitalization in China in 2022

Wu Huifang, Wang Hui and Luo Qintao / 384

Abstract: 2022 is the end year of the Strategic Plan for Rural Revitalization (2018-2022), and the rural revitalization has made significant achievements. Food production and the supply of important agricultural products have been further strengthened, the modernization of agricultural production has been steadily improved, and rural industries have gradually flourished. Rural infrastructure, basic public services and human settlements environment have been continuously improved, and the construction of digital countryside has been vigorously promoted. The Party's overall leadership over rural governance has been strengthened, and rural governance capacity has been steadily improved. At the same time, rural revitalization is still facing problems such as unbalanced development, low participation of farmers, aging population structure, and limited rural construction level. Therefore, we should improve the mechanism of multiple source of participation in rural revitalization, enhance the enthusiasm of farmers, activate the vitality of the elderly, attract young people to return villages, and promote rural revitalization as a whole.

Keywords: Rural Revitalization, Industrial Prosperity, Rural Construction, Rural Governance

Appendix   Social Development Statistics of China, 2022

Li Jiandong / 420

权威报告·连续出版·独家资源

皮书数据库
ANNUAL REPORT(YEARBOOK) DATABASE

分析解读当下中国发展变迁的高端智库平台

所获荣誉

- 2020年，入选全国新闻出版深度融合发展创新案例
- 2019年，入选国家新闻出版署数字出版精品遴选推荐计划
- 2016年，入选"十三五"国家重点电子出版物出版规划骨干工程
- 2013年，荣获"中国出版政府奖·网络出版物奖"提名奖
- 连续多年荣获中国数字出版博览会"数字出版·优秀品牌"奖

皮书数据库　　"社科数托邦"微信公众号

成为用户

登录网址www.pishu.com.cn访问皮书数据库网站或下载皮书数据库APP，通过手机号码验证或邮箱验证即可成为皮书数据库用户。

用户福利

- 已注册用户购书后可免费获赠100元皮书数据库充值卡。刮开充值卡涂层获取充值密码，登录并进入"会员中心"—"在线充值"—"充值卡充值"，充值成功即可购买和查看数据库内容。
- 用户福利最终解释权归社会科学文献出版社所有。

数据库服务热线：400-008-6695
数据库服务QQ：2475522410
数据库服务邮箱：database@ssap.cn
图书销售热线：010-59367070/7028
图书服务QQ：1265056568
图书服务邮箱：duzhe@ssap.cn

卡号：951747557973
密码：

S 基本子库
SUB DATABASE

中国社会发展数据库（下设12个专题子库）

紧扣人口、政治、外交、法律、教育、医疗卫生、资源环境等12个社会发展领域的前沿和热点，全面整合专业著作、智库报告、学术资讯、调研数据等类型资源，帮助用户追踪中国社会发展动态、研究社会发展战略与政策、了解社会热点问题、分析社会发展趋势。

中国经济发展数据库（下设12专题子库）

内容涵盖宏观经济、产业经济、工业经济、农业经济、财政金融、房地产经济、城市经济、商业贸易等12个重点经济领域，为把握经济运行态势、洞察经济发展规律、研判经济发展趋势、进行经济调控决策提供参考和依据。

中国行业发展数据库（下设17个专题子库）

以中国国民经济行业分类为依据，覆盖金融业、旅游业、交通运输业、能源矿产业、制造业等100多个行业，跟踪分析国民经济相关行业市场运行状况和政策导向，汇集行业发展前沿资讯，为投资、从业及各种经济决策提供理论支撑和实践指导。

中国区域发展数据库（下设4个专题子库）

对中国特定区域内的经济、社会、文化等领域现状与发展情况进行深度分析和预测，涉及省级行政区、城市群、城市、农村等不同维度，研究层级至县及县以下行政区，为学者研究地方经济社会宏观态势、经验模式、发展案例提供支撑，为地方政府决策提供参考。

中国文化传媒数据库（下设18个专题子库）

内容覆盖文化产业、新闻传播、电影娱乐、文学艺术、群众文化、图书情报等18个重点研究领域，聚焦文化传媒领域发展前沿、热点话题、行业实践，服务用户的教学科研、文化投资、企业规划等需要。

世界经济与国际关系数据库（下设6个专题子库）

整合世界经济、国际政治、世界文化与科技、全球性问题、国际组织与国际法、区域研究6大领域研究成果，对世界经济形势、国际形势进行连续性深度分析，对年度热点问题进行专题解读，为研判全球发展趋势提供事实和数据支持。

法律声明

"皮书系列"（含蓝皮书、绿皮书、黄皮书）之品牌由社会科学文献出版社最早使用并持续至今，现已被中国图书行业所熟知。"皮书系列"的相关商标已在国家商标管理部门商标局注册，包括但不限于LOGO（ ）、皮书、Pishu、经济蓝皮书、社会蓝皮书等。"皮书系列"图书的注册商标专用权及封面设计、版式设计的著作权均为社会科学文献出版社所有。未经社会科学文献出版社书面授权许可，任何使用与"皮书系列"图书注册商标、封面设计、版式设计相同或者近似的文字、图形或其组合的行为均系侵权行为。

经作者授权，本书的专有出版权及信息网络传播权等为社会科学文献出版社享有。未经社会科学文献出版社书面授权许可，任何就本书内容的复制、发行或以数字形式进行网络传播的行为均系侵权行为。

社会科学文献出版社将通过法律途径追究上述侵权行为的法律责任，维护自身合法权益。

欢迎社会各界人士对侵犯社会科学文献出版社上述权利的侵权行为进行举报。电话：010-59367121，电子邮箱：fawubu@ssap.cn。

社会科学文献出版社